物流实践者手记

THE PRACTICE OF LOGISTICS

孔令华◎著

中国经济出版社
CHINA ECONOMIC PUBLISHING HOUSE
·北京·

图书在版编目（CIP）数据

物流实践者手记 / 孔令华著. -- 北京：中国经济出版社，2020.10

ISBN 978 - 7 - 5136 - 6375 - 5

Ⅰ. ①物… Ⅱ. ①孔… Ⅲ. ①物流管理 Ⅳ. ①F252.1

中国版本图书馆 CIP 数据核字（2020）第 196900 号

选题策划 雷　生
责任编辑 孙东健　陈利军
责任印制 马小宾
封面设计 高鹏博

出版发行 中国经济出版社
印 刷 者 北京柏力行彩印有限公司
经 销 者 各地新华书店
开　　本 787mm × 1092mm　1/16
印　　张 23.5
字　　数 479 千字
版　　次 2020 年 11 月第 1 版
印　　次 2020 年 11 月第 1 次
定　　价 68.00 元
广告经营许可证 京西工商广字第 8179 号

中国经济出版社 **网址** www.economyph.com **社址** 北京市东城区安定门外大街 58 号 **邮编** 100011
本版图书如存在印装质量问题，请与本社销售中心联系调换（联系电话：010 - 57512564）

本书导图

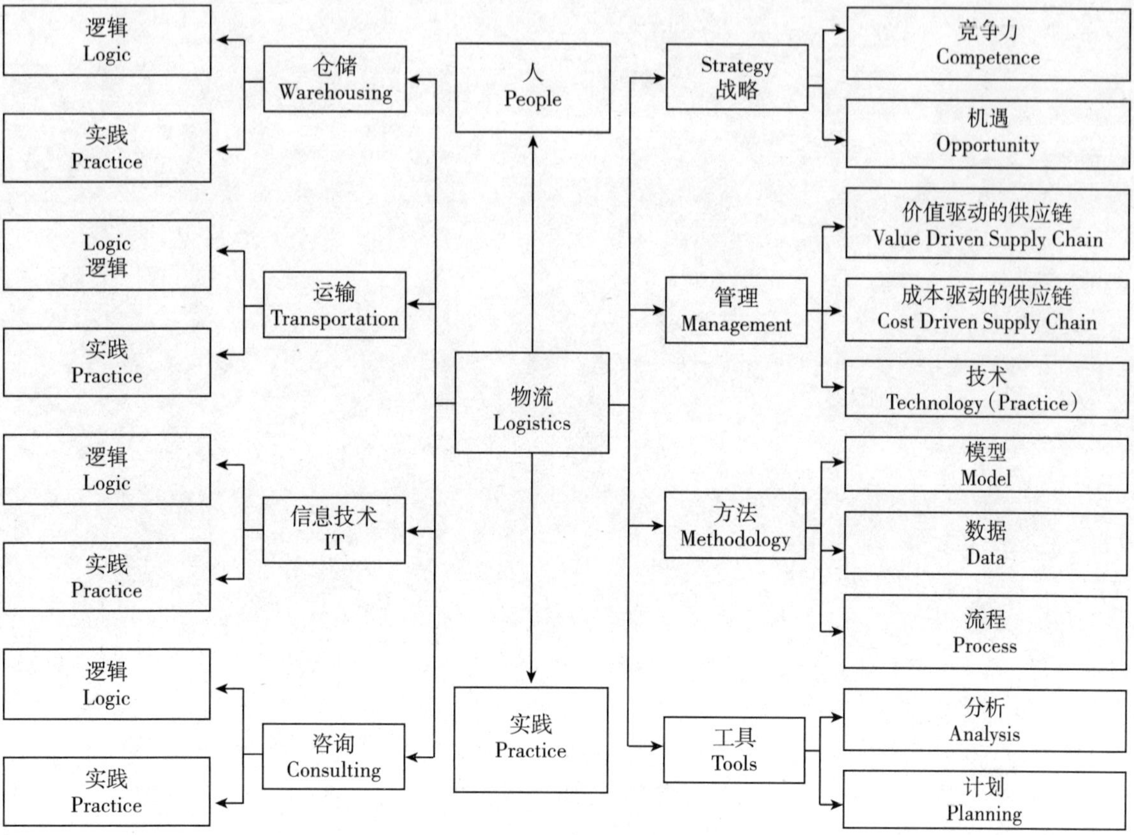

人
People
物流
Logistics
实践
Practice
仓储
Warehousing
逻辑
Logic
实践
Practice
运输
Transportation
Logic
逻辑
实践
Practice
信息技术
IT
逻辑
Logic
实践
Practice
咨询
Consulting
逻辑
Logic
实践
Practice
Strategy
战略
竞争力
Competence
机遇
Opportunity
管理
Management
价值驱动的供应链
Value Driven Supply Chain
成本驱动的供应链
Cost Driven Supply Chain
技术
Technology (Practice)
方法
Methodology
模型
Model
数据
Data
流程
Process
工具
Tools
分析
Analysis
计划
Planning

业界人士推荐

孔老师为我司提供供应链管理咨询服务多年，用专业的素养与卓越的思维给我司提供了非常多的解决方案，让我司的供应链管理水平和服务效率明显提升。孔老师是一位令人钦佩的供应链管理实践专家，每每与他交流，他都能通俗易懂、深入浅出地将问题分析透彻，往往令人茅塞顿开，诸多问题迎刃而解。此次非常欣喜地看到孔老师的新书面世，这是他耗尽多年心血归纳的理论体系、专业工具、实践案例和宝贵经验总结，实是难得的物流专业好书，强烈推荐给业界同仁们。

——泸州老窖股份有限公司供应链管理中心总经理　徐前景

从2014年至今，孔老师一直在我中心担任供应链管理、物流管理、仓储管理课程的讲师。他是授课最认真的老师之一：即使讲了十几次的课，课件也从不重复，每次授课必补充新的行业实践和案例，深受学员喜爱。这得益于他常年在一线做咨询，才会有那么多精彩的方法论、工具和案例。这些精彩的案例和方法论也全在他的这本书中，现推荐给行业人士阅读。

——国际物流与运输学会（CILT）国际物流职业认证中国管理中心主任　王增东

在我看来，物流管理是很枯燥的，但孔老师却乐此不疲，兢兢业业，一边不断地帮助企业“把物体从A点搬到B点”，一边总结提炼，术业有专攻，最终成书。细读之，竟也有滋有味。

——《制造业全面库存管理》《制造业库存控制技巧》作者、全面库存管理（TIM）独立咨询顾问　程晓华孔老师从基层一直做到企业的最高管理者，有丰富的实践经验和深厚的理论素养。本书中的理论及案例真正解决了目前大部分企业存在的物流问题。我公司按照本书中给出的指引进行实践后，物流费用降低了25%，物流时效提前了2～4天。通过运用动触盘点等技巧，实物库存与SAP系统库存数据实现了动态统一，库存周转率也从4提升到了6.4。真诚将此书推荐给业内朋友！

——北京京威汽车设备有限公司副总经理　潘利勇

在孔老师的帮助下，我公司运用其讲解的技术和方案，对客户管理到供应商管理，再到生产过程控制、仓储管理、物料出入库和成品发货进行了全流程优化，收获颇丰。本书是孔老师多年从事物流管理和项目咨询工作的实践手记，是物流实际工作的经验提炼和总结，其中凝聚的物流知识体系、物流分析方法和项目案例对物流实践者来说很有价值。

——北京京威汽车设备有限公司供应链总监　卢子谦

孔老师的这本书凝聚了他二十多年来投身物流供应链的实战经验与深度思考，将落地的咨询案例、方法论以及对行业的理解相结合，为读者提供了一个个基于切身体会并可供参考的方法、经验和思路。本书内容朴实无华，大道至简，值得细细研读。

——京东集团物流产品总监　宋晓昕

孔老师从2014年开始担任我集团的物流顾问，帮助我们成功实施了多个物流项目。他的这本新书通过实践、战略、方法和具体的案例说明了企业是如何利用物流管理取得竞争优势的，管理人员可以从中发现解决物流问题的答案和有价值的指导。本书对于需要了解物流和供应链如何运作的行业新人同样有用。

——山东世纪阳光纸业集团供应链总监　黄学海

孔老师睿智博学，我觉得他本人就是一本厚厚的、读不完的书，而且是那种线装版本的“古籍”。他特别喜欢从实践中来，到实践中去，因此把书定名为《物流实践者手记》。本书从企业战略的高度和财务的角度来规划、诊断、改善企业的供应链，值得行业人士细品。

——华展鑫荣国际副总经理　刘云强

和孔老师相识近20年，谈论的话题也从如何做接单、组织资源完成物流服务，到了物流管理、供应链规划等方面。多年的共事与合作经历，让我们充分认识到供应链不仅仅是业务执行和管理，更是企业经营和持续发展能力的外在体现。把供应链变成一种策略，并在产品开发和客户服务中体现出其价值，是从业者的最高梦想。本书从实际案例出发，既有工具，又有理论，能给读者带来实操的体验，并能引发对于供应链策略的思考，值得深入探讨和研究。

——某医药物流集团总裁　高智勇

物流，既简单又复杂。看似简单的物流，背后有复杂的驱动因素；看似复杂的物流系统，背后却有化繁为简的解决方案。如果说物流是一种战略，那么本书就是开启战略落地之门的钥匙，让人一窥金光闪闪的物流宝藏，发现“寻宝”的秘密路径。

——北京和君咨询有限公司总经理　李向群

2016年，有幸请到孔老师给本来生活物流团队做专业培训，孔老师提到的“宽度一厘米，深度一千米”这句话至今让我记忆犹新。这句话很好地诠释出一个道理：作为一个物流人，只有在专业领域上深耕，做专、做精才有专业价值。我相信这本书正是孔老师这一理念的体现。在很多人眼中，物流是一个很简单的事：不就是搬搬货吗？但是，从本书中，我们可以看到什么是专业，以及专业的力量和价值。

——本来生活物流中心总经理　洪国勇

本书有非常具体的物流行业实操，很多人都可以从中找到自己想要的东西，也给我讲课提供了很好的案例。孔老师曾到中国科学院大学的课堂给学生做过企业案例报告，而他展示的是理论知识应该如何应用到实践中，并帮助企业解决问题。相信本书可以通过很多具体的案例帮助从业人士建立自己的知识体系，从而把物流做得更好。

——中国科学院大学教授、供应链专家　龚其国

恭贺知己好友令华大作《物流实践者手记》出版！本书聚焦于为读者提供“物流成功的方法”和“可操作性的方案”，对中小企业决策者具有重要帮助。作者对物流有深邃的认识，书中的建议和方案均简单易行（good solutions are simple）。作为一名物流管理和供应链管理领域的卓越专家，他为多个行业提供了有效的解决方案。书中所述多为真实、精彩的案例，很值得借鉴和参考，这也是我推荐本书的原因。

——欧盟供应链专家、教授，德国物流协会联合创始人　克劳斯·史碧舍

2018 年，很荣幸邀请到孔老师为我司提供供应链管理咨询服务，他在短期内为我司创造出可观的经济效益，大大节约了成本。孔老师是一位经验丰富的学术兼实践专家，充分践行了“授人以鱼不如授人以渔”的精神，其教练式的咨询服务方式备受好评。他不但帮助我司优化了供应链，还为我司培育了供应链人才，为我司的健康发展打下了良好的基础。

——深圳万生堂实业有限公司总裁　王　东

沉下去，浮上来
（代序）

认识令华已20年有余，大家一直称呼他为“孔老师”。

给他这个称呼，不是因为他是孔圣人第76代孙，而是因为他一直是大家心目中的“那个老师”——一个乐思、乐学、乐教的老师。20多年来，在工作上他一直信心满满、兢兢业业，生活上也是自律有加，堪称楷模。

大概是2014年前后，孔老师跟我说：“我不做职业经理人了，后半生计划再做两件事情。”当时，我很惊讶：好好的工作不做啦？

他告诉我，他要做咨询和写书，把这几十年的“功力”传给需要的人，把自己的心得体会写成书，帮助更多的人创造更大的价值。坦白讲，我非常佩服孔老师的勇气和决绝，因为他敢于抛开诱惑，甘做那一抔沃土。

2019年12月的最后几天，孔老师告诉我：“书写完啦，你准备写序吧！”瞬间，那份兴奋和惶恐让我久久不能平静：兴奋于孔老师那份执着，完成了自己的处女作；惶恐于怕写不好，影响读者的心绪！

于是，我利用2020年年初这场突如其来的新型冠状病毒性肺炎所导致的禁足期，静下心来好好读了两遍书稿，最后觉得确实书如其名。《物流实践者手记》的创作来源于孔老师的物流行业实践，但又高于实践。孔老师把实践的心法、技术融入其中，可以让物流从业者从这个“工具箱”中迅速找到解决问题的趁手工具，可以让物流管理者借助这个“百宝箱”挖掘问题的根源，可以让企业经营者依靠这套“物流宝典”提升核心竞争力……

改革开放40多年来，中国经济快速发展，取得了举世瞩目的成就，但是整个社会也变得浮躁起来。不过，在我的眼中，孔老师却永远不急不躁，遵从内心，永远按照自己的逻辑去思考、去做事。遇到一个难题，他就会把自己“沉”入其中，把事情想明白、弄透彻。正如书中所言：宽度1厘米，深度1千米。能够做到专注和专业的人是值得尊敬的。

不过，读完这本书，感觉孔老师又“浮”了上来：一把把趁手的工具，一个个做事的技巧，一条条理事的心法……一一浮现在我的眼前。

正如清朝著名散文家刘开在《问说》中所言，“理无专在，而学无止境也，然则问可少耶?”我想，大家读后一定能明白此道。

深圳市易达恒通供应链有限公司创始人、总裁　孙志民

2020 年 3 月

前　言

这本书是我对 20 多年物流工作的认识和总结。

1. 第一次认识全球化

1999 年，我进入北京东方冠捷电子股份有限公司（以下简称东方冠捷）工作。东方冠捷是一家全球化的公司，生产显示器，当时已经排全球第四位。因为我的英语好一些，故被分配在 MK（即 marketing）部门负责国际订单管理，主要管理来自美国及欧洲地区的订单，工作职位是物流（logistics）专员。

东方冠捷的销售网络分为国内市场和国际市场。全球国际市场的销售计划由美国销售总部负责，欧洲销售公司负责欧洲市场，亚洲销售公司负责亚洲市场，中国销售公司负责中国市场，中国大陆工厂则负责生产、发货。当时，东方冠捷在福建、北京有两家国内工厂，在巴西还有一家国外工厂，共三家工厂。

整个销售计划的沟通过程很有意思：我在北京时间 10:00 左右把工厂发货计划发给欧洲和美国销售公司；欧洲同事在北京时间 16:00 开始上班（柏林时间 9:00，和北京时差 6 小时），大约在北京时间 20:00 把工作发给美国和北京；美国同事大约在北京时间 21:00 左右（纽约时间 9：00）上班，审核确认后，把最终的计划发给我们。我们如果早上上班给美国打电话，没准还能和那些加班的美国人聊聊天。

那时候，最深刻的一个认识就是全球化不仅仅是空间的问题，还有一个时间的问题。1 天 24 小时，大家转着圈上班。

2. 第一次认识物流

在显示器制造行业，东方冠捷有很高的产业地位，尤其是在制造、物料、物流、MIS（MRP Ⅱ系统）方面，几乎达到了登峰造极的地步。当时，公司每年生产几百万台显示器，物料堆成山，管理却是井井有条。

显示器制造行业的竞争非常激烈，没有在电子行业做过的人，很难理解这个行业的竞争激烈程度。

我负责国际订单的那两年，产品更新换代很快，几乎每个月都会降价。为了让客户备货有安全感，还需要给客户价格保护。所谓价格保护，就是如果这个月的价格下降了，那么上个月的订单就按照这个月的价格结算。当时开发的15英寸CRT纯平显示器只在展厅里展览了一段时间，还没上市就被淘汰了——直接升级为17英寸。

在东方冠捷工作的那段时间，我学会了国际贸易、国际物流，也知道了什么是国际化，知道了跨国公司的运营模式。

2000年11月，我进入联想控股旗下的联想进出口公司，其主业是为联想集团做进出口业务。我当时在联想集团采购商务部工作，主要负责台式机电脑的芯片、主板、硬盘、光驱的采购商务工作，每年的采购量可达几百亿元。

个人计算机也是电子产品，跌价更厉害，比显示器跌得更快。

英特尔公司为了保持自己的“芯片霸主”地位，也是拼了，几乎每两周都要下调一次价格；每两个月，产品就要升级换代。我从奔腾Ⅱ开始采购，芯片价格一路从90美元/片降到60美元/片；英特尔公司于是把这款芯片淘汰，导入奔腾Ⅲ；奔腾Ⅲ火了一段时间，随后也逐步降价，价格也是从90美元/片降到60美元/片；英特尔公司再将其淘汰，导入奔腾Ⅳ……

也就是说，一款芯片，如果一直握在手里两周，基本就赚不到钱了；如果一直握在手里1个月，那就一定会亏钱！

我对库存的认识，就是从那时候开始的。凡是制造业和流通业，都是玩库存的，库存玩不好，一定亏钱。

2006年，我进入大田集团。大田集团是一家专业物流公司，当时刚和美国联邦快递成立了一家合资公司：大田联邦。后来，王树生董事长把大田集团持有的合资公司股份出售给联邦，卖了4亿美元。那时候，美元兑人民币的汇率是1:8.3，即使现在看来，这仍然是一笔大生意。

大田集团当时有5个业务板块：快递、物流、仓储、空运、水运。可以说，凡是物流所涉及的功能，除了铁路，大田的业务范围基本上覆盖全了。

当时的大田集团雇用了很多具有国际视野的人才，包括DHL公司中国区的副总裁和丹沙物流的总裁等。人才的引入给公司带来了先进的物流管理理念和企业管理理念。那段时间，我慢慢学会了从第三方的角度解读客户的物流需求，并制订物流方案。

再后来，我在中航工业旗下的中航国际物流公司工作了3年。那段时间，我跑遍了飞机制造厂，包括哈飞、沈飞、成飞、洪都、贵航、天津空客、天津波音等。对于飞机制造，我也了解了不少知识。

也是在那段时间，我曾经辅导一家做风电叶片的企业做物流管理，竟然大获成功。

2012 年，我进入力拓集团的一家供应商公司做副总经理，主持公司工作，负责一个 40 万平方米的铜金矿堆场项目。这个矿场在蒙古国的奥尤陶勒盖，堆场的位置则在内蒙古巴彦淖尔市乌拉特中旗甘其毛都镇，二者相距大约 80 千米。当时，公司每年进出口约 100 万吨铜金矿，这又是一个国际化的项目。

力拓集团在全球经营矿石领域位列前三，也是一家全球 500 强企业。蒙古国是一个内陆国家，没有出海口，所有需要陆路运输的产品都必须通过中国才能运出来。所以，公司的项目团队包括来自不同国家、不同公司的人员，其中有澳大利亚人、蒙古国人，还有中国的蒙古族人和汉族人。澳大利亚人讲英语，蒙古国人讲蒙古语，中国人则大多讲汉语。所以，要是开个会，需要在英语、蒙古语、汉语之间多次传达，转着圈地翻译。

3. 第一次做物流咨询

2014 年年初，我开始从事企业管理咨询，专注于供应链和物流改善业务。

我的第一个项目是帮助客户管理仓库，把一个混乱的仓库管理得井井有条，盘点准确率从 48% 提升到 99%，使拣货速度大幅提高。原来需要十几个人才能完成的工作，最后 4 个人就可以完成，实现了物流业务信息化，账实一致率达到 99.9%。

要想做好物流改善的咨询，不但需要有好的方案，还需要把方案落地，因为客户是按照项目落地的效果来评估项目的好坏。

该项目让我对咨询这个行业深有感触：好的咨询师需要很多技能，但最重要的是技术、实践和格局。所谓技术，就是要 know how，也就是首先自己要会，才能教别人；所谓实践，就是技术落地，把管理技术落实到客户的业务中，能教会别人；所谓格局，就是能站在企业的角度、企业主的角度来看问题，至少要有企业家的心态。否则，怎么去当人家的咨询师？

我的第二个项目是帮助客户规划信息化蓝图，实现管理信息化和仓储信息化。这个项目完成后，帮助客户节省了 65 名仓库保管员的人力，且使拣货效率提高 30%，每年降低成本 350 万元。

我的第三个项目是帮助客户优化供应链，使包材采购成本下降了 17%，物流成本下降了 25%，快递成本下降了 33%，退货率下降了 30%，库存数下降了 35%；第四个项目也是帮助客户优化供应链，使采购成本下降了 20%，产能大幅提升；第五个项目是帮助客户恢复已经瘫痪的业务，优化了信息化系统和供应链；第六个项目是成功地帮助一家大型国有企业规划了仓储系统……

做咨询就像“打怪”，每打一个“怪”，功力就会增长一点点。同样，每做一个项目，经验就会积累一些。也可以说，做咨询就像砌墙，每放一块砖，墙就增高一点；或者说，做咨询就像串糖葫芦，越串越多。

4. **第一次写书**

经过《制造业全面库存管理》《制造业库存控制技巧》作者、全面库存管理（TIM）独立咨询顾问程晓华老师的介绍，我认识了一家出版社的寇老师。寇老师听了我的介绍，建议我把案例和经验整理一下，出本书。一方面，出书可以让我有机会整体梳理自己的知识体系；另一方面，也便于知识传播。本书能够出版，非常感谢他们的鼓励和帮助。

这是我第一次写书，主要内容来自实践，完全是从实践和适用的角度介绍物流的。在物流领域从业20多年，我经手的物流项目包括东方冠捷、联想、德尔福、华硕、力拓、中航重机、天阳、得益乳业、泸州老窖、大兴国际机场、万生堂、泰德制药、川锅一号、嘉宝华连锁药店、汇群中药、华青汽车配件、京威汽车设备、阳光纸业、德龙钢铁等数十家企业，其中精耕细作的项目有十几个，在不少项目上为客户创造了巨大的价值。可以说，每做一个项目，或多或少，我都会在技术或者管理上有所突破，取得进步。这些突破和进步像一粒粒珍珠，埋在一些实践的模型和案例中。出版这本书，正是想把这些“珍珠”挑出来，送给广大的行业朋友。

全书主要分为十讲，每一讲都有一个明确的主题。

第一讲和第二讲：讲述物流战略和物流管理，论述了物流对社会、企业以及从业人员的重要性。一方面，我想借此纠正社会上对物流存在的偏见和认识误区；另一方面，也想帮企业家和从业人员树立正确的物流理念。

第三讲和第四讲：讲述物流的分析方法、分析模型、管理工具。物流有物流的规律，也有其独特的管理方法和管理技术。知道了这些，可以少走很多弯路。

第五讲：讲述仓库规划和仓储管理，包括仓库规划和仓库操作的目的、方法、逻辑、工具、案例等。

第六讲：讲述运输规划和运输管理，包括运输管理的方法、逻辑、工具、案例等。

第七讲：讲述物流信息化规划，包括物流信息化的理念、逻辑、案例等。

第八讲：讲述供应链管理和案例。这些案例大部分是我经历的案例和经手的案例，主要是经验，也有一些教训——其中有些项目给企业带来了很好的收益。

第九讲和第十讲：讲述我从业以来的观察、感受和感悟，也包括对一些行业先进模式的推介和讨论。

5. **一点思考**

我从事物流咨询以来，为数十家企业做物流辅导，帮助企业解决了若干问题，所使用的招数全是这些年积累下来的物流实践技术。这些技术可以实实在在地为客户创造价值。

其实，物流是个实践性很强的行业，可以说物流本来就是实践，会做就是会做，不会做就是不会做。会做和不会做，绩效会有显著不同。物流如果做不好，对企业的影响很大，通过财务数据一下子就可以看出来。

现在忙中偷闲，把这些年总结出来的有价值的物流实践技术挖出来，经过清洗、打磨，通过物流管理这条主线串起来，做成一串“项链”，可供自己参考，亦可供朋友借鉴，倒是一件有价值的事情。

从事咨询行业这么多年来，我在分析和研究问题时主要使用三个方法，那就是数据、流程、绩效；研究三个对象，那就是资金、物流、物料；关注三项指标，那就是质量、成本、交付。三个方法、三个对象、三个指标，可以做成一个立体图，有点像一个魔方（见图1）。我的方法就是转动这个魔方，把企业的问题挖掘出来，找到改善的方案，让企业在现在和未来都赚钱。

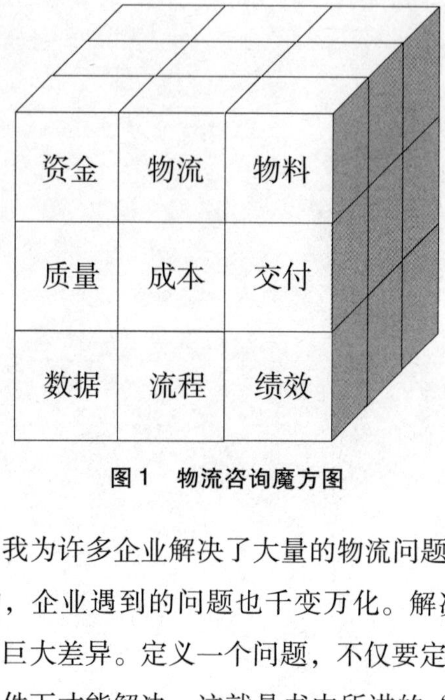

图1　物流咨询魔方图

作为一名物流专家，我为许多企业解决了大量的物流问题。

每个企业都是独特的，企业遇到的问题也千变万化。解决这些问题的方法可能相同，但问题的边界往往有巨大差异。定义一个问题，不仅要定义问题是什么，还要清晰地定义问题在什么样的条件下才能解决，这就是书中所讲的“边界理论”。为帮助企业解决问题而制订的方案，一定要适合这个企业的具体情况。所以，对咨询师而言，能否实质性地帮助企业解决问题，不但要有一些方法和公式，还要学会随机应变、因事而异。

20 多年来，我靠自己独创的一套思路和方法做了大大小小 50 多个项目，服务过 40

多个企业，总结了很多宝贵的经验，这些经验曾经为企业节省了数亿元的物流费用，而且经过流程优化，提高了企业管理水平和市场竞争能力，颇有价值。因此，我希望通过本书，向更多的朋友介绍一些方法和经验。

物流行业企业家阅读这本书，有助于提高企业盈利能力和企业竞争力。物流从业人员阅读这本书，通过对书内提到的实践和理论进行思考，结合自身实际，也有机会让自己增值，走上更高岗位，做更高层次的事情。

孔令华

2020 年 8 月于北京

目　录

第一讲　物流是一项战略

第二讲 物流是一项管理

第三讲 物流分析方法

第四讲　物流管理工具

第六讲 运输管理

第七讲 物流信息化

第一讲

物流是一项战略

- 物流是一项战略
- 物流是企业的竞争力
- 物流是对活动的管理
- 物流是个系统工程
- 物流越来越高科技
- 物流有巨大的改善空间
- 物流有巨大的发展机遇
- 物流的趋势

模块 1　物流是制造业和流通业的核心竞争力

手记 1

没那么复杂，物流就是驱动产品增值

在普遍的认识中，“物流”（logistics）的概念最早形成于美国，原意是“货物配送”，1963 年被引入日本，日本人将英文“logistics”一词翻译为“物流”，意思是“物的流通”。而中国的“物流”一词则是从日文引进的外来词。

英文“logistics”一词原意是军队上的后勤学，可见 logistics 在诞生之初，体现的就是运筹战争胜负的系统的后勤保障学。

中国的物流术语标准将物流定义为：物流是物品在从供应地向接收地的实体流动过程中，根据实际需要，将运输、储存、装卸搬运、包装、流通加工、配送、信息处理等功能有机结合起来实现用户要求的过程。

从简单的角度来看，物流就是通过运输或存储，改变了物品的时空。

物流是物品从 A 点到 B 点的过程，就是物品从一个时空位置 A（时间标尺 A，空间位置 A）转移到另外一个时空位置 B（时间标尺 B，空间位置 B）的过程（见图 1-1）。

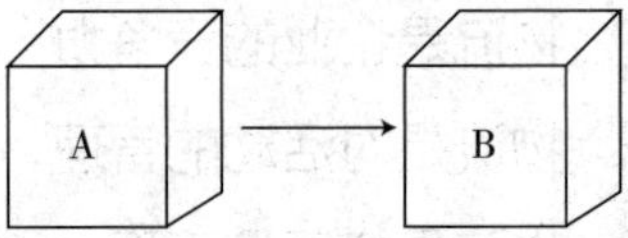

图 1-1　物流是一个从 A 点到 B 点的过程

那么，从 A 点到 B 点，物流给货物带来的价值是什么呢？

第一，物流的价值是通过改变物品的时间和空间而使物品增值。

第二，物流价值实现的过程是通过改变物品的时间和空间使物品增值的过程。

第三，物品的价值随时间的变化而变化。例如，新鲜度是酸奶的一个重要指标，昨天和今天生产的酸奶，如果今天喝其口感会有差别，客户的购买欲也会不同，所以酸奶的新鲜度可以通过时间进行丈量。大部分服装也都有季节性，同样一件衣服，春天卖 500 元，夏天卖 200 元，到了冬天，就无人问津了。

第四，物品的价值也会随空间的变化而变化。例如，同样一袋方便面，出厂价 1

元，超市里卖 2 元，高铁上卖 5 元；南方 10 元一斤的荔枝，在北方就能卖到 20 元。这就是因为空间变化引起了货物价值的变化。

所以，好的物流方案能够最大限度地为产品增值，好的物流过程是驱动产品不断增值的过程，也是驱动产品从低价值区域向高价值区域移动的过程。

手记 2

物流是一项战略

物流不但是军事上的一项战略，也是制造业和流通业的一项战略。

物流就是军事上的后勤学，是一项军事战略。

后勤是相对于前勤而言，前勤是指作战，后勤是指保障。

《孙子兵法》云："军无辎重则亡，无粮食则亡，无委积则亡。"大意是，部队没有辎重就不能生存，没有粮食供应就不能生存，没有战备物资储备就不能生存（见图 1-2）。

图 1-2 "兵圣"孙武的物流战略

前美国海军陆战队司令罗伯特 · H. 巴罗说过："业务选手满脑都是战术，专业人士则对后勤殚精竭虑（Amateurs think about tactics，but professionals think about logistics）"。

美军战史专家詹姆斯 · H. 休斯敦在其 1966 年出版的《美国陆军后勤史》中说道："战略、战术和后勤是一个三角形的 3 个角，更确切些说，是一个圆周上的 3 段弧线，没有起点和终点，每一段弧线既对其他 2 段弧线产生影响，也受它们的影响。"

在西方国家，一般用"logistics"一词表示后勤。Logistics 一词起源于法语 logistique，意思是“精于计算”，logistique 源于希腊语 logo，其意思是“推理”。大抵是由于后勤工作涉及大量的计算工作，比如兵器、盔甲、粮草、车船、路程等，所以，后勤首先要精于计算，后勤负责人要是个精算师才行。

与现代不同，古代没有什么 ERP、MRP 之类大型运算系统，数十万军队的物资需求，全靠人脑，还真是要有很强的计算能力和组织能力才行。

由此看来，logistics 的意思类似于“运筹”“计划”“供给”的意思，就是如何运筹和计划，保障供给，才能保障整个战争的胜利。

在辅导某火箭研究院的供应链时，他们担心没有足够的咨询预算，我说：“多少都可以，就当我为国家的军事做一点贡献。如果优化了供应链，提高了效率和准确率，在相同的情况下如果能够多组装一发火箭，就可能改变一场战争的结果，如果能改变一场战争的结果，就有可能改变整个会战的结果，如果能改变整个会战，则有可能改变国家命运。”

那位主管点点头说：“我懂了！”

在流通行业和制造行业，物流是企业战略的一部分，主要基于三点：

第一，如果物流成本高了，利润就少了。物流是产品成本的重要组成部分。

按照国内官方口径，物流成本占 GDP 的 18% 左右。有些行业高些，比如矿泉水行业；有些产品低些，比如白酒行业；农产品高一些，电子行业低一些。无论高低，物流成本最终是我们交付货物成本的一部分。

如何管理好 18% 的成本，是一个重要的课题。管理得好，成本就有优势，产品就有竞争力，反之亦然。

在中国，如果物流成本平均能降 10%，则产品成本平均下降 1.8%，1.8% 看起来不大，但是，如果看看中国企业状况，感觉就会有所不同，根据 2018 年 4 月 17 日数据显示，A 股上市公司 3500 家，净利润率在 2% 之内的就有 700 家，净利润率在 10% 以内的有 2188 家。对于那些净利润率在 2% 以内的企业，如果有 1.8% 的利润改善，那么净利润可增长 90% 以上，就是很可观的数字。如果毛利率本来很低，管理好物流成本就更重要了，稍稍管理不好，企业就要亏损。

第二，物流管理不好，供应链的成本会升高。物流做不好，一定会造成库存积压和物料呆滞。物流管理得不好，很容易造成库存不平衡，不是导致物资积压，就是导致缺货。而库存积压和缺货，都会造成供应链成本上升，造成企业成本上升，利润下降。

第三，物流管理不好，产品及时交付率会下降。

无论产品多么好，放在仓库里，永远是库存；只有卖到客户手中，产品才变成了商品，才能赚钱。

物流环节出问题，无论是缺货、产品破损，还是配送延迟，都会影响客户的满意度。有谁愿意向缺货问题严重的企业订购产品呢？

物流影响成本、影响交付、影响销售。企业的战略再好，如果物流做不好，会受很大影响。

对于物流公司、快递公司而言，都是靠物流吃饭的，物流就是其核心战略了。

从宏观上来看，整个社会就是两个流：一是人流，二是物流；或者换一种说法；一个是需求流量，另一个是供给流量。而供给流量其实就是物流——当然，这是大物流的概念。

从整个社会供给的角度来看，物流是一项重要的战略。

手记 3

物流是成本，更是竞争力

社会上往往有一种认识，认为物流是成本，是需要取消和降低的对象，因此，做物流没有前途。这种认识存在于各种会议、大学院校中，甚至专业人士也有的想法。但是，这种认识存在很大的偏见——或者说，从另一个角度看，这是一种错误的认识。

事实上，物流固然是成本，但更是竞争力！对于流通业、制造业、物流行业而言，某种程度上还是核心竞争力。

1. 物流是一项战略，甚至可以决定企业的成败

物流完成了商品的重要交付功能，是成本的重要组成部分。及时送达可以成交买卖，低成本送达也可以成交买卖，对于制造业和流通业而言，这两项都是至关重要的。它决定我们能否赚钱和能否多赚钱。

如果我们把没有交付的产品看成库存，把已经交付到客户手中的产品看成商品，那么

库存 + 物流 = 商品

所以，如果物流做不好，就会造成两种情况：一是没有价格优势；二是没有交付能力，都会造成没有竞争力，造成企业出局。即

物流不好→没有价格优势 →出局

物流不好→没有交付能力 →出局

2. 物流管理贯穿全程供应链

物流管理贯穿供应链的全部环节，影响到每个环节的效率和成本。正确的物流是对每个交付环节增值，每一个环节都增加产品的竞争力，而不是相反。看看我们有些企业，产品频繁搬倒，延迟交货、产品损耗、包装损耗、人力损耗、机力损耗很严重，严重影响了产品的竞争力。物流自身虽然只占产品成本的10%～20%，但影响的交付却是100%。图1-3为供应链物流示意图。

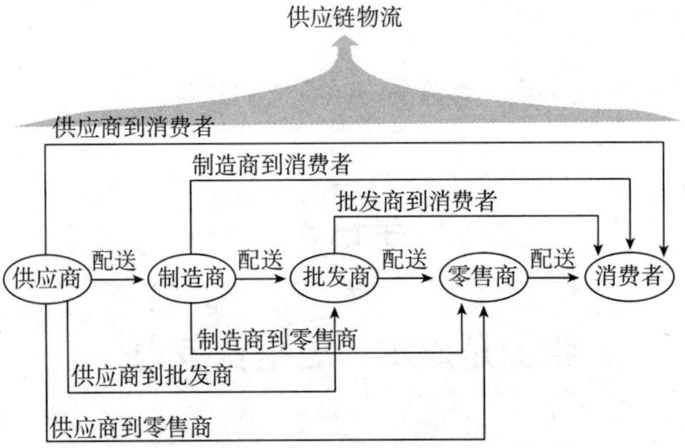

图1-3　供应链物流示意图

3. 物流占了产品生命周期中90%的时间

对于企业管理而言，时间是一个重要的参数。时间就是生产力！早期的深圳说得更直白：时间就是金钱。

据调查，工序间的物流活动时间占去了产品生产过程总时间的90%。优化物流，就能压缩物流时间，缩短生产周期，提高生产效率，从而产生更大的效益。

4. 物流是供应链管理的根基，也是信息流和资金流的基础

物流是供应链管理的根基，信息流和资金流架构在物流的基础上。销售要按照出货收款，采购要按照到货付款，财务要按照物流对账，信息流和资金流是“毛”，物流就是“皮”，“毛”要附在“皮”上。皮之不存，毛将焉附？

按照SCOR模型仔细研究供应链，会发现整个供应链是由“你的公司”“你的供应商”“你的客户”以及上下游组成的，主要功能是采购、生产、配送、退货，驱动和管理整个供应链的是计划，而贯穿整个过程的是物流和物料。

我曾经和一位大学教师交流。他认为，中国的物流糟透了，企业老板只知道降成本，相关专业的在校学生感觉前途渺茫。对此，他自己也很困惑。我认为，这种现象确

实存在，但这绝非物流发展的方向，亦不是研究物流的目的。恰恰相反，物流贯穿工业、农业、商业，甚至某些服务业，有巨大的社会价值和从业价值。

顺丰市值近3700亿元（截至2020年9月30日），京东搭建了自己的快递网络，马云18年前就成立了百世物流。中国的制造业和流通业，因为物流不断优化，竞争力越来越强。中国的老百姓，因为物流不断发展，生活越来越便利，我在北京给山东一个偏远的农村送全聚德烤鸭，今天在京东下单，明天就送到家；一个山东的朋友请我吃自家种的樱桃，顺丰第二天就送到，比我在市面上买的还新鲜。

随着物流技术的进一步发展，中国的物流成本占GDP的比重会越来越低，社会效率会越来越高，企业的竞争力会越来越强，老百姓的生活也会越来越便利。

随着中国制造业水平的提高、电商的蓬勃发展和经济全球化的加剧，中国的物流市场会越来越大，未来一定会出现越来越多的优秀的物流企业。

因此，物流固然是成本，但更是竞争力！

手记4

物流正在演变成高科技行业

物流本身不是高科技行业，毕竟门槛太低。

但随着自动化、信息化、大数据、互联网、物联网的发展，物流越来越趋向于成为高科技产业。

“阿里巴巴集团CEO、菜鸟网络CEO张勇在首届菜鸟合作伙伴大会上发表演讲时表示，在这个商业全面互联网化的时代，电子商务发生了深刻变化，从IT（信息技术）时代走向DT（数据技术）时代①，物流公司最终将是高科技公司，并且物流服务最终将和企业供应链效率提升有机结合在一起。”

张勇表示，作为一个每天发送几千万个包裹的平台，物流体验的提升，意味着为客户提供分层次、差异化服务产品，在他看来，物流企业满足分层次需求的核心就是确定性。无论是承诺当天到、3天到，还是食品需要的冷链服务，物流企业都能够兑现承诺。

每天实现几千万个包裹的确定性配送，如果没有高科技管理是很难想象的。

---

① IT时代是以自我控制、自我管理为主的技术，DT时代是以服务大众、激发生产力为主的技术。这两者之间看起来似乎是一种技术上的差异，但实际上是思想观念层面的差异。

我在比利时考察过一个40万立方米的冷藏库仓库，该仓库主要存储蔬菜，可覆盖欧洲25%的市场，完全自动化操作，没有工作人员。

在心怡科技的智能化仓库里，包裹在传送带上飞速地分拣，如果不是智能化仓库，换上人工操作的仓库，可能需要6倍的人力和3倍的仓库面积。

青岛港的自动化码头实现了自动化装卸、自动化堆场、自动化闸口、自动化运输，整个港口里几乎没有司机等操作人员（见图1-4和图1-5）。

2013年，我在力拓的一个供应商工作，负责铜金矿物流，每袋铜金矿上都有一个RFID芯片，出入库不需人为操作，都是自动录入系统，库存数据全球共享。

京东老板刘强东在2017年年会上说："明年，我们要干好三件事，那就是技术、技术、技术。"可见技术对京东的重要性。

随着高科技的介入，物流成本将会进一步下降，物流交付速度和交付质量会进一步提升，中国企业的供应链成本和供应链质量还会更有竞争力。

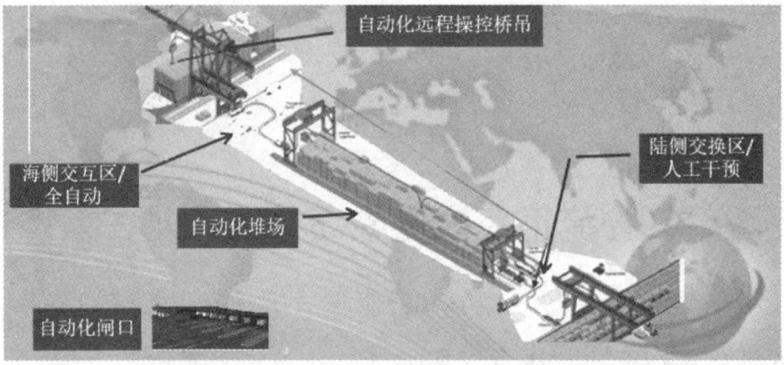

图1-4　青岛港的自动化规划

图1-5　青岛港的自动化运输

手记 5

智能物流就是标准化、信息化、自动化的完美结合

智能物流是未来物流的发展方向。如果用好互联网、物联网、自动化设备、大数据管理这 4 项工具，理顺整个业务逻辑，实现生产和交付的标准化、信息化、自动化，那么，从理论上来说，就可以实现智能物流。

但具体来说，智能物流是什么样子呢？我们可以通过一个生产、销售小麦的案例模拟一下，做一个简单的智能物流模拟。假设开办一个智能管理的农场，我们可以看看在从下单到收货的整个过程中，智能物流是如何实现的。

经过周密的运筹，假设我们规划了一套业务标准化、管理信息化、操作自动化的农场管理和物流管理的业务体系。

信息化系统自动处理来自互联网的订单，并自动排出生产计划，比如河北某地生产 1000 吨，山东某地生产 2000 吨。自然，我们需要规划基本数据、规划流程，但就这项工作本身而言，信息化系统可以完成。

生产基地接到生产计划后，马上安排自动化生产，在农场的 ERP 中输入程序，一体化的机械设备就可以自动平地、耕地、平整、播种、施肥、埋土，这种一体化的设备已经普及应用了，大家对此不会有疑问。在这个阶段，我们需要信息系统、自动化设备、农业资源和农业技术。

小麦生长中需要喷灌，设定好灌溉程序后，传感器就可以测量土壤的水分含量，调整喷灌的效果，系统自动完成喷灌。这些也都有现成的设备、现成的技术。

小麦成熟后，自动收割、脱粒、清洗、烘干、磨成面粉、打包、贴标签、按照订单装箱，并贴上条码（或者 RFID），这些已经是成熟技术。

我在德国就看见过类似的设备，能够准确地测量每平方米牧草的收购量，如果发现差异，可以分析绩效，追溯原因。

有了面粉，下一步就是物流配送了，按照客户订单的数量和配送位置，系统自动规划线路，并按照规划好的路线自动装车（大家注意，这里不需要入库了，入库其实是浪费时间、空间、人力、能耗）。自动装车的方式有很多种，可以是机器人，也可以是机械手，只要车辆标准、包装标准，通过信息化（程序）和机械手，自动装车是可以实现的。上海洋山港就是自动化码头，比自动装车复杂很多。

无论车辆是自动驾驶还是人工驾驶，总之运输不是问题。车载传感器和运输系统会精准地将各项运输数据实时传到各个相关方的 ERP 系统，收货方、发货方、运输公司等都会实时做好各自的工作计划。

到了收货地点，仓库卡口的信息系统和车辆的 RFID 自动对话，确认是送货车辆后自动放行，并把订单信息和卸货计划自动发给仓库的 WMS，完成自动入库。

WMS 安排机器人自动卸货。能自动装车，自然也能完成自动卸货。自动卸货的操作听起来很复杂，实际很简单，因为货物在车厢的位置是完全确定的，已经通过装车计划和 RFID 实现精准定位，而且卸货顺序也已经通过系统设定好，机器人完全可以精准卸货。至于次序，一定是后卸的货先装，或者是飞翼车，可以三面卸货。

最后是入库，机器人把货物放在传送带上，就可以直接入库了，入库之后就可直接进入系统安排好的货位，凡是做过 AS/RS（自动化仓库）的，都知道这很容易实现。

如果这是您的仓库，整个订单交付就完成了。尽管整个过程有些理想化，但理论上都可以实现。

所以，只要满足 3 个条件，即业务标准化、管理信息化、生产自动化，就可以实现智能物流。但智能物流能否实现经济效益，则取决于项目的规模和成本。

就管理而言，工业和农业是类似的，工业集中化程度高，实现智能物流的方案可能还要简单些。

中国已经成为世界工厂，经济体量越来越大。随着规模越来越大，管理难度越来越大，人工成本越来越高，智能物流的单位成本一定会越来越便宜，通过智能物流提高企业竞争力、降低企业成本，对于规模达到一定程度的企业，是一个比较有效的手段。

当然，实际规划一个企业的智能物流比这种模拟题目要复杂得多。企业管理要实现全面标准化、信息化、自动化，具有相当大的挑战性。企业要实现智慧物流，需要研究好 4 个工具和 1 个逻辑。

（1）互联网：把业务变得透明。互联网平台打破了企业边界，深化了企业分工协作，实现了资源最大化利用，把世界从模糊变为透明。

（2）物联网：使货物变得透明。物联网、RFID 的应用，让我们可以看见货物的位置和移动，把“死”的货物变成“活”的货物，以货物互联、设施互联带动物流互联，实现了物流在线和物流透明。

（3）自动化设备：实现了无人化操作。在工业 4.0 的工厂，机器自动工作。在物流领域，无人驾驶、无人仓储、无人配送、物流机器人等的广泛应用将使物流效率大幅度提高。

（4）大数据管理：人工智能和大数据运算使很多工作实现了数据化和计划自动化，

最终实现“业务数据化”。大数据管理的计划更加精准、管理更加优化。所以，要想做好物流，必须实现大数据管理和智能管理。

（5）业务逻辑：企业要实现智能物流，照抄、照搬很危险，一定要研究透自身的业务模式，理顺业务逻辑。智能化实际上是用信息系统管理企业，因此，企业更需要有清晰的业务逻辑。

围绕着标准化、信息化、自动化这 3 个维度，把业务逻辑理清，把业务流程理顺，让管理执行力到位，把互联网、物联网、自动化、大数据 4 个工具用好，沉下心来，适当投入，做好智能物流是有可能的。即使不能按照理想化的模式做好全程智能，做好了局部智能也会有很好的经济效益。

手记 6

物流改善的空间和机遇:7 万亿元

日本的搬家公司在接到客户的电话时，会询问很详细的信息，包括货物、数量、重量、体积等，然后准确地告诉客户需要的纸箱规格数量、胶带数量，等搬完家，纸箱刚好用完，胶带仅剩一尺，这种精准和效率，令人叹为观止。

德国的物流技术和物流管理同样让人惊叹。我在德国出差一周，行程大概 3000 千米，看了 6 个城市，从城市到乡村，没有见过一个塑料袋，去超市购物都用布袋，可以循环使用很多年。导游会收集每一个矿泉水瓶，再退回收集站。每个水瓶可退 0.2 欧元，所有垃圾都经过严格分类，几乎 100% 回收，进入再循环。从城市到乡村，看不到一个塑料袋和矿泉水瓶。连废品回收物流都能管理到这个程度，企业的物流管理水平就可想而知了。

中国物流的体量太大，国内大部分企业的物流还处于较低水平。如果国内物流达到发达国家的管理水平，则我们的物流改善空间巨大，物流成本将会大幅降低。

根据公开信息，美国的物流成本大约占 GDP 的 10%，日本大约占 11% 左右，中国高达 18% 左右，有些报告说高达 21%。中国 2019 年 GDP 为 99.1 万亿元，以此计算，如果中国要达到日本的物流管理水平，至少还有 7 万亿元的改善空间。

上述物流改善空间是通过标杆对比计算出来的，我国的物流费用占 GDP 的比例和发达国家比较，大约高出一倍。以美国为标杆计算，高出的部分约占 GDP 的 8%，所以，如果我们达到美国的物流管理水平，可以改善的物流空间大致为：

$$99.1\times8\%=7.928\text{（万亿元）}$$

7万亿~8万亿元的改善空间，从这个数据上来看合情合理，保守来说就是7万亿元。那么，真有这么大的空间吗？这些改善的空间在哪儿？是如何产生的？

我经过研究发现，这些物流效率的差距是过量物流和物流浪费造成的。过量物流和物流浪费贯穿在我们的生产、流通、消费的各个环节中，带来了物流效率的巨大损失。造成过量物流和物流浪费的原因很多，综合分析来看，主要是生活习惯、产品品质、产业效率、商业模式等。

从生活习惯来看，我们的餐饮和日常用品存在大量的过量物流和物流浪费。

在国内，朋友一起吃饭，很少有全部吃完的时候，餐桌上剩30%的饭菜就算是节俭了——即使是我请朋友吃饭，也往往如此。道理很简单：饭菜丰盛才能表达热情和心意。在这类消费方式中，浪费大约占消费的30%，显而易见，连饭菜都浪费了，其中的物流肯定全部被浪费掉了。可是在欧美等国家就不一样了：每个人点自己的菜，大家都量力而行，吃多少点多少，吃到最后，就剩点面包渣。按照物流占GDP的20%计算，这类消费方式造成的物流浪费大约占GDP的6%。

从产品品质来看，对产品的使用寿命影响巨大，对物流浪费和过量物流的影响也相当明显，德国的坐便水箱镶在墙壁里，这样可以节省空间，但水箱的质量必须过硬，至少在下一次装修房子之前不能坏，大约需要40年，否则，换一次水箱芯要把墙打开，成本太高了。我家的坐便水箱，10年不到，换了2次芯，按照这个速度，40年大约配送6次芯。而发达国家，40年也就是配送一次芯。读者可以自己计算一下，我们的过量耗材有多大？我们的过量物流又有多大？

这个例子也会让我们考虑我们的产品使用成本，思考我们的产品质量，反思我们的制造业。对于高质量的产品而言，购买时价格偏高，使用成本反而便宜。比如，德国的菜刀价格不菲，但可以很顺手地使用100多年。低质量产品的价格可能会便宜，但存在高耗材、高耗能、维修费用高昂、多次配送等问题，其使用成本反而偏高。所以，较之采购成本，实际的使用成本才是我们更应该关注的成本。

从产业效率来看，我们的制造业和流通业中存在着过量物流和物流浪费。

某大型国有企业在2010年曾经对自己的物流状况做了一次调研，从供应商状况、采购管理、采购物流、生产制造、销售管理、销售物流、应收账款、客户订单8个维度评估了自己的供应链和物流效率，并从净资产周转次数、存货周转率、现金周转率3个维度做了综合评估。与国际同行做了比较之后，发现国际同行的效率基本上是该企业的2倍。详细数据如下：

在净资产周转次数方面，国际同行是该企业的2.4倍（见图1-6）。

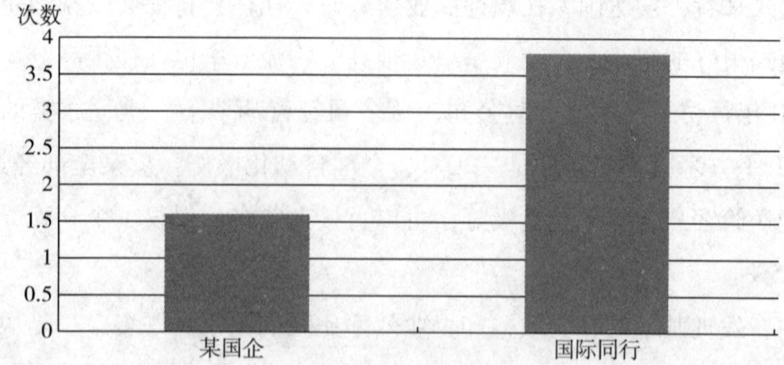

图 1-6 净资产周转次数

在存货周转率方面，国际同行是该企业的 2.04 倍（见图 1-7）。

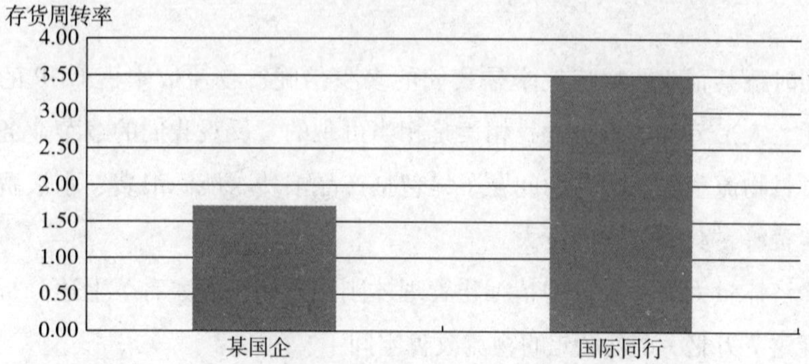

图 1-7 存货周转率

也就是说，生产同样数量的产品，该企业的仓库面积至少要达到国际同行的 2 倍——否则，怎么放得下 2 倍的货量呢？

在现金周转率方面，国际同行是该企业的 1.74 倍（见图 1-8）。

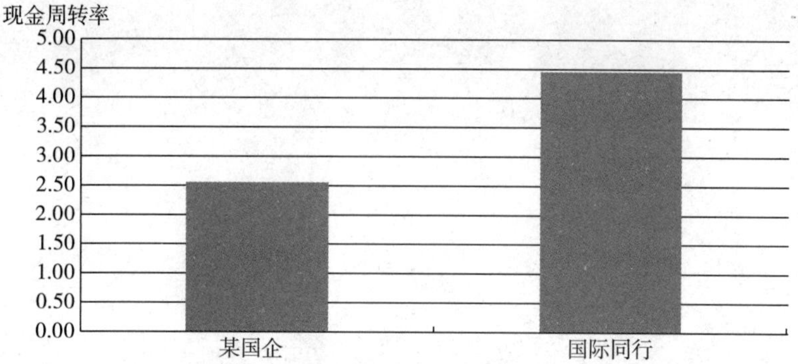

图 1-8 现金周转率

如果国际同行的供应链整体效率是该企业的 2 倍，那物流效率呢？从我能看到的相关数据来看，也应该在 2 倍以上。

从商业模式来看，发达国家在设计商业模式时，往往会将社会效益和企业效益统筹考虑。商业模式很好的企业，企业效率一定很高，物流效率也往往很高。

我在2010年拜访了一家比利时公司，该公司经营胡萝卜、土豆之类的蔬菜，自有冷库面积20万平方米，存储条件是 -20℃，全部自动化操作。蔬菜全部经过深度清洗、封装，直接配送给客户，卫生质量极好，可以直接上餐桌。仅仅一个仓库，就占了欧洲市场份额的25%。

仔细评估，发现其中的社会效益和企业效率比我们国家高许多。一是快速冷藏实现了蔬菜保鲜、避免了蔬菜变质，减少了损耗。二是在工厂集中完成洗菜环节，水可以重复利用，几乎不消耗水；在家庭中洗菜，水的消耗很大。三是集中洗菜，节省了千家万户洗菜的劳动力，尤其是送到餐馆的蔬菜，节省的劳动力就更加明显（欧洲劳动力成本很高）。

这个比利时蔬菜企业的物流效率是我们的多少倍呢？物流成本占GDP的多少？产品损耗、能耗、人工节省了多少？我相信是相当可观的。反观我们的蔬菜业务模式，已经不仅仅是过量物流和物流浪费的问题了，包括产品浪费、能源浪费、水浪费、劳动力浪费、物流浪费等，其改善空间巨大。

中国的经济体量太大，我们的精细化管理才刚刚开始，大家看了上述分析后，可能就不会再质疑这7万亿~8万亿元的物流改善空间了。

模块 2　升级你的物流战略

手记 7

FBA 服务：成就了第三方，更成就了亚马逊

目前，亚马逊是全球最成功的电商公司，没有之一。

2019 年 11 月，为了准备京东的讲课课件，我仔细阅读了亚马逊的年报，在亚马逊的年报中，第一页第一段是这样描述的：

致我们的股东：

在过去的 20 年，发生了一些非同寻常的作用（见表 1-1 和图 1-9）。

表 1-1　亚马逊第三方业务增长率

1999	2000	2001	2002	2003	2004	2005	2006	2007	2008
3%	3%	6%	17%	22%	25%	28%	28%	29%	30%
2009	2010	2011	2012	2013	2014	2015	2016	2017	2018
31%	34%	38%	42%	46%	49%	51%	54%	56%	58%

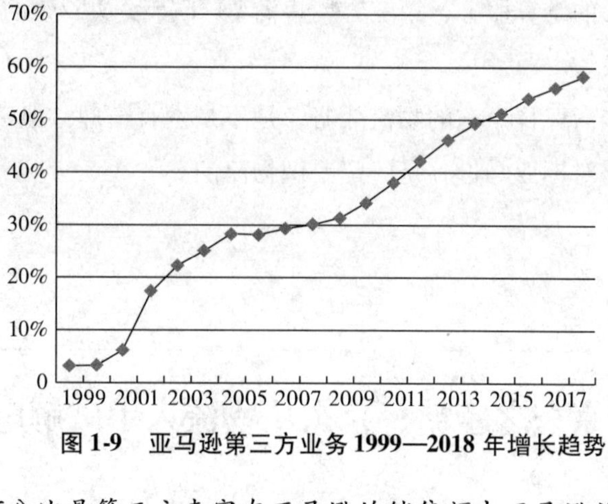

图 1-9　亚马逊第三方业务 1999—2018 年增长趋势

表 1-1 中的百分比是第三方卖家在亚马逊的销售额占亚马逊总销售额的比例。这些第三方卖家大部分是中小企业（亚马逊把自己的销售称为第一方销售）。

第三方销售份额占比从 3% 增长到 58%，从 1999 年的 16 亿美元增长到 2018 年的 1170 亿美元，复合增长率是 52%。

而同期，第一方销售（亚马逊自己的销售）的复合增长率是 25%。

亚马逊是通过物流、客流、支付把供应商和客户紧紧绑在自己的平台上，第三方销售额之所以有如此大的增长，和亚马逊提供的 FBA 服务有很大关系。

FBA（Fulfillment by Amazon），就是指卖家把自己在亚马逊上销售的产品库存直接送到亚马逊当地市场的仓库中，客户下订单后，就由亚马逊系统自动完成后续的发货。

亚马逊既担当在线零售商的角色，也承担物流平台的职能。

2007 年，亚马逊引入了物流服务，即将自身平台开放给第三方卖家，将其库存纳入亚马逊全球的物流网络，为其提供拣货、包装以及终端配送的服务，亚马逊则收取服务费用。

比如，深圳有一家公司，只有十几个人，但是每年营业额几亿元人民币。该公司在中国采购灯泡，把货送到美国的亚马逊仓库，客户在亚马逊上下单，亚马逊提供全程的配送、换灯泡、退货、库存管理等服务。

以这个团队的实力，如果没有亚马逊，我估计这个企业在美国做 100 元的生意都有难度，现在有了亚马逊，可以轻松做几亿元。

这样的中小企业在全球不胜枚举，类似的市场需求有巨大潜力。从工厂配送至客户、从经销商配送至客户、从门店配送至客户、从餐馆配送至客户、从厨房配送至客户、从个人配送至个人客户（C2C），物流市场远远没有被充分挖掘。

亚马逊持续打造物流、客流、结算的服务体系，为第三方销售商提供更多的客户、更好的物流体系、更快的结算服务，第三方销售商 20 年持续以 52% 的复合增长率成长，倒也是情理之中的事情。

现在来看看国内电商标杆京东的物流战略，是不是蛮有道理？但京东毕竟还不是全球标杆。所以，如果要对标亚马逊，是一定要做物流的。

手记 8

彼之砒霜，京东之蜜糖：京东从物流入手破解电商模式

京东现在是国内电商龙头企业，也是全球耀眼的明星企业。大部分人往往为电商这个炫目的名字所吸引，却很少研究电商背后的逻辑，其实，电商就是在网上卖货，连门店都不要了，其业务模式是典型的“产品 + 物流”。

刘强东讲解的京东的业务模式，就是破解传统的物流模式：打造物流体系，提高服

务，降低成本。

2014 年 7 月 25 日，刘强东在中欧国际工商学院 20 周年校庆大师课堂发表了演讲，题为《破解传统物流模式 最受争议非我莫属》。刘强东重点讲解了京东的盈利模式：做大行业规模，优化物流模式，降低物流成本。从某种程度上来讲，京东赚的是物流的钱。

刘强东说："破解传统物流模式：减少物品的流动。有一个基本的概念，就是现金流。一家盈利的企业可能会倒闭，一家亏损但现金流为正的企业可能不倒闭。京东打造物流系统，我们前端为了给客户提供最佳体验的同时，后端也有很大的诉求，希望降低整个物流成本。"

物流公司都希望轻资产运营，以此来降低自己的风险，但刘强东看到了自建物流的巨大机会，并做了简要说明："我们自建物流的时候，看到中国有一个巨大的机会。这个机会基于以下 3 个原因：一是中国没有 UPS，没有 Fedex，所以给了我们机会；二是中国的物流成本奇高无比；三是服务，中国的快递发展虽然非常迅速，但服务品质比较低。"

尽管自建了很多物流设施，但京东的焦点并不是做物流，而是为了提高客户体验，降低运营费用。

"基于这三点，京东物流模式又进了一步。京东做的不是快递公司，我们绝对不承认我们是快递公司。'三通一达'也好，顺丰也好，它们追求的是如何让货物快速流动，所以导致网络非常复杂；而京东的物流模式非常简单，就是从仓储地送到消费者家里，点和点之间没有一毛钱的关系。而且我们是仓配一体化；建的仓库越来越多，货物离消费者越来越近；货物移动的距离越来越短，速度越来越快；成本也越来越低。因此，这是一个正向循环，规模越大，物流越明显。"刘强东很看重京东的物流服务。

"京东物流设计的核心是为了减少物品的流动。我们希望从工厂里生产出来，甚至还没有生产的时候，就告诉你。告诉你什么呢？京东在 36 个城市有 86 个库房，我们可以告诉你每个库房能发多少货。从工厂把货物拉到 80 多个库房，第二次搬运就是从库房搬到客户家里去，中间再没有什么代理商、经销商，没有从这个库房搬到那个库房的烦琐程序。因为我们的搬运次数少，所以成本很低；因为直接到达终端客户手中，所以运营效率也很高。"

京东通过优化物流，驱动库存，满足订单，扩大管理规模，降低库存，提高库存周转，降低账期，便可以提高整个行业的效率。

根据京东的年报和分析可以知道，京东的库存周转天数是 32 天，同行的库存周转天数是 70 ~ 90 天。但是，京东的管理难度大，因为它的品项数远远多于其同行——同行管了 1 万种 SKU，而京东管理的 SKU 数量超过 2000 万种。同行的平均账期是 140 多天，资金 1 年只能周转 2 次。京东的账期只有 39 天，意味着现金的年周转次数可以达到9次，整个行业效率就起来了。

从京东的分析看来，中国两大家电的费用率是16%～17%，京东通过优化物流，费用率只有8%，京东有50%的优势。

正是基于这些数据的分析，京东发现，前期亏损并不可怕，只要持续优化物流、优化成本，保持持续增长，达到盈亏平衡点之后，京东便可持续盈利，这是经营模式的突破。所以，尽管京东亏损了很多年，但一直在坚持。

刘强东说："一家有价值的公司会有亏损，会受到质疑，会害怕失败，会有恐惧，但终究还能够坚持。因为你会发现，你的低价来自你的成本控制，你的现金流来自你的效率提高，还有前端的用户体验，包括产品、价格、服务。所以，京东商城的物流追求的是减少物品的流动，这是京东商城设计物流的一个核心的诉求点。"

2007年京东自建物流之际，恰恰是中国的物流公司极力追求轻资产运营之时，仓库、车辆这样的重资产，投入高、回报低，大部分公司都避之而唯恐不及。京东作为一家创新型的公司，竟然拾回传统物流摒弃的业务，并在此基础上融合电商模式，眼光确实独特。

其实，从另外一个角度看，京东做物流是必然的。京东一定做过标杆分析，而物流恰恰是这家标杆企业的核心竞争力之一。

这个标杆就是亚马逊。

手记9

卓越的物流功力是流通企业的核心竞争力

仔细观察批发企业和零售企业，会发现一个很有意思的事情：卓越的物流能力是企业的核心竞争力。

批发企业和零售企业自己不开发产品，基本上是销售其供应商的产品，所以，零售和批发的业务模式实际上就是物流加产品，即

零售/批发＝物流＋产品

零售业的产品都不是自己制造的，从这个角度上看，零售和批发可以发挥的空间主要是物流。当然，这个物流是"大物流"的概念，包含了寻源、采购、存储、运输、展示、销售等。

永辉超市是国内零售业的翘楚，短短十几年就在零售行业做得风生水起。2016年，

零售业“关店潮”铺天盖地，沃尔玛、家乐福纷纷关店，但永辉的营业收入达492亿元，同期增长16.82%，营业利润12.4亿元，同期增长105%。在门店超市这个细分领域，永辉已经做到了当之无愧的龙头。

高鑫零售是一家台资企业，在中国香港上市。高鑫零售这个名字大家知道得可能不多，但是其超市品牌大润发的知名度很高。在国内商超、百货等零售业持续低迷的情况下，大润发还能保持每年两位数的增长。

如果仔细研究这两家公司，可以发现其典型的特点就是在物流上做足了文章。

细心的读者可以读读这两家公司的年报。永辉超市在2015年、2016年年报中详细披露了其供应链战略和举措，很值得借鉴。以下资料摘自永辉的2015年年报：

供应链转型

报告期内，公司进行了供应链改革和品类管理升级。

供应链改革主要围绕打造垂直供应链、加强海外直采体系建设、整合区域供应链。

为建设以中央厨房为核心的食品工业体系，推进商品标准化和产业化。

与联华超市、中百集团、牛奶公司等战略合作伙伴逐步开展联合采购、协同营销，探索进行资源共享、规模采购。

品类管理升级主要围绕强化品类商品箱值精细化管理、打造明星商品、调整商品结构及加快末端商品淘汰展开。

在经营层面，永辉各事业部及有关职能部门在供应链和物流方面也有一系列重要举措，包括源头采购、规模采购、长期可持续采购、战略联合采购、开放供应链平台等。

生鲜事业部

为强化生鲜能力，发展源头规模采购并进行商品精细化管理，以供应链管理理念规划5年期可持续发展的长半径生鲜采购项目。项目商品实行商品工业化标准，生鲜品牌化运作，将重点服务于战略联合采购。

对优势生鲜资源全面开放供应链平台，规划重点商品，巩固生鲜经营理念。

供应链整合及优化是管理的核心之一，管理层关于服装事业部的讨论与分析，第一句话就涉及供应链整合及优化。

服装事业部

报告期内，服装事业部对现行供应链进行评估、整合及优化。重新确定供应商的考核与分级管理标准，对低效供应商进行提升或淘汰；推行重叠品项统一采购，提高单品采购规模及议价能力，优化单品盈利水平。

事业部还重视优化库存商品，实现优化率72.2%，超额完成预定目标。有效管控库存，提高库存周转率。事业部将力行供应链改革：①与厂商联合运作形成F2C模式，承接库存风险；②营采部门转向服务型，以服务供应链和门店营运为主要目标；③继续完善供应链的 KPI 考核，实行末位淘汰制；④发展互动经营，数据共享。

食品用品事业部

报告期内，食品用品事业部继续推进供应链改革。17 个用品品类在报告期内全部取消中间环节，改向工厂直采，通过招投标方式精选出具有优势、差异性的商品，提升商品的竞争力和盈利水平，2015 年总毛利率提升 0.8%。

酒类供应链整合效益凸显，公司先后与富邑集团、桃乐丝中国公司、泸州股份公司等达成战略合作，2015 年实现酒类销售增长 30.5%。

2016 年，事业部将以垂直供应链和采销一体化为改革方向，提升供应链管理水平，降低商品成本，做强实体店销售，扩大商品线上、B2B 等销路，使公司在快速消费品领域处于领先地位。

永辉还重视加强物流中心和配送中心的建设。

——加强 6S 标准的执行。

——生鲜标准件配送，启用新装载设备进行配送，减少损耗率，提高作业效率。

——新增辽宁沈阳、广东东莞、浙江杭州 3 个物流中心。

——物流中心将以营运标准化、模式多样化、高度信息化、适度自动化、精确节能化为运作目标，提升各 DC 和 RDC 配送能力和利用率，实现物流能力扩张（建设陕西西安、贵州贵阳新仓）。

——对三大品类综合拣选、集成配送、可循环管理进行流程优化；引进拆零分拣设备、电子标签、生鲜自动称重系统。

——园区统一管理以及远程监控管理等模式，实现配送过程可视化、办公巡场远程化，改进配送道具，提升配送标准化与安全性。

在永辉的年报中，对供应链和物流的讨论分析占了很重要的篇幅，可见供应链和物流对于永辉的重要性。

手记 10

物流不仅仅是独立经济体，还可以带动地方经济

中国有句话叫“要想富，先修路”，修路的目的就是让物流畅通。

“市”的最原始的意思是“交易中心”。几百年前，没有像现在这么健全的物流体

系，当然也没有给“亲们”提供的“包邮服务”。实际上，古代的“市”同时也是物流中心。

在古代，只有物流好，经济才可能好。丝绸之路没落并不是因为丝绸之路更难走了，而是因为有了更好的物流方式。

发展好物流，可以很好地带动地方经济。

50 年前，法兰克福市是欧洲航运中心，新加坡是亚洲航运中心，中国香港也是亚洲航运中心，而上海在 15 年前才提出来发展洋山港，建立国际航运中心。

1999 年，我负责国际物流，安排发往欧洲的显示器订单需要到韩国釜山集港——因为那时候的釜山是东亚航运中心。

山东省寿光市是中国的“菜都”，寿光蔬菜批发市场是全国最大的蔬菜集散中心。河南、河北生产的蔬菜需要先运到寿光，然后从寿光运到北京。

山东临沂地处鲁东南，相对于青岛、烟台、济南，经济落后不少。近十几年来，临沂通过大力发展物流，吸引了许多大公司的山东分拨中心建在临沂。我在汕头有一个客户，用百世物流配送。我发现，他们先把发往青岛的货物送到临沂，原来百世物流的山东物流中心设在临沂。有了物流这个大产业，临沂的经济发展会更快一些。

2013 年，我在中蒙边境口岸城市甘其毛都工作，该口岸年贸易额几百亿元人民币，是中蒙边境贸易量最大的口岸，其主要进口产品是煤炭、铜金矿。这个地方原来是无人区，随着物流发展，贸易也快速成长，现已发展成为一个颇具规模的边陲小城。

手记 11

欧洲的创举：一纸盟书成功破解物流和支付的魔咒

2011 年，我在欧洲待了一段时间。作为一个物流人，无论走到哪儿，眼里看到的总是物流。欧洲有 48 个国家，面积 1016 万平方千米，比中国略大，欧洲的交通和物流极为便利，物流成本仅占 GDP 的 11% 左右，而中国大约是 20%，所以欧洲的物流效率比我们高很多。

其实，在 30 年前，欧洲各国的物流环境是很差的。现在，欧洲经济能发展这么好，物流效率这么高，体现了欧洲人的胸怀、智慧和创造性。这个“创造”就是“结盟”，即成立欧盟。

凡是从事物流和国际商务的人士都知道，影响物流绩效和浪费物流效率的，往往是重要的物流节点。而在国际贸易中，通关环节涉及关税、增值税、外汇、货物监管、车辆监管、国家统计、走私监管等，这都是最重要的物流环节，往往需要消耗很多时间。一般的通关时间短则几个小时，长则几天，通常情况下会在24小时之内完成。中国海关监管较严，通关时间还要长一些。

物流消耗的时间不仅仅是浪费人工费用，还包含社会资源的巨大浪费，比如轮船停滞、卡车停滞、货物迟滞等。如果国际贸易的货物和运输设备平均停滞24小时，会严重影响物流成本和社会效率。

1993年之前，欧盟还没有成立，40多个国家挤在欧洲，各国各自为政，国境和关境蛛网密布。运输货物需要不断地穿越国境和关境，需要频繁通关，物流极不畅通。

例如，从中国运往罗马尼亚的货物需要先海运至德国汉堡港，完成通关，然后穿过德国，穿过捷克，再穿过斯洛伐克，最后进入罗马尼亚，这都需要一系列的通关。光是海运到汉堡就需要25天左右，最后到达罗马尼亚就要超过40天了，时间延长了大约60%。

在这个过程中，需要频繁换车——德国的车辆是不允许在罗马尼亚搞运输的，因为各国都有贸易保护。进入不同的国家，还要更换当地的运输车辆。

所以40年前，欧洲的物流是个大麻烦。

除了物流不方便，支付也很不方便，德国用德国马克、法国用法国法郎、意大利用意大利里拉、荷兰用荷兰盾、比利时用比利时法郎。由于各国经济发展不平衡，汇率很不稳定，国家间的外汇汇率频频更改。

汇率天天变，贸易双方需要耗时耗力谈价格，贸易结算也是个大麻烦。

除了国与国之间贸易不便利，各国内部经济发展也很不均衡，不是通货膨胀，就是通货紧缩。不稳定的汇率，加上频繁的价格波动，对民生和经济发展都带来了严重影响。

40年前的欧洲，物流成本之高，商务成本之高，可想而知。

成立欧盟是欧洲人的伟大发明！

成立欧盟，实现了欧洲经济一体化，统一了市场、统一了货币，有利于持续发展区域经济、促进地区和平、实现共同防御。这就解决了上面所说的一系列难题。

2011年，我去欧洲考察项目时办理的是“申根签证”，持有申根签证可以去所有的申根成员国——大部分是欧盟国家。

成立欧盟后，欧盟内部的关境消失了——所谓关境，就是海关管辖的口岸。

行驶在欧洲的土地上，高速公路畅通无阻，在欧盟内部不需要通关了。中国移动真是“全球通”，手机短信一会儿告诉我到了荷兰，一会儿通知我到了比利时。如果不是接到通知，我可能以为还在德国。

欧盟各国的边境已经没有口岸，也不需要通关，货车都是飞驰而过，大幅度提升了物流效率。

但口岸保留了原有的建筑，让我们依稀想到当年繁忙的盛况。大约30年前，这些口岸的商务很发达，小规模经济也很活跃，从比利时回到德国的人，需要把比利时法郎花完，而从德国回到比利时的人，也需要把德国马克花完。因此，口岸的那些商店，生意都很红火。

欧盟成立后，持有欧元就可以走遍整个欧盟。

欧盟连防务都实现了一体化，欧盟的欧防局的使命就是支持欧盟成员国提升军事实力，以满足欧洲安全与防务政策的需要。各国的国防成本也会大幅下降。

走的国家多了，往往会比较国家的优劣。我往往采用自己的标准，最重要的一条就是人类社会活动的便利程度。

作为一个“外国人”，我很方便地行走于欧盟多个国家，感到非常便利；作为一个从事物流行业的资深人士，看到这么多国家的车辆在欧盟物畅其流，创造了很高的社会效率，我感到很惊叹。

尽管欧洲有很多国家经济实力比较雄厚（比如德国、英国、法国、意大利），但是，第二次世界大战之后，美国、苏联、日本、中国在世界所占的经济比重越来越大，欧洲各国如果持续内耗，那就是一个个待猎杀的“独狼”。欧盟成立后，就是“狼群”结盟，再也不惧怕“虎豹”了。

成立欧盟是欧洲人的创举，欧洲人用一纸盟书，破解了物流和支付的魔咒，使欧盟成为全球很有分量的经济体，保持着持续的竞争力。

不过，写完上述文章后的几年里，我又陆续和一些欧盟国家的人讨论欧盟，结果却不太一样。

一位是德国物流研究院的教授，也是我的老师，Klaus；另一位是法国人；还有一位是意大利人。

Klaus是我的一个老朋友，和我交往了很多年。他是一位德国教授，曾经是华为的首席物流科学家。我问他对欧盟的看法，他却对欧盟不满意。

他说，他的退休金是每月1500德国马克，折换成欧元后变少了。因为欧盟各成员国经济发展不均衡，德国受到拖累，货币贬值，购买力不到原来的60%，他认为自己吃亏了。

同样一个问题，我问意大利的人，他也不满意。

他说，意大利本身经济竞争力不太强，加入欧盟后，市场受到冲击，经济条件反而不如以前。

后来，我问法国人："德国人和意大利人都觉得加入欧盟吃亏了，你们呢?"

法国人的鼻子都气歪了："什么？德国人吃亏了?！他们怎么可能吃亏，现在，德国总理说话都能代表欧盟，德国历史上从来就没有这么强大过。"

是啊，从中世纪末期，法国就成为欧洲大国；第二次世界大战前，法国是当时世界第二大殖民帝国，祖上都曾经是财主，难怪看不惯德国人。

看来，欧洲人对自家的事情也不是很满意，要不怎么会出现"英国脱欧"呢？倒是我这个"外国人"很看好欧盟——或许"东西都是邻居家的好"，也或许"旁观者清"吧。

手记 12

25 美元 vs 75 美元：为什么距离越近，运费却越贵

2018 年，中美贸易战已经打得如火如荼。中国对原产地为美国的废纸征收 25% 的关税，加上 16% 的增值税，造成进口的美国废纸成本增长 29%。

国内一家造纸企业，以废纸为原材料生产包装纸，其 40% 的废纸来源于美国。成本增加影响了公司的产品竞争力和盈利能力，需要寻找降低成本的方法。

当时，该企业计划在墨西哥建立美国废纸加工中心，在美国收购 3 号废纸，运往墨西哥，在墨西哥分拣后，加工成 11 号废纸，出口到中国。这样就把原产地从美国改变到墨西哥，不用缴纳 29% 的关税加增值税了。

方案中，墨西哥加工中心的位置意向选在墨西哥的曼萨尼约。曼萨尼约是墨西哥西海岸的一个港口，距离美国西海岸主要港口洛杉矶的距离约 1500 千米。美国废纸通过洛杉矶港运往曼萨尼约港，在曼萨尼约稍作分拣加工，再运往中国青岛（见图 1-10）。

在评估物流方案时发现，一吨废纸的物流费用，从洛杉矶到青岛的费用是 25 美元，从曼萨尼约到青岛的费用是 25 美元，从洛杉矶到曼萨尼约的费用却是 75 美元。洛杉矶到青岛的距离是 12000 千米，而洛杉矶到曼萨尼约的距离只有 1500 千米，运费却是洛杉矶到青岛的 3 倍。这是船务公司的报价，不会有错。

洛杉矶至青岛之所以比洛杉矶到曼萨尼约的运费便宜很多，一方面是量变带来质变（物流多带来价格低）的结果；另一方面是返程船、返还集装箱捎货的效应。

中国有海量的产品出口至北美，所以船的规模大、班次多，运费自然便宜。形成规

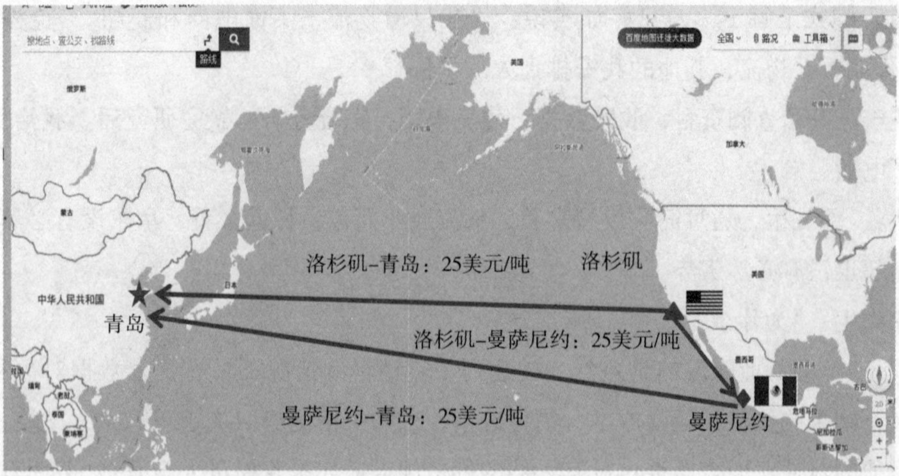

图 1-10　运输路线图

模后，物流成本就会大幅下降。

另外，货是留在北美了，船还要回来，集装箱还要回来，但是美国出口到中国的货太少了，有大量空箱和空仓，空着也是空着，给点钱就走，所以美国到中国的海运费用很便宜。

美国到墨西哥就没有这个好处了，尽管两国相邻，但贸易量并不够大，如果有货从洛杉矶运到曼萨尼约，只能专门安排船只，成本就高了。道理很简单：大巴的价格需几元，而打出租车的价格就要几十元。

中国到国际市场的物流成本是低的，到美洲、欧洲、日韩的物流成本都是低的，因为有“量”，有规模效应。中国产品出口全世界，成为“世界工厂”，物流成本低是主要原因，这是中国出口企业的竞争力。

手记 13

电商和店商谁能胜出①

前一段时间，思维动力公司徐先生委托我②研究一下京东和大商的未来竞争优势，我面露难色，因为我是物流出身，18 年来一直做物流规划、运作、研究，对电商和商

① 物流优势是未来流通行业的重要优势之一，不论店商还是电商，物流优势是核心竞争优势。本文是思维动力公司徐先生与和君资深咨询师孔令华先生关于“电商和店商谁更有优势”的交流。

② 注：“我”即作者孔令华先生。

超的商业模式了解不多，只好如实说："我只懂物流，不懂电商和商超。"徐先生说："好，你就看看物流，其他的我安排别人。尽快！"

我于是开始查阅资料，收集数据，建立模型，综合分析。做完研究后，我给徐先生打通了电话。

我："徐先生，通过简化模型来看，就流通业而言，长远来看，京东没有必然优势，而该商超也没有必然劣势。"

徐先生："为什么？"

我："流通行业赚取的是差价，在达到一定销量的情况下，有 3 个数据对盈利的影响最大，即采购价格、运营成本、销售价格；采购价格优势取决于采购量，就快速消费品等普通的流通业而言，谁也没有天然的价格优势。如果我要量大、有钱，董明珠照样可以低价把空调卖给我。销售价格的优势取决于销售量、品牌溢价、定价权，如果我们剔除品牌溢价、定价权这两个干扰因素，大部分商品的销售价格优势主要取决于销售量。所以，简化的公式为：利润 = 销售价格 − 采购成本 − 运营成本。

"目前，京东采用资本运营，但资本运营终须落地到商业模式。如果我们剔除资本运营的干扰，假设两种商业模式的采购价格和销售的优势相当，那么，只需要对比运营成本即可。

"而运营成本主要是物流成本。从物流的角度来看，这两种业态的主要差别是交付方式不同，京东的交付方式是'我去送'，而商超的交付方式是'您来取'。如果我们剔除人员、平台、财务等次要因素，只比较物流成本，就会发现：'我去送'的交付成本主要是仓储 + 配送，而'您来取'的物流成本主要是门店。所以，研究的核心就是随着销量的继续增长，谁更有成本优势。"

徐先生："接着说。"

我："从客流的角度来说，在大城市的核心地段，客流量大，自然是店商有优势。但店商的交付必须通过店面，所以在没有店面的地方就没有优势可言了。电商的优势是不受区域限制，不受客流限制，但是一到三线城市，配送距离拉长，配送成本明显提高。对于手机等高货值货物，电商还有一定的优势；但对于食品、日用品等快速消费品而言，卖得越多，亏得越多。"

徐先生："亏钱可以拉到客户，是不是也有优势？"

我："那是营销的手段，不是物流的优势。"

徐先生："嗯。"

我："所以，仅仅比较电商和店商的模式已经没有意义了，在这种情况下，有物流优势的一方将最终胜出。但看得见的是，这家大型商超因为有超过 300 万平方米的门店。至少在未来相当长的一段时间具有竞争力。”

徐先生：“这家商超租门店的成本很低，周期很长，是不是更有优势？”

我：“短期而言，是的。不过，我们不关注这种短期优势。对于长跑者而言，短期优势没有任何意义。”

徐先生：“这家商超也开了电商平台，是不是会提高其竞争优势？”

我：“这是肯定的，对于开了电商平台的商超而言，对于某些商品，店员回家并不影响生意，因为客户会在网上看商品，下单。

“另外，我和京东、一号店的高管做过交流，京东等电商企业已经着手在三线城市开实体店。实体店兼具体验和交付的功能。

“从公开的信息来看，京东把这件事看得很清楚：在电子等高端消费品领域，京东的运营成本大约有 4 个点的竞争优势；而在快速消费品领域则毫无优势可言。这是因为快速消费品的货值低、体积大、重量大、易破损等，造成配送成本太高。在这个领域，反倒是店商有优势，因为客户自提商品，物流成本很低。”

徐先生：“对于 O2O 和全渠道，你怎么看？”

我：“无论是 O2O 还是全渠道，都不是谁的专利，相对来说比较容易复制。只要对于争取客户有利，对于拿到数据有利，所有商家，不论线上和线下，都会不遗余力地去做。大多数互联网公司花钱买客户，花钱买数据，都是有钱任性，赌未来。

“但对于客户来讲，最重要的是三点：价格、质量、交付。价格是成本，质量是体验，交付是物流。就体验而言，店面的体验要好得多，但对于已经体验过的商品，就只有价格和交付了。我自己的感觉，未来大家会模糊这些概念，即不该关注电商还是店商，是 O2O 还是全渠道，而是更加注重客户体验和交付的质量。

“随着物联网的发展和智能制造的发展，流通行业倒是存在再一次发生颠覆的可能，未来不排除 F2C（工厂到客户，Factory to Customer）和 F2K（农场到厨房，Farm to Kitchen）的业务模式得到大规模应用。到那时候，流通行业肯定不是这个业态了。”

“所以，无论是电商还是店商，企业如果能够不断优化物流和供应链方案，并大量应用物流管理、物联网、智能制造等技术，完全可以打造未来的竞争优势。”

（原文发表于 2015 年《和君商业评论》）

手记 14

线上线下全面融合是迟早的事情

未来零售业将是线上线下的融合，也就是电商和商超的深度融合。

国外媒体 CNBC 报道：京东与美国零售企业沃尔玛的合作很成功，京东给沃尔玛带来了网络流量，而沃尔玛为京东的库存提供门店空间，京东也扩大了物流能力。

目前，我发现京东网站提供了新的服务“京东到家”，可以直接购买其他商店的产品，客户附近的很多便利店都在京东的网站上，包括永辉、京客隆、天客隆、稻香村、生鲜店、蔬菜店、药店等。这些店离我家的距离都没有超过 400 米，只要一个订单，一个小时就能送到家里。

京东借助实体店，能够实现一个小时的快速交付，大幅度提高了客户体验，增强了客户黏性。

实际上，电商继续通过现有的模式发展，已经遇到了增长的瓶颈，要想突破增长的瓶颈，需要更多接触和满足消费者的需求——而中国遍地的实体店是绝好的资源。

电商和实体店的融合为双方提供了难以估量的发展空间：在电商的助力下，实体店的客户体验会大幅提升，包括产品展示、购物选择、下单速度、配送速度、便捷程度；而拥有配送网络的电商一旦和海量实体店牵手，不但能得到快速发展的空间，也会使配送网络发挥更大的威力，降低运营成本。

电商和实体店的融合将加速到来，主要有 3 种模式：

（1）业务合作。电商网站直接销售并配送实体店产品，实体店借助电商实现产品“上网”，电商直接从实体店完成配送，实现订单“落地”，借此提高销售量，提高配送效率，降低物流成本。

（2）交叉持股。电商和商超互相持有股份，业务上取长补短。

（3）并购。电商利用自己的资金优势，直接收购实体店。毕竟电商有钱，而实体店上市公司的市值都很便宜。

商业大势，分久必合。电商和实体店的融合将加速到来，这是趋势使然。

第二讲

物流是一项管理

- 物流管理贯穿整个供应链
- 物流管理是对活动的管理
- 物流规划是个系统工程
- 物流管理的目标是持续优化物流成本
- 物流管理要透明

模块3　物流管理贯穿整个供应链

手记15

物流管理是对活动（动作）的管理

从商业的角度来看，物流是商业活动的一部分；从供应链的角度来看，物流是供应链交付的一部分。物流通过一系列的活动，完成供应链的交付，完成商业活动。尽管物流自身也可以成为独立的商业（business），比如运输服务或者物流服务，但从整体商业链条来看，本质上，物流是依附于商业的一系列活动。

从社会效益和商业的角度，我们可以得出研究物流的公式：

$$V=f(A)$$

式中　A（activity）——活动或者动作；

　　　V（value）——价值。

从社会效益来看，物流就是做好每个活动，更低廉、更快捷地完成交付，更好地服务于社会。

从商业活动来看，物流就是更好地完成供应链的交付，更低成本地完成商业活动，帮助企业获得更多营利。

物流自身也是商业活动，通过持续优化自身的操作和管理，可以为客户提供更好的服务，从而获得更多的市场份额，获得更多的利润。

所以，规划商业也好，规划供应链也好，或者规划物流本身也好，都需要认真研究物流的各个活动、各个环节、各个流程、各项投资，计算活动产生的成本、投资、价值，然后再做判断。这就是我设计 $V=f(A)$ 这个公式的本意。

$V=f(A)$ 这个公式适用于所有的物流。这个参数，可以是金额，也可以是速度、成本、破损等，凡能度量的，即可列为价值。A 这个参数，可以根据实际情况设定，但如果希望把工作做好，那就要把活动细分。做得越好，就越需要把它分得更细，直至操作和规划没有任何盲区。

“分”这个字，是一种极为有效的管理模式：感觉不好管，就分细一些；还不好管，就再分细一些。当物流活动（Activity）被分到足够细时，既能度量价值，也能够有效管理。

“细分”这个方法，既可以应用于数据，也可以应用流程。比如，矿石之类的大宗商品的运输可以用元/（吨·千米）这个单位对比运输价格的高低。再比如，入库这个流程可以拆分为检查单据、检查外观、卸货、核对数量、确认收货、上货架6个环节；如果上货架流程复杂，可以再分，分为扫描货物、分配货位、叉车叉货、举上货架；如果对举上货架的环节细分，可以分为举升托盘、调整托盘位置、放置、撤叉、叉下降；这样的细分，可以计算成本、计算时间、计算效率，必要时还可以管理质量。

总之，细分可以降低管理的难度，分得越细，管得越准（见图2-1）。

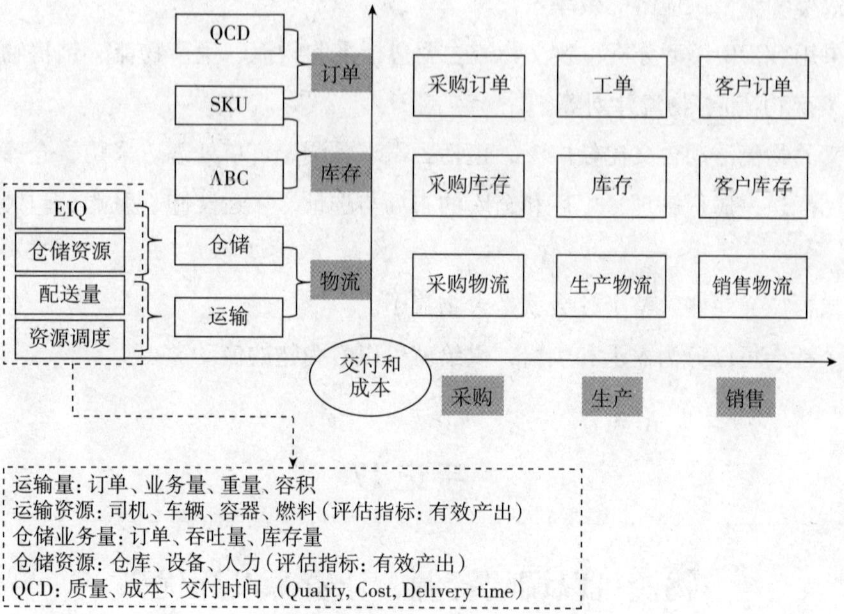

图2-1　物流细分分析示意图

手记16

广义的物流和狭义的物流

所谓物流的广义和狭义之分，并没有绝对的标准和依据，本书所述也只是为了研究方便而已。

狭义的物流主要指仓储、运输、增值服务等物流功能。通过运输、存储、配送等方式，实现产品从出发地到目的地所进行的物流活动。

狭义的物流动作主要可以分为四大类：运输、存储、装卸、增值服务，而增值服务主要包括包装、流通加工、组合、贴标签、盘点……

仔细研究物流动作，会发现除了加工环节，物流动作绝大多数是串联的（当然，混凝土车在运输过程中搅拌，是一种既运输又加工的流程，这是一种例外）。比如，把一批货物运到仓库，其基本物流动作包括装车、运输、卸车、签收、入库、存储 6 个动作。

广义的物流则包含整个制造业务和流通业务的所有物流环节，俗称“大物流”。大物流实际上已经接近供应链的概念。研究大物流，主要不是物流本身的效率，而是整个社会的效率和整个供应链的效率。

如果用 SCOR 模型分析，狭义物流主要包括采购物流、生产物流、销售物流、退货物流（废弃物流）、物流计划等。

广义的物流活动含义比较广泛，包括：需求预测、订单处理、采购、仓库管理、存货控制、配送、退货管理、工厂和仓库的布局与选址、搬运装卸、采购、包装、情报信息等。

如果再广义一些，整个社会就是大物流了。

整个社会可以分为需求和供给，供给就可以看为物的流动。

手记 17

物流可以调配资源，让资源发挥优势

宁夏的石嘴山市地处大西北。2015 年，我为石嘴山市保税物流中心做战略规划，对其经济状况做了统计和分析，发现其周边 50 千米内，34 家企业进出口总金额达 160 亿元，其中进口货物金额 40 亿元，出口货物金额 120 亿元。进出口货物总重量 1000 万吨，其中进口货物 600 万吨，出口货物 400 万吨。

1000 万吨是什么概念呢？假设每辆卡车装 20 吨货物，一年需要 50 万辆，平均每天 1400 辆车，如果每辆车间距 100 米，可以排 140 千米，从北京到天津的高速道路会被全部占满。

在那么偏远的地方，这个经济体量比较可观了。

石嘴山的主要进口产品是海外的锰矿，从天津口岸进口，然后长途陆运至该市。企业进口锰矿的目的是生产硅锰合金，而硅锰合金是炼钢的原材料，其下游客户大部分在河北、东北。如果稍稍有点地域概念和物流概念，就会觉得这个产业规划不合理：既然锰矿从天津口岸进口，终端需求客户又在河北，那为什么不直接在河北建厂生产呢？这样一来，每吨货物的物流费用至少可以节省200～300元，等于提高了4%～6%的利润，而且交付时效可以提高十几个工作日。

实际情况是：宁夏尽管没有锰矿优势，但是宁夏有物流优势、焦炭优势、电力优势。

因为宁夏大量的煤炭运往河北、天津等地，所以有大量的回程车。这些车以前都是空载而归，而现在可以捎带手从天津和河北的港口装上锰矿运回宁夏，所以车辆资源丰富，运输成本也不高。

除了物流优势，宁夏还有煤炭优势和电力优势。再考虑到国家的环保政策、企业家的地方资源等，因此，这种业态还是有其合理性的。

手记 18

物流规划是个系统工程

“系统”一词，来自英文system的音译，是指把零散的东西进行有序的组合，变成整体。

构成系统有3个要素，部分、逻辑、整体。好的系统就是“部分”运用得好，“逻辑”设计合理，“整体”实现目的。

我经常下围棋、下象棋，也设计过信息系统、管理流程。在做这些事情的过程中，印象最深的就是次序，即做事的先后顺序。下棋是最公平的竞技活动，规则平等，人手一子，你一步，我一步，最后总会有输赢，差别就是次序。做信息系统也是如此，无论多么复杂的系统，无论多么大的ERP，最初的代码都是0和1——所有的系统，都是0和1的排列组合而已。做管理流程也是如此：如果熟悉管理的逻辑，先后次序很清楚，做出来的流程就会既流畅又高效；相反，如果次序乱了，做出来的流程就会疙疙瘩瘩，浪费效率不说，还难以成事。

所以，所谓“逻辑”，就是次序，这也是系统的规律。

语言也是如此。好的语言组合，不是词，就是诗——而诗词之所以优美，无非是文字的排列符合人们欣赏的逻辑。

物流规划和管理的好坏也是个系统问题：管理得好，赚钱；管理得不好，亏本。

钱学森认为，系统是由相互作用、相互依赖的若干组成部分结合而成的，是一个具有特定功能的有机整体，而且这个有机整体又是它从属的更大系统的组成部分。

从这个角度来看，物流自身是独立的系统；同时，物流也是商业系统的一部分。所以，物流既是整体的局部，也是局部的整体。

从整个商业来看，物流是整个商业（business）的一部分，比如制造业的物流其实是制造业的一部分，自然，流通业的物流也是流通业的一部分。所以，物流做不好，整个生意也就没有竞争力。从物流自身来看，不论是规划仓库、规划运输，还是规划物流公司，都有其自身的模式和逻辑，是个系统工程。

不论做物流规划还是做物流管理，都是个系统工程，要做好系统工程，需要兼顾宏观和微观，协调好全局和局部。因此，这就需要物流工程师熟悉 3 个要素：

（1）熟悉系统的"整体"，列出所有的整体要求；

（2）熟悉系统的"部分"，列出所有的部分要求；

（3）理顺所有的"次序"，也就是逻辑和规律。

有了以上三点，就可以规划系统了，物流系统也是如此。

熟悉物流的逻辑，需要分析流程和数据，找到其中的规律。

如何列出所有的整体呢？

麦肯锡有一套方法论叫 MECE 分析法，全称 Mutually Exclusive，Collectively Exhaustive，中文意思是"相互独立，完全穷尽"。也就是说，对于一个重大的议题，能够做到不重叠、不遗漏地分类，能够有效把握问题的核心。

所谓的"不遗漏、不重叠"指在将某个整体划分为不同的部分时，必须保证划分后的各部分符合以下要求：

（1）各部分之间相互独立（Mutually Exclusive）；

（2）所有部分完全穷尽（Collectively Exhaustive）。

"相互独立"意味着问题的细分是在同一维度上并有明确区分、不可重叠的；"完全穷尽"则意味着全面、周密。

有了 MECE 这个指导思想，再辅以物流的经验和理论，就可以尝试针对规划或者管理的问题列出所有的事项。即使你是"小白"，只要多问问，多看看，多想想，列出一个清单应该是不难的。列完清单，再做排列，做个鱼骨图，把重复的去掉，把疏漏的补上，内容 MECE 了，就有了规划的基础。

如果要规划好，还需要找到规划的逻辑。物流业务逻辑包含的内容很多，但主要内容是次序。物流规划毕竟不同于下棋，不仅仅有简单的棋子、棋盘和对手，还有更加丰富的内容和规则，需要更加系统地思考，包括分析业务模式、业务流程、业务数据、绩效、订单、产品、库存、时间、空间等。尤其是制造业的物流，既要纵向考虑销售、生产、采购，也要横向考虑财务、信息化、人力、机力、环境等因素。

订单管理、运输规划、运输管理、仓库规划、仓库操作、货物管理、人员管理等，都是很传统的工作，行业内已经总结了很多逻辑和规律，只要用心，不难学会。

系统思考物流问题的时候，往往没有盲区，也就不太容易出现太大的疏漏，成功的概率就很大。

我曾经辅导一个上市公司做物流规划。公司总经理亲自召开论证会，每当有人提出方案的时候，就有人指出方案中的漏洞。随着论证和不断深入，问题逐渐被解决，终于达成共识。最后，他感叹道："原来物流规划是牵一发而动全身啊。"

是啊，这就是系统工程！

手记 19

做物流赚钱，要保证核心资产的快速周转

郑州的快递小哥吕国强，做外卖配送，做到了外卖的"单王"！一年 2 万多单，每月跑 2000 多单，这让他连续 3 年成为郑州外卖行业"单王"。也正因为有这样的成绩，他平均 1 个月收入 12000 多元，2019 年全年赚了 13 万元，3 年赚了 40 多万元，还上了央视财经节目。

为了能在最短的时间内抢到订单，吕国强特意配备了 2 部手机、3 辆电动车、4 块充电宝，每天除了五六个小时的睡觉时间，其余时间吕国强都是"待机"状态。

这个快递小哥纯粹是靠物流赚钱的，他赚钱的方式很简单，就是让自己的资产"自己"快速周转。一天 100 多单，每接一单就周转 1 次，每天周转 100 多次。

做物流赚钱，就要保证核心资产的快速周转。有些资产，尽管价值不是很好，但周转次数多了，也会形成很高的收入。中国有五六家物流快递上市公司，就是靠小订单快速周转发展起来的。

物流公司的资源包括车辆、堆场、人力、资金等，要赚钱，就需要让资产快速周转。在核心资产有限的情况下，周转次数就变成了决定性因素。

如果做仓库仅仅靠租金，能赚的钱往往不多，因此物流公司主要赚出入库操作的钱，所以仓库存储的货量周转要快。这样一来，仓库、设备、人力就会快速周转。

运输也是一样，同样的车辆和里程，组织得好，可以运 4 趟；组织得不好，只能运 3 趟，少了 25% 的产出。长此以往，对于公司的绩效和员工的绩效影响都很大。

资产要周转得快，需要管理好 OEE（Overall Equipment Effectiveness），即全局设备效率指标，提高资产的可用性、表现性和质量指数。

快递小哥的 OEE 指标抓得很好：首先，他准备的手机、电动车、充电宝等可保证自己的核心资产够用；其次，尽可能多地接单，极大发挥了资产的价值；最后，尽快交付每笔订单，不招致投诉，保证了质量要求。

我曾经辅导过一个铁路堆场管理，资源比一般物流资源稍稍复杂，涉及火车头、铁路线、火车车架、吊车、铁路堆场、桁车、装满货的集装箱、空集装箱、车辆、人力等。要组织好这么多资源，自然需要好好计划，在订单能够满足的情况下，核心资产的有效周转越快，则产出越多。

一般情况下，每台生产设备都有自己的最大理论产能，要实现这一产能，必须保证没有任何干扰和质量损耗。当然，实际生产中不可能达到这一要求。由于有许许多多的因素，车间设备存在着大量的失效：设备的故障、调整、更换；设备的表现差，影响生产率；产生次品；返工等。

OEE 指标是一个测量工具，可用于实际的生产能力相对于理论产能的比率，由可用率、表现性以及质量指数 3 个关键要素组成，即：

OEE = 可用率 × 表现性 × 质量指数

其中，可用率 = 操作时间/计划工作时间；

表现性 = 理想周期时间/实际周期时间；

质量指数 = 良品量/总产量。

利用 OEE 的一个最重要目的就是减少一般制造业所存在的六大损失：停机损失、换装调试损失、暂停机损失、减速损失、启动过程次品损失和生产过程次品损失。表 2-1是六大损失的说明及其与 OEE 的关系：

表 2-1　六大损失与 OEE 损失类别的关系

六大损失	OEE 损失类别	原因
停机损失	可用率	设备突发故障、原料短缺等
换装调试损失	可用率	更换模具、设备准备工作、设备检查等
暂停机损失	表现性	不通畅的生产流、检查
减速损失	表现性	设备运行慢、员工技术低
启动过程次品损失	质量指数	报废、返工等
生产过程次品损失	质量指数	报废、返工等

手记 20

只要周转得快，卖大米都是好生意

以上讲了快速周转，这里就讲一个关于大米生意的小故事。

许先生是我的好友，开了家物流公司，专门为 7－11 便利店、罗森便利店做从大仓到门店的配送服务。

后来，他想做一个食品园区，问我的意见。

我说：“可以！北京别的不行，人多，吃还可以，光吃大米就能吃出来大生意。关键是物流要做好，就能把资金和库存盘活了。你看，北京大部分超市都卖盒饭，主食主要是米饭，东北有的是好大米。如果周转得快，当天把白花花的大米做成香喷喷的米饭，再把它换成白花花的‘银子’，一天就能周转一次。”

“天下武功，唯快不破。周转快了，你都不需要库存，甚至连资金都不需要。”

许先生说：“也是。”

我说：“如果物流管理不好，大米存放 2 个月，不但占压资金，大米还会被虫子蛀了。”

你看，这就是物流的作用，只要“物”管理好了，“流”管理好了，什么都是好生意。

就是这个道理。

模块4　持续优化成本的秘密

手记21

物流管理的目标就是持续优化物流成本

物流是社会不可或缺的一项功能，也可以说是最重要的功能之一。我们的衣食住行，如果没有了物流，是不可想象的事情。

如果细分消费，会发现物流是消费品的载体，不是消费品本身。物流毕竟不是衣食住行，不能直接消费，所以，物流从诞生之日起就肩负着优化社会成本的使命，那就是长期、持续地降低社会成本。

基于此，所有的物流经理都会背上这个KPI指标，比如物流成本占GDP的比重、物流成本占销售额的比例、货物的吨·千米运价、仓库每千克货物的拣货成本、每行订单的拣货时间、每行订单的拣货成本等。这些指标可以有效地衡量物流成本，指导物流工作。

降低物流成本的第一个方法是砍价。砍价是降低物流成本最简单的手段，初期可能有效，但仅仅靠砍价来降低物流成本是难以持续的。如果过度砍价，则物流服务难以满足业务要求，反而会适得其反。即使砍价，也有很多方法，比如招标、比价、竞争性谈判等。好的砍价既可以保证物流成本具有竞争优势，也能保证物流对业务的支持。

降低物流成本的第二个方法是优化双方乃至多方的流程，减少供应链上的浪费，包括人力、机力、时间、空间等，实现集成供应链。比如产品下线的时候，不进入成品仓库，而是直接由物流公司装车，这样，入库、上架、出库等一系列工作就可以节省了。有些物流公司和客户信息系统直接对接，使用RFID技术，车辆到仓库门口，信息系统通过RIFD交换数据，货车直接开进仓库，进入货台，仓库直接收货、分配货位、上架，连验收都不需要，为什么呢？人们所规划的集成供应链保证了整个过程的准确性，错误率小到百万分之几，甚至可以忽略不计。

现在大部分仓库还在沿用传统的方式：查看单据、查看车辆、查看货物，卸货、放在待验区检查、一一核对货物，等等，这一系列的工作对物流的浪费太大了。

降低物流成本的第三个方法是采用新技术、新设备、新管理模式。企业需要具有持续创新精神，不断关注新技术、新管理模式、新业务模式。

在这个创新的年代，物流新技术层出不穷，从条码到 RFID，从 PDA 拣货到机器人拣货，从手动打包到自动打包，这些新技术的应用大幅提高了效率、提高了准确率、降低了成本。刘强东曾在西班牙举行的世界零售大会上说：京东员工数量将减少 50%，一周只工作 3 天！这个说法能否实现、什么时候实现，尚不确定。刘强东强调的是京东的未来物流操作模式，也就是用机器人和人工智能完成工作，代替人工操作。

“丰巢”快递柜既是新设备，也是新商业模式：大约有 25% 的快递配送因为家里没有人而需要二次配送，这就增加了 25% 的成本。顺丰就在小区建立“丰巢”快递柜，客户自取，配送成本就下降了 25%。“丰巢”快递柜布设得足够多之后，既可以提供快递行业“最后一公里”服务，也可以拓展“微仓”等业务。

随着管理的演进，出现了很多新管理模式。同样是商超，永辉就比别人做得更出色，其合伙人机制功不可没。不论是稻盛和夫的阿米巴模式，还是永辉的合伙人模式，无非是更多地顺应人性。人性都是趋利避害的：花自己的钱给自己办事，总想钱花得少，事办得好，人性使然。有些快递公司采用加盟模式，规模增长很快，操作质量也有保证，也是采用了合伙人机制。

降低物流成本的方法很多，企业需要甄别选择。每个企业都有自己的特点，好好研究企业的特点、业务模式、管理模式、资源条件等，不要邯郸学步，而是要选择适合自己的模式。

只要开放、勤奋、对路，总会有办法降低物流成本。

手记 22

有计划的物流能比无计划的物流降低多少成本

我的前领导 Charles 有一次在 LT 技术峰会上做物流成本管理演讲，提到了一个案例。芬兰的一家公司在赫尔辛基做了一个试验，发现有计划的物流比无计划的物流能够降低 40% 的成本。Charles 没有详细讲解这个试验的过程，但凭我的专业直觉，我认为这个数据是合理的。

可以设计一个简单的模型测算一下。比如，在同一个城市，测算一下 48 小时配送和 24 小时配送的成本区别。城市配送成本和以下因素有关：

（1）订单量；

（2）人力，包括客服、拣货员、配送员、司机、后台支持人员（IT、财务、行政)；

（3）车辆的折旧、保险、维修、保养等；

（4）油耗、路桥费；

（5）其他成本。

如果是48小时配送，假设车辆满载率可以达到90%；如果是24小时配送，就有些加急，车辆满载率会有不同，比如车辆满载率可能是70%。这个差距是20%。

48小时比24小时多了24小时，在订单数量、库存准备、车辆准备、人力准备等方面多出来24个小时，这段时间会有更多的订单进入配送计划，车辆安排和人力安排也会更加合理。

为了验证这个数据是否合理，我用顺丰的运价做了计算。一个5千克的包裹，从北京朝阳区快递到广州白云区，如果选择24小时到，快递费为79元；如果选择72小时到，快递费则为46元（见图2-2）。

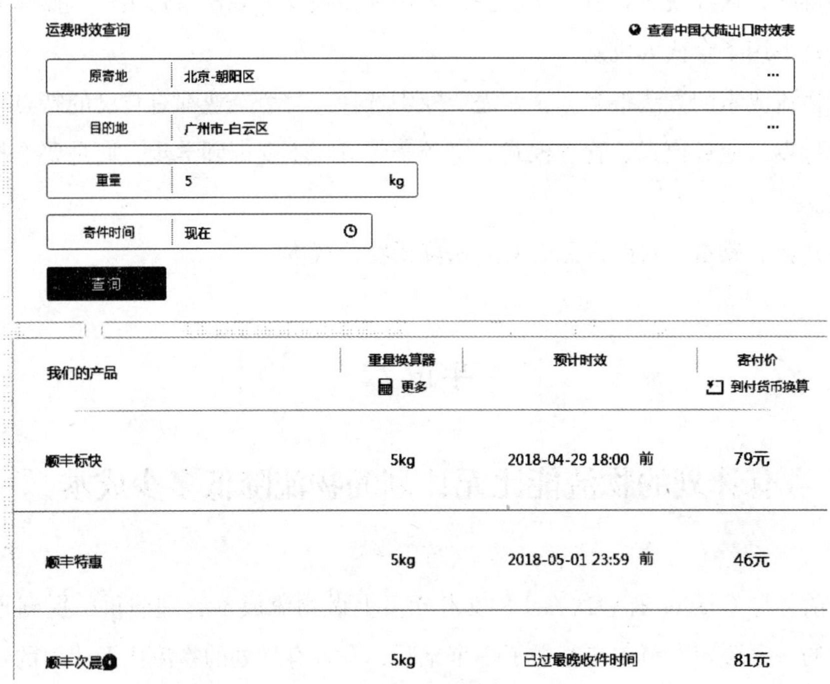

图2-2 顺丰运费时效查询图

因为使用的都是顺丰，除了时间因素，其他因素可以不考虑，可以计算成本下降的空间：

如果以79元为基数，(79－46)/79＝42%，成本节省42%；

如果以46元为基数，(79－46)/46＝72%，成本上升72%。

如果计划得好，安排货物在合适的时间到达，可以节省物流成本，这就是有计划物流带来的收益。在赫尔辛基模拟的有计划物流和无计划物流所发生的成本差异和顺丰的报价非常接近，应该是合理的。

物流资源管理在某种程度上就是成本管理，计划得好，管理得好，会节省不少费用。如果我们做得更好一些，有计划地采购、有计划地生产、有计划地销售、有计划地管理等，供应链的成本会有很多改善空间。

很多人和我说："销售订单有很多问题、采购订单有很多问题、产能有很多问题、产品质量有很多问题……有这么多问题，你让我怎么做计划?!"我说："是啊，正是因为有这些问题，所以才需要做计划；正是因为难以管理，才需要努力管理。其实，供应链的核心能力就是计划能力，既能计划好，又能落实好，供应链就没有问题了。"

手记 23

集成物流有利于优化物流成本

我们逐渐进入了一个全球一体化的社会，社会分工越来越精细，供应链环节越来越多，物流量自然也会越来越大。供应链的各个环节紧密配合，集成物流，有利于降低物流成本、提高物流效率。

优化物流成本和物流效率，既要考虑局部，也要考虑全局。总的来说，全局为上，局部次之。

供应链的各环节衔接越紧密，成本就会越低。

比如，快递公司收货，有 3 种方式：

（1）先在客户处收货，然后把货运到集散中心，称重、贴标签。这样，快递公司就必须认真核对数量、签署收货记录等，不但烦琐，还有可能搞错。

（2）直接在收货时确认重量、贴标签，这种方式就进步一些了。

（3）快递公司的信息系统和客户的系统链接，直接在生产线上称重、贴快递单，并实时把货物信息发给快递公司。下线时，快递公司在现场直接扫码，确认收货。这样，快递公司可以准确地计划车辆、人工、时间。这种方式大概可降低 50% 的人工成本，准确率也会大幅提高——而且，还不需要成品仓库。

当前，电商蓬勃发展，有些电商公司动辄每天发货 10000 单以上，发货速度是按小时计，如果用第一种方式，人工浪费大、时间浪费大，难以想象。

汽车整车厂都在采用VMI（对于供应商管理的库存）模式，为了避免订单延误带来的罚款，供应商都在周边建厂，也是为了集成供应链。

西飞在空客天津总装线旁边建了一家工厂，为天津空客生产机翼，机翼直接从西飞的车间推到空客的车间，交付时间只有10分钟。

准确率是做好集成物流的重要指标，比如拣货准确率。从工厂配送到超市的货物，如果拣货准确率不高，超市在验收时就需要核对数量、确认质量。像沃尔玛这样的大商超，这会导致人力浪费、时间浪费，成本之高难以想象。

怎么办呢？就是要做到质量、数量准确无误，不需要验收。在数量方面，必须做到拣货准确率99.99%，在货值方面，做到99.999%，高货值的物品在数量和金额两方面都做到100%，差异可以忽略不计，超市就不需要验收了。如果每个小门店节省2个劳动力，250个门店，就是500个劳动力。按照每个劳动力年薪5万元计算，一年下来可节省2500万元，很可观了。

集成物流的方法很多，包括信息系统链接、库存共享、寄售、VMI管理、就近建厂等。

手记24

应该更注重供应链的协同效率，而不是单纯的物流运作效率

根据SCOR模型，供应链是多实体、多组织的交付网络，各实体各组织之间的协同效率决定了供应链的效率。

供应链的功能是交付，物流是供应链的功能之一，辅助供应链更好地完成交付，因此，物流的作用是辅助供应链管理实现全局效率最优。

“不谋万世者，不足谋一时；不谋全局者，不足谋一域。”意思是，如果不从全局的角度考虑问题，即使治理好一方地区，也是微不足道的。不能制定长久的国家政策，一时的聪明也是微不足道的。同样，不从全局的角度考虑问题，是无法治理好一方地区的。想做好一件事情，就得方方面面都考虑到；想做好具体一个方面，就得从全局出发。

从企业管理、供应链、物流三者的关系来看，企业运营是全局，供应链是其局部，而物流又是供应链的局部。

图2-3是制造业的物流战略图。

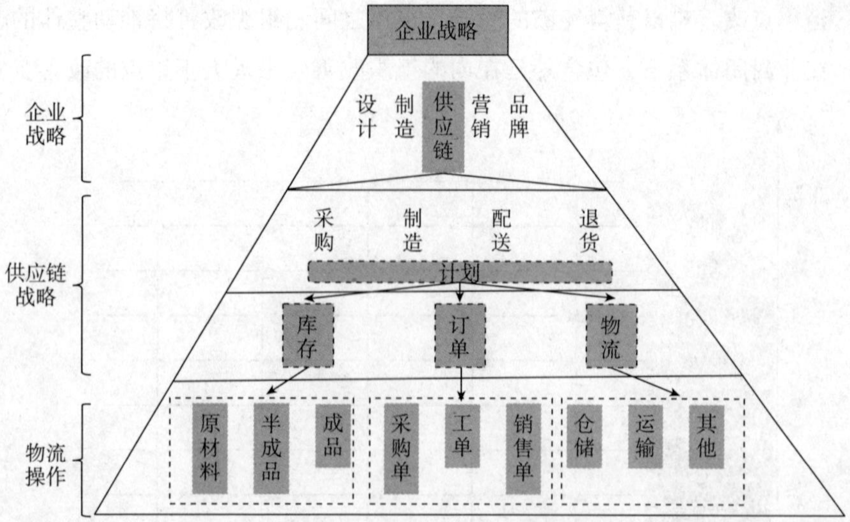

图 2-3 制造业物流战略图

如果把企业管理看作协同效率，那么物流运营效率就是协同效率的一部分。

比如，在辅导某汽车零部件企业时，发现该企业原材料仓库不够用，是不是需要扩建仓库呢？不用。经过优化供应链，库存下降了 30%，不但仓库够用了，还降低了库存风险，降低了现金占用。

同样是该企业，经常发现资金不足，我们的解决方案并不是去银行贷款。经过计算发现，只要缩短现金周转期就可以。现金周转期就是从购买材料到商品销售收回现金的天数。

现金周转期 = 应收账款周转期 − 应付账款周转期 + 存货周转期

通过优化账期、优化资金计划，不但能够满足供应商的账款，资金还出现了富裕。

还有一家企业，其仓库货物定位很难，为解决这个问题，聘用了 40 多名仓库保管员发现，无论怎样提高保管员的责任心，效果都不好。后来，公司上了一套 EWM 的信息化系统，实现了 100% 的定位管理，让这些保管员全部转岗了。这就是信息系统和物流操作的协同。

某企业要求供应商收到订单 2 天送货，可是供应商的生产周期最少是 2 天，如果收到订单再生产则不能按时交付，怎么办呢？于是，企业和供应商共享生产计划，提前一周把生产计划通知供应商，供应商按生产计划生产、配送，由于企业的订单锁定期是 5 天（5 天生产计划不变），所以供应商有充足的时间备料和生产。

从这些案例可以发现，这就是协同效率和运作效率的关系，协同效率腾挪的空间更大，优化的空间更大，优化的效果更客观。

从协同效率和运营效率的关系来看，可以得出以下几个推论：

（1）单点的改善有助于整体的改善；

（2）当单点改善难以获得突破的时候，单点之间的组织改善将推动整体的改善；

（3）在非封闭体系下，包含外延在内的组织改善效果远大于单点的改善。

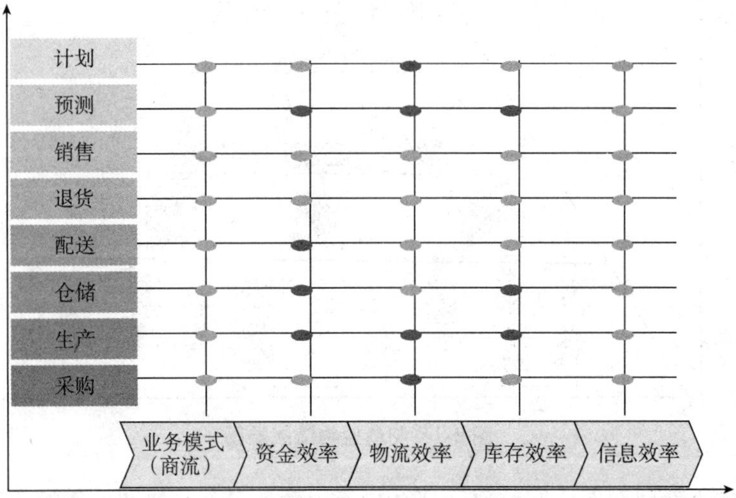

图 2-4　供应链优化矩阵图

从供应链优化矩阵图（见图 2-4）来看，物流贯穿于供应链，供应链的空间远大于物流空间，整体优化计划、预测、销售、退货、生产、采购、资金、库存、信息的效果将远大于单纯优化物流的效果。有些在物流方面比较难以解决的问题，从供应链的角度来看，可能就不是问题了。

比如，供应链规划时，用信息代替库存，用流量驱动供应链，就是很先进的管理方法，流量驱动供应链是拼多多的业务模式，也是典型的优化协同效率的例子。

手记 25

算清楚物流这本账并不难——说说物流预算

在辅导企业的过程中，我经常发现有些企业没有做物流预算。

问：“你们物流费用高不高？”

答：“不知道。”

问：“超预算了没有？”

答：“没有预算。”

明明物流费用很重要，怎么没有物流预算呢？上千万的物流费用，不做预算怎么行呢？

问："为什么不做预算？"

答："物流预算太难了。"

问："难在哪儿？"

答："那么多工作，那么多线路，那么多品规！收费又复杂，一会儿量体积，一会儿称重量！有些区域销售增加，有些区域销售减少！怎么做预算？"

我心里想：哪里有"那么多"？

生意是多多益善的，生意有怕多的吗？多了就管不好，多了就算不准，这样的公司还有"钱途"吗？

物流是成本，对于某些产品来说，比如煤炭、矿泉水等，可能还是很大的成本。做预算，一方面是管理资金计划，另一方面是控制物流成本，这是很重要的事情。

做物流预算其实不复杂，之所以做不出来，主要是两个原因：一是业务逻辑没有解读明白；二是管理不到位。其实，只要确定物流操作量和计量费率，就可以很快地做出物流预算了。之所以不好做，往往是因为物流量难以确定，物流费率难以评估。

运输物流量的评估标准有几个方面：重量、体积、件数、单数、销售额等。

一般情况下，运输用重量计价，比如北京到上海的快递，每千克 2 元；有些货物比较轻抛，就用体积计价，比如北京到上海，每立方米 150 元；不论用重量计价还是用体积计价，对发货方和承运方都比较公平，因为有合理的计量标准。有些公司的包装比较标准，就按件数计价，比如一个 5 ~ 8 千克重的包裹，北京到上海运费 20 元；也有按订单数的（配送次数），比如奔驰的供应商给奔驰配送零件，有可能一次配送 1 件，也有可能 2 件，但每次发货都是一车，不论货物多少，都收一次配送的费用，比如每次配送 100 元/车；有些紧密型的合作，也会按照销售额计物流费，比如快消品 VMI 管理，物流费用庞杂，包括仓库、配送、退货、损耗等，计算起来难度很大，考核机制也不好建立，甲方干脆把物流包给一家物流公司，按照货值 3% 支付所有的费用，物流公司想多赚钱，自然就会想方设法降低成本和损耗。

其实，不论以何种方式计价，只要把账算清楚，把标准定出来，做预算也就不难了。有些项目之所以比较难，往往是因为货量比较大，要获取这些货物的重量或者体积需要大量时间，给操作带来困难。这往往是物流规划时考虑不周造成的。如果项目整体外包，就可以统一计费标准。比如，有一家公司的产品，包装比较统一，管理稍稍粗放，每箱的重量和体积略微有些小差异，为了方便物流供应商报价和操作，我们就依据年度总重量和总体积计算每件货物的平均重量和平均体积，物流公司按照件数计费，很公平，也很方便。

有一家中草药分销公司，有1000多个中药品种，包装大小不一，包装标准也难以统一，有的用编织袋包装，也有的用纸箱包装；每天上千个包裹，体积也难以统计。尽管大家都知道货物比较轻抛，但还是决定按照重量计价。统计了年度重量、年度体积、平均订单重量、平均订单体积，供应商对数据进行分析后，认可按照重量报价。这样，运费统计、运费结算就有了标准。

那些规划得好的企业就会说：这些不是很简单的事情吗?

是的，这些都是很简单的事情。只要在刚开始的时候规划好，在信息系统中把SKU的数据设置好，后续的物流管理并不难。所以，在规划信息系统、规划物流的时候，需要把业务逻辑理清楚。

业务逻辑理顺后，预算也就不难了。一般情况下，用货量乘以费率，就可以得出物流预算了。2006年，我参加DELL成品配送物流招标，总共有2050条线路，每条线路的货量、费率、配送时效清清楚楚。只要需要，随时都可以把预算计算出来。

仓库的预算也不复杂。无非是仓库租金、人员费用、设备折旧、耗材、能耗等，能分摊的分摊，能折旧的折旧。和货量有关系的，比如出入库人员、拣货人员、叉车设备等，按照客户预测的货量计算即可。

公司做预算时，最好是财务人员和业务人员一起做。财务人员熟悉财务规则和财务管理，业务人员熟悉业务费用和业务流程。这样一来，哪些是固定成本，哪些是变动成本，哪些需要分摊，哪些需要折旧，就很清晰了。

有些小公司太看重短期效益，往往忽视标准化、忽视管理，车辆能多装就多装，能超速就超速，安全管理能不要就不要，看似多赚了钱，实则隐藏了风险。这种公司往往也不做预算，该花的和不该花的钱都在老板脑子里。

我的前老板Robber是DHL中国区前总裁，他说DHL的预算准确率在5%之内。据说GE做业绩预算时按照每股盈利计算，偏差不会超过1美分。巨无霸企业都能做到这个程度，小企业说做预算难，往往是由于管理不到位。

手记26

好的供应链就是物畅其流

一家民营企业的钢厂，运营效率极高，效益极好。我问这家钢厂的总裁：怎么才能做得这么好?

总裁说，他们很重视库存周转率。

“比如说，我们加快原材料周转。给供应商采购铁矿石订单后，矿石从码头运输到工厂不能超过10小时，矿石从进工厂到进高炉不能超过4小时。”

我很惊讶，这个物流速度太快了，钢厂能做到这个库存周转速度，管理水平的确很高。

我辅导过一家汽车零部件企业，该企业的供应链总监很擅长做计划，很会抓库存管理，把库存周转率从一年3次提高到一年6次，一下就提升了100%的库存效率，这意味着原来需要1亿元的库存，现在只需要5000万元就够了，不但减少了大量资金占用，而且还减少了物料呆滞的风险。可是，该企业的老板有些担心周转速度太快而造成断货，建议把库存周转率降一降。我把钢厂这个故事讲给他听，老板哈哈一笑，说：“孔老师，我听明白了，人家一天就能周转一次。”

我笑了笑，又说：“其实，即使把周转速度降下来，只要管理不好，还是会断货。相反，提高周转率，只要物流管理好了，也可以不断货。”

这位老板非常认可我的观点。

其实，因为这家民营企业的钢厂的物料周转速度很快，计算产品成本也很快，所以，他们制定成品价格也很快——其结果是，降价的时候，他们总是早于市场降价；而涨价时，则晚于市场涨价。由于物料周转快，占用资金和物料浪费就少，价格也有竞争力。因此，即使在市场不好的时候，也往往有比较好的利润。

好的供应链就是要做到物畅其流：物流管理好，库存周转快。

模块5 细节决定物流管理成败

手记27

物流管理要透明，谁看都一样

物流也好，供应链也好，都是实践性很强的业务，没有什么高深的理论，所有的操作都在面上，所以很容易看得懂。结果好坏，在明白人眼中，一目了然。

无论结果好坏，管理层都应该随时知道绩效，绩效应该数字化，就像开车要看仪表盘一样。然而，事实上，许多管理层不掌握操作结果，往往是事闹大了才知道，这就是管理的失误。

为什么会出现这种失误?

（1）没有数据；

（2）数据错误；

（3）数据不透明；

（4）数据不实时。

一般情况下，操作者对自己的操作心里都有底，当出了问题时，至少当事人一定知道。比如，没有及时入库，仓库员工一定知道；没有及时送到，车辆司机一定知道；客户没有收货，物流公司的送货员一定知道；货物破损了，收货员一定知道。至于这些细节是否能在第一时间反馈出来，并及时转达到需要关注的人，则反映了我们的管理水平。所有这些都是管理的数据，只要透明，谁都可以看得明白。

物流操作量大，环节多，且不是集中管理，捂着盖着很容易出事，所以一定要建立完善的流程和完善的信息系统。物流的流程要精准地管理到各个动作，信息系统要实时反映操作的信息和绩效，这对于管理者和操作者都有重要作用。

物流管理要透明，操作数据让大家都看到。只要数据透明、实时，谁看都一样，谁管都一样，管理难度会大幅降低，绩效水平会大幅提高。

手记 28

如何管好物流团队：是选好人、看绩效还是建立合伙机制

咨询项目往往需要落地，如果没有落地，就达不到咨询的效果。我的落地方法主要有 3 种：①找到合适的人；②建立合适的绩效管理制度；③落实合适的机制。

2010 年，我在酒泉做项目，项目不断改进，又不断反弹；我在现场，项目运作就好；我一离开，项目管理的质量就变差。究其原因，就是责任人缺乏责任心。最后，我向总经理建议：换人吧。总经理说：这是国有企业，怎么能随便换人呢？我说：那就提拔一个人。后来，该公司培养了一个新人负责该项目，整个业务管理得井井有条。

人才往往都是稀缺的。

这个社会上，谁都不缺见识，能说的人一大堆，但是有大局观、扛大事的人，可谓凤毛麟角。

有一次，我在东北做项目时，也遇到了没有合适的人的问题。这时，有一个年轻人给我提了这个建议，见解比较独到。我说："辛苦你一下，每天把问题和进展给我发个邮件。"于是，他认认真真地给我发了 7 天邮件。能够认真把我一个"外人"交代的事情做好的人，一定不会把老板交代的事情做差。所以，我便向董事长推荐了这个年轻人。经过 3 个月的历练和培养，他把整个业务梳理得井井有条，业绩大幅提高。这个年轻人也成了一名优秀的经理。

火车跑得快，全靠车头带。好的领导人才能带好团队。

人都有惰性，尤其那些拿"死工资"的人，因为做多做少都一样，所以不愿意多做工作，这也是人之常情。但是，企业要发展，就需要愿意多做工作的人。绩效管理就是很好的办法。

在辅导一个电商项目时，我发现拣货员在仓库跑来跑去，比较辛苦。为了激励员工，我就制订了绩效措施，按照订单行计件，每一行订单 0.15 元。有些员工快一些，可以每天做到 2000 行。有些慢一些，也能做到 1500 行；大家都是多劳多得，都很努力，相处得很融洽。

但是，同样的方案，在我辅导一个山东的客户时，就不灵了。

这个客户做药品分销，公司承担物流成本，销售人员拿提成。销售人员为了提高客户体验，对物流就一个要求：快！如此一来，物流成本居高不下。我们都知道，好的物

流是时效和成本的平衡，物流成本偏高，自然影响公司的盈利水平。但是，由于物流成本是公司承担的，花公司的钱，销售人员自然不会心疼：我赚钱就行，至于公司是不是赚钱，是公司的事情，和我没有关系。

后来，该公司制定了虚拟合伙人制度，销售人员和公司变成了“合伙”关系：公司按照“出厂价”把产品“卖给”销售人员，销售人员加价“卖给”客户。销售人员承担出厂后的成本，包括物流成本。如果物流成本偏高，销售人员就少赚钱了。这么一来，销售人员都很重视物流成本，纷纷寻找那些可靠、时效快、成本低的物流公司合作。

稻盛和夫创造了阿米巴模式，究其原因是发现人不好管理：超过 16 个人的团队，管理起来难度就很大了。阿米巴模式是一个合伙人机制，就是以各个阿米巴（小组织）的领导为核心，让其自行制订各自的计划，并依靠全体成员的智慧和努力来完成目标。通过这样一种做法，让第一线的每一位员工都能成为主角，主动参与经营，进而实现“全员参与经营”。

选优秀管理者、建立好的绩效管理方法、建立合伙机制这 3 种方法，并不是互相冲突的，也没有优劣之分，完全看业务场景和实际需求，有时候还要穿插使用。只要用得好、合适、能解决问题，就是好方案。

无论选用哪种机制，都需要细化到数字化考核，最好能通过信息化系统实现实时的绩效管理。如果采用合伙人机制，那就一定要确定核算方式和核算制度。

人的因素总是最重要的因素，人才在任何时候都是稀缺资源。无论采用什么样的模式，首要的是培养人才，一定要培养具有经营意识的人才。

公司还要重视全员参与的经营，重视每一个员工。如果每一个员工都能在各自的工作岗位上为公司做出贡献，能够在工作中实现自我价值，这样的企业定会做成大企业、好企业。

手记 29

好的供应商，往往是自己培养的

克里斯托弗教授说过：“企业之间的竞争已不再是企业和企业之间的竞争，而是已经发展成为一个企业的供应链和其竞争对手的供应链之间的竞争。”

供应商是企业供应链的一部分，好像我们的手和脚。如果客户体验要求很高，供应商就是我们的脸面；如果信息化要求很高，供应商就是我们的神经末梢，甚至是我们大脑的一部分。基于此，选择和培养合适的供应商至关重要。

好的供应商，可以成为企业竞争力的一部分；反之，就会拖企业的后腿，成了削弱企业竞争力的一部分。

好的供应商，首先是选择，其次是培养。

首先要选择专业的供应商、有服务能力的供应商，而培养只是为了让供应商做得更好。

2000 年，我在冠捷工作，冠捷当时在显示器行业已经排到全球第 4 位了。后来，冠捷中标成为戴尔的显示器供应商，结果赔得一塌糊涂。

戴尔供应链的销售端是直销模式，采购端是 VMI 模式。所谓 VMI 模式，就是戴尔并不给供应商下订单，而是给供应商提供生产计划（见图 2-5），要求供应商保证不断货，断了货就按照产能影响的金额罚款，每分钟就几千元，这可不是小数字。

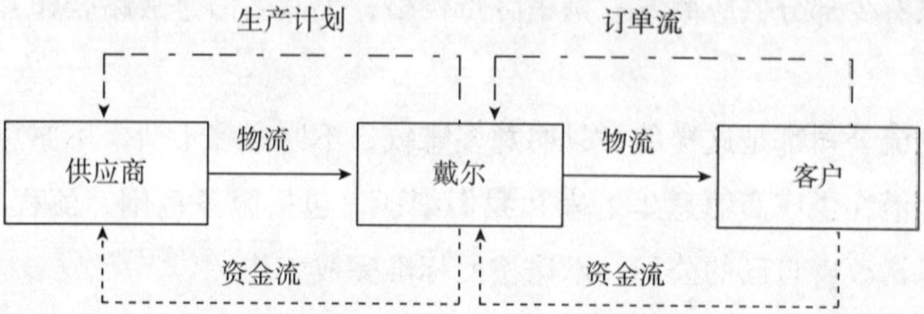

图 2-5 戴尔的按订单生产模型

当时，虽然冠捷是专业的显示器制造商，但对于这种 VMI 模式完全不熟悉，在供应链管理上存在很多问题，不是缺货，就是呆滞。一旦缺货，客户罚款；一旦呆滞，自己亏钱，所以，项目亏损是很自然的事情。

后来，冠捷花费很大的代价，聘请专业人才提升管理水平，反复培训、反复演练，终于可以驾驭这个生意。

大约在 1997 年，L 集团的电脑市场份额已经是国内第一名。当时，能生产电脑机箱的企业并不是很多，L 集团的供应商是富士康和 J 公司。按理说，有两家没有关联的供应商应该可以形成充分的竞争，其结果适得其反：无论怎么招标，价格始终居高不下。道理也很简单：谁也不愿意降价，谁都想赚取更高的利润。

其实，电脑机箱就是把钢板切片、折弯，装成框子，这有什么难的？L 集团决心培养自己的供应商。

L 集团给 J 公司的两位副总经理做工作。

问他们：“做电脑机箱赚不赚钱？”

答：“赚，很赚！”

问：“想不想做？”

答："想！但是，没资金，没订单。"

问："如果给钱、给订单，能不能做？"

答："当然能。"

几个月时间，原来只有两家机箱供应商的 L 集团就拥有了 4 家供应商，价格也下降了很多。

2018 年，我辅导 HQ 公司优化成品物流。HQ 是一家中药加工和分销公司，药材销售需要符合 GSP 标准，需要货票同行，比常规的物流要复杂一些。该公司的货量有限，还要分给 7 家供应商，每家的份额都不大，货量分散，谁都做不好。

我决定整合物流、统一服务标准（货票同行、时效）、统一报价格式（都按重量报价）、统一绩效。招标的时候，谁都不愿意降价，谁都不愿意多做工作，谁都不愿意去改变流程，只有少部分供应商愿意稍稍降点价格，美其名曰是战略合作，其实就是想多拿点份额。

大部分物流公司都是这样的：只愿意多赚钱，不愿意多干活，不愿意提高自己。

只有一家潜在供应商愿意坐下来和我们细谈，包括服务范围、流程、人力、资源、绩效等，并承诺改善自己的公司，承诺按照标准完成工作。

经过 3 个月的培训和演练，这家物流公司终于全面地掌握了该项业务，在服务时效（送达时间）、服务成本（物流价格）、绩效（破损、投诉等）方面都达到了要求，成了 HQ 公司的战略供应商。

该合作不但帮助了 HQ 公司，也帮助了物流供应商。HQ 的物流成本下降了 25%，每年节省几百万元；这家物流公司成长得很快，从此不但有了一块盈利最好的业务，而且服务能力大幅提升，市场规模不断扩大。

培养固然重要，但选择更重要：正向、有追求、愿意改变、自律的供应商有培养潜质；投机、懒惰的供应商则不具备培养潜质。

这篇文章在知乎上发表之后，有读者询问怎么培养供应商。其实，培养供应商是双向的。一方面，企业要不断优化自己的业务需求。超出供应商能力的业务，供应商是没有办法做好的。比如，你如果问销售部门需要什么样的配送时效，回答往往是"越快越好"，而这样的需求供应商是无法满足的。所以，要尽量让业务标准化（比如到一线城市的配送时效是 48 小时），这样一来，供应商就可以合理地配置它的资源。另一方面，企业还要不断优化供应商的操作绩效，对供应商提出合理的提高物流绩效的要求，包括时效管理、流程优化、信息化优化等。

手记 30

物流研究的对象是 SKU

十几年前，一位物流专业的研究生和我谈过他的一次求职经历。他去索爱（索尼爱立信的合资公司，当时主要生产手机）应聘物流职位，未被录用。问其原因，他说面试官认为他是学文科的，不懂产品。我告诉他：这不是你的问题，这是索爱面试官的问题。物流研究的对象是 SKU（存储单元，Stock Keeping Unit），不是具体的产品技术，而是 SKU 技术。

所谓 SKU（也可称为单品），从英文的意思来看，就是一种库存持有单位。比如，当一种商品的品牌、型号、配置、等级、花色、包装容量、单位、生产日期、保质期、用途、价格、产地等属性与其他商品存在不同时，就可以称为一个单品。

比如 500ml 的农夫山泉是一个 SKU，1000ml 的农夫山泉也是一个 SKU，而一箱 500ml 的农夫山泉则是另外一个 SKU。

因此，物流人员需要研究 SKU 技术，而不是产品技术。试想一下，京东有几千万种产品，物流人员如何研究每种产品的产品技术？

物流行业涉及各种各样的产品，无论是何种产品，在物流人员眼中，都是一种 SKU。

不同的 SKU 具有不同的属性，不同的属性需要不同的物流管理技术。比如，有些产品需要冷冻，有些产品需要保鲜，有些产品需要防静电，有些产品需要防震动，有些产品需要防倾斜等。那么，我们就需要为这些 SKU 设计相应的物流管理模式。

不同的 SKU 往往规划不同的编码，所以每个 SKU 往往有自己的独立编码。

SKU 编码有 3 个概念：

（1）品项。就是存储概念，不是普通的产品概念，不同属性的产品是不同的品项。比如，以布匹为例，当品牌、型号、配置、等级、花色、生产日期、用途、价格、产地存在不同时，如果需要区分这种不同，则需要将其设置为不同的 SKU。

（2）编码。企业往往使用物流系统或者 ERP 系统，在信息系统的基础数据中，不同的品项（SKU）就用不同的编码。这样，在做物流分析、库存分析、销售分析时，才可以依照不同的 SKU 数据来分析。

（3）包装单位。SKU 可以看成包装单元，产品的包装单位不同，所设置的 SKU 编码就可以不同。包装容量不同，在操作上需要不同的计算和考虑，也需要在编码上区分。比如，一瓶啤酒是一个品项；一箱啤酒就是另一个品项；因为这两个品项在采购、运输、搬运、装卸、存储、销售、服务方面的规划会有所不同，所以在严谨的物流规划中，一箱啤酒就是另外一个SKU——自然，一托盘啤酒也可能是另外一个SKU。

对SKU基本数据的规划很重要。所谓基本数据，就是SKU在信息系统中设置的基础数据。

现代物流管理越来越精细化，越来越依赖信息系统，没有精准的SKU规划，信息系统很难发挥作用。尤其是需要对SKU做数据分析和数据挖掘的时候，SKU的基本数据越详细，则分析就会越到位。

SKU管理已经广泛应用在供应链的各个环节。比如，很多零售企业在公司内部实行SKU管理，将单品作为最小的管理单元进行品类管理，通过精准的数据分析来挖掘单品的销售潜力，零售的打包促销往往就是数据分析和挖掘的结果。

手记31

朴素的物流哲学原理

物流管理都是看得见摸得着的工作，没有那么复杂。

圈子里经常有一些关于物流的幽默语言，摘录如下：

如果没有把一个东西搬到屋子里，就不可能把它从屋子里搬出去。

如果物体没有被移走，它一定还在原来的地方。

东西丢了，往往是被“顺”走了——放在那儿不动，怎么会丢呢？

$$库存=入库-出库$$

账实不符的根本原因：物流和信息流脱节了，各走各的路，最后不一致。

为什么账实不符：出错了。要么账错了，要么实物错了。如果错误的量较大，往往是都错了。

库存，无论是盘亏还是盘盈，都是错的。有些人认为盘盈了好——大错特错！仓库又不能生产，哪来的盈？

账和物之间的关系：有账必有物，有物必有账，账物必相符。

如何避免账实不符：管好实物，做好账，勤检查。

所谓的库存可视化，就是知道库存有多少，知道库存在哪里。

所谓的物流可视化，就是知道货在哪儿，知道货物的状态。

第三讲

物流分析方法

- 我的边界理论
- 物流的数据分析
- 物流的流程分析
- 物流的绩效分析
- 系统分析模型
- 杜邦模型
- TOC模型
- SCOR模型
- 利特尔法则
- 西格玛的妙用

模块6　分析模型

手记32

我的小创造：边界理论

我曾经为一家大型国企规划过仓库的信息化系统。成功之后，客户还给我发了一封盖着红色大印的感谢信，我如获至宝，倍加珍惜。

这个项目的范围是为现有的正在操作的4个仓库配置仓库管理系统，包括诊断、现场规划、蓝图、系统配置、数据收集、上线。操作系统是SAP的EWM（Extended Warehouse Management，仓库操作系统），其实也就是WMS，只不过名字不同而已。

尽管存放的都是酒，由于4个仓库的产品（SKU）、货架、订单处理量和处理方式都有明显不同，操作规划和现场规划还是存在很大差异。所以，4个仓库的规划差异很大，甚至可以说是完全不同。

在汇报蓝图的时候，有一个资深的工程师提问："孔老师，整个规划非常好，可是我有个问题：您这些规划都是针对现有的产品做的规划，非常符合现有的操作情况。可是，如果存放的产品变了怎么办？"

我还没来得及回答，该公司的总负责人徐总说："重新规划。"

徐总说的，正是我想说的。

所有的规划，都是在一定的前提条件下做出来的。如果前提条件变了，那么就需要重新审视我们的规划，看看需不需要变。所以，任何方案都有一种界定，有其特定的界域和边界条件，如果出现例外的情形和现象，就意味着方案的解释力和适应范围的有限性。简言之，任何理论、方法论、方案，都有一定的适用范围：在该范围内，是有效的；一旦离开了这个范围，其有效性就需要重新分析。

这个适应范围，就是我们所说的边界（frontier）。边界变了，方案就需要重新讨论。既然任何方案都有边界条件，都有适用范围，那么，随着新业务的出现，方案的边界就会被不断突破，我们的方法论（方案）就需要不断更新，从而引入更具有针对性和指导性的理论。这就需要不断穿透底层理论，不断完善我们的理论体系。

所以，知道怎么做固然重要，但更重要的是知道为什么要这么做——这就是底层理论。所以，仅仅知道答案是不够的，更需要知道公式、定理、公理。

这家大型国企本次上线仓库信息化系统的4个仓库分别是窖龄酒仓库、二曲酒仓库、普通酒仓库、线边库。在调研时，通过现场分析、数据分析、流程分析、绩效分析，可以发现：

（1）批次和周转次数。

——窖龄酒批次多，周转慢；

——二曲酒批次少，有大单品、周转很快；

——普通酒批次、数量中等，周转速度中等；

——线边库就是个物流的中间环节，可以简化操作，可以零库存管理。

（2）货架的样式。

——窖龄酒使用普通货架；

——二曲酒使用深通道货架，每个货位有23个托盘；

——普通酒没有货架；

——线边库没有货架。

（3）操作瓶颈。

——窖龄酒：怎么才能快速找到批次；

——二曲酒：如何实现快速拣货，避免多次搬倒；

——普通酒：兼顾存储和效率；

——线边库：日清日结。

通过以上分析可以看出，尽管都是仓库，尽管都是存放酒，但在产品、货架、操作等方面有许多不同。正是因为有了这些不同，才形成了业务管理的高效率，这就是方案设计的边界。

也正是因为我找到了这些边界，才能规划出好的操作方案和信息系统。

不论是物流规划还是物流实践，都离不开理论和方法论。没有理论和方法论指导的操作，能做好都是凭运气。而大型物流项目的规划往往都比较复杂，如果单凭运气，做好的可能性微乎其微。

不仅仅是物流规划，企业管理的方方面面都是如此。搞清楚在什么条件下能把事做好，搞清楚在什么条件下能把事情做到什么程度，都是非常重要的，这也是边界。

我们想象的业务边界往往是有规律的、连贯的、平滑的、闭合的（见图3-1），但实际的业务边界往往不是这样，更多的可能是下列情况：

——有些流程是公司的独创，并无规律可言；

——有些流程并不连贯；

——有些流程做不到闭合；

——流程往往都不是平滑的；

——员工并不都是守纪律的；

——员工也并不都是忠诚的。

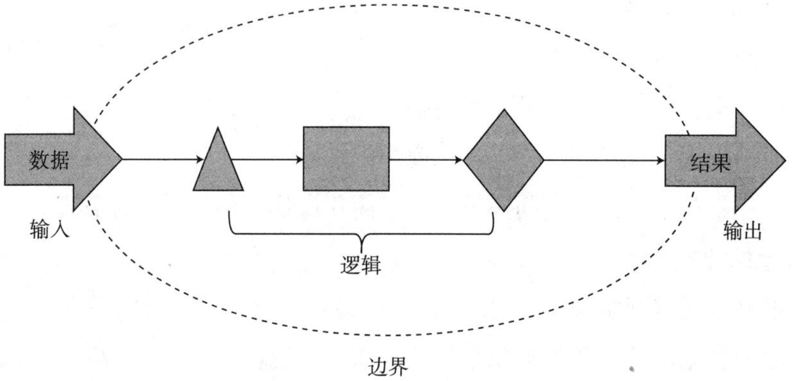

图 3-1　边界理论示意图

很多企业花了很大的力气，拼出来一块地盘，结果磕磕绊绊、到处漏风（见图 3-2）。

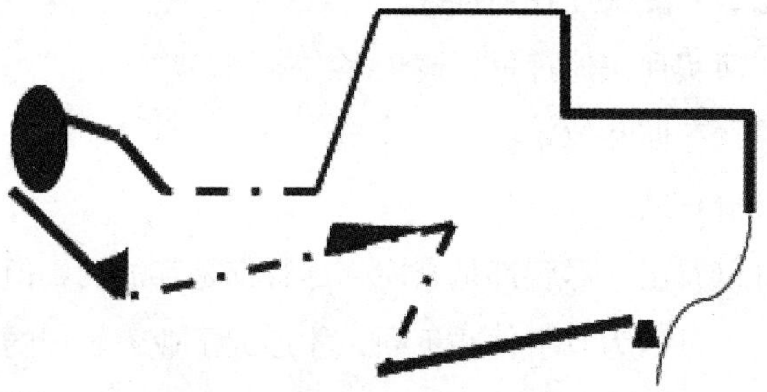

图 3-2　一般企业的业务边界

好多企业学习华为——这并没有什么不好——但是，如果拿来华为的流程就用，那就糟糕了。华为的业务边界是个持续优化出来的不规则的形状，尽管仍不完美，但比之前好了很多（见图 3-3 和图 3-4）。

这个边界只适用于华为，和你的业务边界完全不同。如果去学华为，应该好好学学他们的方法论，千万不要削足适履。

作为专业咨询师，同行之间会有交流。曾经有位咨询师对我说："我往往给客户提供 3 套方案，请客户选 1 套。你呢？"

我说："我往往费尽心力，也只能给客户提供 1 套可行的方案！有时候，可能还没有方案。"

其实，由于外部环境的残酷和内部资源的局限，企业成功的路径并不宽广，也没有

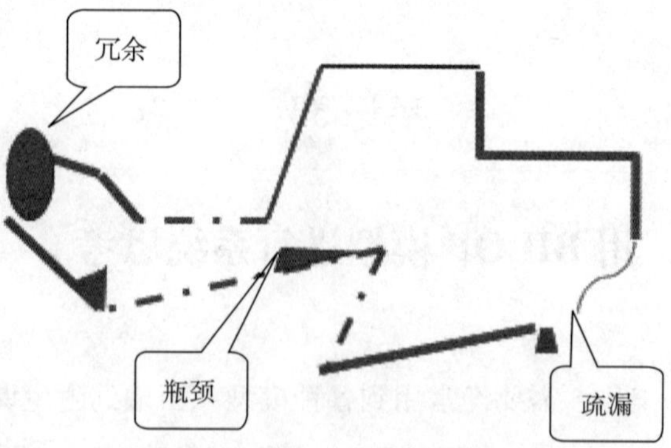

图 3-3　华为业务优化前的边界

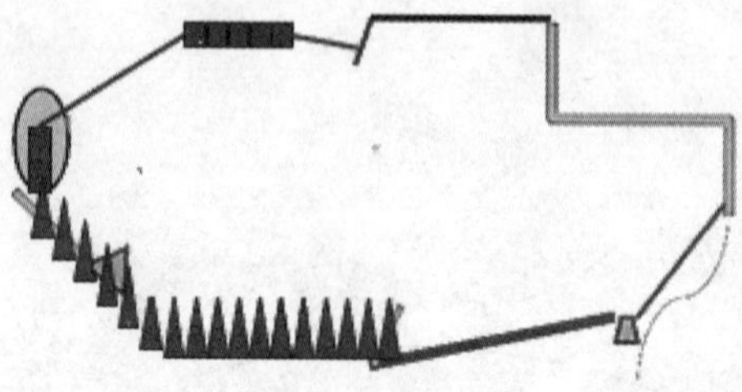

图 3-4　华为业务优化后的边界

太多选择，大多时候往往只有一条小道，而且在悬崖边上，道阻且险，需小心翼翼侧身通过。不走就没有路，走不好会摔下去，后果更糟。那些认为有多条康庄大道可选的建议，可能没有认识到问题的实质。方案往往都是可行的，关键的问题是：在什么条件下可行？如何达成这些可行的条件？这是个边界问题。随着新理论、新发现、新技术、新应用的出现，管理的边界会被不断突破，管理者需要不断学习。否则，我们的管理还是停留在过去。

说到边界，有客观边界，也有主观边界。我们看看毛泽东如何诠释这两个边界的重要意义：

战争的胜负，主要地决定于作战双方的军事、政治、经济、自然诸条件，这是没有问题的。然而不仅仅如此，还决定于作战双方主观指导的能力。军事家不能超过物质条件许可的范围外企图战争的胜利，然而军事家可以而且必须在物质条件许可的范围内争取战争的胜利。军事家活动的舞台建筑在客观物质条件的上面，然而军事家凭着这个舞台，却可以导演出许多有声有色威武雄壮的话剧来。

其实，这个“物质条件许可的范围内”就是军事家指挥军事的边界，这个边界是客观的。但是，毛泽东相信，军事家凭借自己的智慧、勇气、毅力，仍然可以导演出威武雄壮的话剧。这里所说的智慧、勇气、毅力就是军事家的主观边界。

手记 33

用 BILOP 模型进行系统思考

咨询是个卖学问的工作，需要经常用到各种模型。当碰到陌生课题的时候，我总是喜欢用自己发明的简易模型——BILOP 模型（见图 3-5）进行系统思考，即：

B（Bound）：边界（前提条件）；

I（Input）：输入；

L（Logic）：逻辑；

O（Output）：输出；

P（Performance）：绩效。

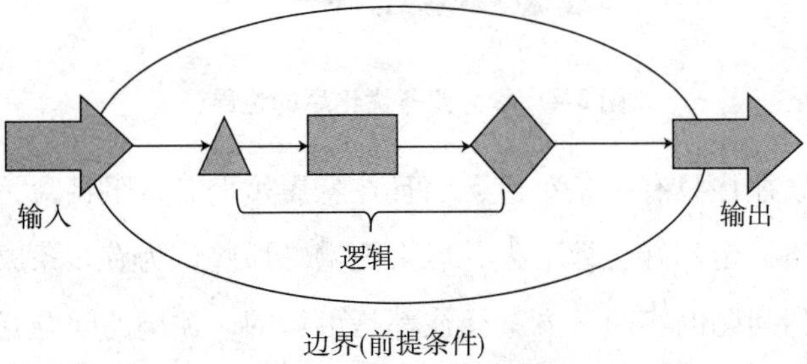

图 3-5　系统分析模型

具体来说，我对 BILOP 的解释是：

（1）边界（前提条件）：包括大前提、小前提、条件，比如客户分布、供应商分布、操作成本的限制、仓库选址的位置限制、信息系统设置等。有时候如果规划不下去了，就需要突破一些边界，这就需要多沟通了。

（2）输入：这是系统的一项重要功能，也是系统存在的必要条件，即把需要处理的产品特性、货量等数据、信息等输入系统，输入计算模型。

（3）逻辑：关于思维的形式和规律的科学。正确的逻辑是客观事物的规律性，找到了规律，就找到了逻辑。

这里讲的逻辑指的是处理输入的过程和方法。从数学的角度看，逻辑就是公式。

从物流的角度看，出入库操作、拣货操作、配送操作、客户收货、仓库规划、运输规划，都有其基本逻辑，凡是偏离了操作逻辑，要么出错，要么成本高。

做分析时最忌讳的就是两点：①使用了错误的逻辑或者假逻辑；②边界错了。

好多项目在计划和规划阶段出了问题，往往就是这两个原因，那就是使用了相似的逻辑，或者使用了差不多的边界：猫和虎看起来相似，实际是完全不同的动物；黄河和长江都是大河，但不能用同样的方法治理。这就是逻辑和边界的问题。

（4）输出：输出就是结果。

如果输出错了，就需要回顾输入的准确性、逻辑的准确性。

如果调整了输入和逻辑后，仍然不能满足，则应考虑边界的合理性。

（5）绩效：就是做事的质量。

只要能全面系统地评估这些要素，所有问题就会得到解决。

手记 34

用杜邦模型分析业务

财务工作是从公司的背后看公司的生意，生意的好坏以及公司运营的好坏最终还是看财务结果。杜邦模型是一个分析公司运营质量的财务分析模型，是利用几种主要的财务比率之间的关系综合分析企业的财务状况，可以有效地评价公司盈利能力和股东权益回报水平。这是从财务角度评价企业绩效的一种方法。

杜邦模型的基本思想是将企业净资产收益率逐级分解为多项财务比率的乘积，这样有助于深入分析比较企业经营业绩。由于这种分析方法最早由美国杜邦公司使用，故名杜邦分析法，也称杜邦模型。

在杜邦体系中，包括以下几种主要的指标关系：

（1）净资产收益率是整个分析系统的起点和核心。该指标的高低可以反映投资者的净资产获利能力的大小。净资产收益率是由销售报酬率、总资产周转率和权益乘数决定的。

（2）权益乘数表明了企业的负债程度。该指标越大，企业的负债程度越高。它是资产权益率的倒数。

（3）总资产收益率是销售利润率和总资产周转率的乘积，是企业销售成果和资产运营的综合反映。因此，要提高总资产收益率，必须增加销售收入，降低资金占用额。

（4）总资产周转率反映企业资产实现销售收入的综合能力。分析时，必须综合销售收入分析企业资产结构是否合理，即流动资产和长期资产的结构比率关系。同时还要分析流动资产周转率、存货周转率、应收账款周转率等有关资产使用效率指标，找出总资产周转率高低变化的确切原因。

其使用方法说明如下：

净资产收益率 = 总资产净利率 × 权益乘数 = 1/（1 - 资产负债率）

从该公式可以看出，如果负债越高，则净资产收益率会越高，这实际上是加大了财务杠杆。银行、房地产公司往往会采用这种模式，因为他们自身的钱并不多：银行主要是使用储户的钱，而房地产公司主要靠银行贷款和预售楼花。

对于财务杠杆，我往往持谨慎的态度。我认为，除非利润很高、业务规模很大，否则，负债过高基本就是给银行打工。可是，如果利润很高、业务规模很大，那也不需要通过杠杆融资，除非是现金流不好——而不能保证现金流的生意也不可能是个好生意。

大家知道，日产汽车复兴成功了。在戈恩制定的《日产复兴计划（2000—2002 年度）纲要》中一共有 3 个目标，其中一个就是削减 50% 的债务：2001 年 3 月 31 日前，实现把有息债务从 14000 亿日元削减到 7000 亿日元。

民营企业德龙钢铁收购大型国有企业渤海钢铁不但是典型的“蛇吞象”式的收购案例，而且消化得很好。被收购之前，渤海钢铁年亏损 65 亿元，被收购之后当年即实现盈利。在渤海钢铁的 3 条复兴计划中，其中一条也是削减债务：大幅降低债务、大幅降低利息，债务从 200 亿元降为 20 亿元，利息下降 40%。

如果是因为债务这个指标高而导致净资产收益高，我建议谨慎对待。

销售净利率 = 净利润 ÷ 销售收入

销售净利率高，一方面说明产品有定价权；另一方面说明企业成本管理得好。

总资产周转率 = 销售收入 ÷ 总资产

总资产周转率反映企业资产实现销售收入的综合能力，资产周转的速度反映了资产的质量和资产的管理水平。

从杜邦模型可以看出，企业如果要提高净资产的回报率，需要：

——使用财务杠杆；

——扩大销售；

——降低各项成本；

——降低各项费用；

——提高资产周转率；

——优化资产结构。

值得注意的是，财务费用和财务杠杆是相矛盾的。在相同利率的条件下，如果负债增加，则财务费用必然增加，所以，要想取得一个好的净资产收益率指标，还需要平衡各项资产之间的关系。那么，如何用杜邦模型分析企业的业务呢？我们以京东的财务报表为例。

图 3-6 是京东 2018 年财务报表的杜邦模型分析解读。该数据为模拟数据，采购成本 3000 亿元为假设数据，净资产的利润率 0. 098 为京东年报数据。

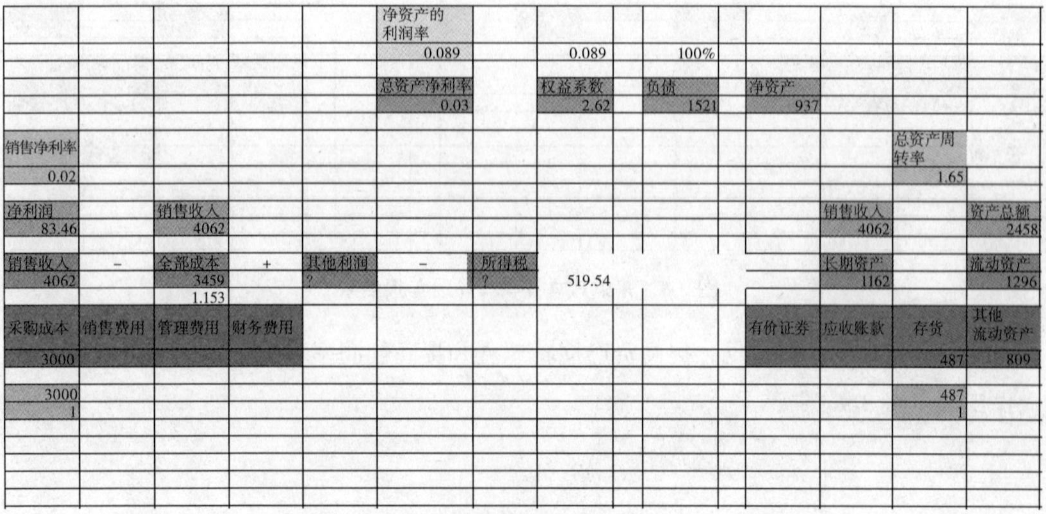

图 3-6 杜邦模型分析的京东财报

如果资产周转率提高 10%，则净资产的利润率提高 6%，达到 0. 094（见图 3-7）。

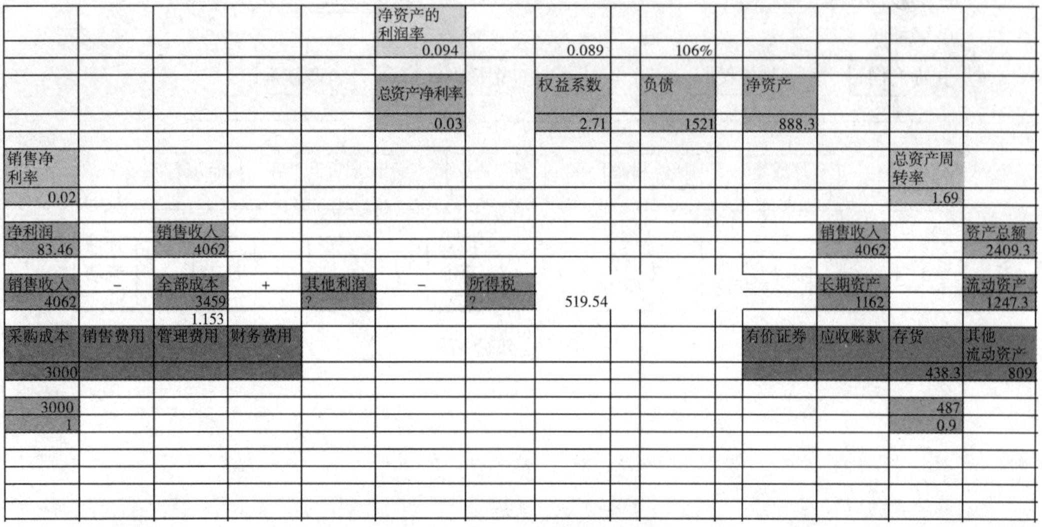

图 3-7 存货周转率提高 10%的财务效果

如果采购成本下降1%，则净资产的利润率提高42%，达到0.126（见图3-8）。

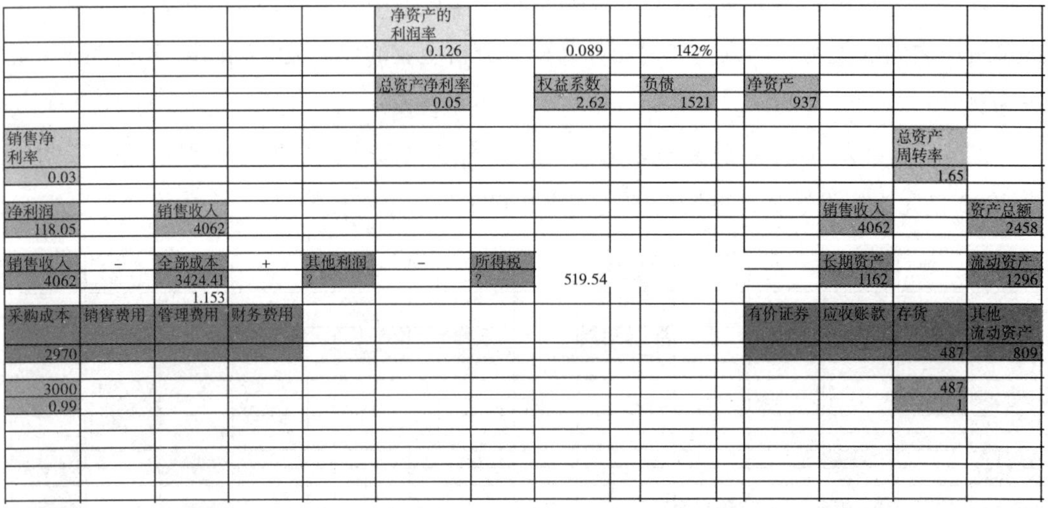

图3-8 采购成本下降1%的年报结果

通过杜邦模型分析可见，提高资产周转速度和提高利润率对于企业经营绩效具有巨大作用（见图3-9）。

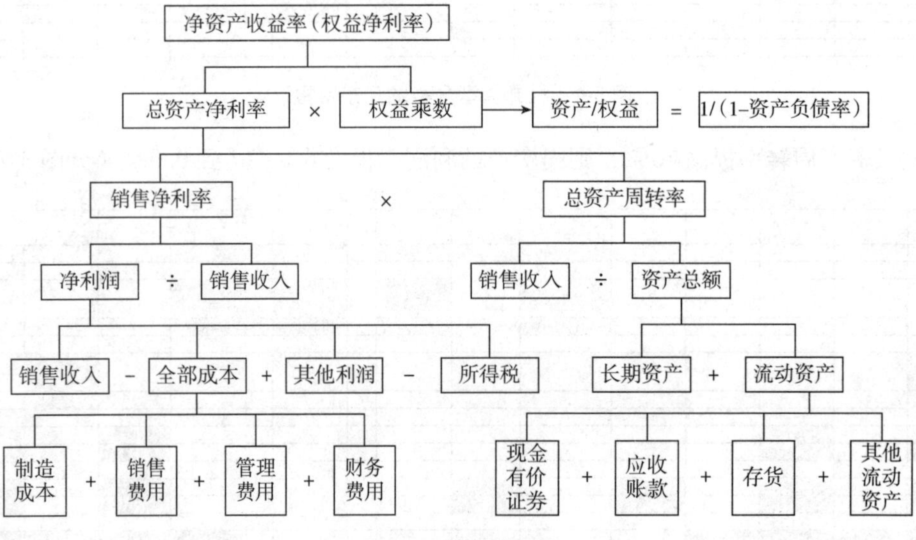

图3-9 杜邦分析图

手记35

用SCOR模型诊断和优化供应链

不谋全局者，不足谋一域。这句话大概的意思是：如果没有考虑好全局，就很难做好局部。想做好一件事情，需要整体考虑；想做好局部，就得从全局出发。

物流是服务于供应链的。要研究好物流，需要研究供应链，因为供应链管理往往是制造业和流通业的核心竞争力。做好供应链规划，既需要有宏观大略的管理思路，也需要有微观管理的操作能力。因为链条长和多部门管理的原因，供应链往往环节多，头绪复杂，横向和纵向的整合难度大，如果没有一套方法论和操作细则，没有统一的语言，难免会出现规划时顾此失彼、各部门沟通时鸡同鸭讲的情况。

所以，供应链规划和管理需要很好的模型。

1. SCOR模型简介

SCOR模型就是这样一个供应链运作模型，也是一个非常好的方法论和操作指南，有助于我们系统、全面地了解供应链，并指导我们的供应链管理工作。

SCOR（Supply Chain Operations Reference model）模型，即供应链运作参考模型，是由国际供应链协会（Supply Chain Council）开发的供应链运作参考模型。

1996年，美国波士顿咨询公司为了帮助企业更好地实施有效的供应链管理，牵头成立了供应链协会，并发布了供应链运作参考模型（SCOR）：

（1）供应链管理把所有节点企业看作一个整体，实现全过程的战略管理；

（2）供应链管理是一种集成化的管理模式，追求全局最优；

（3）供应链管理提出了全新的库存观念。追求通过快速反应降低库存总成本；

（4）供应链管理以最终客户为中心，追求让客户和最终消费者的需求得到满足。

简而言之，那就是全局最优、高效交付、客户满意、企业盈利。

所谓“全局最优”，主要指两个方面：

第一，供应链是一个生态、一个整体，优化的对象不仅仅是企业自己，包括供应商、供应商的上游、客户、客户的下游；供应链需要有龙头企业组织，优化整个链条的商流（订单流）、信息流（所有的信息）、物流（货物的时间和空间管理）、资金流，完善交付，降低库存，提高物流效率。

第二，在企业内部，供应链也是一个整体，即采购、生产、销售、配送、计划等是一个整体，必须整体统筹，整体规划，整体操作。"在有些公司，分管营销的副总、分管采购的副总、分管运营的副总都在谈供应链战略，甚至还组织大量的人力物力，搭建供应链体系、绩效体系，本意是好的；实际上，公司的供应链战略应该从公司整体层面来考虑，单个部门内的业绩对公司的利润和绩效提升的帮助是有限的，有时甚至还可能拖后腿。"

所谓"高效交付"，主要指 3 个方面：质量、成本、交付时间，目标是质量达到标准、成本合理、按时完成交付。高效的交付必须在这三者之间取得平衡：没有质量的企业迟早要倒闭；成本高了，就赚不到钱；生产不出来，或者压在仓库里，或者配送不到，都无法交付，所以及时交付很重要。

"客户满意"和"企业盈利"是供应链的两个核心指标。企业的目标是赚钱：如果客户不满意，生意注定不长久；如果企业不赚钱，企业也很难长久。

2. SCOR 模型的应用

SCOR 模型是一个标准的供应链流程参考模型，是供应链的诊断和优化工具，没有行业限制，它可以应用于所有行业（见图 3-10）。

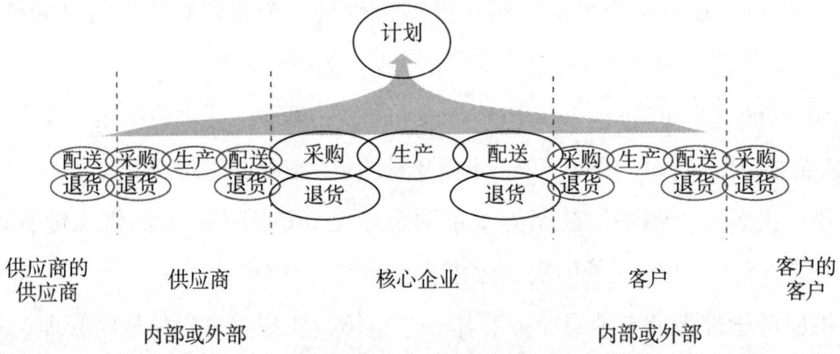

图 3-10　SCOR 模型示意图

SCOR 模型是个系统模型，包含了供应链上所有的实体，你自己的企业、你的供应商以及你的供应商的供应商，此外还有你的客户以及你的客户的客户等。

SCOR 模型研究的范围包含了所有的订单（销售订单、加工工单、采购订单、配送订单、退货订单等）。

SCOR 模型将供应链界定为计划（Plan）、采购（Source）、生产（Make）、配送（Deliver）、退货（Return）五大流程（见图 3-11），如果仔细分析，物料（库存）、物流、资金、信息贯穿了供应链的各个环节。供应链管理的核心是组织好物流和物料，完成交付、满足订单，目标是赚取利润。

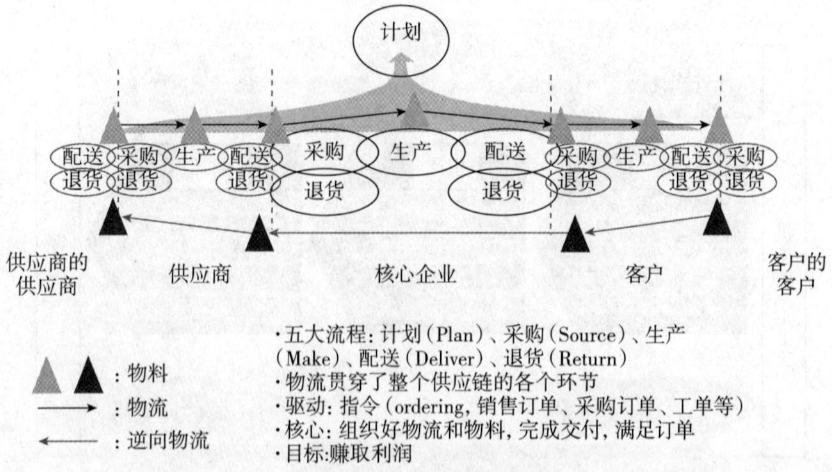

图 3-11　SCOR 模型的解读

3. SCOR 模型建立模块的方法

SCOR 模型通过 4 个方法建立分析和改善模块，分别是流程、衡量指标、最佳实践、技术实现。可以简单解读为：PPPE（Process，Performance，Pratice，Enable），或者 PMPE（Process，Metrics，Pratice，Enable）。

Process 就是流程；此处的 Metrics 指 Performance Metrics，即绩效矩阵，也就是一系列的绩效；此处的 Pratice 指的是 best practice，即行业最佳实践，也就是标杆（Benchmark），即整个行业学习的榜样；Enable 在这里就是“实现”的意思，在 SCOR 的汉语翻译中译为“技术”，有些不妥，其真实的意思是“（从一个低效的供应链到一个高效的供应链）实现的方法和技术”。

在标准版的 SCOR 模型介绍中，SCOR 模型包括 4 个构成要素（也被称为 4 个 P）：Performance（绩效），Process（流程），Practice（实践），People（人），其意思和上文相近。

4. SCOR 模型的流程

SCOR 模型是用流程穿透供应链，通过对业务分类定义不同的流程（见图 3-12）。

比如，供应链的核心是计划，分为 5 个层面，分别是计划供应链、计划采购、计划生产、计划配送、计划退货。

SCOR 模型对采购、生产、配送也分别做了分类，比如按照库存生产（make to stock），按照订单生产（make to order），按照订单定制（make to design）。

在使用 SCOR 模型时，实际可以非常灵活，完全按照企业的实际情况设立模型，比

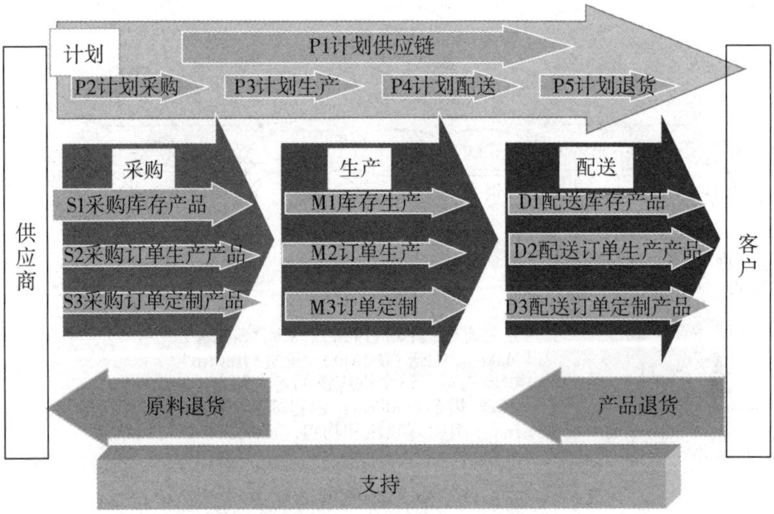

图 3-12　SCOR 模型的第一层示意图

如分销企业可以没有生产，只有采购和配送；有些企业可以没有配送（像有些化工企业），成品通过管道直接流入下一家，不需要配送。

SCOR 模型的基本逻辑是通过分类分析不同业务模式的特点。比如，按照库存生产和按照订单生产这两种模式在备料、备产能方面会有显著的不同，自然也需要规划不同的流程。

SCOR 模型通过流程下钻的方式实现流程穿透。所谓“下钻”，就是持续对流程进行细化和挖掘，直到能够精确管理所有的活动。这主要包括 4 层配置（见图 3-13）：

第一层：最高层。本层定义了企业供应链运作参考模型的范围和内容，而该范围和内容因企业而异：有些企业是采购、生产、配送、退货；有些企业没有退货，那就是采购、生产、配送；还有些企业没有生产，那就是采购、配送、退货；有些企业重在开发新产品，那就是研发、采购、生产、配送、退货。SCOR 只是个工具，具体应用场景要因企业而异。

第二层：配置层。比如，企业有按订单生产和按库存生产两种形式，那就需要配置两种流程。公司通过其特有的供应链配置实施运营策略。比如，在采购模式、生产模式、配送模式上，有些企业采用集中大规模生产，有些企业采用 VMI 方式采购，有些企业采用成品配送上门等，这些就是供应链的策略。

第三层：流程元素层。本层定义了一个公司在其市场上竞争成功的能力，包括流程元素定义、流程元素信息的输入和输出、流程性能指标、最佳运作方式、要求系统能够支持最佳运作行为等。在此基础上，公司再对其运营策略进行细化和微调。

层次		示意	注释
层级	描述		
第一层	最高层 流程类型	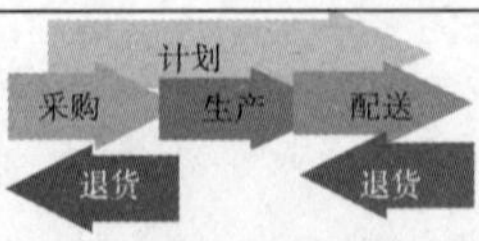	本层定义了企业供应链运作参考模型的范围和内容，确定了企业竞争性能目标的基础。示例：生产企业的供应链最高层流程。
第二层	配置层 流程种类	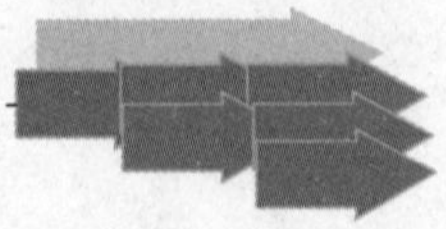	本层定义了企业供应链的配置层流程，比如按订单生产的配置流程。 公司通过其特有的供应链配置实施运营策略。 示例：按订单生产的供应链流程配置。
第三层	流程元素层 分解流程	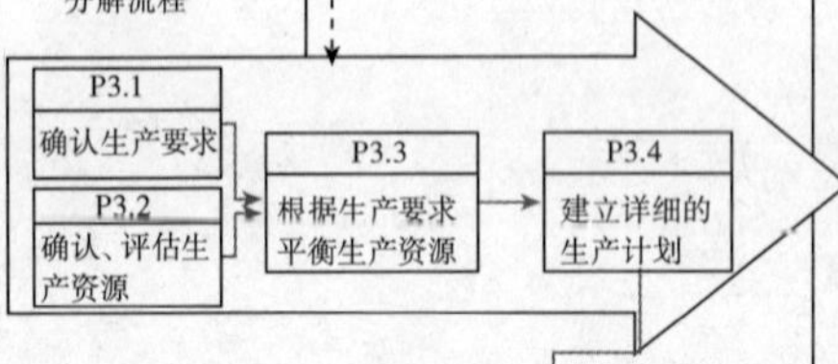	本层定义了一个公司在其市场上竞争成功的能力，包括： •流程元素定义； •流程元素信息的输入和输出； •流程性能指标； •最佳运作方式； •要求系统能够支持最佳运作行为。 公司在第三级供应链上对其运营策略进行细化和微调。 示例：生产计划评估流程。
第四层	实施层 分解流程元素	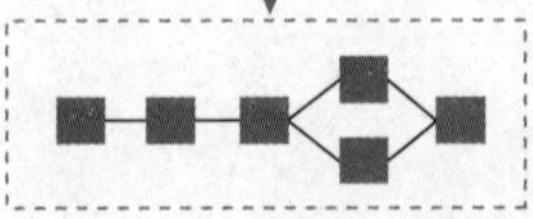	公司在这个层次上实施具体的供应链管理运作 本层定义了具体的运作方式，以获得竞争优势和适应不断变化的商业环境。 示例：生产计划的细化和执行。

图 3-13 SCOR 模型的 4 层配置

比如，做生产计划评估时，要先评估订单需求，其次是评估产能，然后制订生产计划。再比如，做采购计划时，要先评估供应商产能，其次是评估采购量，然后制订采购计划。

示例：

P3 计划生产

P3. 1 识别、分类、汇总生产需求

P3. 2 识别、评估、汇总生产资源

P3. 3 平衡产品资源以及生产需求

P3. 4 建立生产计划

第四层：实施层。本层定义了具体的运作方式，以获得竞争优势和适应不断变化的商业环境。公司在这个层次上实施具体的供应链管理运作。比如，生产计划的细化和执行。

示例：

M1 库存生产

M1. 1 制订生产活动

M1.2 发行产品

M1.3 生产并测试

M1.4 包装

M1.5 生成阶段产物

M1.6 发布产品到配送阶段

EM1 商业生产规则管理

EM2 生产绩效管理

EM3 生产信息管理

EM4 在制品管理

EM5 设备（设施）管理

EM6（制造）运输管理

EM7 产品线（网）管理

EM8 管理制造的规范要求及符合性

EM9 管理供应链生产风险

其实，SCOR 流程可以继续下钻，比如：

第五层：生产排程。生产计划制订后，每条流水线都要制订自己的排程。

第六层：作业安排。某个部门按照生产排程制订本部门的作业安排，等等。

5. 供应链的绩效

SCOR 模型从 5 个维度定义了供应链的绩效（Performance），依次是供应链的可靠性、反应能力、柔性（灵活性）、成本优势、资产利用率（见表 3-1）。

可靠性：主要指供应链配送的性能特征，这包括 6 个方向：正确的产品，到达正确的地点，正确的时间，正确的产品包装和条件，正确的质量和正确的文件资料，送达正确的客户。

反应能力：供应链将产品送达客户的速度。

柔性（灵活性）：供应链面对市场变化获得和维持竞争优势的灵活性。

成本优势：供应链运营所耗的成本。

资产利用率：为满足需求利用资本的有效性。

管理指标包括订单完成率、订单的完好履行、订单完成提前期、供应链响应时间长度、生产的柔性、供应链管理的总成本、货品卖出的成本、增值生产力、产品保证成本或退货处理成本、现金周转时间、供应库存总天数、净资产周转次数等。

表 3-1 SCOR 模型的绩效矩阵

序号	SCOR 第一层 供应链管理指标	可靠性	反应能力	柔性 （灵活性）	成本优势	资产利用率
1	订单完成率					
2	订单的完好履行					
3	订单完成提前期					
4	供应链响应时间					
5	生产的柔性					
6	供应链管理的总成本					
7	货品卖出的成本					
8	增值生产力					
9	产品保证成本或退货处理成本					
10	现金周转时间					
11	供应库存总天数					
12	净资产周转次数					

如果仔细阅读 SCOR 模型 V1.0，你会发现这一个庞大的绩效矩阵，涉及供应链的方方面面。你一定可以从中找到你所在企业供应链的所有指标，而且还有许多你想不到但很有用的指标。

6. 构建最佳的供应链模型

SCOR 模型描述了构建最佳供应链模型的方法。鉴于 SCOR 模型是通用型的模型，所以其最佳实践只是描述做法，至于在具体场景该如何做，还需要参照实际情况。

比如，在“管理生产绩效”的模块中，最佳实践列出了 5 项，其中 3 项是：

（1）实时绩效管理测量报告系统；

（2）制订绩效标准；

（3）对标准进行周期性回顾。

作为一个标准模型，SCOR 模型为我们提供了供应链管理各要素之间的关联关系。大部分企业的供应链流程和制度并没有这么完备，所以这些最佳实践具有很好的参考意义。

7. 人的因素

人是管理流程和执行任务的主体，人决定了执行和管理的水平。

在任何时候，人的要素都是关键要素。

SCOR 模型之前是忽略了这一块的，到第 10 版的时候才导入了人的要素，并把人的要素作为四大要素之一——之所以这么改，可能是发现如果忽略了人这个要素就玩不转了。

第 10 版 SCOR 模型中能适用规定了人在执行任务和管理流程时所需要的技能。通常来说，这些技能是供应链领域的，但也能适用于其他领域。

企业管理纷繁复杂，供应链管理更是千头万绪，全面了解供应链不是一件容易的事情。SCOR 模型是一个很全面的方法论和工具，可以帮我们事半功倍地解决问题。

手记 36

用约束理论找到物流业务瓶颈

约束理论即 TOC（Theory of Constraints）理论，又称“瓶颈理论”，是以色列物理学家、企业管理顾问高德拉特博士（Eliyahu M. Goldratt）创立的管理理论。

1. 约束理论的内容

（1）企业目标往往都很明确，就是现在和未来都赚钱；

（2）分析企业时，需要把企业看成一个系统，需要从整体效益出发来考虑问题；

（3）有效产出是衡量系统业绩和效果的主要指标；

（4）妨碍企业实现整体目标的因素都是约束，如果要改善系统，实现更多的有效产出，就需要改善约束；

（5）改善约束的方法是把约束拿掉，或者增加缓冲。

2. 约束理论的原则

（1）平衡物流，而不是平衡能力；

（2）非瓶颈资源的利用程度不是由它们自己的潜力决定的，而是由系统的约束决定的；

（3）资源的利用和活力不是同义词：利用是指资源应该利用的程度，活力是指资源能够利用的程度；

（4）瓶颈上 1 小时的损失，则是整个系统 1 小时的损失；

（5）在非瓶颈上获得 1 小时的节约是毫无意义的；

（6）瓶颈控制着库存和产销率；

（7）转运批量可以不等于加工批量；

（8）加工批量应该是可变的，不是固定的；

（9）安排作业计划应该同时兼顾所有约束，提前期是作业计划的结果。

3. TOC 理论的运用

高德拉特博士用约束理论辅导企业，取得了巨大的成绩。

对于制造业和流通行业，约束理论通过改善系统和优化生产计划，通过平衡物流量来改善企业的有效产出、利润、现金流，主要方法如下：

（1）约束资源的容量决定企业的最大物流量；

（2）在瓶颈前要保留物料储备缓冲，以保证充分利用瓶颈资源，实现最大的有效产出；

（3）必须按照瓶颈工序的物流量来控制瓶颈工序前面工序的物料投放量；

（4）按同一节拍控制在制品流量，以保持在均衡的物料流动条件下进行生产；

（5）瓶颈工序前的非制约工序可以用倒排计划，瓶颈工序用顺排计划，后续工序按瓶颈工序的节拍组织生产。

系统最终的产出将受到系统内最薄弱环节的限制。换言之，任何一个链条的牢固程度取决于它最薄弱的环节（见图 3-14）。

图 3-14 链条的牢固程度取决于其最薄弱的环节

英国供应链管理专家马丁·克里斯托弗（Martin Christopher）在 1992 年指出：21 世纪的竞争不再是企业和企业之间的竞争，而是供应链和供应链之间的竞争。

因此，如果我们的供应商有质量缺陷或者供货短板，也一定会成为我们的缺陷和短板，这也符合 TOC 理论。

系统往往既有优点，也有缺点。好的系统，就是在优点和缺点之间寻找一个平衡。

凡是系统，必有约束，约束制约系统的发展。解决了约束 A，还有约束 B，不断解决约束，系统就不断发展壮大，这就是公司成长的过程。

物流的链条往往比较长，约束可能出在某几个环节，比如运输车辆、人力、仓库、系统等。2006 年我给 DELL 做项目，发现 DELL 只有两个分拨仓，一个在北京，另一个在厦门。当时，我建议他们在河南开一个分拨仓，他们说开不了，原因是系统暂时不支持，这就是约束。

梳理系统的约束，不要仅仅从表面上梳理，而要梳理深层次的逻辑。比如有个客户，仓库总是不够用，就不停地建新仓库，但还是不够用。后来，我帮他们诊断了一下，发现问题出在物料太多，有些物料的库龄都超过了 3 个月。既然 3 个月都没有用，为什么要这么早运过来呢？后来，我根据订单需求，制订了库存计划，并和供应商计划了送货频次，让他们根据需求小批量、多批次地送货。经此修改，客户的库存下降了一半，仓库也够用了。

我曾经和广西柳工机械股份有限公司（以下简称柳工）的一位高管讨论中国企业的国际化问题。柳工在国际化方面做得很成功，不论是开拓国际市场、在国外建工厂还是收购国外企业，都做得风生水起。我问他："在供应链方面，应该注意些什么呢？"他说："主要是三点：供应链的核心资源；供应链的安全性；供应链的本地化。"

柳工主要做工程机械。首先，发动机、传动部件液压件、智能系统就是核心资源，离开这些最核心的资源，产品是做不出来的，企业也无法生存。所以，中国企业千方百计地要争取这样的资源，才能够生存。其次，供应链的安全性就是核心零部件的安全性，这也是核心资源。最后，对于工程机械来讲，如果全球供应，安全性和成本都很难保障，而本地化既可以保证交付，也可以降低成本。

其实，仔细分析一下，中国企业的国际化问题主要是在核心资源方面存在瓶颈，毕竟我们在资源方面积累得太少。

如何分析系统的约束呢？一是梳理流程，二是计算各个环节的产能。

如图 3-15 所示，在这个流程中，4 个环节的产出分别是 20、80、70、70。由于是串联工艺，那么，总产出只能是瓶颈工序的产出，所以总产能是 20。如果要扩大产能，需要在瓶颈环节增加缓冲，释放约束，在三道工序上分别增加 60、10、10 的缓冲，则产能增加至 80。

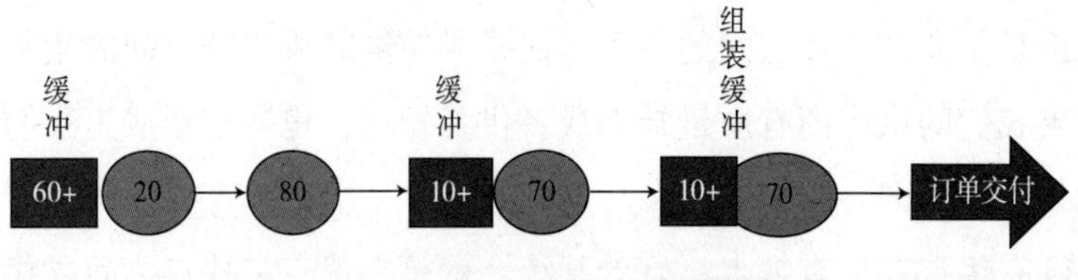

图 3-15　缓冲释放约束示意图

再以餐馆为例（见表 3-2），餐馆前厅主要有点餐、上菜、结账三个环节，但一旦组合排序，就有十几种模式，每种模式都有其约束——尽管约束各不相同。

一般餐馆都是先吃饭后结账，约束是容易漏单，怎么解决？系统核对，菜单核对。

金鼎轩要求客人先付账，约束是客人感觉不好，怎么解决？态度好一些。

麦当劳的约束是客人排队结账取餐，约束是上餐太慢，排队太长，怎么解决呢？只要队伍一长，就赶紧多开几个接待口。

表 3-2　餐馆前厅流程约束和策略

序号	模式	模式代表	点餐	上餐	自取	结账	选座	流程	优点	约束	解决方式
1	先坐后点上餐结账	一般餐馆（后结账）	2	3		4	1		感觉好	漏结账	·系统核对 ·菜单核对
2	先坐后点结账上餐	金鼎轩（先结账）	2	4		3	1		不漏单	客户感觉不好	要求客户结账时态度要好
3	先点再结取餐落座	麦当劳/肯德基	1		3	2	4		效率高	客人排队等餐	·加窗口 ·加速度 ·标准化
4	先点再结落座上餐	永和豆浆	1	4		2	3	客人拿牌号，自己找桌子，服务员按牌号给客人送餐，可视化	免排队	服务员要找桌号，单店面积不能太大	控制单店面积
5	先点再结落座上餐	康师傅私房菜	1	4		2	3	一张信息卡，插在餐桌的系统传感器中，系统告诉服务员客人的位置	免排队，座位可视化	没有	
6	一卡通	汉拿山汤泉，洗浴中心	1	1	1	2	1	手环	效率高，服务好	投资大	
7	计次	自助餐	1	1	1	2	1			少了不够，多了浪费	

手记 37

“产能怪兽”最怕约束理论和利特尔法则的组合拳

物流也好，生产也好，往往会碰到产能问题。所谓产能，是指一段时间内某个系统的生产能力，比如每天产多少，或者每年产多少。所谓产能瓶颈，就是产能在某个环节上卡住，流通不畅，产能上不去了，这个环节就是瓶颈。

如何解决产能瓶颈呢？可以学习一下约束理论和利特尔法则。

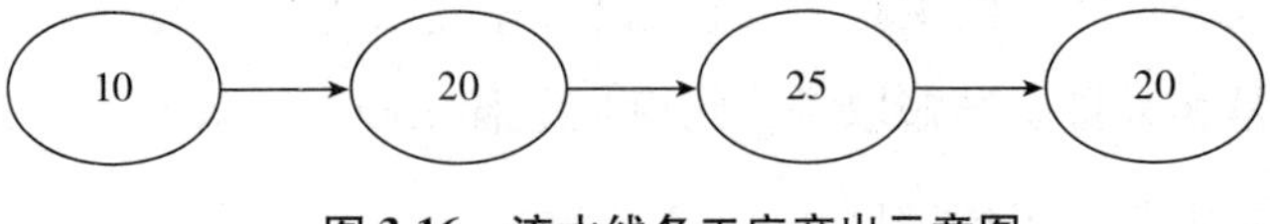

图 3-16　流水线各工序产出示意图

假如一条流水线有 4 个工序，其每天的产出分别是 10、20、25、20（见图 3-16），那么按照约束理论系统的产出就是其瓶颈的产出，那么该流水线最大的产出是 10。

如果要扩大系统的产能，需要改善瓶颈工序，方法之一是加缓冲（见图 3-17）。为瓶颈环节增加 10 的缓冲后，整条供应链的产出就是 20 了。

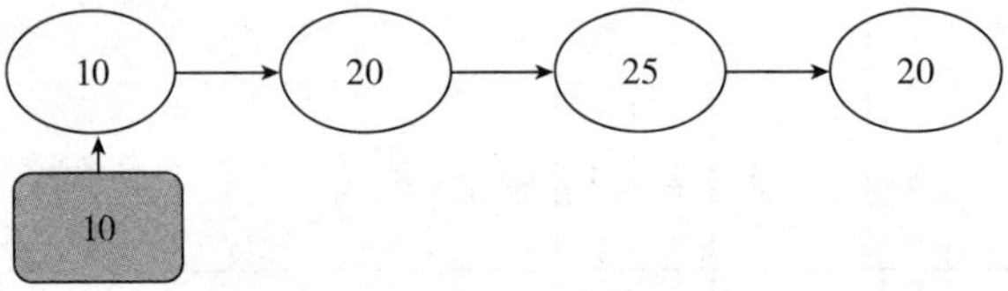

图 3-17　缓冲释放约束示意图

扩大产能的另一个分析方法是利特尔法则（Little's Law），这是一个有关生产周期与在制品关系的简单数学公式，由麻省理工学院斯隆商学院教授 John Little 提出（见图 3-18）。

根据利特尔法则在一个稳定的系统中，系统中物体的平均数量（L）等于物体到达系统的平均速率（λ）和物体在系统中停留的平均时间（W）的乘积，公式为：

$$L = \lambda W$$

假如下列系统中物体从左向右移动的平均速度是 2 个/分钟（λ），物体在系统中的平均等待时间是 5 分钟（W），则系统中的平均的物体数量是 10 个（L）。

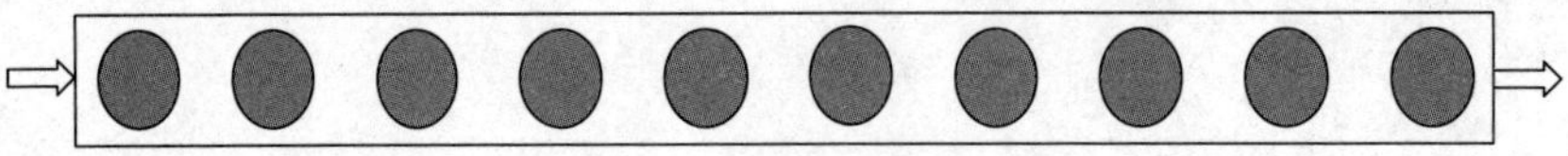

图 3-18　利特尔法则示意图

用一个代数式来表达如下：

$$L = \lambda \times W = 2 \times 5 = 10$$

如果将公式变换一下，则：

$$W = L / \lambda$$

也就是说，如果要缩短进入系统的速度（比如缩短生产周期），利特尔法则给我们指出了方向：一个方向是提高速度（λ）；另一个方向就是压缩在制品数量（L）。其中，最有效的缩短生产周期的方法就是压缩在制品数量。

这就是为什么工厂要把几台单体设备连线生产的原因。那些存放了半个月甚至几个月半成品的工厂，从利特尔法则的角度来看，就是巨大的浪费。

如果同时采用约束理论和利特尔法则，就可以在扩大产能的同时，缩短生产前置期，对于精益生产很有帮助。

手记 38

注重对数据和事实的分析

我的专业是物流咨询师。作为一个咨询师，我经常给客户公司的总经理讲解他们存在的问题。

经常有人问我："您不懂这个行业，在这么短的时间内，怎么能说服一个企业的总经理呢？"

这个问法很有道理，总经理往往最知道企业的经营状况，也最能感受企业的痛点。咨询师算是一个外来人，可能既没有这个行业的经验，也没在这个企业干过，怎么能说服总经理呢？

方法很简单，就是用数据、事实和逻辑说话。

我会梳理企业的数据和事实，通过逻辑分析，得出问题所在并分析结果。在这个基础上，我会给企业提出建议。

数据和事实都是企业自己的东西，所以总经理很容易看懂；至于逻辑，就是分析数据和事实的方法。所以，我们向总经理展现的，不仅仅是结果，还有对数据分析的过程和逻辑。

只要输入没错、逻辑没错，结果便不会错。说清楚了，人人都看得懂，就是这么个简单的道理。

有的时候，对于某些问题，往往不是马上就有答案。我一般会要求拿出一段时间做调研，经过调研和分析，然后给出报告，包括数据和事实、分析和逻辑、结果和建议。

模块 7 数据分析

手记 39

数据分析：研究物流的重要方法

在给企业做咨询的过程中，我做得最多、最重要的事情是数据分析。

为什么这么重视做数据分析呢？因为所有的管理都在数据里。

我经常说两句话：

“If we can’t measure it, it doesn’t exist（一件事，如果我们不能对其进行测量，那么它就不存在）。”

“For an enterprise，no data means no management（对于企业而言，如果没有数据，那就没有管理）。”

第一句话是布林布朗在 TED 演讲中以“脆弱的力量”为主题所提到的。这句话还有一种译法：如果你没法测量，它就不真实。毋庸置疑，每个人对这句话的理解见仁见智，但当我在阅读中得知爱因斯坦曾提出通过日蚀可以测量光子的偏转，并得到照片证实的时候，我便惊诧于这句话的哲理性。

第二句话是我说的。换句话说：对于企业而言，数据管理的粗细程度就是企业管理的精细程度。

稻盛和夫在《经营与会计》一书中提到：

企业长期持续发展，需要经营者不断做出正确的经营判断，因为只有基于正确的经营判断，才能采取正确而坚决的行动，才能把企业经营得有声有色。要做到这一点，需要坚持两条基本原则：

第一，经营者必须具备正确地判断事物的基准。

第二，经营者必须通过具体的数字正确而及时地掌握企业的真实情况。

稻盛和夫认为，经营者管理企业就像飞行员驾驶飞机，企业经营的数字可以比喻为飞机驾驶舱仪表盘上的数字，能起到重要的导向作用，也能指引经营者正确无误地到达指定的目的地。

由此可见，作为“经营之神”的稻盛和夫极为重视数据分析，且把数据分析作为企业经营的两个基本原则之一。

数据中含有商机。比如，数据分析成就了“如家”——如家快捷酒店是经济型酒店的典范，它的诞生就是数据挖掘的结果。

携程旅行网成立于1999年，主业是订酒店、订机票、订旅行，通过多年的业务沉淀，积累了大量的数据。他们分析发现，在某些地段、某些时间段、一定价格范围内，有大量的客户需求得不到满足。于是，他们决定自己开酒店，如家快捷酒店大获成功。

2006年10月26日，如家快捷酒店正式在美国纳斯达克挂牌上市，这是沈南鹏和他的创业团队于2003年将携程网带上纳斯达克后，第二次带领企业登陆纳斯达克。

就企业的战略而言，眼光和胆略固然重要，但眼光也好，胆略也罢，或多或少都会存在风险。而数据分析则大有不同，就像打牌的人，通过对各方出牌的分析，基本可以判定队友和对手的牌，甚至可以猜出底牌——不需要把牌出完，基本上输赢已定。

由此可见，数据的积累、分类、挖掘具有重要价值。

物流和供应链的每一个环节、每一种物料、每一个动作都蕴含着大量的数据，这些数据对于我们规划、优化、改善供应链和物流具有重大意义。

2014年，我辅导一个广州的客户，经过数据分析后，提出了按照SKU的分布规划货位的方案，解决了货物在仓库频繁搬倒的问题，拣货操作效率提高40%以上。老板感叹道：“这个仓库在规划之初，我们和客户的意见分歧很大，各说各自的理。如今有了这些数据，大家一看就明白了，很容易达成共识。”

2015年2月，我为一个客户做仓库规划，我对设计方案苦苦思索，不得其解。后来，我静下心来，仔细梳理数据，经过ABC方法对库存进行分析后，竟然豁然开朗，并写下了这样的感悟：当感觉缺乏思路时，再回头看看数据，方向就在其中。

无论是从事物流改善还是物流规划，数据分析都极为重要，掌握足够的数据分析方法和工具，对物流管理者而言，是一门很好的技术。

我从事的咨询工作具有很大的挑战性，因为我所服务的企业各种各样，差异化很大。客户往往只给我短暂的诊断时间，就需要给董事长或者总经理讲明症结所在，可能还需要给出有效的方案。

企业的董事长或者总经理可以说是对企业了如指掌，而我们才是真正的“外人”，这相当于进入一个自己陌生而别人熟悉的领域，而且还要在这个领域给别人当老师——自然，当好这个“老师”很不容易。

我的方法很简单，那就是快速分析数据。通过数据模型，进行数据挖掘和分析，搞清楚D&F，就是数据（Data）和事实（Fact）。我拿出的设计方案是用数据说明的事实，这样，问题就会迎刃而解。

数据分析很重要：数据中有真相，数据中有问题，数据中有规律，数据中有解决问题的方案。高手一般都有数据分析模型和分析标杆，这儿要一点数据，那儿要一点数据，输入模型，运算一下，结果就出来了。

再次强调，数据分析是我的法宝。作为一名物流咨询师，我服务了很多行业的客户，比如电子、化工、医疗、机械、食品、药品等行业。有些朋友很诧异，问我："你怎么懂这么多行业？这些企业的总经理都是行业顶尖的专家，你是怎么和他们交流的？"我说："我不懂这些行业，我只懂物流和供应链。我给企业管理人员讲的是企业运营和管理的数据，只要是数据，就会有差异，就会有大小，就很容易做出分析和比较。"

手记 40

数据挖掘并不神秘

所谓数据挖掘就是对数据按照某种规则进行分类，也就是按照某种公式分类：

——分类是按照某种规则分类；

——筛选是按照某种筛选规则把数据挑出来，就是分类；

——排序是按照某种次序划分数据，也是分类；

——找关联数据是按照某种关联公式把数据找出来，还是分类。

"分类"一词，就可以把整个数据挖掘涵盖了。

后来仔细一想，其实，次序也可以涵盖数据挖掘的全部内容。我们之所以没有发现它们，是因为它们混在一堆数据里。如果它们能排着队走出来，那所有的问题就变得显而易见了：

——排序是按照某种规则排次序；

——筛选是按照某种筛选规则排次序；

——找关联数据是按照某种关联公式排次序。

所以，次序也是一个重要的逻辑，通过设定合理的次序，或者设定合理的公式，也可以做好数据挖掘。

后来，我觉得筛选、关联这些词也可以涵盖数据挖掘的方法。只不过，要赋予这些词新的内涵和外延。

有些人往往会觉得数据挖掘很神秘，其实很简单。

手记 41

分类、矩阵、漏斗和相关性

专业人士做分析，往往靠数据和逻辑。数据分析并不复杂，也不神秘，很实用，也很容易理解。经常分析数据，就会形成习惯和本能，解决问题的方法就和一般人不同了，一般人靠直觉，而有数据分析本能的人，则往往靠数据和逻辑。

数据主要是来自数据规划和信息系统的数据库，数据分析的逻辑千变万化，分类、矩阵、漏斗和相关性是几种主要的方式。

1. 分类

客户要分类：在市场营销中，有一个非常重要的概念，叫 customer segmentation（顾客分层），这其实就是分类。由于年龄、收入与性别等因素的不同，人与人之间存在着不一样的生理需求与心理需求，而需求不一样的消费者组成了不同的细分市场。针对不同的细分市场，产品会有不同的定位。所以，分类是精准营销的前提。

物料要分类：可以根据货值高低、紧缺程度、供货距离、加工次序等进行分类。

供应商要分类：可以根据供应商的议价能力、竞争能力、供货距离等进行分类。

加工工序要分类：可以根据工序的重要程度、工序的产能进行分类。

工作任务要分类：可以根据重要性分类，也可以根据时间序列分类。

分类能把复杂混乱的事情梳理出脉络（find the logic from chaos），逐个分析，逐个击破。

ABC 分析就是一种分类方法。

2. 矩阵

矩阵是分类的一个延伸，是在两个变量上的分类，也就是在两个方向同时分类。

当存在两个可量化的关键维度时，分别将其设成 X 轴与 Y 轴，这样就会有 4 个象限。

当我们面临很多任务时，哪个才是值得我们花时间去解决的呢？矩阵管理可以帮助我们解决这个问题。比如，按照重要性和紧急性两个维度分类，重要和紧急的自然要先安排，而既不重要也不紧急的自然要排到最后。

在矩阵分析方面，最著名的莫过于波士顿管理咨询的产品矩阵模型了（BCG matrix）（见图 3-19）：

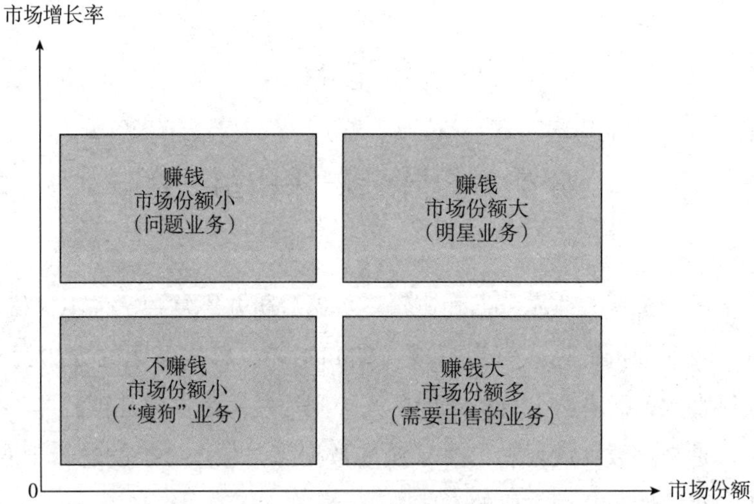

图 3-19　二维矩阵分析

其实，这就是个矩阵分析。所以，当你发现存在 2 个可量化的关键指标时，就可以试试做成一个矩阵。

比如，按照货值高低和货量周转速度 2 个指标分析库存，自然就会发现，那些货值高、周转快的货物才是我们关注的重点。

是否可以在 3 个变量上做延伸呢？可以，那就是立体空间的矩阵了。比如图 3-20 的 A 点，包括了 3 个参数：市场份额、增长速度、产品毛利。

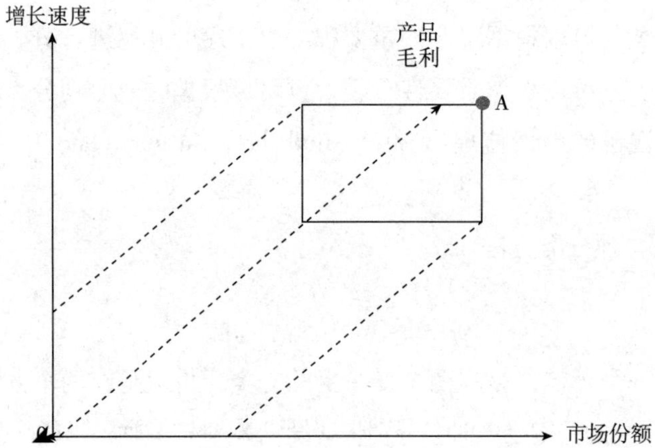

图 3-20　三维矩阵分析

3. 漏斗方法

漏斗的每一层，都有一定的容量。漏斗越往下，容量越小。而层与层之间的比例，就是转化率。

以提高销售收入为例，客流分层分别为潜在客户数、客户数、重复购买客户数、客单价。所以，要提高收入，原理很简单，就是把每一层的容量都扩大，或者提高转化率。

2018 年，我辅导一家连锁药店做精细化管理，就用漏斗模型列出了一个收入公式：

药店的收入 = 订单数 × 客单价

如果进一步细化，就是：

药店的收入 = 流量 × 流量转化率 × 客单价 × （1 + 复购率）

如果要增加药店收入，可以采取这 4 种方法：①增大客流量，让更多的人知道门店、来到门店；②增大客流量的转化率，让更多人发生购买行为；③提高每个客户购买的金额；④增加客户重复购买的次数。

物流公司如果要扩大收入、寻找更多的客户和业务，也要学习这个方法。

4. 相关性分析

相关关系的核心是两个变量之间的数值关系。虽然事物之间有着千丝万缕的关系，但细分起来，常见的相关关系也不外乎 4 种（见图 3-21）：

（1）正相关：X 数量越多，Y 数量越多，比如 $Y = X$；

（2）负相关：X 数量越多，Y 数量越少，比如 $Y = \frac{1}{X}$；

（3）不相关：X 数量与 Y 数量无关，此时函数关系不明显；

（4）非线性相关：某一范围内，X 数量越多，Y 数量越多；超过某一个拐点后，X 数量越多，Y 数量越少。比如 $Y = -X^2 + X$。

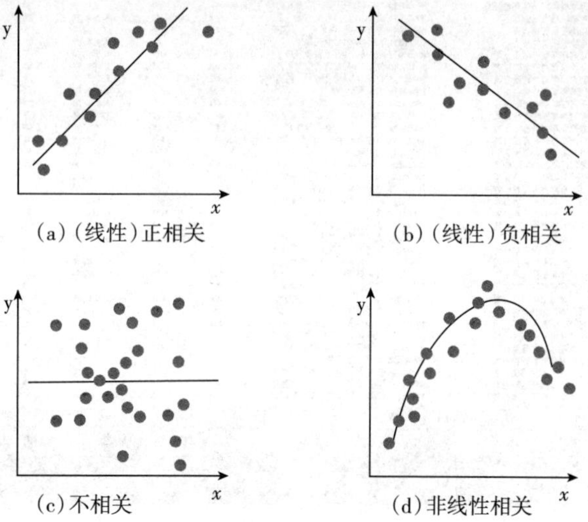

图 3-21　相关性分析图示

在维克多写的《大数据时代》第四章中提到，“在大数据时代，相关关系大放异彩。通过相关关系，我们可以比以前更容易、更快捷、更清楚地分析事物。”

无论是物流分析、物料分析，还是订单分析、账单分析（付款账单、收款账单），其实都可以量化分析。一般的企业都用信息化系统，从系统中引出单据，通过矩阵分析或者 LOOKUP 分析，都可以发现很多关联性。

Excel 的透视分析很好地解决了这个问题，只需要把过去几个月甚至几年的数据列出来，做 2 个变量的透视，然后再排序，或者 lookup，就可以发现其相关性。

比如，要想分析哪些客户买了哪些产品，就可以做相关性分析（见图 3-22）：

（1）从系统中引出所有销售订单；

（2）做透视分析：横向为客户，纵向为物料；

（3）做 ABC 分析：从大到小横向排序；

（4）做 ABC 分析：从大到小纵向排序。

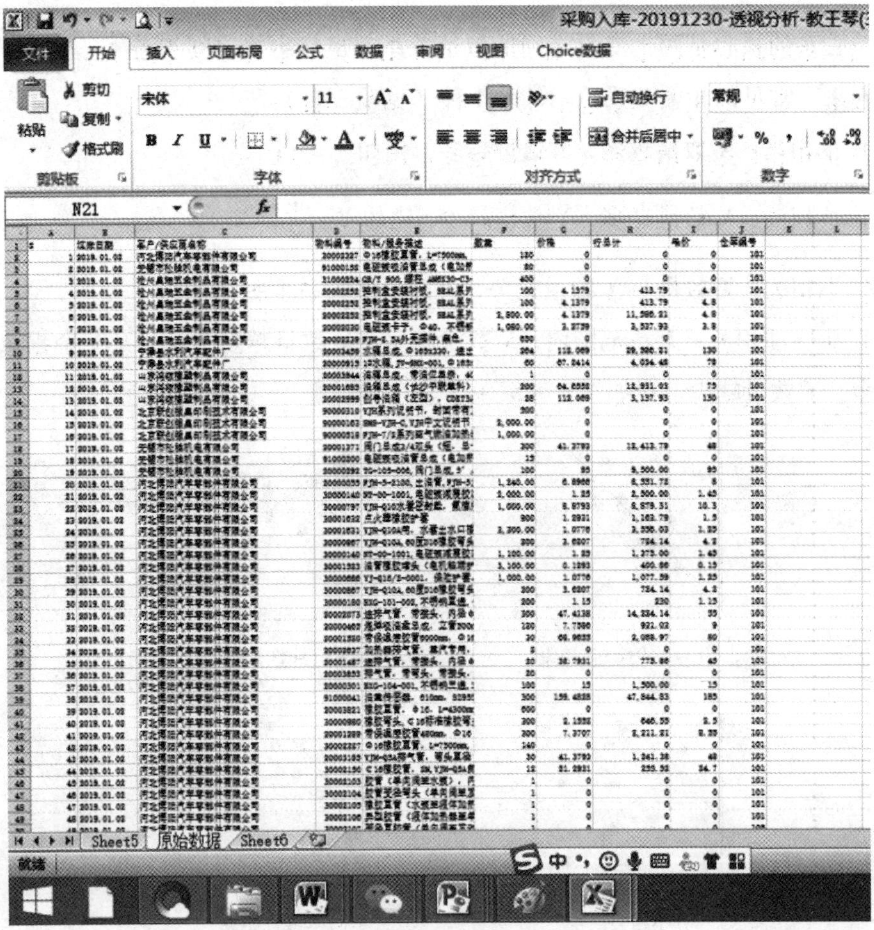

图 3-22　ERP 系统中导出的销售订单

可以发现，销售量最多的产品集中在 Excel 表格中的左上区域（见图 3-23）。

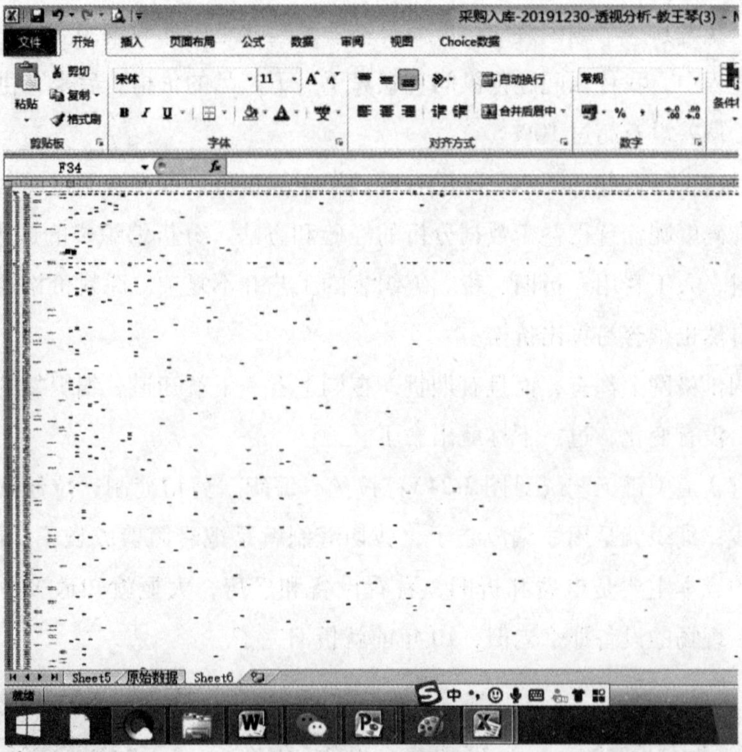

图 3-23 经过 Excel 处理后的订单数据分析

我们经常用的 EIQ 分析，其实就是相关性分析。

手记 42

高手数据分析：快、准确、有逻辑

网上流传着一个费米用纸片计算原子弹当量的故事。

1945 年 7 月 16 日，第一颗原子弹在美国新墨西哥州的沙漠引爆。40 秒后，试爆现场附近的科学家感受到了冲击波的气浪。费米伸手向空中撒了一把碎纸片，落在他身后 2. 5 米的地方。根据这个“实验数据”，费米估算出这颗原子弹的爆炸威力相当于 1 万吨 TNT，而超过 1 万吨是原子弹爆炸的标准。因此，费米认为原子弹爆炸成功了，而后来仪器测到的数值大约是相当于 2 万吨 TNT。

好的数据分析就是这样，不需要太复杂的设备，稍稍看看现象，就知道事物的本质。

1. 编织袋成本分析

有一次，我考察一个编织袋的供应商——就是装化肥的那种编织袋——看了半个小时。在整个过程中，我什么问题都没问，默算了一下产品的价格。后来，供应商给我报价，我一看，偏差没有超过10%。

我之前对这个行业并不了解，既没有看过类似的报价，也没有见过类似的技术，为什么有这个准确度呢？这得益于数据分析的经验和方法。分析编织袋的成本，主要是3个因素：材料、人工费用、折旧、税。编织袋的工艺并不复杂、原料价格透明、管理成本可估算，自然也很容易算出价格。

塑胶粒的价格网上都有，而且有期货，在网上看一下就知道。编织袋的重量就是原材料的重量，没有变化，过一下称就出来了。

编织袋有3道关键工艺（见图3-24）：拉丝、编织、剪切缝制；拉丝就是把塑胶粒热熔后拉成线；编织就是用线编成袋子；剪切缝制就是把袋筒剪成袋子，再缝制收边。这3道工艺的成本主要是电费和折旧，看看设备和厂房，大概就知道多少成本了。何况，这家工厂现场的设备那么老旧，10年前就折旧完了。

(a)拉丝　　(b)编织　　(c)剪切缝制

图3-24　编织袋的工艺流程

至于人工费，更简单：点点现场的人数，按人均每月3500元计算，做个简单测算，偏差不会太大。

至于纳税，那都是按国家标准的。

有了以上数据，可以判断个八九不离十。

2. 配送优化分析

我曾经诊断一个企业成品的配送成本。该企业要把每台设备从北京配送到青岛、济南、徐州、西安等地，其设备重量和尺寸就像一个中等大小的微波炉。物流经理把报表给我，我看了一眼，默算了一下，说："差不多可以再节省25%。"

物流经理微微有些吃惊，我估计，他心里在想：你才来我这个公司半个小时，还不知道我这个公司经营什么呢，一看报表就知道数据错了，错得还有零有整，你蒙我的吧？

我便接着解释：“这个价格单是供应商自己报的，供应商对他的成本自然很清楚，肯定要赚钱，如果亏钱，供应商是不会做的。”

“运输的成本取决于运输环境、运输条件、运输资源、运输时效、运输量等因素。北京到济南的运输环境、运输条件、运输资源都好于北京到青岛，而且运输时效接近，到济南的运输量比青岛大。无论如何，北京到济南的价格应该比北京到青岛的价格要便宜，可是，实际上呢？我们看看数据：

北京到青岛的距离：约660千米；

北京到青岛的单价：24.5元/台；

北京到青岛单价：0.037元/台·千米；

北京到济南的距离：约430千米；

北京到济南的单价：29元/台；

北京到济南单价：0.0674元/台·千米；

按单价计算：济南比青岛高18%；

按台·千米计算：济南比青岛高81%。”

我总结道：“就算是按照青岛的价格和供应商谈判，最保守也能降18%。再考虑其他因素，我们折中一下，降25%应该比较合理。”

后来优化完了，真的超过了25%。

高手和庸手之间差的是质量和速度，庸手永远没有高手做得那么好，也永远没有高手做得那么快。这种差距，从表面上看起来是经验多少的问题，但从本质上来看则是种属的问题。这两类人在某个领域有巨大的区别，以至于我们不得不把他们划分成两类。因为，即使不这样划分，他们自己也会发展成为两类人，只不过是迟早的问题。

我很喜欢《教父》这部电影，里面有一句话让我记忆至今：花半秒钟就看透事物本质的人，和花一辈子都看不清事物本质的人，注定是截然不同的命运。

用很短的时间看透事物本质的人，会处处争取主动，抢得先机；如果花很长时间也不能看透事物的本质，则只能处处被动，落在后手，疲于应付。假以时日，差距便会越来越大，这便是量变带来质变的另一个例子。

手记 43

找到数据中的异类

不论做物流改善还是物流规划，数据分析是必须且重要的工作。我们拿到的数据经常是总数或者平均数，而总数或者平均数会把问题“埋起来”，不太容易被发现，也无法产生解决问题之道。只有精细地分类甄选，才是准确定义问题和找到解决问题之道的办法。

如何分类甄选呢？研究业务逻辑，建立数学模型，通过筛选、比较，便可发现数据中的“异类”。

异类是一个数据集中的与众不同的数据，这些数据并非随机偏差，而是产生于不同的机理，这便是物流改善的要点。何为不同的机理呢？就是不同的数据来源和不同的数据处理逻辑，比如白羊群中出现了一只 black sheep（黑羊。大多数绵羊是白的，黑绵羊往往被认为是异类），肯定是基因出了问题。还有，羊群中也可能跑出一头驴来，这也是异类，需要搞清楚这头驴是怎么来的。

异类挖掘，一是给定一个数据集合，筛选出不在该集合中的数据；二是通过对照的方法找到明显有差异的数据。异类挖掘基于统计和分析，主要有 5 类算法：

（1）基于统计的方法：计算数据分布的模型，然后根据差异性来确定异常。

（2）基于距离的方法：孤立点被认为是没有足够多的邻居。

（3）基于密度的方法：某个聚类本身的密度存在不同。

（4）基于偏离的方法：如果一个对象偏移某一规律，即被视为异类。在运输状况雷同的情况下，大部分车辆的吨·千米耗油量为 0.2 升，如果其中有一辆车耗油 0.3 升，十有八九是有问题。

（5）基于聚类的方法：不在同一数据集的样本点即被视为异常点。

当数据出现异类的时候，首先应进行专业分析，然后进行统计分析。如果原始数据没有错误，专业方面又不能解释，这便是我们关注的重点。

比如，在审核一家造纸公司企业的物流成本时，我分析了其吨·千米的物流成本：在不同时期，在距离、环境、运输条件相似的情况下，吨·千米的成本分别为 0.27 元、0.29 元、0.26 元、0.25 元、0.41 元。很容易发现，0.29 元的成本是偏高的，而出现 0.41 元，显然是运输成本没有管理好。经过我们进一步分析，验证了我们的判断。

应收账款、产品库龄、订单等数据发生变化、偏离规律时，都是我们需要关注的异类。

1999 年，我在冠捷负责欧洲订单管理。此后一年间，各个客户的订单都比较稳定，大约每月有 3000 台。后来，有一个叫 Lemenir 的新客户一下子下了 6000 台的大订单——我之所以现在还记得这个客户的名字，是因为它是一家由中国台湾同胞在法国注册的公司。我当时直觉认为市场不会这么大，果然，合同只是执行了 50% 就取消了，我们用了很长时间才把库存处理完。一般情况下，市场需求都是平缓的，订单突然下降或者上升，都属于我们关注的异类，需要了解清楚。

手记 44

用 σ（西格玛）分析波动

不论是产品质量还是管理质量，都需要有个评价标准，如果要客观地定量评价，那就需要数字标准，比如产品合格率 99%，交付及时率 95%。我们经常听说“（某公司）管理水平达到几个 σ（西格玛）”“GE 推行了若干年的 6σ”，那么 σ 是什么？GE 的 6σ 又是什么意思？

在这里，σ 的意思是标准偏差，考察的指标是数据的波动性。

标准偏差的计算公式为：

$$\sigma = \sqrt{\frac{\sum (X-\mu)^2}{N}}$$

在 Excel 中，

标准偏差公式：σ = STDEVP（A1: A10）

平均值公式：μ = AVERAGE（A1: A10）

比如，某超市 10 周内对苹果的需求见表 3-3。

表 3-3 门店 10 周内对苹果的需求

A1	A2	A3	A4	A5	A6	A7	A8	A9	A10
第 1 周	第 2 周	第 3 周	第 4 周	第 5 周	第 6 周	第 7 周	第 8 周	第 9 周	第 10 周
220	170	300	264	110	239	255	224	286	271

可以计算出（见表 3-4）：

门店一的需求量平均数 $u=234$；

门店一的需求量标准偏差 $\sigma=54$。

根据数据可知，门店的需求在 110 ~ 300 之间波动（见图 3-25）。

表 3-4　平均数和标准偏差的计算

	门店一需求量（箱）	门店二需求量（箱）	备注
第 1 周	220	200	
第 2 周	170	39	
第 3 周	300	90	
第 4 周	264	9	
第 5 周	110	10	
第 6 周	239	9	
第 7 周	255	45	
第 8 周	224	7	
第 9 周	286	7	
第 10 周	271	100	
总数	2339	516	
平均数	234	51.6	μ = AVERAGE（A1: A10）
标准偏差（σ）	54	59	σ = STDEVP（A1: A10）

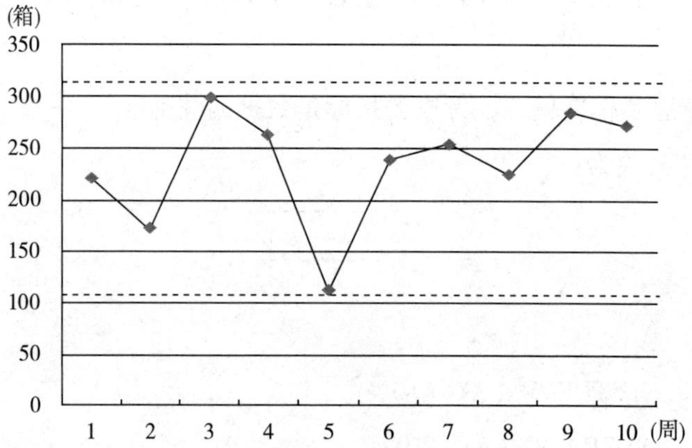

图 3-25　门店的需求波动

那么，问题来了：我需要备多少安全库存才能保证不断货呢？或者说，我需要保证 95% 的客户需求能够满足，需要备多少安全库存呢？这时候，西格玛的妙用就来了。

服务水平取决于库存的数量，或者说，取决于所备安全库存的数量，如果安全库存是一个西格玛，那么能保证 68.27% 的订单不会缺货，如果是 1.65 个西格玛，则可以保证 95%，2.33 个西格玛可以保证 99%。σ 值可以测量过程完成无缺陷作业的能力，是指示过程作业状况良好程度的标尺。σ 值越低，则过程状况越好。换言之，σ 值指示了缺陷发生的频度，σ 值越低，过程不良品率越低。当 σ 值降低时，不良品率降低、品质成本降低，过程周期时间缩短，客户满意度提高。

当制造过程平均值与其规定的规格上下限之间的距离为 6 倍标准差时，即 6σ 的品质，表示“每百万单位只有 3.4 个不良率”，品质长期达标率为 99.99966%。

所以，理论上说，供应链没有办法保证完全不断货，但是，如果要保证门店 95% 的订单不断货，则需要 1.64 个西格玛，即 $1.64 \times 54 = 89$。

当然，以上计算没有考虑供给的波动性，也就是说，是在每周准时到货 234 箱的条件下才能成立。如果供应前置期发生了变化，则安全库存的计算方式也要变化，需要在参考前置期变化的条件下设定安全库存的计算公式。

手记 45

降低“牛鞭效应”

“牛鞭效应”是指供应链上的一种需求变异放大现象。凡是有供应链业务的公司，很少会不挨“鞭子”。当需求信息从最终客户端向最初供应商端传递时，由于信息管理和决策管理的原因，使得需求信息被扭曲，并逐级放大，导致需求信息的波动越来越大，在图形上很像一个甩起的牛鞭，因此被形象地称为“牛鞭效应”。

“牛鞭效应”是当下制造业和流通业存在的非常普遍的问题，不仅对库存的影响很大，对物流的影响同样很大。

图 3-26 是“牛鞭效应”示意图，零售商需求往往相对稳定。如果批发商开始把需求放大，那么总经销商会将其继续放大，到了工厂又会被放大。

下面是宝洁公司遭遇“牛鞭效应”的典型案例：

宝洁公司（P&G）在研究“尿不湿”的市场需求时发现，该产品的零售数量是相当稳定的，波动性并不大。但在考察公司分销中心的订货情况时，调查人员吃惊地发现波动性明显增大了。

调查人员进一步研究后发现，部分为了保证订货量及时可得，并且能够适应客户需求增量的变化，他们通常会将预测订货量做一定放大后向批发商订货。

批发商出于同样的考虑，也会在汇总零售商订货量的基础上再做一定的放大后向宝洁公司分销售中心订货。

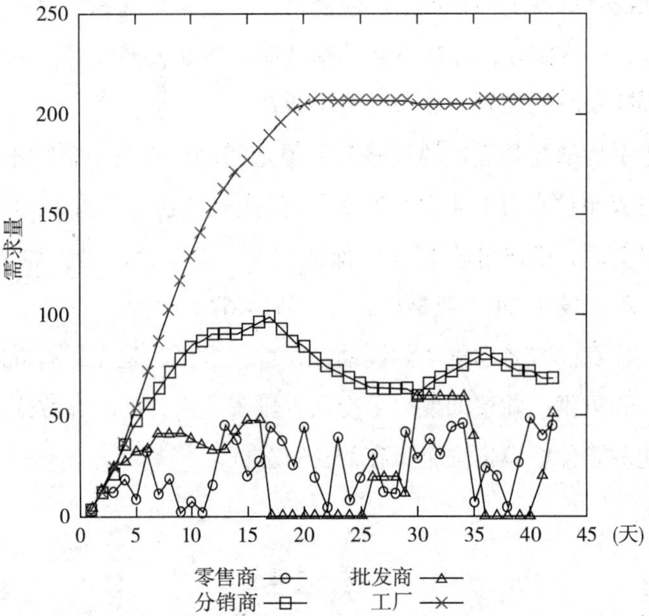

图 3-26　需求在某个周期内的波动性

这样，虽然客户需求量并没有大的波动，但经过零售商和批发商的订货放大后，订货量就被一级一级地放大了。

另外，还有一个案例：

1998 年，在英国举办的供应链管理专题会议上，一位与会者提及他的公司在生产、供应环节发生着这样的现象：从得到原材料，经过加工并配送到产品的最终销售端，需要 150 天时间，而且所有的中间环节也都是按照他们原本的最优效率运转的。但是，这位管理者做了一个数据对比后，感到非常惊愕：他的产品加工的整个过程仅仅占用了 150 天中的 45 分钟。

为什么供应链条被拖得这么长，而真正最有价值的只有 45 分钟？大部分时效是如何被浪费的？

这就是供应链管理中的“牛鞭效应”。

“牛鞭效应”是市场营销中普遍存在的高风险现象，会导致库存升高、交付成本升高、产品呆滞升高、交付率降低。

我在为一家快消品公司做改善时，就遇到了这样的问题。通过对不同渠道的出货数据分析，我测算了“牛鞭效应”的波动系数，发现越是远离末端需求的环节，需求的波动就越大。

快消品的渠道大致情况见图 3-27。

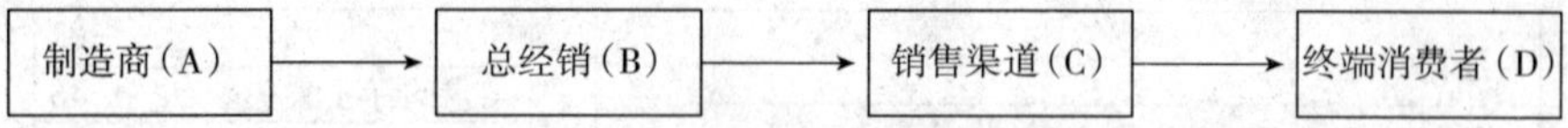

图 3-27 快消品渠道示意图

我们对制造商（A）、总经销（B）、销售渠道（C）3 个点的出货波动做了分析。

该企业是全渠道销售，在分析该产品在某商超的销售时，发现标准偏差和需求平均值的比率只有 7%，我们姑且称该数据为波动系数。数据显示，终端需求是比较平稳的（见表 3-5）。

表 3-5 某销售渠道的销量统计

月份	1 月	2 月	3 月	4 月	5 月	6 月	7 月	8 月	标准偏差	平均值	标准偏差/平均值
销量	7078	8167	8257	6791	6898	7302	7113	7193	520	7350	7%

分析总经销商向销售渠道的出货数据，则波动系数上升为 24%（见表 3-6）：

表 3-6 总经销向销售渠道的销量统计

月份	1 月	2 月	3 月	4 月	5 月	6 月	7 月	8 月	标准偏差	平均值	标准偏差/平均值
销量	17406	8964	20950	19865	21843	21550	13752	18268	4174	17824	24%

对制造商向总经销商的出货做统计分析，则波动系数上升为 28%（见图 3-7）。

表 3-7 制造商向总经销商出货

月份	1 月	2 月	3 月	4 月	5 月	6 月	7 月	8 月	标准偏差	平均值	标准偏差/平均值
销量	34030	29297	27381	24800	23114	32136	15740	13112	6957	24951	28%

牙膏这种产品几乎没有季节性，但“牛鞭效应”的波动也不小。而在那些季节性的衣服和食品身上，“牛鞭效应”的影响就太大了。

2001 年，我在香港科技大学学习供应链，教授举过一个例子、大批量订单是造成“牛鞭效应”的原因之一（数据分析见图 3-28）。

当每周需求都是 102 的时候，如果按照方案一方式备货（大批量订单），则需求的标准偏差为 46，采购的标准偏差为 122，“牛鞭效应”放大倍数为 2.62；如果按照方案二方式备货（小批量订单），则需求的标准偏差为 46，采购的标准偏差为 45，“牛鞭效应”放大倍数为 0.97。

所以，盯住需求的变化，加快反应速度，小批量多批次，对于降低“牛鞭效应”是有效的。

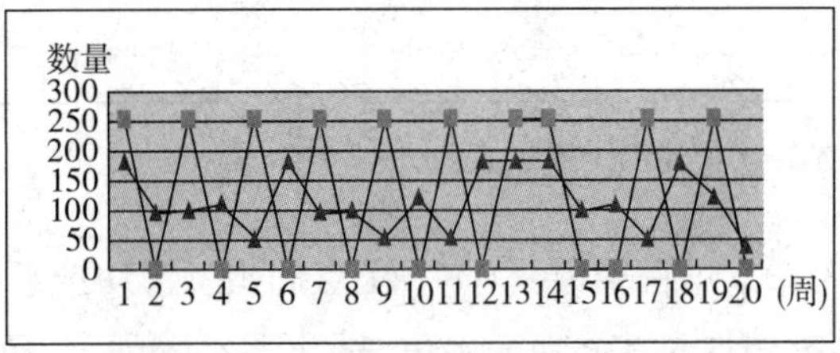

需求	102
需求的标准偏差	46
采购的标准偏差	122
“牛鞭效应”放大倍数	2.62

三角曲线：需求
矩形曲线：订单

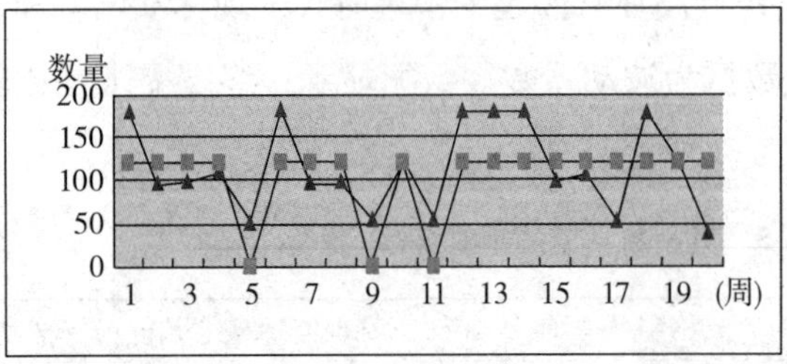

需求	102
需求的标准偏差	46
采购的标准偏差	45
“牛鞭效应”放大倍数	0.97

图 3-28　大批量订单与小批量订单对“牛鞭效应”的影响

手记 46

数据分析的三重境界

1. 初级阶段

（1）看数，没有感觉；

（2）继续看，发现逻辑；

（3）建立逻辑，寻找规律。

2. 中级阶段

（1）通过规律，建立数据模型，建立信息化系统；

（2）看到企业的数据，马上能发现问题；

（3）看到现场，就能发现问题。

3. 高级阶段

（1）不用去现场，问你几个你知道的问题，你能说出来，他就能告诉你不知道的问题；

（2）不用去现场，问你几个问题，不管你是否知道，他都能告诉你不知道的问题；

（3）见了面不用问，直接告诉你问题。因为，这个行业他已经研究透了，包括你的问题，他都研究透了。

模块 8 流程分析

手记 47

流程分析：研究物流的重要方法

做物流管理，首先要学会做流程分析。流程既然指导企业管理，必须有准确的定义，业界人士对流程的定义不尽相同，如果相互参照，便可得出流程的要义。

先看看 ISO9000 的流程定义：业务流程是一组将输入转化为输出的相互关联或相互作用的活动。

比之 ISO9000 的流程定义，T. H. 达文波特的流程定义更加清晰，“业务流程是一系列结构化的可测量的活动集合，并为特定的市场或特定的顾客产生特定的输出。”

达文波特加入了“结构化的可测量的活动”的字眼，已经有了绩效管理的概念。

再看看 H. J. 约翰逊的流程定义：业务流程是把输入转化为输出的一系列相关活动的结合，它增加输入的价值并创造出对接受者更为有效的输出。

约翰逊的流程定义明确提出了流程增值的要求，并提出了流程对结果负责、对接受者负责的要求。

再看看两位咨询大师迈克尔・哈默与詹姆斯・钱皮对业务流程（Business Process）的经典定义：我们定义某一组活动为一个业务流程，这组活动有一个或多个输入，输出一个或多个结果，这些结果对客户来说是一种增值。简言之，业务流程是企业中一系列创造价值的活动的组合。

这是以终为始的定义流程的方法，把绩效的观点加入流程中。要成为流程的环节，必须创造价值，这就是以价值为导向的流程定义。我很喜欢这两位咨询大师对流程的定义，其核心是管理过程、创造价值。所谓流程优化，就是把需要管的管到位，把没有用的去掉。

在辅导企业的过程中，凡是没有管到位的过程或者环节，都需要增加管控；凡是没有价值的过程或者环节，我都直接取消：取消流程、取消岗位，多多少少需要做一点小手术，但手术之后，企业会更健康。

企业要保持健康，就不能有太多的赘肉。赘肉需要长期锻炼才能去掉，所以企业要运动，经常做做精益管理，经常做做绩效改善，慢慢地，企业会越来越精益、越来越健康。

那么，如何诊断流程，如何做流程分析呢？

1. 分析流程是不是畅通

一个企业如果管理不到位，往往没有办法做到流程畅通。比如，BOM 不准，发现 MRP 跑出来的物料不全，或者出现了错误；库存不准确，账实不符，拣货的时候，发现没货；入库，发现库容不足；拣货，明明有库存，找不到货物；财务和业务对不上账，和客户对不上账，和供应商对不上账；还有些公司干脆就没有书面的流程，工作靠车间主任随时安排，不一而足。奔驰是全球著名公司，原本在我心目中应该问题很少，流程通畅，实际未必。我曾给奔驰的一位学员讲课，讲了 2 天，少说也讲了 50 多个问题听完后，这位学员说：“孔老师，你说的问题，我们全有。”奔驰都这样，普通企业的问题可想而知。

2. 分析流程是不是有保障

流程的保障能力是企业应对风险和意外的能力，对于企业能否按时交付产品极为重要。有些仓库的管理松散，几千个 SKU，没有货位管理，全靠员工记在脑子里，员工一休假，别人就找不到货了，这就是没有保障。还有，因为供应商没有及时到货，所以不能及时给客户发货，这也是没有保障。

流程保障能力来自资源的掌握，比如能干的员工、充足的设备、丰富的资源等，但如果仅仅凭丰富的资源来保障流程，那就太奢侈了。流程保障更重要的能力是来自企业的管理水平、调度能力。举个例子，围棋游戏，都是一人走一步，为什么高手总是赢，那是由于他资源调度得好。

物流管理其实就是物流资源的调度，或者说，尽可能以更少的资源完成更多的任务。

我曾经辅导过一家铁路货运站，发现火车车皮够、卸货能力够、车辆够，就是不能按时完成任务。仔细分析后，我发现，他们在车辆调度、资源管理方面存在不少问题，其实都是流程管理不到位。重新调度后，资源没变，还是那些人，还是那些车，还是那条铁路，还是那些吊装设备，却可以按时完成任务了。

3. 分析流程是不是高效

在流程通畅和有保障的基础上，分析流程是否高效。可以有 3 层分析：①是否增值，如果没有增值，显然是冗余；②是否存在浪费，如果存在浪费，就有改善空间；③和标杆对比，如果标杆成本更低、效率更高、质量更好，那就要好好检查一下。

管理既是技术，也是艺术，我很欣赏那些优秀的管理者，他们总能举重若轻地解决问题；就像打仗一样，总能以少胜多，以弱胜强，化腐朽为神奇（见图3-29）。

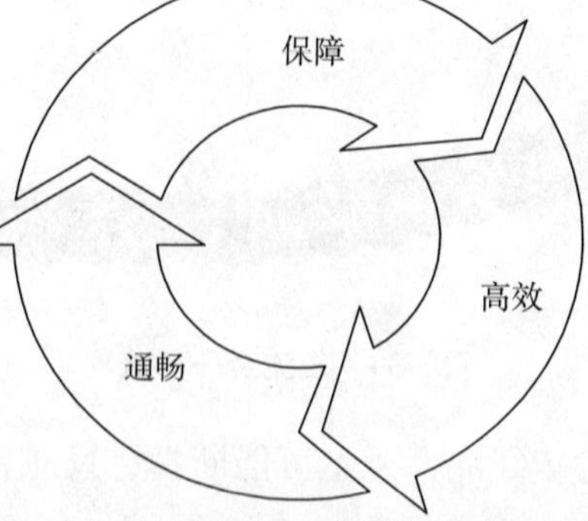

图3-29 流程追求的三个目标

手记48

流程设计不好，要么造成企业浪费，要么造成企业撕裂

2015年，我辅导一个国企做流程梳理，诊断时发现，效率浪费极其严重：一张入库单，四联，三个部门，每个部门录一遍，人多、活多、效率低；活干个没完，账还对不起来。

另外有一个企业，各个部门自己制订流程，都是对别人要求多，对自己要求少，一有事就扯皮推诿，吵得不可开交。

流程设计不好，要么造成企业浪费，要么造成企业撕裂：企业浪费就是费人、费时、费钱、费料；企业撕裂就是部门之间相互说对方不好，不但工作做不好，人际关系也紧张。

流程是有级别的，有集团流程、公司流程、部门流程、岗位流程、环节流程等。梳理流程的组织需要有相关的权限：集团流程需要集团权限的组织梳理，公司流程需要公司权限的组织梳理。低权限组织很难梳理高权限组织的流程：一是压根做不了主；二是很容易形成本位主义。流程往往有专业性，想当然的流程梳理往往会有问题。尤其是涉及专业、财务、信息化等方面的事宜，如果不了解其中的逻辑，梳理起来往往有困难，也很难一矢中的。所以流程梳理的团队往往需要跨部门，需要专业人员参与。

大部分企业的流程设计和主导往往有一个核心部门，该部门负责组织所有的部门共同讨论制订流程，一旦定下来，大家都会遵守。

最好的流程可以实现3个核心要素的紧密吻合，让物流、信息流、资金流一一对应、实时一致，事事有人管、人人都管事（见图3-30）。

图3-30　三流合一的流程

差一些的流程，要不磕磕绊绊，要不可能断掉，反正需要时时盯着（见图3-31和图3-32）。

图3-31　不顺畅的流程

图3-32　有风险的流程

还有些企业的流程，有的濒临断裂，有的干脆已经断裂了（见图3-33）。

图3-33　濒临断裂和已经断裂的流程

手记 49

关键的流程和流程中的关键方面

事物有主要矛盾和次要矛盾，主要矛盾有主要的矛盾方面和次要的矛盾方面；流程也是一样，有关键流程和非关键流程，关键流程又有关键的流程方面和非关键的流程方面。

按照“二八定律”，关键流程大约占总流程的 20%，只要梳理好了关键流程，就可以解决大约 80% 的问题。关键流程中有很多方面，其中又有 20% 是流程中的关键方面，解决了流程中的关键方面，就可以解决流程中的大部分主要问题，即解决了 20% 的主要的流程方面，就可以解决 80% 的主要流程的问题。

按照该模型计算，解决 4% 的关键流程的关键方面，就可以解决 64% 的流程问题。只要找到关键流程和流程中的关键方面，就可以解决大部分的流程问题。所有的流程中，对业务活动起决定性影响的流程称为关键流程，一般情况下，容易形成“瓶颈”的流程都是关键流程，也称为流程关键点或者流程关键因素，是指流程的诸构成要素中对流程的运作起决定性影响的要素。如果没有它，流程就难以运作。流程的关键方面一般有以下几个特点：

（1）对客户满意度有重大影响；

（2）对交付成本有重大影响；

（3）对回报率有重要影响；

（4）占用资源量多；

（5）与核心业务关系密切，等等。

比如炼铁行业，最重要的原材料是矿石和焦炭，最重要的设备是高炉，如果要获得更好的回报率，那就是矿石要周转得快，高炉要不停地炼。所以，库存周转率和高炉的产能利用率是很重要的 KPI 指标。

比如，在建筑施工过程中，混凝土的输送就是流程的关键要素：送得太早，混凝土容易凝固，车辆要等候，既影响混凝土的质量又会影响运送的效率；而送得太晚，会让施工单位出现停工待料的情形，影响施工进度。因此，送货时间需要把握得恰到好处。

同理，电商订单需要在快递车辆到达之前把货物备好，既能及时交付，也不会压车。

就供应链而言，DP 点（Decoupling Point）是一个重要的流程控制点。DP 点也称切入点，可以理解为订单切入点，也可以理解为业务切入点（见图 3-34）。

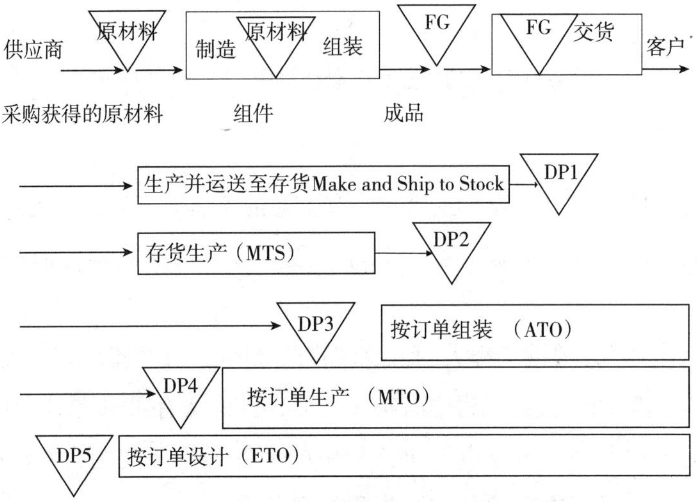

图 3-34 流程的核心控制点

按照订单设计（ETO，Engineering to Order）的供应链，其业务切入点是供应商的原材料设计，比如航母甲板的交付、奥运会鸟巢的交付。

按订单生产的供应链，其业务切入点是供应商的原材料备货，比如飞机生产，既要有订单，还要齐套物料。

按库存生产的供应链，其业务切入点是足够的原材料备货，比如汽油生产，只要有产能和材料就可以。

按配送至仓库的供应链，其业务切入点是到客户仓库，比如汽车零部件供应商提供的 JIT 服务。

一般情况下，DP 点就是流程的关键控制点。关键指标也往往在这个位置，比如及时交付率、齐套率等。

对于企业而言，核心的流程并不多，关键的指标也不多。由于业务上的差异，每个企业的关键流程和流程中的关键方面并不一样，这要因地制宜，每个企业要分析自己的情况。

对于关键流程和流程中的关键方面，要舍得投入。有时候，打仗的准备工作比打仗本身更重要：如果该炸碉堡了却发现没有炸药包，枪来了却发现子弹没来，这都是准备工作不足。保证关键流程和流程中的关键方面没有失误是很不容易的事情，需要做大量的准备工作，只有确保每个流程都没有失误的情况下，核心流程才不会失误。

模块9 绩效与标杆分析

手记50

绩效分析

绩效，从字面意思分析，绩效是绩与效的组合，绩就是业绩，效就是效率、效果。

绩效是指组织或个人的工作结果，可以简单地理解为业绩和效果。

业绩体现企业的利润目标以及与利润目标相关的工作的完成情况，比如营业收入目标和利润目标，利润相关的工作包括客户开发、市场开发等，绩效体现了企业管理的结果。

效率就是做事的速度和准确度，体现了企业管理的过程水平。

绩效管理的对象是人，人和机器最大的区别是人有情感，所以既要管理过程，也要管理结果。

分析物流操作的好坏，看看绩效指标就会很直观。通过绩效计算或者行业对标，可以找到绩效差距，这也是改进绩效的机遇。

物流的绩效指标很多，从大类上来讲，无非是四大类：准确率、及时率、效率、周转率，简称RRCE。每一类下面又有小类，每个小类下面又有分类，包括：

（1）准确率（Reliability）：

——库存准确率；

——拣货准确率；

——货物完好准确率（货物破损率）；

——操作准确率（其他，比如打包、核对、贴签等）。

（2）及时率（Responsiveness）：

——及时送达率；

——及时装车率；

——及时入库率；

——及时出库率。

（3）成本（Cost）：

——每订单操作成本；

——每千克（吨）运输成本。

（4）周转率（资产利用）（Efficiency）：

——操作量（吨/天，订单/天，订单行/天）；

——坪效；

——设备效率（OEE 指标）；

——人员效率。

……

设计绩效结构和绩效指标一定要有利于公司的发展，有利于保障公司整体利益、有利于激发员工的积极性。

好的企业都非常关注实时绩效。所谓实时绩效，就是如果当下的操作质量的好坏出了问题，可以马上知道、马上解决。这就需要我们组织的神经末梢非常敏感，能够实时地发现问题，并反映出来。

2006 年，我在泰科工作。当时，泰科在世界 500 强中排第 35 位。我每天录入系统的订单，系统会自动核对，当天晚上就反馈给我，我几乎没有犯错的机会。我是订单管理岗，每天的工作当天就考核完了，没有什么季度、年度考核。

有些企业规划了计件工资的岗位，员工每天做多少活，信息系统都有计数，当天就可以计算工资和奖金。

2017 年，我看了一个铜业公司的仓库。大约 4000 平方米的仓库中有几千个 SKU，全部是铜阀门、铜螺栓之类的产品。我问：“盘点准确率是多少？”答：“100%。”我说：“怎么可能？”答：“为什么不可能？少一个都是我们自己赔的！”我不说话了，公司制订的绩效指标很严，管理更严，而且能做到。

现在有些企业，一到季度考核，就让员工写报告、互相评价。这完全扯远了。做物流的都很忙，哪有这工夫？做绩效考核，考核了半天，真正工作的结果反而涉及得很少，这就属于既不懂业务也不懂管理。

手记 51

标杆管理

做企业，就是拼谁做得好，结果都是优胜劣汰。好的企业不但能活下来，还能活得更好，用接地气的话说，就是：一边过日子，一边奔日子；眼下的日子过得好，未来的日子过得更好。不好的企业，都是混日子、熬日子；眼下的日子不好过，未来的日子更不好过，最终面临淘汰。

企业都不是天生就好的，都是一步一步建设起来的。不好的企业如果想要变好，首先要向好的企业学习，就是要学榜样。总有人做得比我们好，这就是标杆。

所谓标杆分析，就是找到行业中或者行业外的最佳实践，对照之后，发现我们的业务管理中存在的不足，然后学习、借鉴、模仿、超越，使自己的业务越来越有竞争力。

好多企业一谈标杆就会想到“行业第一名”——也没错，只是未必能接地气。其实，最合适的标杆是自己跳起来能够摸到的，一方面便于观摩；另一方面也便于实践。

标杆管理是竞争分析过程的一部分，不仅包括产品和服务的比较，还包括管理和业务流程的比较，比如成本、时效、人效、信息系统、资产周转率等。

标杆管理并不限于同类企业，可以瞄准在有些业务过程中表现卓越的任何公司，可以涉及公司各个层面的流程和变革管理。

标杆管理是制订物流战略的一个重要因素，也是改革的一个重要动力。经常做标杆管理，可以使一个企业经常判断和审视哪些环节出现了新的“最佳实践”，从而帮助企业重新优化流程，甚至重组商业模式，以达到绩效更好、竞争优势更强的目的。

标杆大致有 4 类：业务模式标杆、管理模式标杆、技术标杆、操作标杆。

1. 业务模式标杆

所谓业务模式就是赚什么钱和怎么赚钱的问题，是企业的核心顶层设计。

德龙钢铁用 20 年的时间，从一个民营企业走向世界 500 强，靠的就是效率和精益。

亚马逊稳居全球电商头把交椅，靠的是会员、电商、平台、物流、云服务；华为靠的是研发和技术；拼多多靠的是流量驱动供应链；顺丰靠的是安全、快速的物流服务。这都是业务模式。

京东之所以一定要做物流，有很多考量，其中有一点是肯定的，那就是如果京东以亚马逊为标杆，就一定要做物流。因为 FBA 是亚马逊的核心竞争力之一，京东打造高效物流，也希望物流成为自己的核心竞争力，今后要靠物流吃饭，就必须把物流做好。

2. 管理模式标杆

管理模式多种各样，百花齐放，见仁见智。正是因为有这么多灿烂的模式，我们学起来才不会枯燥，才有趣。

为了提高效率、降低成本，大部分快递公司都采用加盟的模式，比如“三通一达百世”；但顺丰就没有采用这个模式，还是使用自己的操作队伍。

在零售行业，永辉采用了合伙人制，但沃尔玛和家乐福没有。写这篇文章的时候是

2020年5月4日，新冠肺炎疫情刚刚得到抑制。此前，我和屈臣氏的高管沟通，建议屈臣氏在疫情防控期间变换营销方式，由原来的门店销售转为员工线上销售，竟然能保持销售额没有大幅下滑。

可见，管理模式关键是合用，能解决问题。

3. 技术标杆

新技术是最需要学习的。技术标杆很容易看明白，也容易买得到，比如先进的设备、好的工具，都是技术标杆。对物流来说，快递的扫码、信息化整合、车辆自卸等，这都是技术。

4. 操作标杆

操作是最底层的管理，是最细节的管理，一辆汽车是所有的汽车零件和制造工艺组合而成的，所以车辆的质量、成本全部包含在这些细节里。还有一句话：魔鬼就隐藏在细节里。这句话说的就是细节的重要性，成功决定于细节，失败也往往因为细节。

细节方面有很多可以借鉴的地方，可以说无处不在。有一个做汽车设备的老板去韩国看了同行的工厂。看了之后，他很有感慨：同样是上模具，我们的螺栓10厘米长，需要5秒钟才能拧上；而人家的螺栓2厘米长，1秒钟就能拧上。也就是说，人家的效率是我们的5倍。这就是细节上的效率。

物流也是这样。物流管理都是动作管理，每个动作的效率决定了整个企业的效率。有的司机开车时频繁地踩刹车和踩油门，并不见得走得更快，但一定是耗油更多。有些仓库在操作时频繁地搬倒货物，并不见得能更快送达，但一定会消耗更多的人工。

如果再考虑信息化系统的差异、设备的差异等，那细节就更多了。总有人做得比我们好，所以处处是标杆，是榜样。只要认真，不愁学不到。

对于实施标杆管理，业界有一个“十阶段过程比较法”，包括：

（1）确定标杆管理对象；

（2）确定关键的成功要素；

（3）操作定义；

（4）选择衡量的方法；

（5）确定标杆管理伙伴，包括内部伙伴和外部伙伴；

（6）绩效差距：绩效的差距 =1 －（你的绩效/标杆的绩效）；

（7）对现有流程进行评估；

（8）对标杆公司的流程进行评估；

（9）制订实施计划，对数据进行收集；

（10）实施。

手记 52

进化的复制

在辅导企业的过程中，我经常会使用两个方法：一个是温和的变革；二是进化的复制。这里主要谈一谈进化的复制。

所谓复制，就是 me too，别人这么做成了，我就“照猫画虎”，也做一个，省了探索的时间和费用，也就是省了试错的成本。如果是生产制造，那么复制是很好的方法。但对于咨询而言，其主要工作是管理，而管理的边界是软性的，也就是每个企业的条件是不一样的，个性化很强——如果您读了前面的边界理论，那么对于这段话会有很深的理解。也就是说，在一个企业行得通的事情，换了另外一个企业未必行得通，所以单纯地复制是不行的，必须加以修正和改良，我称之为“进化的复制”。

2015 年，我在沈阳的一个汽车设备企业辅导仓库规划项目，该企业是华晨宝马的供应商。规划做完后，我给刘总讲了一遍，刘总问了我好多问题——其实对于业内人士来说，这都不是问题，但毕竟大部分人不是业内人士。

我陪刘总一起看了华晨发动机的仓库，华晨发动机的仓库规划思路、原则、方法、设施和我的方法是类似的。该企业的模式和华晨发动机的模式毕竟有差异，在操作上也有不同，而且华晨的仓库在规划时还有一些缺陷。我给刘总一一指出这些缺陷，并在我们的规划中规避。

我们边讲边看，刘总很快就全明白了。

事后，刘总感慨：“其实我之前来过很多次，竟然没有发现这么多道理。”

这么做，一方面给企业找了个标杆，另一方面对标杆做了修正。

不是好的东西就能得到支持，因为利益诉求不同，每个人的秉性也有差异。所以，好的东西要推下去，就需要共同的利益。

我辅导 J 公司的成品物流，有效地降低了 40% 的成本，用了同样的方式去优化 H 公司的成本物流，竟然推不下去。为什么？销售不支持。因为物流是销售的“小金库”，销售自己当然不会讲不支持新方案，但是销售可以让客户投诉新的物流供应商。投诉几次之后，公司高层一动摇，物流部门自然就顶不住了。

后来，J 公司来了一位新总裁，新总裁很有管理能力，采用了新的方案来降低成本，其实是换汤不换药。把所有的销售变成虚拟合伙人，物流成本由销售承担，销售自己决定用哪家物流供应商。销售为了降低成本，争着用新的物流供应商，为什么？质量好，还便宜。

这就是进化的复制。只是“好”是不够的，还要“合适”。比如汽车行业，都在做 VMI 和 JIT，但拿到有些行业，就未必行得通。德龙钢铁的矿石周转快的时候一天就周转一次，但不是 VMI，也不是 JIT，而是自身卓越的物料管理。

有一次我在重庆一家企业辅导供应链，发现这家企业的信息系统运行不畅，信息系统和他们的业务逻辑不吻合，这是个重大事故。究其原因，是因为他们用（复制）了沃尔沃的方案。其实，沃尔沃的方案有其背后的逻辑，包括现场管理、流程和 ERP 等，其边界条件和这家企业完全不同，这种做法根本行不通。最后，只好把这个系统废掉，损失了财力、物力和人力。

理论、方法论、工具、好的案例都是通用的，但实施的时候，需要充分考虑实际项目的边界条件，也就是大前提、小前提和条件。活学活用这些理论、方法论、工具，才能做成好项目。

现在好多公司用集装箱运煤炭，装、卸、运的流程以及车、箱的结构都做了很多改进，这就是进化的复制。

有些人喜欢“拿来主义”，我建议改一改：“拿来主意”——可以“拿来”，但只“拿来”是不够的，还要有好用的“主意”。这个“主意”，就是思想，就是改进、优化的方案，通过改进，使之适合自己。

这就是进化的复制。

模块 10　人的因素

手记 53

人的因素是最重要的因素

Z 先生是一家汽车零部件公司的董事长，我们经常在一起聊聊管理。

有一次，谈到项目进度，有些项目进度慢了。

Z 先生说："这是人的问题。"

听了这话，我还是有些吃惊，毕竟导致项目进度缓慢有很多因素。

我问："为什么？"

Z 先生说："我们之前经常碰到这样的事情。有些员工自己做不好，或者不会做，就会说'这不行''那不行'，其实是他不行。把他换掉，什么都行了。"

这句话让我思考了很久。从某种程度上来看，企业的问题好像就是人的问题。戈恩拯救日产，德龙混改渤海钢铁，郭士纳拯救 IBM，艾柯卡拯救克莱斯勒，从某种程度上来说，还真就是人的问题。

日产汽车公司创立于 1933 年，是日本三大汽车制造商之一，同时拥有堪称世界一流的技术和研发中心，被车界称作"技术日产"。但是，从 1991 到 1999 年，日产汽车公司连续 7 年亏损，背负债务高达 21000 亿日元，市场份额由 6.6% 下降到不足 5%；公司濒临破产。

戈恩 1999 年接手管理日产后制订了目标：到 2001 年，综合经营消灭赤字；2002 年销售利润率达到 4.5%，有利息的债务降低到 7000 亿日元以下。只用了不到 2 年的时间，戈恩就实现了这一目标，让连续 7 年亏损的日产依靠日本人自己的力量实现首次盈利。戈恩采用大胆而迅速的手法使日产汽车得到了再生。

在顺利提前一年实现日产复兴计划的基础上，2002 年，戈恩又提出了"180 计划"：

"180 计划"的重点是发展、效益和削减债务；

"1"是指日产在全球的汽车销售量增加 100 万台；

"8"是指营业利润达到 8%；

"0"是指负债率为 0。

2005 年 9 月，戈恩宣布：截至 2005 年 9 月底，与 2001 财政年度相比，日产实现了销售增加 100 万辆的目标，日产的“180 计划”全面完成 。

在原来的管理人员手中，日产像一块没人要的“破布”，都快破产了。戈恩改革几年后，日产反而变成了人人喜欢的香饽饽。

渤海钢铁也是一样，在德龙收购之前，年亏损 65 亿元；德龙接管后，第一年就实现了盈利。

所以，就企业管理而言，人的因素确实是最重要的因素。做物流也是这样，我们经常用 SCOR 模型分析供应链和物流，SCOR 模型在前 9 版都强调 3P（process，流程；performance，绩效；practice，实践），到了第 10 版，终于绷不住了，加上了人的要素，变成了 4P（process，流程；performance，绩效；practice，实践；people，人）。我估计，这是因为企业缺了人是玩不转的。

手记 54

人的技能

2010 年，参观波音工厂时，我发现波音的车间里都有一块大牌子，牌子上有员工的照片、介绍、技能图，让我印象最深的是技能图。员工的技能用饼状图表示，分两个维度：一是掌握的技能的数量；二是掌握的技能的等级。

比如，这个车间有 8 项技能，掌握一项技能的员工，饼状图的颜色只有 1/8，其余为空白，掌握 8 项技能的，饼状图的 8 部分全部有颜色。牌子除了展示技能的数量，还展示技能的等级，比如初级是绿色、中级是蓝色、高级是黄色。

这些等级不是领导给的，都需要经过理论和实践的考试。

我一个外行，看一眼，就知道谁的工资高，谁的工资低。

在 SCOR 模型中，把人员分为 5 个等级：

（1）初学者：未经培训、没有经验，需要详细的操作文件指导；

（2）入门者：能够在特定的条件下完成工作；

（3）工作胜任者：理解工作，并能定义达成目标的优先性；

（4）专业人士：能够全面地分析工作，并能够审时度势确定工作的优先性；

（5）专家级：具有敏锐的直觉，能够把经验应用到新的场景。

就物流管理和操作而言，员工确实存在技能的差异。员工是人力资源，既然人的因素是重要因素，就需要对员工不断进行培训和训练，不断提升员工的技能，也就能不断提升公司的资产质量。

第四讲

物流管理工具

- PFEP分析工具
- PCB分析工具
- EIQ分析工具
- ABC分析工具
- 物流量分析
- 物料搬运活性
- 物流模数
- 物流波次
- 物流路径
- 搬运系统（SHA）
- 物流设施规划（SLP）

模块 11　物流分析工具

手记 55

PFEP 是个好工具

经常会碰到这样的问题："孔老师，产品这么多，怎么做物流规划？"

我说："一个一个来。"

如果要规划好物流，会有很多办法，但没有捷径。如果 SKU 数量很多，最好就是一个一个来。

精益物流有一个规划工具，Plan For Every Part（PFEP），意思是为每个产品做计划，对生产、物流过程中每一个零件做详细计划，其实就是一个一个来。

PFEP 的规划包括：

（1）SKU 特性分析，包括产品基本数据，重量、尺寸、包装、周转箱等；

（2）需求测算和需求规划，包括每天使用的数量、库存的供货天数、订单频率、安全库存、订货点等；

（3）信息系统的设置，包括主数据、期初设置、业务逻辑设置等；

（4）仓储管理，包括货位规划、仓库容量规划、装卸方式、拣货方式、配送上线方式、仓库位置、线边物料规划、人力需求、设备需求等；

（5）配送管理，包括车辆、周转箱、分拨方式、配送方式；

（6）采购管理，包括供应商管理策略、采购管理策略。

PFEP 是非常精细的规划，精细到每一个产品、每一种物料，其目的就是实现精益管理，减少浪费，包括：

——减少缺货损失；

——减少库存浪费；

——减少物流浪费；

——减少能耗浪费，等等。

PFEP 规划需要如下 6 个步骤：

第一，建立业务模型。根据具体的业务模式，建立业务分析模型，比如仓储 PFEP 模型、配送上线 PFEP 模型、线边物流（生产线上供货）PFEP 模型，完全因业务不同而不同。

第二，流程分析。做了全面的流程分析，便可以知道规划能否满足要求，业务逻辑是不是成立。PFEP 的价值和目标就是挖掘流程中的价值，让流程对象的价值最大化，这是 PFEP 的最终价值体现。这也是精益物流的目标。

第三，数据分析。收集足够翔实的数据，通过建立的分析模型，对数据进行分析和计算，得出规划结果。数据中有物流规律，数据分析是唯一可以说服所有人的方式。

第四，绩效分析。对整个方案的绩效进行分析，比较多个方案的绩效结果，选择可行性方案。绩效分析可以考察多个绩效指标，比如坪效、库存周转率、配送及时率、破损率等，最后汇总到财务指标投资回报率。

第五，方案论证。组织关联部门对项目方案进行论证。

第六，项目实施、落地。规划落地往往还需要解决很多问题。

做好 PFEP，首先需要对 SKU 做详细分析。制订表格，列出该 SKU 所有的要素，比如物料号、零件号、物料尺寸、物料重量、单位包装规格、价格、存储方式、运输方式、搬运方式、BOM 用量、BOM 阶别、采购前置期、检验周期等，尽可能列出所有要素。在信息化和互联网时代，信息都重要，没有哪些信息是不重要的，关键是能否搜集足够多的数据，并有合理的处理方法。推行 PFEP 这项制度，制造企业需要了解每一个零件的所有信息：每个零件是如何购买、接收、包装、储存并运送到其使用点的。

海尔做工业 4.0 的设计时聘请了咨询公司，咨询公司又聘请了德国专家组成团队。我的一个朋友就是该咨询公司驻现场的项目经理。我曾经问他："德国人是怎么设计工业 4.0 的?"他说："德国人花了很长时间整理基本数据，然后才做规划。"我看了一眼那张基本数据的表格，其实就是 PFEP 的基本数据。

其次，建立业务模型，并建立分析逻辑或者计算逻辑，对这些要素进行分析和计算，从而得出优化的方案。比如，采购模型、库存模型、仓储模型、运输模型、搬运模型等。

手记 56

PCB 分析

PCB 分析是对仓库操作的 SKU 包装方式进行分析，即分析物流的包装特性。P 即 Pallet，托盘；C 即 Carton，包装箱；B 即 Bulk，散件。

仓库操作的 PCB 分析见表 4-1：

表 4-1　PCB 分析表

序号	入库单位	存储单位	拣货单位	说明
1	P	P	P	托盘进；托盘出
2	P	P、C	P、C	托盘进；托盘出、箱出
3	P	P、C、B	P、C、B	托盘进；托盘出、箱出、单件出
4	P、C	P、C	C	托盘进；单件出
5	P、C	P、C	P、C	
6	P、C	P、C、B	P、C、B	托盘进；托盘出、箱出、单件出
7	P、B	P、B	B	
8	P、B	P、B	P、B	
9	P、B	P、B	C、B	
10	P、B	P、B	P、C、B	
11	P、C、B	P、C、B	B	
12	P、C、B	P、C、B	C、B	
13	P、C、B	P、C、B	P、C、B	托盘、箱、散件进；托盘、箱、散件出
14	C、B	C、B	C、B	箱、散件进；箱、散件出
15	C、B	C、B	B	
16	B	B	B	

PCB 分析对于优化仓库操作有重要作用，把入库订单、出库订单和库存以 PCB 方式加以分类统计，对于规划仓储区、规划拣货区、规划操作动线、规划人力、规划操作设备、减少不必要的搬倒、减少不必要的拆装，具有重要作用。

如果把运输和仓储结合到一起分析，有如下 5 种配送方式（见图 4-1）：

（1）直发货操作：从供应商直接把货发给客户，节省了所有的仓库操作的环节；

（2）越库发货操作：货物到达仓库后，不入库，直接从站台装车发给客户；

（3）分货运输操作：货物到达仓库，不入库，直接在站台分货，装车发给客户；

（4）分货存储操作：货物到达仓库，入库，在库内分货，装车发给客户；

（5）传统操作：货物到达仓库，入库，上架、拣货、装车发给客户。

从供应链交付的角度来看，环节越少，发生错误的可能性越小。所以，精益物流的原则是简化物流流动，并且最小化所需的工作量。

分析上述 5 种配送方式：

（1）直发货操作。对于能直接配送的货物，不经过仓库是最好的选择，既不消耗仓库资源（包括仓库、人力、设备），而且由于减少了环节，也避免了操作错误和操作事故。

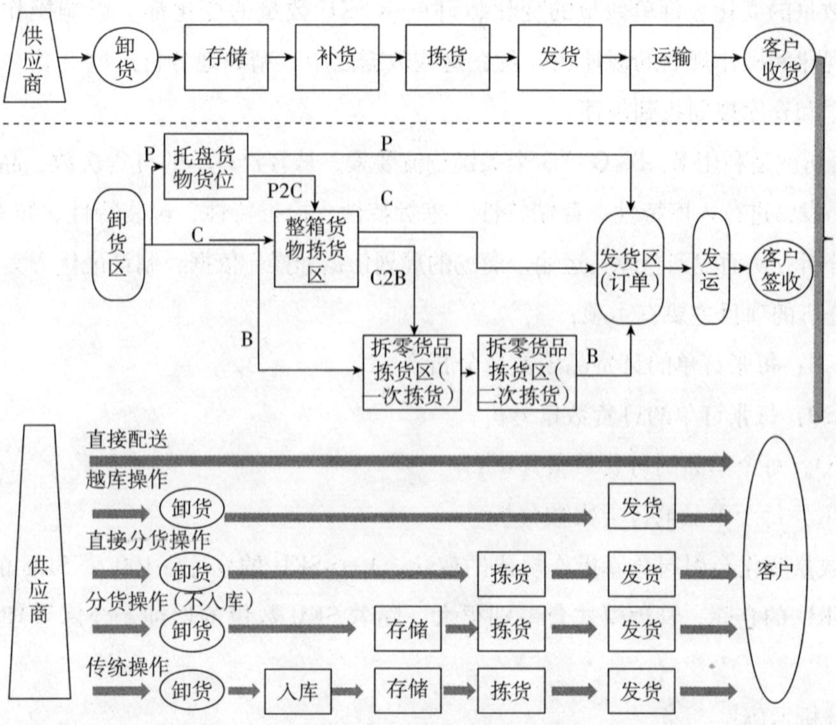

图 4-1 PCB 物流分析图①

(2)越库操作。当货物不能直接配送时，越库操作是很好的选择。越库操作节省了传统仓库的验货、中转、入库、存储、补货、拣货等环节。

手记 57

EIQ 分析

量变往往会导致质变，量变是质变的原因，质变是量变的结果。简言之，因为数量的变化，导致规律发生变化。如果要做好规划，首要的事情是找到规律，规划仓库也是如此。EIQ 就是分析订单特性的方法。

EIQ 分析由日本铃木震先生提出，其中，E 是指 Entry，即订单数量；I 是指 Item，产品品项；Q 是指 Quantity，即订单中每个品项的数量。

① JW 公司卢总监是本书第一位读者，他读本页时给我发了个微信：这个方法论很好！下次我们开始做 PCB 分析，主要研究库房如何以方便的方式给车间配送物料，尽量减少车间的冗余工作，提高车间的产能和效率。原则上，要求车间不允许带有包装物的物料，避免车间的拆箱作业。

SKU 数量的变化、订单数量的变化、订单中 SKU 数量的变化都会影响操作，而仓库规划的规律和操作规划的规律往往就在这些数据之中。精确地分析这些变化，就可以为仓库操作和仓库规划找到规律。

EIQ 分析就是利用 E、I、Q 这 3 个关键物流要素，从客户订单的订货次数、品项、数量等方面出发，进行入库特性、存储特性、拣货特性、检查特性、包装特性、装车特性、配送特性分析，从而找到仓库、运输、商场的规划依据和操作依据，制订最优方案。

EIQ 分析的项目主要有 4 项：

（1）EN：每张订单的订货品项数量分析；

（2）EQ：每张订单的订货数量分析；

（3）IQ：每个单品的订货数量分析；

（4）IK：每个单品的订货次数分析。

SKU 数量变化会引起仓库操作规律的变化，1 个 SKU 的仓库、100 个 SKU 的仓库、10000 个 SKU 的仓库，管理模式会差别很大。随着 SKU 数量的增加，仓库管理难度逐渐增大。

EIQ 分析示例：

（1）一般情况下，系统订单见表 4-2。

表 4-2　订单表

日期	订单号	SKU	数量
2020. 1. 1	E1	Item 1	20
2020. 1. 1	E1	Item 2	30
2020. 1. 1	E1	Item 3	1
2020. 1. 1	E1	Item 4	6
2020. 1. 1	E2	Item 1	29
2020. 1. 1	E2	Item 5	40
2020. 1. 1	E2	Item 3	1
2020. 1. 1	E2	Item 4	30
2020. 1. 1	E3	Item 6	10
2020. 1. 1	E3	Item 2	20
2020. 1. 1	E3	Item 4	30
2020. 1. 2	E4	Item 1	29
2020. 1. 2	E4	Item 5	60
2020. 1. 2	E4	Item 3	1
2020. 1. 2	E4	Item 4	30
2020. 1. 2	E5	Item 3	1

续表

日期	订单号	SKU	数量
2020. 1. 2	E5	Item 4	6
2020. 1. 2	E5	Item 1	29
2020. 1. 2	E5	Item 5	200
2020. 1. 2	E6	Item 3	1
2020. 1. 2	E6	Item 4	30
2020. 1. 2	E6	Item 6	10

（2）经过 Excel 透视处理，按数量求和，可以得出下列 EIQ 分析表（见表 4-3 和图 4-2）。

表 4-3　订单在 Excel 中的 EIQ 透视表

求和项：数量	列标签						
行标签	Item 1	Item 2	Item 3	Item 4	Item 5	Item 6	总计
E1	20	30	1	6			57
E2	29		1	30	40		100
E3		20		30		10	60
E4	29		1	30	60		120
E5	29		1	6	200		236
E6			1	30		10	41
总计	107	50	5	132	300	20	614

注意：此处透视时需要选择求和项。

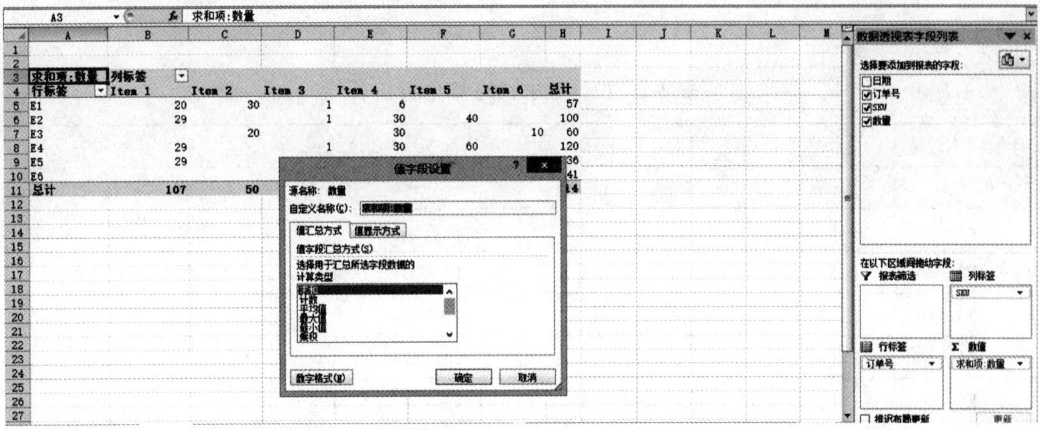

图 4-2　透视时，要在 Excel 中选择求和项

（3）经过 Excel 透视处理，先后按行排序和按列排序，可以得出下列 EIQ 分析表（见表 4-4）。从表中可以看出哪些货量发货多，哪些订单发货多，这就是 IQ 和 EQ。

表 4-4　排序后的 EIQ 分析表

求和项：数量	列标签						
行标签	总计	Item 5	Item 4	Item 1	Item 2	Item 6	Item 3
总计	614	300	132	107	50	20	5
E5	236	200	6	29			1
E4	120	60	30	29			1
E2	100	40	30	29			1
E3	60		30		20	10	
E1	57		6	20	30		1
E6	41		30			10	1

（4）既然有了拣货数量的统计，自然也可以做出拣货数量的曲线图（见图 4-3）。

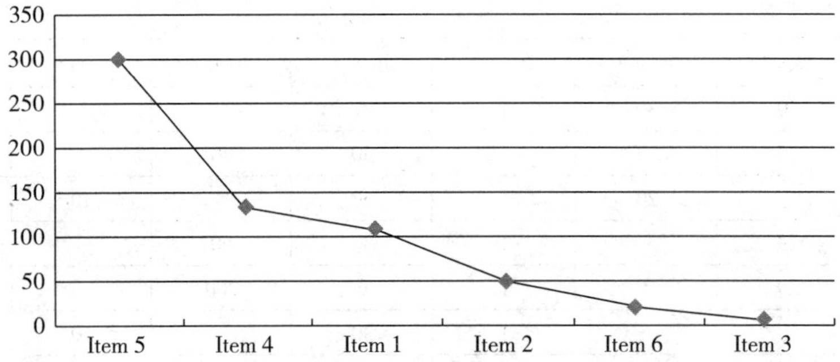

图 4-3　拣货数量曲线图

（5）经过 Excel 透视处理，按计数求和，可以得出下列 EIQ 分析表（见表 4-5、图 4-4）。

表 4-5　按计数求和的 EIQ 分析表

计数项：数量	列标签						
行标签	Item 1	Item 2	Item 3	Item 4	Item 5	Item 6	总计
E1	1	1	1	1			4
E2	1		1	1	1		4
E3		1		1		1	3
E4	1		1	1	1		4
E5	1		1	1	1		4
E6			1	1		1	3
总计	4	2	5	6	3	2	22

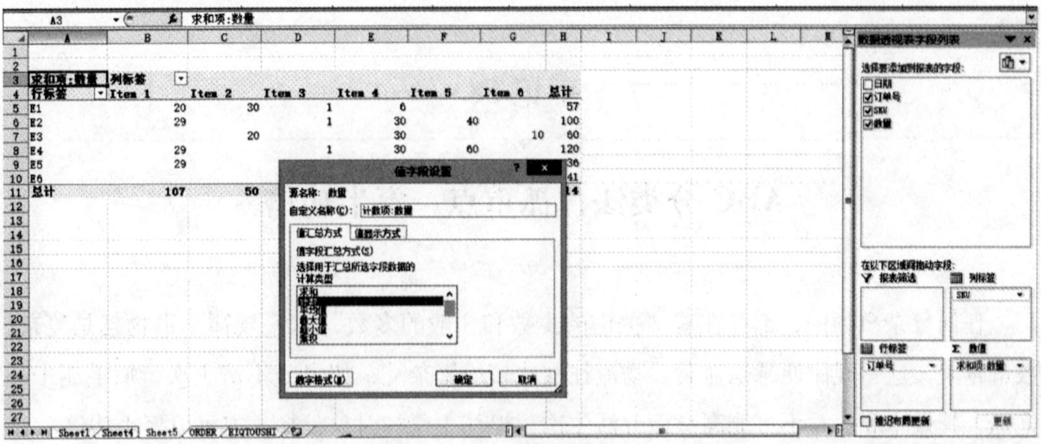

图 4-4 按计数求和的方法

(7) 经过 Excel 透视处理，先后按行排序和按列排序，可以得出下列 EIQ 分析表（见表 4-6），从中可以看出哪些 SKU 拣货次数多，哪些订单拣货次数多。这就是 EN 和 IK。

表 4-6 拣货次数 EIQ 分析

计数项：数量	列标签						
行标签	总计	Item 4	Item 3	Item 1	Item 5	Item 2	Item 6
总计	22	6	5	4	3	2	2
E1	4	1	1	1		1	
E2	4	1	1	1	1		
E4	4	1	1	1	1		
E5	4	1	1	1	1		
E3	3	1				1	1
E6	3	1	1				1

既然有了拣货次数的统计，自然也可以做出拣货次数 IK 的曲线图（见图 4-5）。

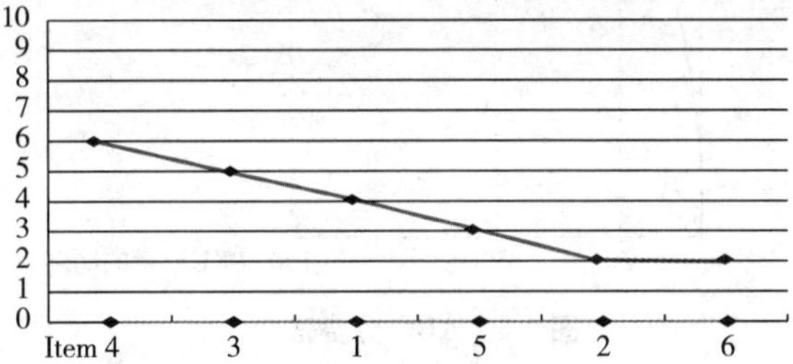

图 4-5 IK 曲线

EIQ 分析不仅仅可以帮助我们规划物流，也可以帮助我们更好地分析库存、采购、销售。实际上，ERP 中的采购订单、销售订单、工单都可以用这种方式分析。像这样同时进行矩阵和排序的分析，可以发现很多规律和问题，帮助我们提升管理水平。

手记 58

ABC 分类法：抓重点，事半功倍

任何复杂事物中，都存在着“关键的少数和一般的多数”这一规律。事物越是复杂，数量越大，这一规律便越是显著。物流往往比较纷繁杂乱，如果分不清主次，眉毛胡子一把抓，其效率和效益不可能高。而分清主次，抓住主要的对象，却一定可以事半功倍。

ABC 分类法是一种分类管理法，又称帕累托分析法、柏拉图分析、主次因分析法，也有人称之为“80/20 定律”。1879 年，帕累托在研究个人收入的分布状态时，发现少数人的收入占全部人收入的大部分，而多数人的收入却只占一小部分，他将这一关系用图表示出来，就是著名的帕累托图。后来，管理学家戴克（H. F. Dickie）将其应用于库存管理，把被分析的对象分成 A、B、C 三类，所以又称为 ABC 分析法（见图 4-6）。

在物流规划时，为了规划的合理性，很有必要分析“关键的少数和一般的多数”，分析对象主要是 3 类：①信息流（工单）；②库存；③物流。其分析重点包括品项（SKU）、订单、工单、库存、入库、上架、存储、分拣、包装、出库等。ABC 分类法是一种很好的方法，可以帮助我们从数据中找到规律，而规律正是我们规划物流时所需要的业务逻辑，是我们规划物流的工具。

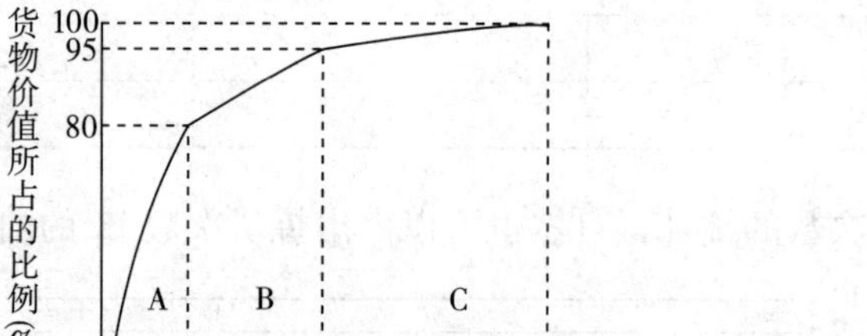

图 4-6　ABC 分类法

ABC 分析法的特点是既能集中精力抓住重点问题进行管理，又能兼顾一般问题，从而用最少的人力、物力、财力，实现最高的经济效益。

ABC 分类法以某一具体事项为对象进行数量分析，以该对象的各个组成部分与总体的比重为依据，按比重大小的顺序排列，并根据一定的比重或累计比重标准将各组成部分分为 A、B、C 三类：A 类是管理的重点，B 类是次重点，C 类是一般。管理分清主次后，则能大幅提高效率和效益。

ABC 分类法管理物料和物流时，关键是按品种和占用资金多少进行分类，划分重点和一般的管理。

A 类：数量占总数的 10% ~20%、价值占 70% ~85% 的物料定为 A 类管理项，应做到严格控制，努力降低库存，定期订货。

B 类：数量占总数 20% ~30%、价值占 10% ~20% 的物料定为 B 类管理项，应做到适当控制。

C 类：数量占总数 50% ~70%、价值占 5% ~10% 的物料定为 C 类管理项，应做到简单控制。

比如，在分析某快消品公司的销售时发现：13% 的 SKU 占了 90% 的销售量，这意味着所规划的 80% 的 SKU 不赚钱，是错的（数据见表 4-7）：

表 4-7 某企业产品销量

编码	名称	销售数量（千克）	占比（%）
200003	A1	1846320. 0	4. 76
200004	A2	1533843. 0	3. 96
200005	A3	1463180. 0	3. 77
200006	A4	1277097. 0	3. 29
200007	A5	1183751. 0	3. 05
200008	A6	1055000. 0	2. 72
200009	A7	959997. 9	2. 48
200010	A8	790677. 7	2. 04
200011	A9	739776. 3	1. 91
200012	A10	706242. 1	1. 82
200013	A11	642684. 4	1. 66
200014	A12	578252. 6	1. 49
200015	A13	571694. 4	1. 47
200016	A14	519842. 0	1. 34
200017	A15	466263. 9	1. 20
200018	A16	426753. 0	1. 10
200019	A17	424164. 1	1. 09
200020	A18	382535. 3	0. 99
200021	A19	382054. 6	0. 99
200022	A20	374734. 6	0. 97
200023	A21	340714. 3	0. 88

续表

编码	名称	销售数量（千克）	占比（%）
200024	A22	335044.3	0.86
200025	A23	328922.4	0.85
200026	A24	304246.7	0.78
200027	A25	259871.6	0.67
200028	A26	240296.7	0.62
200029	A27	231861.6	0.60
200030	A28	221524.6	0.57
200031	A29	198059.1	0.51
…	…	…	…

曲线见图 4-7，纵坐标为 SKU 所占库存的比重，横坐标为 SKU 编号。

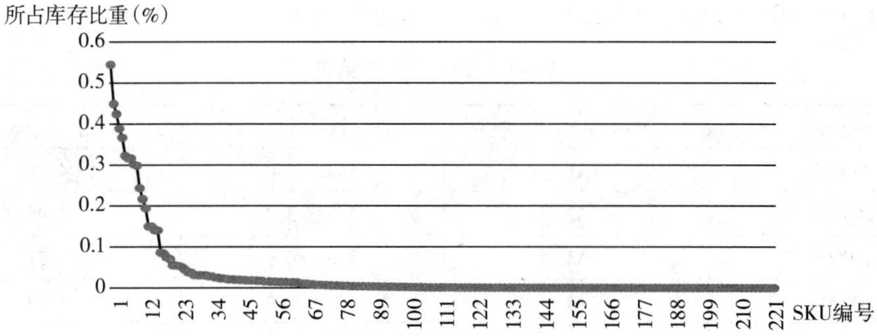

图 4-7　SKU 销售占比

ABC 分类法是个方法论，要活学活用。比如：

（1）订单可以按照紧急程度做 ABC 分析；

（2）配送可以按照紧急程度做 ABC 分析，调度配送资源；

（3）库存可以按照紧急程度和重要程度做 ABC 分析，安排库存资源；

（4）资金可以按照紧急程度和重要程度两个维度做 ABC 分析。

有问题是物流的常态，没有问题反而不正常。做物流就是不停地给自己找问题，然后不停地解决问题——我们找客户、打单，不就是给自己找问题，找麻烦吗？很多时候，看似纷繁复杂、困难重重的问题，只要抓住了主要矛盾，抓住了问题的实质，往往很容易解决。

毛泽东在《矛盾论》中指出，“矛盾是普遍的、绝对的，存在于事物发展的一切过程中，又贯穿于一切过程的始终。”

“在复杂的事物的发展过程中，有许多的矛盾存在，其中必有一种是主要的矛盾，由于它的存在和发展规定或影响着其他矛盾的存在和发展。”

也就是说，尽管矛盾很多，但80%的问题来自20%的矛盾。这就是说，“不能把过程中所有的矛盾平均看待，必须把它们区别为主要的和次要的两类，着重于抓住主要的矛盾。”“无论什么矛盾，矛盾的诸方面，其发展是不平衡的。有时候似乎势均力敌，然而这只是暂时的和相对的情形，基本的形态则是不平衡。”所以，只要有矛盾，迟早会分出主要矛盾和次要矛盾。矛盾是普遍的，但解决矛盾需要了解矛盾的特殊性，那就是“主要的矛盾和主要的矛盾方面”。同理，在矛盾中，有主要方面和次要方面，80%的问题来自20%的主要的矛盾方面。

所以，只要抓住了20%的主要矛盾方面，就可以解决主要矛盾，也就可以解决问题了。从数字的计算来看，只要解决了4%的主要矛盾方面，就可以解决64%的问题。

图4-8是某汽车总装线项目订单出货量分析，这些数据中包括了拣货的规划。从数据分析的结果来看，13.8%的订单数占了84.9%的出货量，是不是很符合“80/20定律”？

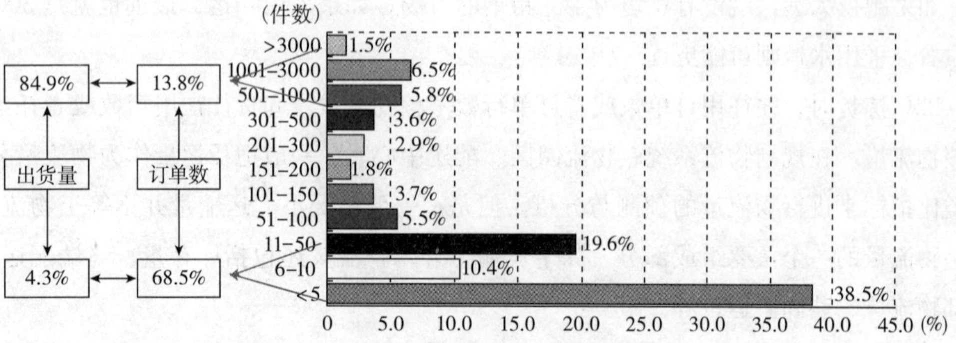

图4-8 订单出货量分布

另外，4.3%的出货量占了68.5%的订单数，是不是也很符合“4%的主要矛盾方面可以解决64%的问题”这个论断？

手记59

物流分析需要精确计算物流量

物流量并没有标准的概念，为了便于计算物流成本和合理考核物流绩效，我对物流量的定义是：物流量是指物流活动的各个作业环节所产生的物流业务总和，是指可以科学计算物流成本的物流总量。

比如，对于大宗商品而言，要计算物流成本，仅仅知道重量是不行的，还需要知道运输距离、运输频次、运输时效等，如此一来，“吨·千米”这个概念更加合理。

比如煤炭运输的物流量，假如用吨·千米计算，一年20万吨，平均运输距离为100千米，总的物流量是2000万吨·千米。

如果每吨·千米运输成本1元，那么可以估算总运输成本为2000万元。

比如钢厂，因其主要的物料是焦炭、矿石、生铁、钢，而这些产品都是大宗商品，运输方式和存储方式类似，所以可以用吨·千米计算。比如，某民营钢铁集团总销售量可以达到4000万吨钢，焦炭、矿石、其他材料的用量可能达到5000万吨，如果按照平均每吨货物200千米计算，未来5年，总运输量可以达到180亿吨·千米，按照0.3元/吨·千米计算，总物流费用可以达到54亿元。

在辅导钢铁厂企业的过程中，我发现粗钢（比如建筑用的钢筋、钢板）其实都跑不远，因为物流成本太高。假如每吨·千米运费为0.4元，100千米就是40元的物流费用，如果跑得太远，就没有竞争力了。粗钢的市场，如果采用陆运，最远也就是300千米左右，采用水运则可能更远一些。

B2C拣货时，往往用订单数或者订单行数考核物流量。卸货往往用箱数或者托盘数考核物流量。在规划物流系统、物流园区、配送中心时，一般把货运量作为物流量分析的类比指标来进行物流量的预测与分析。但是，一般情况下，运输量并不等于物流量，只是物流量的一个重要组成部分。除了运输量外，物流量还包括库存量、终端配送量、内部物流量、装卸搬运量等。

要精确地制定一个物流量计算的公式是有困难的。企业如果要计算总体的物流量，就需要根据具体情况建立合适的模型。制造业和流通业的物流量比较容易计算，无非是仓储、运输、物流增值服务的统计。对于第三方物流公司来说，则往往需要预测物流量，因为物流量预测是计划的基础和决策的依据。大致有如下流程：

（1）确定测算的对象；

（2）根据具体经营活动，分析具体的物流服务内容，如仓储、运输、配送等，设计测算模型；

（3）收集信息，并进行数据处理；

（4）分析结果；

（5）根据预测，对结果进行必要的修订；

（6）判断结果是否满足要求。

当然，如果要详细评估成本的合理性，还要考虑许多因素，比如运输模式（火车还是汽车），活性系数、路况（高速公路还是普通公路）、淡季还是旺季等，制订合理的标准，对数据进行修订。

物流贯穿于供应链的各个作业环节，物流量是一个复杂的指标。在分析物流量的时候，要分析物流系统的各个作业环节，对不同的作业环节应采用不同的指标测量。

物流量计算主要有两种方法：全流程计算和全功能计算。

全流程计算：全流程物流量计算比较容易理解，就是计算所有流程环节的物流量，然后求和。

全功能计算：按照传统的划分，物流有8大职能，即运输、存储、配送、装卸、包装、流通加工、信息处理、盘点。计算所有功能的物流量，然后求和即可。

尽管不同流程和功能的物流量的单位或许不同，但都可以计算出所需的费用，所以，总的物流费用也可以计算出来。

物流优化的目标就是降低整个系统的整体物流量，降低整系统的物流费用：一是从操作量的角度考虑，二是从成本的角度考虑。无论是减少操作量还是减少操作成本，都是对物流的优化。

手记 60

用从至表法分析物流强度

所谓从至表，就是一种计算物流量从起点至终点的矩阵式图表。这是一个常用的物流分析模型，主要通过距离、成本、运输次数分析物流量。

如果是计算距离从至表，则其公式为：

$$L=\sum\sum I_jC_i$$

式中 L——总的移动距离；

I_j——第 j 格移动对角线的格数；

C_i——移动次数。

根据数据元素不同，从至表分为3类：

（1）从出发点至到达点运输货量，即运输货量从至表；

（2）从出发点至到达点距离，即距离从至表；

（3）出发点至到达点运输成本，即运输成本从至表。

当达到最优化时，这3种表所代表的优化方案分别可以实现运输距离最小化、运输成本最小化和运输次数最小化。

计算物流强度从至表的步骤如下：

步骤一：确定工艺路线图。

步骤二：计算货量从至表。

步骤三：计算作业距离从至表。

步骤四：计算产品运量从至表。

步骤五：计算物流强度从至表。

步骤六：进行物流强度分析。

步骤七：求最佳排列顺序。最佳排列顺序应满足如下条件：①从至次数最多的 2 个位置应该尽可能地靠近；②在从至表中，越大的数字越靠近对角线。

步骤八：通过计算，评价优化结果。

举例如下：

（1）假设某仓库操作有 5 个环节，分别是入库、检验、上货架、下货架、出库；

（2）假设有 3 个物料 A、B、C，其仓库操作流程和货量见表 4-8。

表 4-8　产品工艺路线和运量

物料编号	工艺路线	每天运量（托盘）
A	1－2－3－4－5	5
B	1－3－4－5	2
C	1－3－2－5	10

（3）假设其作业距离如表 4-9 所示。

表 4-9　作业距离

从　至	1 入库	2 检验	3 上货架	4 下货架	5 出库
1 入库		2	3	4	5
2 检验	2		2	2	2
3 上货架	3	2		4	6
4 下货架	4	2	4		6
5 出库	5	2	6	6	

（4）汇总货量，则可以计算产品运量，得出运量从至表（见表 4-10）。

表 4-10　产品运量从至表

从　至	1 入库	2 检验	3 上货架	4 下货架	5 出库	合计
1 入库		A/C（15）	BC（12）			27
2 检验			A（5）		C（10）	15
3 上货架		C（10）		A/B（7）		17
4 下货架					A/B（7）	7

续表

从　至	1 入库	2 检验	3 上货架	4 下货架	5 出库	合计
5 出库						
合计		25	17	7	17	66

（5）其作业距离乘以作业量（货量），则可以计算物流强度，得出物流强度从至表（见表 4-11）。

表 4-11　物流强度从至表

从　至	1 入库	2 检验	3 上货架	4 下货架	5 出库	合计
1 入库		30（A/C）	（36）BC			66
2 检验			（10）A		（20）C	30
3 上货架		C（20）		（28）A/B		48
4 下货架					（42）A/B	42
5 出库						
合计		50	46	28	62	186

（6）对物流强度排序分析，便可得出物流强度等级表（见表 4-12）。

表 4-12　物流强度等级表

作业单位对	物流强度（合并后）	等级
4－5	42	A
1－3	36	E
1－2	30	I
2－3（含 3－2）	30	I
3－4	28	O
2－5	20	O
其他	0	U

（7）然后，做出从至表强度分析图（见图 4-9）。

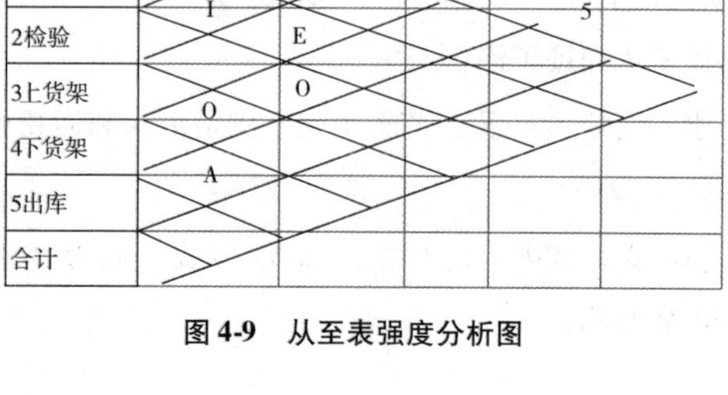

图 4-9　从至表强度分析图

（8）根据物流强度，规划物流关系（见图 4-10）。

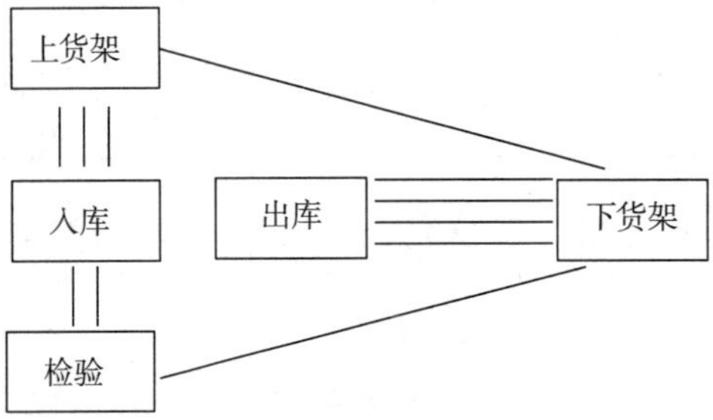

图 4-10　物流关系图

（9）优化方案。首先安排入库和下架的空间资源、设备资源、人力资源；其次是入库和上架；再次是入库和检验；最后是上架和入库、检验和下架。

手记 61

谈谈物料清单（BOM）

玩制造业的人，对 BOM 这个词大都不陌生，BOM 是 Bill of Material 的缩写，就是物料清单，是指产品所需零部件明细表及其结构。所谓明细，就是物料和数量；所谓结构，就是装配的先后关系。

部件明细指的是物料组成部分，比如 1 只青蛙有 1 张嘴、2 只眼睛、4 条腿，那么 2 只青蛙呢？我们一下子就能算出来。

BOM 有时候需要正向运算，比如“鸡兔同笼”的例子、1 个笼子里有 2 只鸡和 3 只兔子，那么一共是 5 个头、16 条腿；有时候需要反向运算，比如笼子中一共有 10 个头、30 条腿，需要计算鸡和兔子的数量各是多少。

所谓 BOM 结构是指 BOM 的纵向结构，就是装配的先后关系，也叫父子关系。

比如，鸡蛋韭菜馅饺子可以被看成两层 BOM：

第一层 BOM 是饺子皮和饺子馅；

第二层 BOM 是水、面粉、鸡蛋、韭菜（饺子皮是由水和面粉做成的，饺子馅是由鸡蛋和韭菜做成的）。

如果 1 个饺子是 60 克，其中鸡蛋 10 克，韭菜 20 克，面粉 20 克，水 10 克，那么，就可以看作饺子的 BOM 结构。

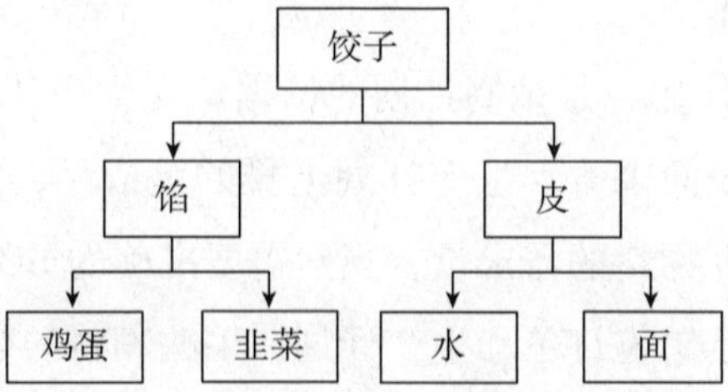

图 4-11　鸡蛋韭菜饺子的 BOM 结构图

物料清单表明的是产品、部件、零件、原材料之间的结构关系和数量关系。

BOM 是物料需求计算的重要基础数据，有了物料清单，再有了订单，就可以计算物料需求量。

物料需求 = 订单 × 单耗（BOM 中的单耗）

假如某餐馆计划明天生产表 4 - 13 中的订单，则可以按照上述公式计算出物料需求的数量。这就是 MRP（物料需求计划）的运算。

表 4-13　物料需求计算表

产品	订单（个）	BOM 清单（克）					
		牛肉	芹菜	鸡蛋	韭菜	面粉	水
韭菜鸡蛋水饺	100			10	20	20	10
芹菜鸡蛋水饺	200		20	10		20	10
牛肉芹菜水饺	300	20	20			20	10
物料需求（克）		6000	10000	3000	2000	12000	6000

（1）BOM 建立的两种情况。一是新产品建立 BOM，包括新开发产品和根据客户要求设计的产品；二是因工程原因需求而变更的 BOM，研发部门或者工程部门会下发 ECN（Engineering Change Notice），即工程变更通知单，职责部门根据 ECN 变更 BOM。

（2）BOM 既是物料清单也是物料账单。有些人没有制造业知识，会把 BOM 翻译成材料账单，因为 bill 本来就有账单的意思，这个理解倒也没错。我们到饭店吃饭，结账的时候，服务员会给我们一张单子（Bill），那既是饭菜的清单也是结账的账单。

直观一点理解：这些物料是花钱买来的，也需要卖出去赚钱，这便是 BOM 的财务属性，用来算账。

BOM 信息在 ERP 系统中被用于 MRP 计算、成本计算、库存运算。

在 MRP 运算中，BOM 既是物料结构，也是物料数量。

BOM 是 ERP 信息化系统中最重要的基础数据。

BOM 是财务部门核算成本、制造部门组织生产等的重要依据。

所以，从以上 3 个角度来看，BOM 非常类似于人的 DNA。DNA 错了，好多东西就错了，其重要性不言而喻。

BOM对计划有重要作用，是编制计划的依据。在生产计划表上，主要有3个要素：产品、生产线、时间。表面来看，生产计划上排的是成品，实际上排的是产能和物料。生产计划需要精准地计算物料的需求量，当然需要准确的BOM。

采购计划是为了满足销售订单和生产计划，采购物料的数量和到货时间需要精确计算，自然要以BOM为依据。

销售计划同样需要考虑物料供给和产能，同样要以BOM为依据。

（3）不同阶段的BOM类型。①设计BOM：设计BOM通常从产品构成的角度展现组成产品的零部件、原材料，主要是零件之间的设计关系、物料明细、物料定额明细。②制造BOM：是在设计BOM的基础上，根据加工过程的要求制定的BOM就是制造BOM，包括加工零部件和按工艺要求的毛坯等。③工艺BOM：工艺路线中包括工序号、加工中心、工时定额等内容，其对应的常见文本格式表现形式包括工艺路线表、关键工序归总表等。它的信息来源于工艺部门编制工艺卡片上的内容。

（4）不同工艺阶段的BOM类型。从整个产品的流程工艺来看，BOM的拓扑类型可以分为A型、V型、O型、T型、X型、I型等。

普通的组装作业就是A型BOM，比如机械组装和电子组装行业是典型的A型BOM，BOM的阶别大致是整机、部件、零件和材料。

对一种材料分解而形成多种材料，就是V型BOM。石化行业就是典型的V型BOM，成品是煤油、汽油、柴油、沥青……，而原材料就是石油。石化行业的原理很简单，把石油加热，轻的分子最先挥发，形成汽油；次轻的分子再挥发，形成煤油；再形成柴油；最后不能挥发的，就是沥青了。

纸箱加工和钣金加工是O型BOM。纸箱加工的原材料是纸，中间经过多次切割成半成品，最后组装成一个纸箱。钢材焊接件也是如此，一块钢裁成几块，然后焊接成一个零件。

齿轮加工就是I型BOM，一块钢通过锻打、车削加工、铣削加工、淬火、回火，做成齿轮。

某些化工行业则是X型BOM，即将多种物料混合，生成产品和副产品。

手记 62

谈谈物料需求计划（MRP 和 MRP Ⅱ）

美国生产与库存控制协会（APICS，American Production and Inventory Control Society）对物料需求计划的定义为：物料需求计划就是依据主生产计划（MPS）、物料清单、库存记录和未交订单等资料，经由计算而得到各种相关物料的需求状况，同时提出各种新订单的补充建议，以及修正各种已开出订单的一种实用技术。

结合上篇关于 BOM 的介绍和物料需求计算表，我们不难理解 MRP（物料需求计划）的概念和逻辑。

制造业的物料需求往往是相关需求。所谓相关需求，也称为非独立需求，就是一项物料的需求与对其他物料项目或最终产品的需求有关系。这些需求是通过订单或者预测，根据关联关系计算出来的。

把企业产品中各物料分为独立需求和相关需求两种类型，并按时间段确定不同时期的物料需求，就产生了库存物料订货的新方法，这就是物料需求计划——MRP（见图 4-12）。

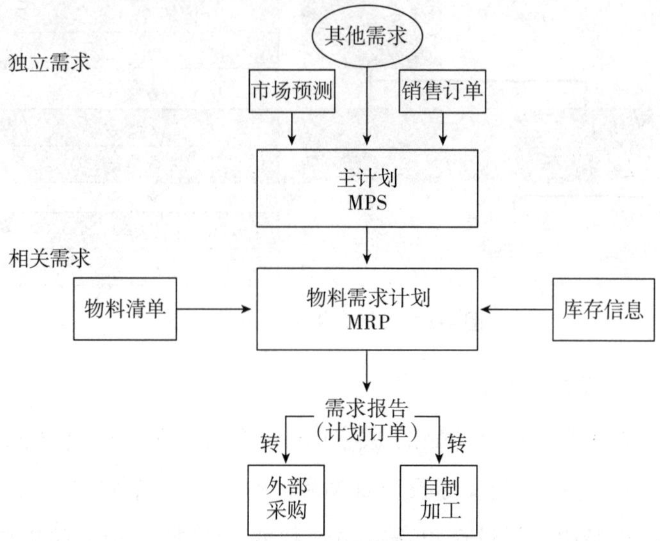

图 4-12 物料需求计划示意图

MRP 的逻辑通过图 4-12 就可以体现。物料需求计划首先要一个需求来源，成品的需求来源一般是两个，都是针对成品的需求量：一是实际的客户订单；二是人为给定一个预测量。

有了需求量，就要考虑满足这些需求：一是现有的成品库存量；二是在需求日期之前能够满足的生产订单的产量，可以补足库存作为可用量，所以生产订单也是一个供应量。如果之前跑 MRP 产生过计划订单，那么计划订单也可以作为可用量。虽然计划订单还没有确定的生产任务，但也是一个系统建议的可用量，所以计划订单也应作为供应来考虑。对于成品而言，供应量主要为这 3 种。

将需求和供应量做比较，如果还有短缺，那么 MRP 运行的结果就会产生新的计划订单，包括建议的数量和建议的时间。计划订单确认下来之后，就可以转换成生产订单，进行生产。

在成品层涉及的主要元素就是销售订单、预测、计划订单、生产订单。

计划订单确定在什么时间生产什么成品。

成品需求的物料会根据 BOM 计算出来，BOM 会带出下一层的物料，下一层的物料也会体现到计划订单，这就是对下层材料产生的相关需求。原材料需求可以用需求量和库存比较，如果短缺则产生新的采购建议，经过评估后，转为采购申请，即补货建议。

图 4-13 是 MRP 需求传递图。

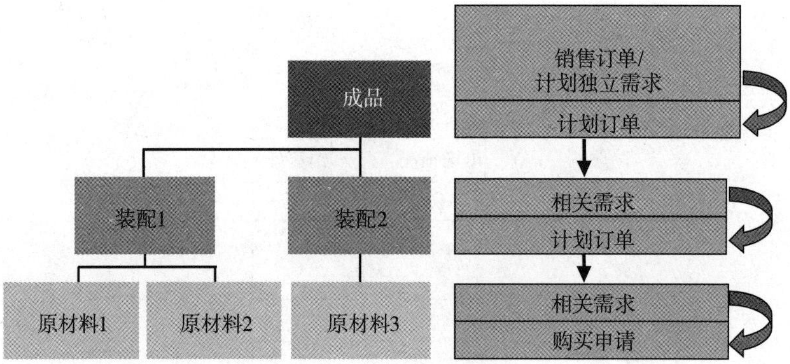

图 4-13　MRP 需求传递图

图 4-14 是 MRP 时间推算原理图。

一般 MRP 的运算逻辑：最终产品的毛需求减去当前库存，得到净需求，由净需求、提前期、安全库存等信息推算出实际投产日期和实际数量（净需求）；由本级物料的净需求及 BOM 结构的数量比关系计算出下一级物料的毛需求，再由毛需求和当前库存信息，计算得到净需求；依次循环，直到不再有下层物料为止。

在 MRP 信息系统中，从最终产品到原材料，给 BOM 结构的每一个层次分配一个阶

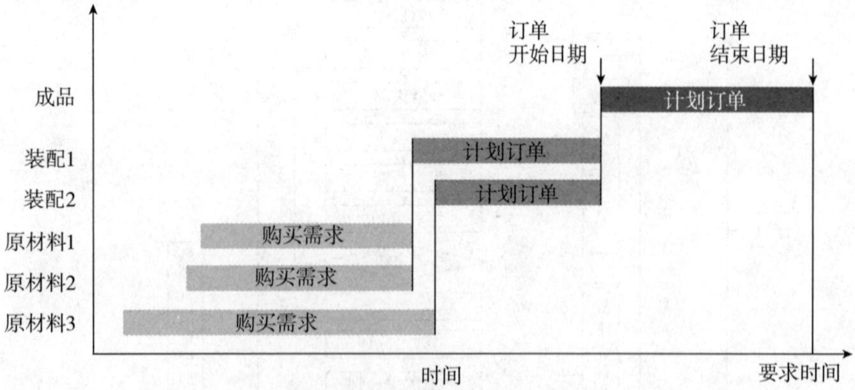

图 4-14 MRP 时间推算原理图

层码，MRP 运算的顺序为图 4-15 中的箭头顺序。当物料阶层码为最低的时候，再累加毛需求，计算净需求。比如，物料 B 有两个阶层码，当运算到阶层码 002，B 的最低阶层码时，可以累加毛需求，再计算净需求（运算过程见表 4-14）。

表 4-14 需求计算表

步骤	计划物料	毛需求（个）	可用库存（个）	净需求（个）	BOM 下阶组件毛需求（个）	
1	甲	100	0	100	A B C	100 200 100
2	乙	100	0	100	A D	100 200
3	A	100 + 100	30	170	–	–
4	C	100	20	80	–	–
5	D	200	0	200	B	200
6	B	200 + 200	50	350	–	–

只有当物料的阶层码为最低阶层码的时候，系统才扣除当前库存，计算物料的净需求。

MRP-Ⅱ是制造资源计划的简称，是一种制造业的生产管理系统，以 MRP（Materials Requirements Planning）为核心，结合行销、生产、采购、财务策略，从整体最优的角度出发，对企业的各种制造资源和各经营环节实行合理有效地计划、控制，达到既能连续均衡生产，又能最大限度地降低库存的目的，进而提高企业经济效益。

图 4-15 是某大型电子制造企业的 MRP-Ⅱ架构和流程，全面、系统地展示了MRP-Ⅱ在经营、销售、生产、财务、采购、库存、现场、配送的计划和管理。

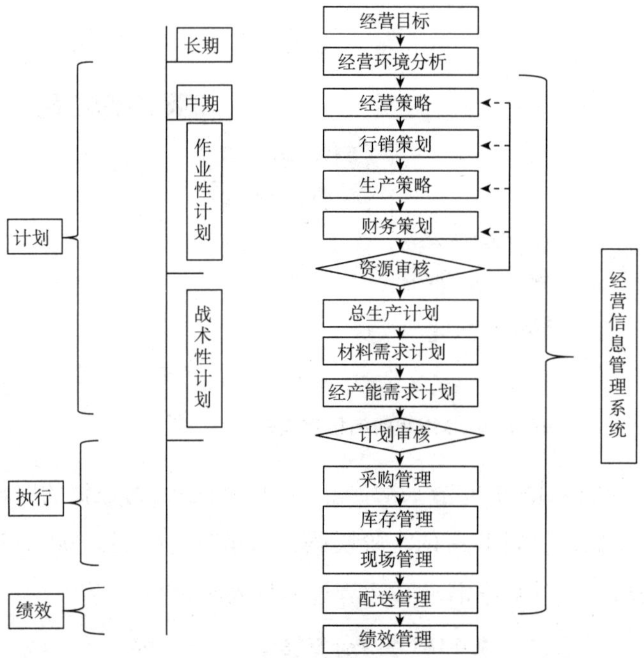

图 4-15　某企业的 MRP-Ⅱ架构和流程

图 4-16 是某大型电子制造企业工厂计划管理示例。

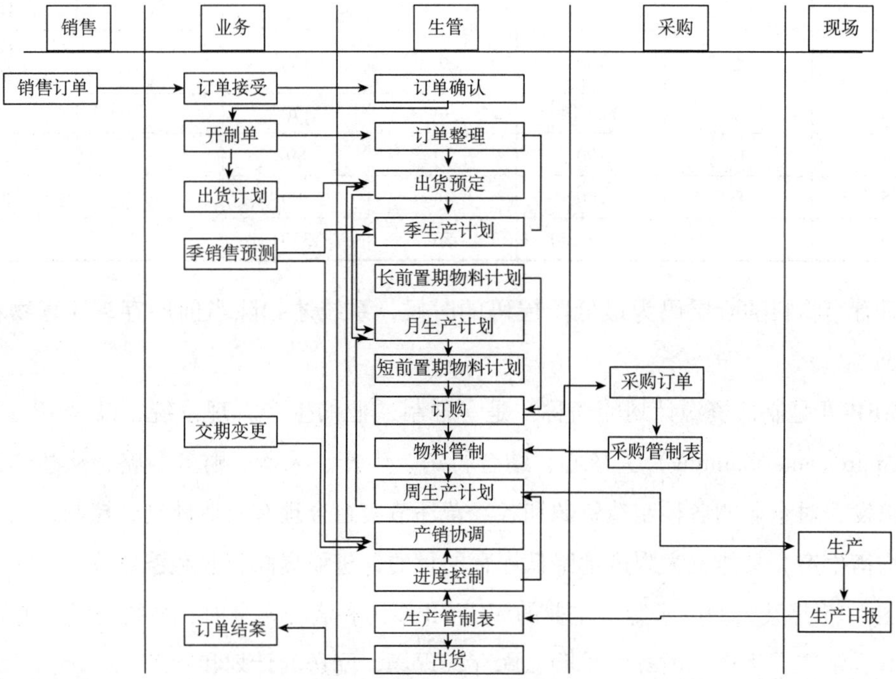

图 4-16　某企业的计划管理示例

模块 12 物流规划工具

手记 63

提高物料搬运活性系数可以有效地降低物流量

物料活性系数是用来衡量物料搬运难易程度的指标，是物流分析的一个重要指标。

搬运活性指物料的存放状态对搬运作业的难易程度，主要是考核所消耗人工的数量。所消耗的人工越高，活性系数就越低；反之，活性系数越高。

物料的存放状态主要有 4 种：散放、装箱、托盘（或集装器）、装车。物料的搬运状态有 4 种：集中、搬起、升起、运走（见图 4-17）。

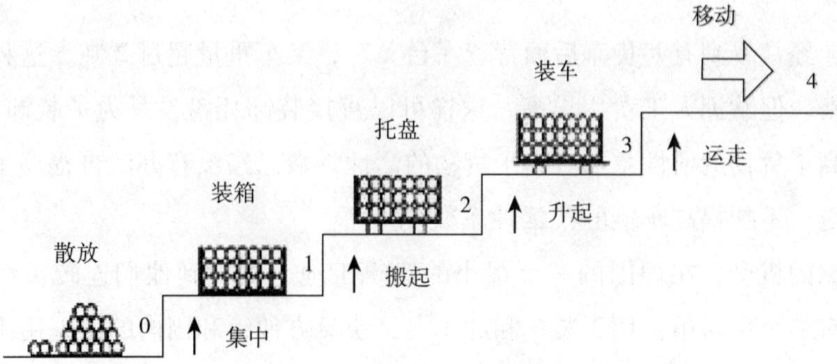

图 4-17 物料的存放状态与搬运状态

散放在地上的物料要运走，需要经过集中、搬起、升起和运走 4 次作业，所需的人工作业最多，即活性水平最低，即活性系数定为 0。

放在箱子中的物料要运走，只需要搬起、升起和运走 3 次作业，所需的人工作业有所减少，即活性水平升高，即活性系数定为 1。

装在托盘上的货物要运走，用叉车装车，不需要人工搬起，活性水平又有升高，即活性系数定为 2。

如果已经装在车中，则不需要升起这道工序，但只需要人工开车运输，活性水平又有升高，即活性系数定为 3。

如果是管道运输或者皮带运输，连人工运输也省了，此时活性系数最高，为 4。

表 4-15 显示了不同的物料状态下的活性系数表。

表 4-15　活性系数表

物料状态	作业说明	作业种类				还需要作业数目	已不需要的作业数目	搬运活性指数
		集中	搬起	升起	运走			
散放在地上	集中、搬起、升起、运走	要	要	要	要	4	0	0
集装在箱中	搬起、升起、运走（已集中）	否	要	要	要	3	1	1
托盘上	升起、运走（已搬起）	否	否	要	要	2	2	2
车中	运走（不用升起）	否	否	否	要	1	3	3
运动着的输送机	不用作业（保持运动）	否	否	否	否	0	4	4

大型超市都会配有篮子和推车，为顾客提供方便；机场也是一样，提供手推车，便于顾客运输行李。另外，集装箱装载货物，轮渡摆渡卡车、火车，都是为了提高货物的活性系数。

在欧洲，经常看到有些货车后面背着一台叉车，叉车重量超过 2 吨，这种做法油耗很大，很浪费，但欧洲人工费用很高，这样可以直接装卸托盘，是为了装卸货物方便，其实就是提高了货物的活性系数。由于货物的活性系数已经没有办法再提高了，所以欧洲人孜孜不倦，不断提高车辆的“活性系数”。

一个偶然的机会，在德国的一个很小的建筑工地，我看到他们连砖头都装在托盘上。卡车上有一个小塔吊，用于装车和卸车，又快又方便，和国内的工人用手搬砖的景象完全不同。这也提高了货物的活性系数。

随着活性系数升高，人工费用降低，但相应的设备费用会升高。所以，物流企业需要综合考虑成本和效率，选取适合企业实际情况的物料搬运方式。

手记 64

物流模数和单元化物流

设计产品的包装尺寸或者周转箱尺寸时，为了物流的合理化和标准化，需要一套规则，就是产品、物流设施、物流设备的尺寸基准，这就是物流模数。

我们经常应用到一个词，叫 MOQ，即最小订单量。这是一个产品包装标准，也是一个物流模数，一般情况下，也是仓库操作的最小包装数量。如果小于这个数量，仓库操作人员就不能再操作了（比如有些芯片，仓库不能拆掉最后一层包装）。

产品包装设计需要考虑3个要素：一是足够的防护；二是合适的物流成本；三是合适的包装成本。

考虑物流模数，就是避免浪费空间，采用合适的物流成本。比如，1210托盘的标准尺寸是1200mm×1000mm，如果货物用这种托盘周转或者装卸货物，那就需要按照1210托盘的尺寸规划包装。

做包装箱规划时，需要综合考虑单件尺寸、包装箱、周转箱、托盘、运输车辆等一系列因素，这样才能做到整体物流最优。

我在一家汽车主机厂做物流辅导时，看到了各种各样的周转箱（container），像车身、车门、内饰等物料的周转箱，都需要按照PFEP专门设计。设计周转箱不仅需要考虑防护、装卸、运输、存储，还需要考虑线边的物料位置。几乎所有的周转箱都需要返还，还需要考虑返还方式。

国内许多专家（如吴清一教授、王继祥教授等）提出了“单元化物流”的概念。单元化物流指物流系统在发货地就将物品整合为规格化、标准化的货物基本单元，并通过基本单元的组合与拆分来完成在供应链各个环节的物流作业，保持货物基本单元的状态并一直送达最终收货点。

在单元化物流系统中，单元化技术贯穿单元化物流的全过程，包括物品的单品设计、制造、包装、储存、周转、搬运、分拣、装车、运输、配送、标识、信息系统设计等一系列变革。单元化物流可以带来以下好处：

（1）大大提高卡车运输的装卸与搬运作业效率，降低运输成本。单元化物流是以周转箱或托盘为基础的单元的运输，并贯穿于整个运输系统全过程，在过程中不调换托盘。

（2）提高装卸自动化，提高生产率。单元化物流可以实现物流作业的机械化、自动化，从而使得物品移动简单，可减少重复搬运次数，降低流通环节损耗，缩短作业时间和提高效率，提高装卸机械的机动性，改善劳动条件，降低劳动强度，提高劳动生产率和物流载体利用率。

（3）方便交接和点数。单元化物流方便物品的数量检验与清点，效率高，差错少。

（4）节省包装费用。单元化器具往往可以重复使用，节省包装费用。

（5）提高仓储容量。单元化物流的物品具有标准单元包装，可以高堆积，方便在标准化货位存放，减少堆码存放占地成本。

（6）有利于推进供应链的标准化物流操作。单元化物流通过把物流作业对象规范成标准单元，可以带动上下游物流系统标准化，推动物流作业载具标准化和循环共用，极大提升物流效率。在商贸物流系统中主要应用的物流单元是托盘及物流标准周转箱，在海运及外贸中常用的物流单元是集装箱。

（7）提高产品防护。在制造业领域，单元化物流应用于制造业，能够提高仓库利用率，提升物流作业效率，实现物料管理信息化，大幅度降低成本。除此之外，由于单元化包装能够有效地使零部件摆放整齐，避免零部件的互相碰撞，与零部件接触的包装材料硬度也小于零部件，因此，还可以大幅提升零部件的表面质量和物流信息采集效率。

手记 65

物流规模大了，必须管理好波次

波次管理是一种物流订单的调度管理和计划管理方法，能够大大提高物流作业效率。许多订单按照某种规则合并为一个订单集合，称之为波次。达到一个波次，就进行一次拣货。形象地讲，波次管理类似于打鱼：来一波鱼，就下一次网。

所以，波次管理就是对订单按照一定的规则进行分类和分批，目的是提高拣货效率，这些规则可以是时间、产品、供应商、客户、订单的紧急程度等。波次包含了“批量”的概念，但并不是简单的批量概念。波次管理是为了提高订单处理效率，平衡作业的负荷和资源。

物流操作往往有产能限制，安排不好就会导致瓶颈，出现产能利用不平衡。比如，如果下单时间集中，拣货的作业负荷量就会很大，则完不成拣货工作。集中下单和集中作业，就相当于几百辆车同时上高速，一定会堵。

如果不能平衡产能，产能利用率就会很低，难以产生很好的效益。如果拣货员每天工作 8 小时，有 4 小时没有订单，就相当于发动机 4 小时怠速，只空转，不做工，没有效益。要处理好产能和订单，就需要安排好波次。波次有多种，包括客户波次、路线波次、时间波次、产品波次、发货波次、收货波次等。成熟的 WMS 系统都有波次设置。最简单的 B2C 波次设置就是时间，比如 00:00 – 8:00 一个波次，8:00 – 10:00 一个波次，依此类推。

波次策略通常需要配合拣货策略。通常的拣货方法有两种：一是摘果法；二是播种法。摘果法就是逐个订单进行拣货，拣完一个订单，再拣下一个订单；播种法是将每批订单上的同类商品各自累加，先从储存仓位上取出，然后再分配给每一个订单，直到配货完毕。

在这两种方式上，又可以衍生出很多种不同的方式，摘果法、播种 + 摘果法、播种 + 播种法等。具体选择何种方式，需要考虑商品品种数、商品大小、商品重量、商品包装、订单规模、订单分布、订单商品数、订单商品重复度、订单商品集中度、仓库设置、货架方式、货架分布等。

手记 66

物流路径图

有些工厂规模很大，车间密布、仓库林立，各车间之间物料调拨频繁。在这种情况下，梳理物流量很重要。

首先，要画出物流路径图（见图 4-18）：正向物流用实线，画在上方；逆向物流用虚线，画在下方。其次，再把每个物流路径的物流量计算出来，可以计算人次、车次、能耗等。最后，计算出物流成本。汇总后，就可以计算整个企业的物流量了。

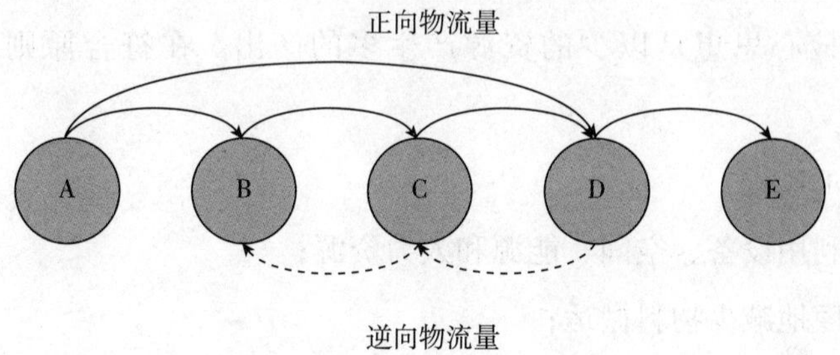

图 4-18　物流路径示意图

在规划物流路径时，除了要遵循一致流的原则，还要遵循不重叠、不交叉的原则，因为重叠和交叉都会带来浪费。

工厂规划往往比上述模型要复杂（见图 4-19），需要精准规划物流路径，才能准确测量物流成本。

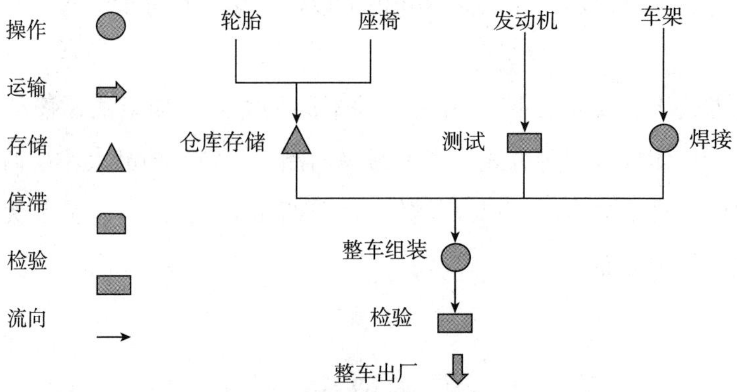

图 4-19　工厂规划物流路径示意图

手记 67

工厂物流设施规划方法——SLP 方法

工厂物流设施规划主要是三部分，即成品仓库规划、原材料仓库规划、线边（生产线边）物料仓库以及其他物流设施、物流设备的规划。

物流规划的核心思想是以少的资源产生多的产出。在符合原则的条件下，具体包括：

（1）简化加工过程；

（2）有效地利用设备、空间、能源和人力资源；

（3）最大限度地减少物料搬运；

（4）缩短生产周期；

（5）力求投资最低；

（6）为职工提供方便、舒适、安全和职业卫生的条件，等等。

系统设施规划布置方法即 SLP（Systematic Layout Planning）方法，对于工厂物流设施的规划很有效。SLP 方法是一种经典 IE 方法，由“系统规划之父”Richard Muther 创立。

SLP 方法的基本思想是通过分析物流强度和作业关系，优化物流路线，达到节省物流时间和费用的目的。

SLP 方法分析的核心内容是量化分析和系统分析。

传统的SLP方法的步骤（见图4-20）是：

（1）准备原始资料；

（2）分析物流与作业单位的相互关系；

（3）绘制作业单位位置相关图；

（4）计算作业单位占地面积；

（5）绘制作业单位面积相关图；

（6）修正；

（7）方案评价与择优。

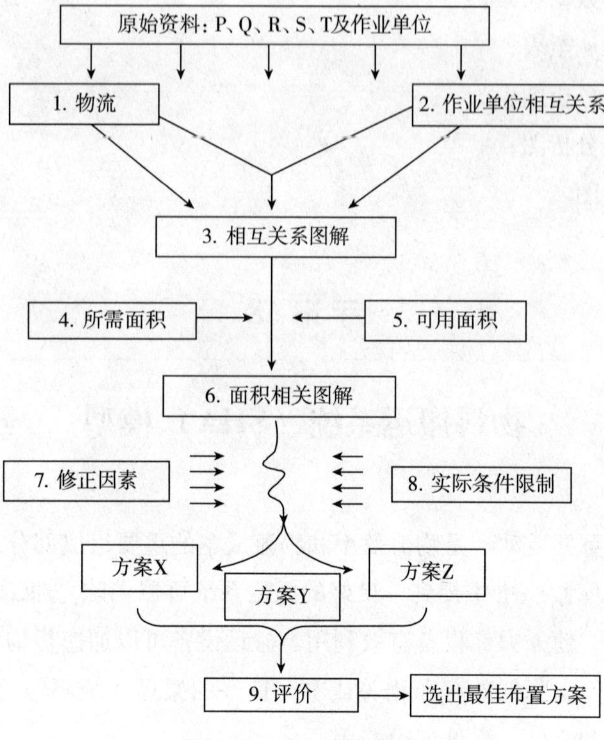

图4-20　SLP方法模型

在SLP方法中，主要研究5个基本要素，分别为：

P（Production）：产品或材料或服务，是指待布置工厂将生产的商品、原材料或者加工的零件和成品等；在仓储物流作业中，一般称之为SKU（存储单元）。研究P要素就是分析SKU的特性，为每个SKU做好规划（Plan for every part）。这个要素回答的问题是“生产什么”。

Q（Quantity）：数量或产量，是指生产、供应或者使用的商品量或者服务的工作量。EIQ方法是规划物流和仓储的方法之一，其主要特点就是分析订单、产品、数量，通过数据分析，找到操作的规律。这个要素回答的问题是“生产多少”。

R（Routing）：生产路线或工艺过程。这一要素是工艺过程设计的成果，可用工艺路线图、工艺过程图、设备等表示。这个要素回答的问题是“怎么生产”。

S（Supporting service）：辅助服务部门。在实施系统布置工作以前，必须就生产系统的组成情况有一个总体的规划，可以大体上分为生产车间、职能管理部门、辅助生产部门、生活服务部门以及仓储部门等。这个要素回答的问题是“用什么支持生产”。

T（Time）：时间或时间安排。指在什么时候、用多长时间生产出产品，包括各工作的操作时间、更换批量的次数。这个要素回答的问题是“何时生产”。

做好 SLP 规划，需要做好“两表三图”：

（1）物流基本数据收集；

（2）物流强度从至表；

（3）物流强度分析图；

（4）物流工艺分析图；

（5）厂房布置图。

手记 68

物料搬运系统（SHA）模型

搬运是物流的重要活动，是物流效率和物流成本的重要组成部分。徐正林、刘昌棋在《自动化立体仓库》一书中提到，良好的搬运系统可以消除“瓶颈现象”，使物流畅通，确保生产水平，使人力和设备有效利用。搬运设备可以加速货物移动，缩短运输距离，减少总作业时间，降低库存和相关成本。良好的搬运系统不但可以改善工作环境，而且保证货物安全和完好，降低保险费用。

物料搬运系统的目的是在保证企业正常生产的前提下降低搬运成本，保证企业产品在市场上有足够的竞争力。在现代企业中，物料搬运费用一般占产品总成本的 20% ~ 30%，大宗商品的物料搬运费用更高一些，因此，降低物料搬运系统的运行成本是提高企业利润的一条途径。

各行各业的生产类型不一样，因此，物料搬运系统只能确定主要的、通用的搬运原则和搬运方法，提高物料搬运的效益。

1. 搬运系统分析

搬运系统分析（System Handling Analysis，简称 SHA）是缪瑟提出的一种系统分析物流的方法，适用于物料搬运项目。

搬运系统主要有 3 个动作，就是对物体的搬上、卸下、移动，搬运系统的设计目的就是组织好这 3 个活动（见图 4-21）。

物料搬运系统的基本逻辑是改变物料的存放状态和空间位置，实现产品的增值和交付（见图 4-22）。

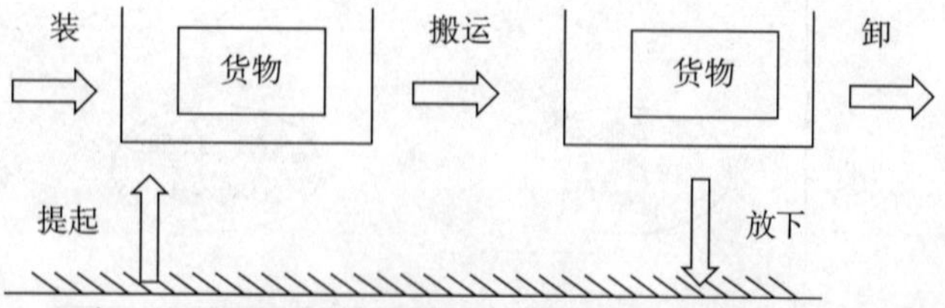

图 4-21 搬运系统基本模型

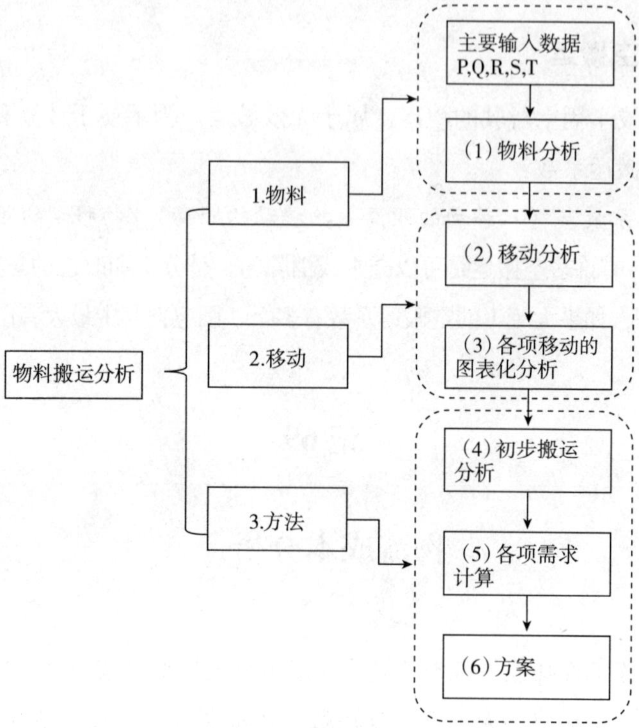

图 4-22 物料搬运系统的基本逻辑

2. 物料搬运设备的选择

对于短距离、高密度流量，可采用 AGV、机器人、叉车等复杂的搬运设备；对于短距离、低密度流量，可采用手推车之类的简单搬运设备；对于长距离、高密度流量，可采用无人搬运车、自动运输机等无人操作的复杂设备；而对于长距离、低密度流量，则可采用运输车辆、板车等简单运输设备（见图 4-23）。

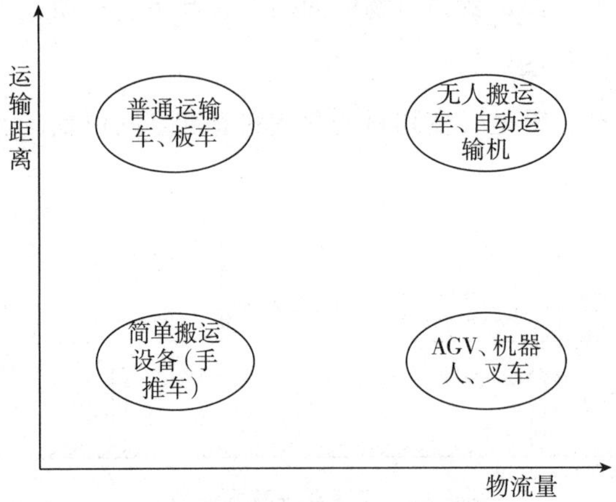

图 4-23　搬运设备选择和物流量的关系

3. 尽量减少空搬运

空搬运是指人或车辆空行驶的距离，属于无效搬运。为了便于计算和分析，可以根据以下公式计算空搬运系数：

空搬运系数 =（人移动的距离 – 物移动的距离）/物移动的距离

在搬运作业中，有许多空搬运是可以减少或消除的，是分析和改进的对象。空搬运小于 1 或者等于 1 为良好，如果大于 1 的空搬运系数有多个，则应把其中最大者作为改进对象。

手记 69

物流成本分析

好多初级的物流工程师往往认为建立物流成本分析模型比较困难，主要原因是费用种类多，有设备费、材料费、人工费、能耗费、租赁费，也有投资费用。这么多费用，怎么才能计算物流成本呢？还有，如何分析物流成本是否合理呢？

其实，这是会计学的内容。做业务，多多少少要懂一些财务知识，否则做出来的业务就是一笔糊涂账。

物流费用大致分为如下几类：①人工费；②水、电、油等能耗；③周转箱、包装、托盘等辅料；④叉车、货架、车辆等设备；⑤仓库租赁、办公室租赁；⑥办公费用；⑦自建仓库；⑧保险等。

具体如何测算某个物流业务的成本，无非是分析该业务项下发生的费用，大致有3类：①消耗；②分摊；③折旧。

BOM物料直接列入消耗，能够清晰分析其归属的耗材直接列入消耗。

人工、水、电、油、办公、仓库租赁、办公室租赁等费用是直接消耗，计入当期费用，分摊即可。

周转箱、包装、托盘等辅料，按照使用周期，计入费用，分摊即可。

叉车、货架、车辆等设备一般按5年折旧计算。

自建仓库一般按照20年折旧计算。

如果还有其他费用，参考上述费用处理即可。

用总费用除以总货量，就可以计算出物流成本的费率。比如，元/千克、元/立方米、元/订单，等等。最好将物流成本细分到最小单位，如此一来，就可以和同行业的数据进行对照，可以知道绩效的水平。

日本人嶋田毅写过一本书叫《MBA轻松读管理会计》，建议大家读一读。我按照本书的思路，做了一张图（见图4-24）。

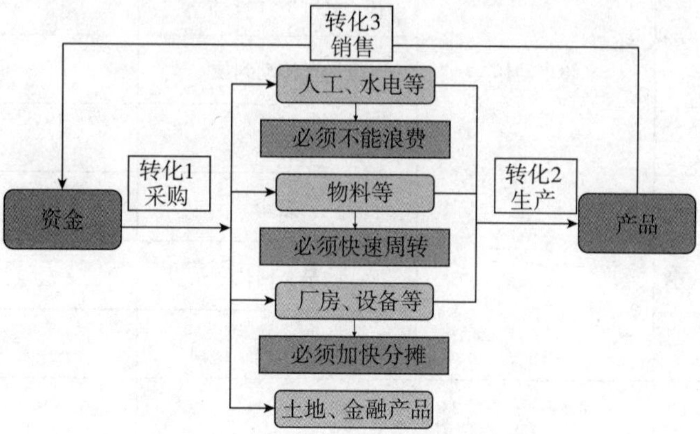

图4-24 资金和产品的转化示意图

手记70

产能计算和循环时间计算

做物流操作经常需要计算产能，比如一天能搬运多少个集装箱、多少个托盘、多少吨货等，再就是海港码头一天能卸几艘船，火车站一天能卸几列火车等，这都是产能。

产能是服务能力和交付能力的重要指标。

产能 = 总时间 ÷ 循环时间

循环时间是指完成一项任务所需要的时间。比如上架一个托盘，需要叉起托盘、行走至货位、举起托盘、把托盘送进货位、放下托盘、撤回货叉 6 个动作。这 6 个动作的时间总和，就是一个托盘上架的循环时间。

只要对物流动作拆分得足够细，就可以计算循环时间（cycle time）和相应的成本。

2013 年，我管理力拓 20 万平方米铜金矿堆场时，曾经用秒表测量过通过龙门吊车卸货的循环时间，其卸货量是一次卸 18 袋矿石，每袋 2 吨（见表 4-16）。

表 4-16　龙门吊车卸货循环时间表

序号	项目		循环时间（秒/车）
1	卸车动作	车辆到位	60
2		吊车调整	60
3		挂钩	90
4		吊车升起	30
5		吊车移动到位	30
6		吊车下放	30
7		撤钩	90
8		吊车回位	30
9		扫描	60
10	卸车总用时		480

在辅导某汽车设备工厂时，我拍了一张生产线的照片。一条生产线上有十几个员工，有的背着手干活，有的一只手干活，有的两只手干活。为什么呢？因为各环节的循环时间不同：有的工序忙。有的工序闲，用员工抱怨的话来说就是：忙的忙死，闲的闲死。

图 4-25 是生产线布置图，一共 14 道工序，其中第 1 ~ 11 道工序在生产线上。

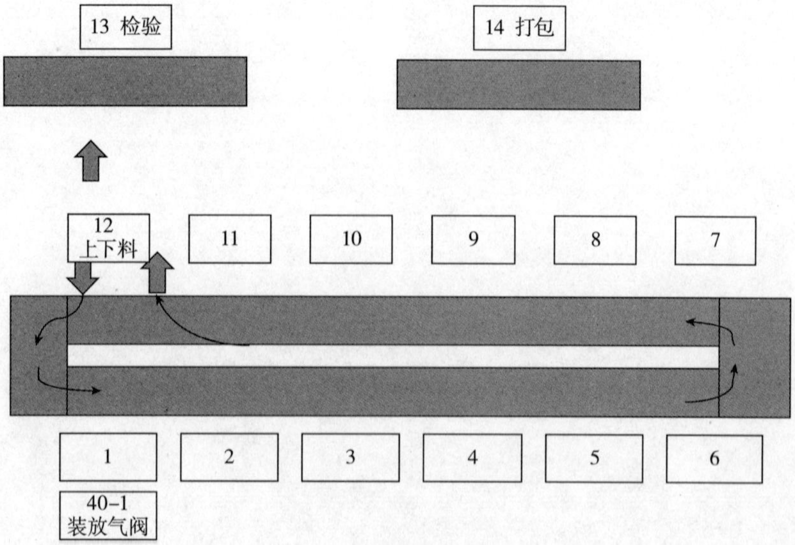

图 4-25 生产线示意图

本产品一共 11 道工序，每道工序的循环时间见图 4-26。

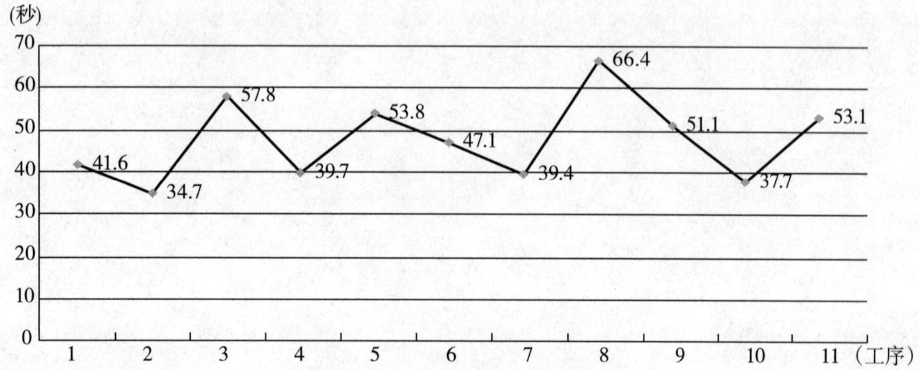

图 4-26 每道工循环时间拍图

从图 4-26 中可以看出，第 8 道工序是瓶颈工序。如果第 8 道工序的效率提高 10%，则整条流水线的产能提高 10%。这就是 TOC 理论，即瓶颈工序提高的产能后，则整个系统也可相应地提高产能。经过调整后，该企业的产能果然提高了 10%。

第五讲

仓储管理

- 仓储管理的作用
- 仓储的规划
- 仓储的管理
- 仓储系统规划
- 仓储系统蓝图提纲

模块 13　仓库管理的逻辑

手记 71

仓库管理的作用

仓储是流通体系和制造体系中的物料存储环节，其作用是通过存储和一系列的入出存盘操作，实现产品交付。仓储是物流的核心功能之一。

仓储规划和操作的宗旨：仓库中发生的每一个活动都应该有益于产品交付时间缩短、仓库空间的利用率提高或者操作成本的降低。

仓储战略是物流战略的一部分，而物流战略是供应链战略的一部分，供应链战略又是企业战略的一部分。

仓储操作的物理性质决定了其劳动密集程度，人多、货多、操作多是仓库的基本特点。如果不是高水平的人，是管理不好仓库的。

仓库规划和管理的原则是服务水平最大化、操作成本最小化，这看似是一对矛盾，但其实好的管理就是在矛盾中取得平衡。

服务水平最大化包括存储容量最大化、单位操作量最大化、操作准确率最大化、交付速度快、缺货率小、客户满意度高等；操作成本最小化包括空间最小化、人工最小化、设备成本最小化等。

所谓设备成本最小化并不是指投资最小，而是分摊到每个操作上的成本最小，比如，如果投资于自动化设备，投资 1 亿元，5 年可处理 1 亿张订单，平均每单 1 元；如果投资于人工，投资 1000 万元，可是需要大量人工，5 年操作 1 亿单，平均每单 2 元。从长期来看，自动化设备更合理。

空间、人工、设备这 3 个基本要素反映了仓库操作的总成本。如果要优化成本，就需要在满足客户需求的基础上，合理配置和管理这 3 项资源。

仓库实际上就是一个对货物提供高效存储和操作的经过规划的空间，由此可见，存储和操作是两个核心要素。仓储的目的就是实现这两个要素的最佳结合，即存储空间利用的最大化和操作成本的最小化。

仓储毕竟是供应链的一个环节，而供应链是商业交付的一个环节，因此，优化仓储不仅仅要从仓储本身入手，还要综合考虑整个供应链，比如计划、采购、生产、库存、销售、退货等，也要考虑整个商业链，比如，供应商备库存、第三方物流备库存、客户备库存、联合备库存以及 CPFR、VMI 等商业模式。此外，还要考虑新技术的应用，比如信息化技术和以信息代替库存等信息共享模式。

仓库管理的终极目标是仓储成本和服务水平的最佳配置（见图 5-1）。

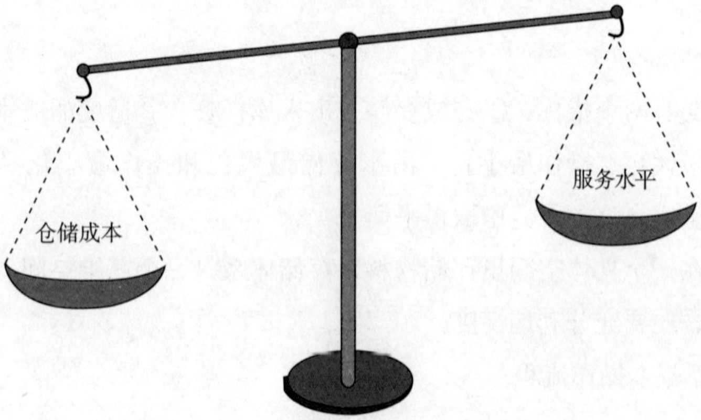

图 5-1　成本和服务的平衡

仓储对供应链的影响主要有 4 个方面：交付成本、交付时间、交付质量、资产管理（见图 5-2）。

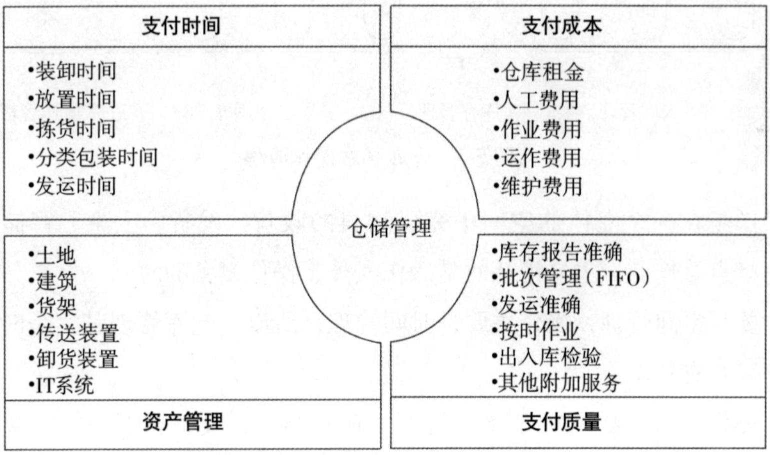

图 5-2　仓储管理的 4 个指标

资料来源：英国皇家运输与物流学会，《仓储管理》。

手记 72

仓库操作的逻辑

存储操作主要有两个指标：①完成存储、出入库任务；②适度的成本和效率。直白一点，就是存储最大化、操作最小化。由于存储最大化和操作最小化是一对矛盾，所以，好的规划就是要在这一矛盾中取得平衡。

仓库存储是在一个立体空间里存储物料，存储体系是一个三维空间，因而不仅要考虑充分利用地面，还要充分利用高度。

图 5-3 为仓库基本操作流程。

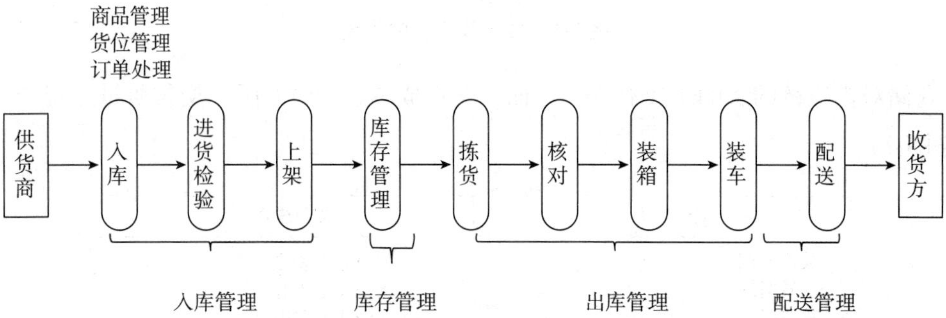

图 5-3　仓库基本操作流程

仓库操作是在一个立体的空间中完成物料的收货、发货、上架、存储、拣货、核对、包装、盘点等作业，主要消耗的是操作人员、操作设备的时间。

存储主要是空间管理，操作主要是时间管理，所以，仓库管理其实是时空管理——这个词听起来很有意思。

仓库的操作方法主要取决于产品类型、仓库类型、设备类型、信息系统、操作方式，包括的主要流程有：①收货；②检查；③上架；④存储；⑤拣货；⑥核对；⑦包装；⑧出货；⑨盘点；⑩其他。

手记 73

仓库管理周期

仓库管理周期是一个持续进行的过程（见图 5-4），有 6 个重要环节：

（1）年度预算；

（2）资源计划；

（3）每日排程；

（4）运作和报告；

（5）分析；

（6）根据绩效修正年度预算。

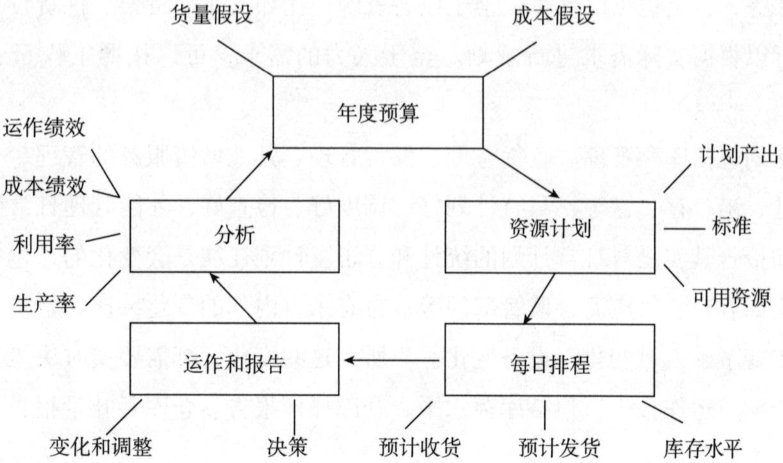

图 5-4　仓库管理周期模型

资料来源：英国皇家物流与运输学会，《仓储管理》。

年度预算是在货量预测和成本预测的基础上发展形成的，货量预测是年度货物的预计操作量，成本预测则是所有资源的成本汇总。

仓储资源计划包括货量、标准、资源。

（1）货量主要指仓储操作量，包括库存量、入库量、出库量、拣货量、包装量、拆包量、装车量、盘点量、制作打印单据量、订单核对量、贴标签量等。计算这些操作量，如果没有历史数据，只能按照操作流程和假设货量推算了。

（2）标准包括操作标准和服务标准，其中，服务标准包括库存准确率、拣货准确率、配送及时率、及时入库率、及时出库率等，操作标准包括入库成本、出库成本、拣货成本、仓储成本等。

（3）资源包括仓库资源、设备资源、人力资源、包材耗材等。仓库面积需求可以根据操作量计算，包括通道、存储区、拣货区、包装区、入库暂存区、出库暂存区、设备存放区、办公区等。通道可以根据设备规格计算，比如货架之间的通道可以根据叉车的转弯半径计算，不同型号的叉车有不同的转弯半径；仓库的主通道宽度可以按双向车道的宽度计算。计算存储区面积时，首先要计算存储量。

总操作量 = 存储量 × 周转率

存储量 = 总操作量/周转率

所以，存储产品不同，存放方式也不同。一般货物往往用托盘存放，这样就可以计算需要多少个托盘；如果再确定了货架的样式，就可以计算需要多少货架，也可以计算需要多大仓库面积了。至于拣货区，则需要规划拣货流程，规划拣货货量，并据此计算拣货区的面积。其实，多看看超市的收款通道，也能够了解个大概。至于其他的包装区、暂存区等，自然也可以计算。至于设备资源，比如叉车、货架、拣货设备、周转设备等，都可以根据实际需求进行规划。至于人力的需求，可以按照工作量和工作强度计算。

每日计划包括库存管理、收货管理、发货管理、其他增值服务的管理。仓库的主要工作就是进、出、存、盘等，只有计划好、调度好、检查好，才能管理日常操作。

运作和报告其实是对日常计划的统计和修正。计划往往是会变化的，包括来自外部的变化，比如客户、供应商、监管部门等；也有来自内部的变化，比如货量多了、货量少了、操作变了、人员变化、设备变化等。所有这些变化，都需要实时决策。每日的进度记录也会形成运作报告，包括库存水平、仓库操作报告、仓库吞吐量报告、操作质量报告、绩效报告等。

分析是最后一个环节，主要是绩效分析，包括生产率、利用率、成本绩效、运作绩效。生产率包括出库量、入库量、库存量、拣货量、订单量等。利用率主要是指仓库空间资源利用率、设备利用率、人力资源利用率等；成本绩效包括操作成本绩效，比如入库成本（元/托盘），拣货成本（元/单）、出库成本（元/托盘）等。绩效分析可以分析运作的绩效，还可以分析年初的预算是否合理、是否需要调整等。不过，预算毕竟是预算，不是真正的花费；计划毕竟是计划，是计划就会有变化。所以，通过绩效分析，一方面可以优化操作，另一方面可以修正预算。

仓库管理周期模型尽管略显宏观了一些，但还是提纲挈领地讲解了仓库规划、仓库管理的主要事项。

手记 74

仓库的不同位置具有不同的价值

仓库规模越大，规划仓库就越要慎重。尽管在同一个仓库，但不同位置的货位，其物流价值并不相同。

如图 5-5 所示，A 点距离门较近。假设 A 点拣货时间是 1 分钟，B 点 2 分钟，C 点 3 分钟，如果有 100 张订单，放在 A 点，拣货时间需要 100 分钟，放在 C 点，则需要 300 分钟。

人工成本是仓库的重要成本。为了减少拣货时间，在安排 SKU 货位时，要把出货量大、出货批次高的货物优先安排在 A 点的货位上。

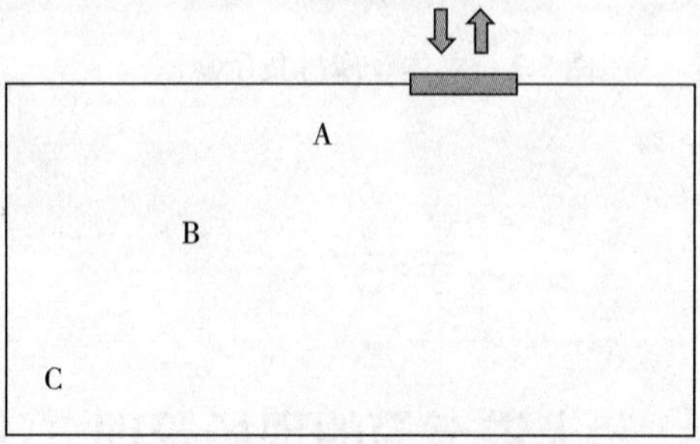

图 5-5 仓库货位的不同位置

结合 EIQ 分析、成本分析，可以更加合理地规划仓库，比如规划存储区和拣货区，从存储区向拣货区补货。比起到存储区拣货，在拣货区拣货可以减少人走路的时间，以普通的电商仓库为例，假设每天有 10000 行订单，上万平方米的仓库，把拣货区和存储区分开，拣货速度可以提高 5 ~ 10 倍（见图 5-6）。

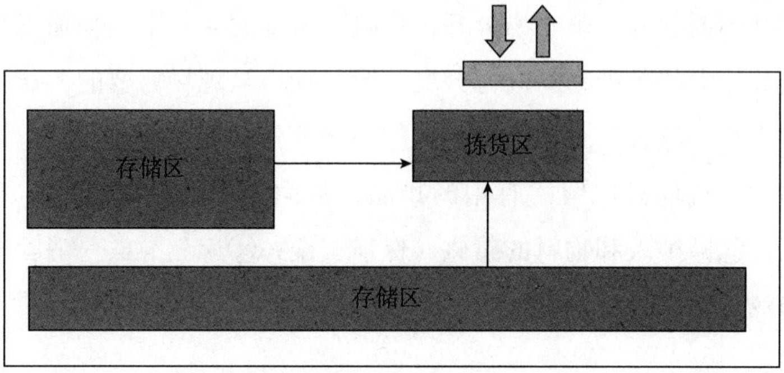

图 5-6 仓库基本区域规划

在立体货架上拣货也有类似问题。对于图 5-7 中的拣货员来说，不同货位的拣货效率是不同的：消耗时间最多的是叉车的货叉对上托盘，效率最高的是 B，效率最低的是 E。对于新手来说，在 E 货位取货的时间有可能达到 B 货位的 3 倍。

图 5-7　立体仓库拣货示意图

手记 75

5S 是一套大道至简的现场管理方法论

5S 现场管理是一种现代企业管理模式，值得每个企业推行。5S 即整理、整顿、清扫、清洁、素养。好多公司把 5S 当成打扫卫生，这严重曲解了 5S 的含义。其实，5S 是一套大道至简的现场管理方法论，也是一套现场管理的实践指南。

（1）整理。就是分类，区分要与不要的物品，现场只保留必需的物品。

首先，把要与不要的人、事、物分开，再将不需要的人、事、物加以处理，对生产现场的现实摆放和停滞的各种物品进行分类，区分什么是现场需要的，什么是现场不需要的；其次，对于车间里各个工位以及车间的各个死角，都要彻底清理，达到现场无不用之物。经过整理，现场只保留了有用的物品，从而达到了以下目的：①增加作业面积；②行道通畅；③减少人和物料的磕碰，保障安全；④避免混放，消除差错事故；⑤减少库存量，节约资金；⑥现场整洁，工作情绪高。

整理的方法：

①抽屉法：把所有资源视作无用的，从中选出有用的；

②樱桃法：从整理中挑出影响整体绩效的部分；

③四适法：适时、适量、适质、适地；

④疑问法：该资源需要吗？需要出现在这里吗？现场需要这么多数量吗？

（2）整顿。就是把货放好，这句话看似简单，做起来却很难。比如标识清楚、放对位置、放对状态，比如有货物标签、把货物放到规定的货位，把货物的标签朝向人能看见的方向。把需要的人、事、物加以定量、定位。通过整理，对现场需要留下的物品进行合理的布置，以提高取货速度，目的是不浪费时间寻找物品，提高工作效率和产品质量，保障生产安全。

整顿的方法：

①物品摆放要有固定的位置；

②物品摆放地点要科学合理，例如可根据物品使用的频率，经常使用的东西应放得近些（如放在作业区内）；

③物品摆放目视化，包括品名、数量、状态等。

（3）清扫。就是清除现场内的脏污、垃圾，以保持现场干净，现场清扫、产品清扫、设备清扫等。将工作场所之污垢去除，使异常之发生源很容易发现，这是实施自主保养的第一步，主要是为了提高设备效率。

清扫的要点和方法：

①自己使用的物品（如设备、工具等）要自己清扫；

②对设备的清扫应着眼于对设备的维护保养；

③清扫也是为了改善，发现蛛丝马迹（比如，如果在地面上发现有飞屑和油水泄漏，要查明原因，并采取措施加以改进）。

（4）清洁。就是规范化整理、整顿、清扫工作，成为例行的工作，维持成果。清洁可以消除安全事故的根源，也可以创造一个良好的工作环境。

清洁的要点和方法：

①环境要清洁；

②工人做清洁，保证工人身体健康，工作服要清洁、精神面貌好、劳动热情高、讲礼貌、尊重人；

③产品要清洁。

（5）素养。就是提升“人的品质”，让每个人都养成良好的习惯，使每个人都成为有教养的人、认真的人。有位企业家说过，办企业就是“育人”。育人，是5S的核心。

手记 76

创造仓储价值的小提示

以下小提示可以帮你创造仓储的价值：

（1）仓库中最有价值的元素就是空间，切勿让空间无法使用或者无法进入；

（2）合理规划通道的宽度，尽可能减少货物的移动；

（3）通道的空间和存储的空间同样重要，如果实在需要占用通道，请考虑货物进出的次序；

（4）消除明显的空间浪费；

（5）尽可能使货物的移动直线化；

（6）缩短货物的路程；

（7）尽量减少停顿；

（8）移动物品前考虑下一个操作的位置；

（9）尽可能合并和减少作业；

（10）有些货物可以采用越库；

（11）消除呆滞库存；

（12）改变库存管理的订货政策，既要考虑库存量，也要考虑操作量；

（13）改变仓库的布局；

（14）改变设备选型；

（15）能用设备操作的，尽量不要用人；

（16）能用系统操作的，尽量用系统；

（17）优化订单的波次；

（18）优化订单的频次；

（19）优化考核和计费的方式，让操作员把精力聚焦到自己的工作上：做得多才能拿得多，要多考虑如何可以让自己做得多，而不是考虑为什么别人可以做得少，等等。

手记 77

说说账实不符

仓库中最常见的问题，莫过于账实不符。

所谓账实不符，就是 ERP 系统中财务账上的存货数量和仓库中实物的存货数量不一致。

有人会问：有些财务有手工账，有些财务有两套账，有些仓库有手工账，还有些仓库有个人账，还有物料卡的账，这些情况该怎么考虑呢?

我的回答是：统统不予考虑。

道理很简单：如果管理好仓库，库存实物的数据就应该是对的；如果管理好账务，财务账上库存的数据也应该是对的。如果账实不符，就是财务和业务的数据对不上，那么，只有 3 种情况：一是财务的账错了，二是仓库的实物错了，三是账和实物都错了。

造成账实不符有很多的原因，根本原因是物流和信息流分开了。在物流和信息流完全一致的情况下，账实不符可以实时发现，也可以实时修正。之所以不能被实时发现和修正，就是因为二者分开了。

从公司的角度看，如果公司财务账错了，就是管理出了问题。而如果公司的“大账”都有问题，个别部门、个别人记的那些小账其实毫无意义。从个人的角度来看，如果认真工作，就应该保证业务数据是准确的，而只要能有证据证明业务数据是准确的，财务数据就很容易纠正（不是调整）；从流程的角度看，如果业务数据错了，财务数据就不可能对！道理也很简单，按照标准的操作流程，业务的《入库单》也是财务的《入库单》，财务数据来源于业务数据，来源于同一张单据，业务出错了，比如发货发多了、发少了、发错了等，财务数据也自然是错的。

账实不符会带来 3 个方面的问题：

（1）无法确定公司资产是否安全；

（2）无法确定财务和业务是否准确；

（3）给业务操作带来困扰，包括：

——有订单不能生产（库存里有，账上没有）；

——有订单不能卖（库存有，账上没有）；

——有货不能清理（不知道哪些是呆滞物料）；

——承诺无效（系统里有，账上没有）；

——不能齐套（大量物料不能发挥作用）；

——重复下单（库存越来越大）；

——反复修改订单（假设一张订单有 10 项信息，发现一项不对，就需要重新修改系统订单）。

所以，账实不符是个大问题。如果账实不符很严重，企业就需要重视。

模块 14　仓库规划实操

手记 78

仓库规划模型和案例

仓库规划有很多模型，图 5-8 是较为简单的一个模型。

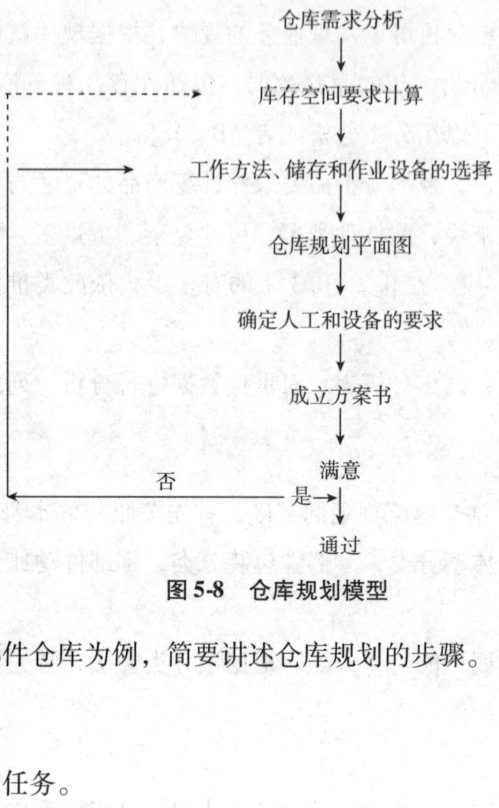

图 5-8　仓库规划模型

现以某汽车零部件仓库为例，简要讲述仓库规划的步骤。

1. 项目概述

（1）项目目标与任务。

描述项目的目标，比如满足多大业务量，达到什么样的管理水平。

描述项目任务，比如分析哪些内容，规划哪些内容，达到什么标准。

（2）项目各阶段工作概述。包括确定数据收集、访谈与现场考察、数据分析、规划策略、设备选型、平面布局等部分，并确定各部分的详细内容。

（3）项目的主要工作内容。

2. 数据调研与分析

（1）订单数据分析。包括 SKU 数量分析、订单数、数量分析、库存分析等，一般情况下，分析一年的数据即可。

订单数据分析主要采用 EIQ 规划法，从客户订单、品种、数量数据出发，进行出货特性的分析。从订单特性分析的物流状态，得出诸如货物的品种分布及 ABC 分类、入出库频次及时间特征等内容，并依此进行系统平面布局、入出库设备能力计算、自动化程度等要素的设计，包括品种数量（IQ）分析、品种受订次数（IK）分析、订单量（EQ）分析、出货量（TIQ）分析、出货品种数（TIK）分析、品种收订次数（TEN）分析和配送客户数（TCN）分析。

一般情况下，根据数据分析可以发现业务的规律，根据规律就可以规划操作逻辑。

（2）库存数据分析。分析一年的库存数据，包括库存品种、库存量、库存周转率、周转周期等。一般情况下可以用分类分析或者 ABC 分析。

（3）产品的尺寸与重量，数据分析需要取样计算产品的尺寸与重量，对尺寸和重量进行分析。对于汽车行业来说，配件种类多，尺寸复杂、重量多，可以分类分析，比如长度在 0.1 ~0.2 米的有多少，在 0.2 ~0.3 米的有多少，依此类推。此外，还可以按照重量和周转箱的尺寸分类。

对尺寸数据进行分析，列出分析表。对重量数据进行分析，列出分析表。

3. 物流规划策略

（1）汽车配件分类。这是物流规划的基础，首先按照配件本身属性进行分类，从 5 个方面进行分类：零部件体型分类，零部件包装分类，零部件动速分类，零部件存量大小分类，重量分类。

按照配件的规格重量属性的组合分类。根据该分类方法，首先要将配件根据尺寸和重量进行分类。

（2）存储策略分析。

①立体化存放。采用货架立体化存储、单元化搬运是现代物流发展的趋势，通过标准化包装、立体化存储，可最大限度地提升存储面积利用率；通过单元化装载，可实现高效率的搬运。

对于小件物资，可考虑采用多层阁楼货架存放；对于中件物资，可考虑采用多层横梁托盘存放；对于长大件，可最大限度考虑采用货架或者多层专用货架存放。

②存储定制化。汽车零部件的体积差异较大，单件体积有小到 0.000125 立方米的螺母，也有大到 $4m^3$ 的驾驶室，对于不同的配件类型应采用不同的存储货位。本项目根据配

件的分类，共设计长大件货位16种，规整件货位24种，合计设计定制化货架单元40种。

③ABC分区存放策略。根据EIQ的IQ分析，汽车配件的ABC分类非常明显，配件的年出库体量和受订频次的ABC分类明显。

（3）拣选策略分析。

总体上，采用分区拣货策略，每个订单按订单行拆为不同分区，配件拣货由该分区固定的拣选人员和拣选设备完成。

储备订单、专项订单采用批量拣选，每半天一个波次，将不同订单的相同品规合并，进行合并拣货，然后在代发区进行订单分拣。

紧急订单采用摘果法拣货，不合并订单，随到随拣。

拣货信息化导引采用RF终端手持的作业导引方式，实现拣选的无纸化作业方式。

拣货单元以“货位”为基本单元，长大件“货位”为托盘和专用容器，小件配件的货位以“容器”为拣选单位。

4. 物流技术规划

根据对国内外汽车配件行业的物流装备情况的调研以及业主管理部门对项目自动化程度的定位，本次项目定位于立体化存放、机械化搬运、信息化导引。

（1）规整件仓储技术规划。汽车配件行业常用的仓储技术主要有以下几种：横梁式货架、通廊式货架、流利式货架、高位搁板货架、窄通道高位箱式货架、阁楼式货架、悬臂式货架和专用器具。

（2）大件仓储技术规划。大件仓储技术规划按照配件的最大尺寸、重量等条件作为判断依据，而配件的仓储方式根据配件有无包装、外形规整与否、存储特殊要求、配件本身的物理特型及配件的仓储特征（如计划存储、临时存储）来判断。主要分为四大类：有包装配件；无包装但外形规整配件；无包装、外形不规整和存储方式有特殊要求的配件；临时存储等配件。对于每类配件，都要进行详细分析。

①有包装配件。该类配件主要采用纸质、木质或塑料包装仓储，包装外形规整，大部分配件可码放。

存储方式：横梁托盘货架。

存储容器：托盘、仓储笼。

主要包括：纸质包装，木质包装，塑料包装。

②无包装但外形规整的配件。

存储方式：悬臂货架。

存储容器：无。

主要包括：加强横梁类、拉杆类、轴类、板簧类等。

③无包装、外形不规整或存储方式有特殊要求的配件。该类配件由于自身的物理、存储特性等方面的原因，需要考虑存储方式，并且考虑到库房的整体统一，需要设计专用容器来满足配件在空间、数量及存放的特殊要求。

存储方式：横梁托盘货架。

存储容器：特殊专用车辆。

主要包括：后悬置类、前挡风玻璃、侧门玻璃等。

④临时存储配件。该类配件由于临时存储的仓储特征，流动周期短（当日存储，次日发货），因此设计时采用地面平置存放。

存储方式：地面平置。

存储容器：木制托盘或枕木。

主要包括：（柴油机）发动机总成；车架总成；前、中、后桥总成；变速器总成；减速机；搅拌罐；空气悬挂浮动转向桥总成；驾驶室总成等各种总成类配件。

（3）搬运技术规划。

①功能选型规划。搬运车辆选型采用从功能选型到具体参数选型的由浅到深、由粗到细的选型方法。搬运车辆基本作业功能分为水平搬运、堆垛/取货、装货/卸货、拣选。

配件仓库未来需要的功能包括装货和卸货功能、水平搬运功能（大件平置区、包装区、发货区）、堆垛/上架功能（货架区）、高位拣选功能（横梁货架区、阁楼货架区）和低位拣选功能（阁楼货架区）等五大功能。

②设备选型。根据功能初步选型，选取了 8 种主要的搬运设备：3T 电动平衡重叉车、前移叉车、1.6T 平衡重叉车、低位拣选车、牵引拖车、托盘堆垛车、高位拣选车、拣选台车。选好设备后，还要根据应用环境对其具体参数进行选型设计。

③数量计算。选取样本日订单进行计算，包括入库、拣选和出库的设计。根据订单量进行搬运量的测算，把作业分为 3 个动作类型——往返搬运（如装卸车、大件搬运、整托盘搬运）、循环搬运（如拼托盘/容器拣选）、拣选动作（如前移叉车门架起升、取放托盘、人工开箱取货），根据不同的动作和车型定义其单个工作时间，计算单个功能环节所需的工作时间。

日工作时间按照 8 小时设计，根据叉车利用系数选取不同的叉车。

搬运车辆数量 =（车辆工作用时/工作班制）÷时间利用率

④拣选识别技术规划。比如，本次规划采用条形码作为主要的拣选识别技术，横梁托盘货架以单托盘作为一个货位单元；每一个货位采用一个条码标签予以识别。

实现单元化管理、自动存取的关键在于对配件、容器和货位的识别。在本项目中，收货、上架、下架、发货、拣货以及再入库等都采用条形码自动数据采集的方式。

5. 物流布局规划

（1）规划设计原则。每个项目都有其独到之处，这是项目的特点，所以每个项目的设计原则并不相同。该项目有 4 项设计原则：实用性原则、科学性原则、先进性原则、行业特色原则。

（2）仓库布局规划。包括总平面规划、总平面布置原则、总平面布置图、现场规划图、现场管理 5S 规划等。

6. 设备参数设计

设备参数包括货架、容器、搬运设备、周边设备等。

货架设计包括货架选型设计依据、货架规格；容器设计需要确定容器的计算依据和容器参数；搬运设备设计需要列出设备的计算依据、计算参数、选型规则和最终选型；周边设备（诸如卸货平台）的设计需要列出计算依据、计算参数和设备选型。

7. 仓库操作流程规划

包括入库流程、出库流程、拣货流程、补货流程、盘点流程、理货流程等。

8. 信息系统流程规划

包括系统基本数据、业务逻辑规划、操作流程规划、信息化规划蓝图。

9. 工艺对土建的要求

包括对建筑的要求、对结构的要求、对暖通的要求、对采光的要求、对电气的要求。

10. 设备清单及投资估算

列出设备清单，并估算投资金额。

手记 79

物流设施选址的方法

物流设施选址是企业整个物流体系中很重要的一部分，而物流体系是整个供应链体系很重要的一部分。如果企业是制造业或者流通业，供应链体系则是企业整个业务体系的核心部分。物流设施选址对于企业运营管理、时效管理、成本管理具有重要作用，在整个物流体系规划中具有非常重要的地位，是公司战略的一部分。

物流设施选址需要考虑诸多要素，比如销售目标市场、客户分布、供应商分布、交通、自然条件、社会环境、政策、基础设施、人力等。

销售目标市场和客户分布是重要因素，尤其是 JIT 业务模式的物流服务，必须靠近客户，因为国内的堵车已经从常态变为新常态，从偶尔堵车变成经常堵车，道路事故频发，Plan B 会经常变成 Plan A，所以，靠近目标市场、靠近客户是首要的考虑要素。这里提到的“靠近”不仅是距离的概念，还是物流服务实现的概念。

供应商因素也很重要。对于供应商有重大依赖的企业，要重视该要素。

有些发电厂设在煤矿附近，纺织厂设在棉花产区，酿酒厂在赤水河边上，牛奶加工厂距离奶源近一些，都是考虑供应商因素，有利于降低成本，提高质量。

交通条件是影响物流成本及效率的重要因素，需要分析运输的特性，选择适合的交通条件，比如铁路运输需要靠近火车站，水运需要靠近码头，陆运需要靠近高速或者国道等。

自然条件、社会环境、政策、基础设施都是重要的要素，比如当地的气候条件，包括温度、湿度、雨、雪、地理环境等。某省某市的有些仓库每年都要淹一次，积水 5 厘米，从地板缝里冒水，我就建议企业不要入驻，别贪便宜。营商环境也是一样，有些地方税负低，有些地方土地便宜，都是需要考虑的因素。

基础设施很重要，我曾经在内蒙古巴彦淖尔甘其毛都口岸工作过，那里明明是个镇，确实太偏远了，连快递都没有，也没有银行。现在有了网络支付，银行的问题解决了。

还有人力资源的问题。有一个企业计划在墨西哥投资建工厂，没去过墨西哥的高管都投了赞成票，去过的都投了反对票，为什么呢？那里不好招人，工人干一个月，就觉得自己有钱了，就会辞职玩一个月，没钱了再回来上班。但是，工厂都是流水线，环环相扣，不可以中断。

考虑了这些基本要素，接下来就可以按照流程选出最佳位置。

（1）明确业务需求；

（2）明确选址标准；

（3）列出备选方案；

（4）对备选方案进行评估；

（5）确定最终方案。

科学的选址离不开模型和方法。单设施选择模型要遵循物流成本最小原则，也称为重心法。重心法模型一般只考虑运输费率和货物运输量，在多个选址中比较之后，选择总运输费用最小的位置。

多设施选择模型同样要遵循物流成本最小原则，也要选择总运输费用最小的方案。但是，计算方法稍稍复杂一点，需要运用线性代数计算成本（见图 5-9）。

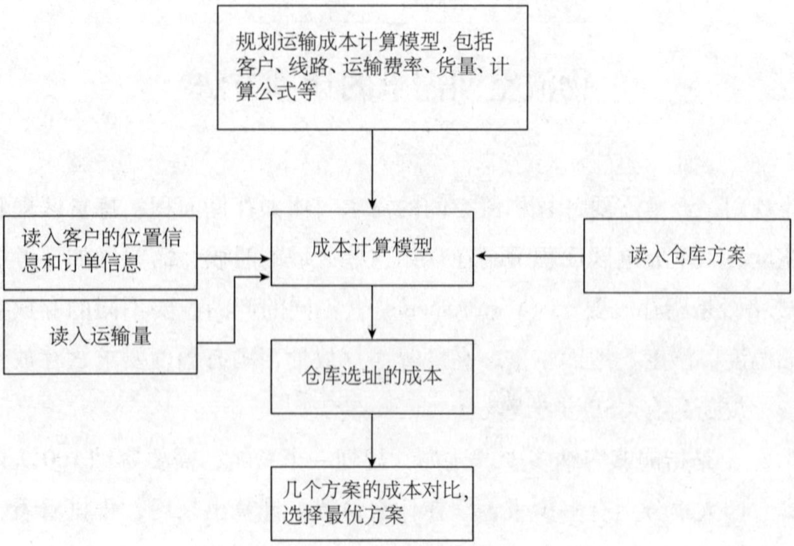

图 5-9　物流成本计算模型

细心的读者可能看得比较清楚，这个模型的特点就是拿实际货量模拟成本，简单明了。比如宝钢把工厂设在港口边上，无论是铁矿石运输、焦炭运输，还是成品出港，都具有天然的物流优势。

2010 年，我参观德国勒沃库森化工园，惊叹于他们的物流规划的精妙。化工制造业分工极为精细，各厂家在自己的领域都有竞争优势，上下游衔接很紧密。基于此，整个工业园规划了一套管网系统，上游企业的原材料通过管道直接流入下游企业，连运输都免了。

其中，有一个做光缆的企业巧妙地整合了物流资源，规划了一个完美的物流体系。海底光缆距离很长，中间的接口越少越好，一卷光缆几百吨，普通车辆根本运输不了，装卸难度也很大，怎么办？

该企业充分运用莱茵河水运的优势，在港口边设工厂，把生产完的光缆直接缠绕到船上的光缆盘上，并直接用这条船到海上铺设光缆。这种设计既解决了光缆不能分段的问题，也解决了光缆装卸、短途运输的问题，可以一举多得，精妙之极。

正常的物流流程应该是光缆下线，然后入成品仓库，然后装车、卸到船上，最后运到海上，不但需要装卸，而且需要仓库。这样一来，连仓库和装卸都省了。这个化工园让我印象深刻，一个方案把运输省了，另一个方案把装卸和仓库省了，令人叹为观止。

好的物流方案，往往都折射着智慧的光芒。

手记 80

物流空间需求的计算方法

做物流规划，经常需要计算物流空间的需求，比如存储面积、拣货区面积、站台面积、通道宽度、叉车充电区面积等。在规划这些区域的时候，需要做如下考虑：

（1）规格，是指存放要求（requirements）。不同的产品需要不同的存放空间和存储方式，比如温度、湿度、地面承重、高度等。存放葡萄酒有温度要求，存放钢板有地面承重要求，存放药品有 GSP 要求等。

（2）容量，是指能够容纳多少。比如，规划一个餐馆，需要容纳 100 人吃饭，二人桌、三人桌、四人桌分别有多少张，摆在什么位置，计算出来后，排排看看，能排得下就可以了。

规划小区车位数量就是容量规划，按照标准，每户需要几台车，共有多少户，大致的车位数量就可以计算出来。仓库也是一样，托盘货位需要多少，周转箱货位需要多少，总货位需要多少，总面积需要多少，这都是容量的规划。

容量规划主要是确定规格和数量。比如，在存储区，总数量 = A 类货位的数量 + B 类货位的数量 + C 类货位的数量 + D 类货位的数量 + ……

比如通道，在宽度上需要考虑叉车、地牛、行人需要的宽度以及安全空间。空间不够怎么办呢？一是考虑空间共享，二是考虑优先顺序。比如，有些车间的叉车通道和人工通道是分开的，有些车间则是共享的。如果共享通道空间还是紧张，则一般情况下应遵循叉车优先原则，即人给叉车让路。

（3）周转，就是操作次数。比如超市，假设一台收银机每分钟收银 20 行，扫描一次算一行，如果能够每分钟收银 22 行，则收银效率提高 10%，在产出不变的情况下，可以减少 10% 的设备。

仓库的拣货区也是一样，拣货区小一些问题也不大，只要多周转几次就可以了。比如拣货区规划了 100 个拣货位，假如每天拣货 2000 单，就需要分拣 20 次，按照每天工作 8 小时计算，则每小时分拣 2. 5 次。如果规划了 50 个货位，同样的货量，每小时只需要分拣 5 次。

手记 81

规划仓库建筑时应考虑的要素

在规划新仓库时，需要考虑仓库的结构、安全、消防、设施等要素。

（1）新仓库布局要素：①业态需求；②仓库布置（layout）；③动线规划。

（2）新仓库结构要素：①尽可能扩大对空间的利用；②尽可能消除阻碍和局限；③合理安排柱子；④注意地面的承重；⑤屋顶往往会漏雨；⑥门的结构和尺寸；⑦站台的结构和布置；⑧电梯的布置；⑨充分利用夹层的空间（比如可以用夹层作办公室）；⑩厕所的位置；⑪水、电、气、暖的布置；⑫强电和弱电的布置。

（3）新仓库建筑设施的设计，需要注意9个方面：①入口；②承重墙和立柱；③存储区；④装卸区；⑤办公区；⑥人行通道；⑦服务设施；⑧照明；⑨屋顶维护。

（4）新仓库的消防要素有5个：①喷淋系统；②警报系统；③灭火设备；④消防标记；⑤消防通道。

（5）其他：①排水；②防雨；③道路硬度；等等。

手记 82

储位的规划和管理

储位是仓库的最小空间单元，规划和管理好储位是管理好仓库的基础。储位管理有如下原则：

（1）储位规划。对于任何仓库，仓储的空间都需要认真而专业地进行规划，规划得好，就会管理得井井有条，不但节省空间，还节省机力和人力，甚至会节省库存。因为如果仓库管理好了，物料呆滞就可以少一些，包括货架种类、空间大小、承重、进出货方式等，不同的产品适合不同的储位。

规划储位尺寸时，可以按照如下因素：

——SKU 的尺寸，MOQ（最小包装）的尺寸；

——年度出货量；

——库存周转率；

——库存波动性；

——进出库峰值。

比如，某产品的 MOQ 是 $0.01m^3$，年度出货量为 10000 个，假设年周转率是 5，则平均库存是 2000 个。受季节性影响，该产品库存波动较大，每年 5 月和 9 月是峰值，峰值期间备货提高 50%，则可以计算出正常时期和峰值时期的货物空间需求。如果按照正常时间的库存水平备货，则在峰值时可能空间不够，需要租库；如果按照峰值时间的库存水平备货，则库位在平时会有些闲置，这就是管理上的取舍问题。

（2）货位编码，货位必须被明确标识。先将储存区域经过详细规划，并标识编号，让每一项预备储放的货品均有位置可以储放。仓库编码可以按照库、区、排、列、层的方式编制，可以是数字、字母或者数字和字母的组合，比如 A－1－1－1－1（即 A 库、01 区、第一排、第一列、第一层）、A01B02C（A 库、01 区、第 B 排、第 02 列、第 C 层）等。

（3）货品定位管理。依据货品保管的方式，寻求合适的储存单位、储存策略、指派规则，把货品有效地放置在规划的储位上。

（4）储位维护，发生异动时要在系统中维护。储位维护工作很重要，货物数量变更、货位变更都必须加以记录，以使账与实物数量能够完全吻合。如果货位管理出了问题，比如账实不符、货位错误，都会给拣货和上架带来很大麻烦，影响仓库操作的效率。因此，管理好储位是管理好仓库的基本条件。

手记 83

柔性货位容量的妙用

2014 年，我为某医疗行业的公司做过诊断，该公司主营骨科医疗器械租赁和骨科医疗耗材销售，诊断的范围是仓库管理。

这类业务有其独到的特点：对于骨科耗材，仓库根据医院的需求发货，医院用掉的耗材会生成销售订单，其余返回仓库；对于医疗器械，仓库根据医院的需求发货，医院做完手术之后，器械返回仓库。

在诊断的过程中，其中有一个问题使我困惑。这也是我们常见的仓库问题：一是货位不够；二是仓库容量不够。客户可能考虑到了这个问题，所以设计了可以改变容量和货位数量的仓库规划（见图 5-10）。

图 5-10　某医疗器械仓库货位

这是一个巧妙的设计，在一定程度上解决了 SKU 数量过大、货位数量不足以及库存峰值和仓库容量的矛盾。比如说，货位 A 的库存降低时，把货位 A 和货位 B 之间的挡板左移一下，则货位 B 的容量可以放大。

但这种设计只适用于库存此消彼长的情况，一旦所有 SKU 的库存同时增长，则毫无作用。

此外，仓库拣货的关键是 SKU 和货位的对应，一旦货位 A 和货位 B 之间的挡板被合并，则货位 A 就没有了，换言之，一旦挡板消失，又没有明显货位标识，如何判断这个货位是货位 A 还是货位 B 呢？如此一来，就根本没有办法保证信息系统中 SKU 和货位的一致性，自然会造成拣货的困难，甚至很容易造成拣货的错误。

如何解决这个问题呢？后来，我拜访一家医药分销公司时发现，其盘点准确率可达 5 个 9，也就是 99.999%，其仓库的货位规划也采取了类似的理念，但规划很巧妙（见图 5-11），每个库位和货位编码设计得极为精巧，货位清晰、编码清晰。

图 5-11　某医药公司仓库货位

图 5-12 中的 3 块挡板在现场时只有 0305 号一个货位，这个货位由 0305、0306、0307 这 3 个货位合并为 1 个货位，容量扩大了 3 倍。在现场，这 3 块挡板是合在一起的。现在，为了说明问题，我特意将其展开，供读者参考。

图 5-12　某仓库货位编码标识图

这种货位设计既解决了货位容量的问题，又解决了 SKU 和货位编码一一对应的问题。

那么，货位容量如何计算呢？可以通过“组合库位”的方式计算。

所谓组合库位就是根据实际情况需要，为了尽可能地把同一种商品（即相同的 SKU）放在一起，把最小单元的库位进行合理组合。假设 A 货位是基本货位，即一个单元格，那么，不同货位容量可以通过组合货位完成。

比如：

A 库位 =1 个格子

B 库位 =2 个 A 库位 =2 个格子

C 库位 =2 个 B 库位 =4 个 A 库位 =4 个格子

D 库位 =2 个 C 库位 =4 个 B 库位 =8 个 A 库位 =8 个格子

库位关联就是：

D01 = C01 + C02

= B01 + B02 + B03 + B04

= A01 + A02 + A03 + A04 + A05 + A06 + A07 + A08

这 8 个格子是作为 8 个 A 库位用，还是作为 4 个 B 库位用，还是作为 2 个 C 库位用，还是作为 1 个 D 库位用，取决于某个商品（单个 SKU）的货量。

当库位 D01 被占用，就代表 C01 + C02 = B01 + B02 + B03 + B04 = A01 + A02 + A03 +

A04 + A05 + A06 + A07 + A08 被占用。

当库位 C01 被占用，就代表 D01 被占用，同时代表 B01 + B02 = A01 + A02 + A03 + A04 被占用。

当库位 B01 被占用，就代表 D01、C01、A01、A02 被占用，但 B02、B03、B04 不受影响，仍可以使用。

当库位 A01 被占用，就代表 D01、C01、B01 被占用，而 A02、A03、A04、A05、A06、A07、A08 不受影响，仍可以使用。

按此逻辑，根据入库货物的货量，计算需要的格子数，选择不同类型的库位进行入库，可保证同批同种货品尽可能存储在一起。

该货位规划方案可以大幅提高仓库利用率，对于受季节性波动的 SKU 而言，甚至可以提高 2 倍以上的仓库利用率。

更为重要的是，通过这样严谨而有逻辑的设计，货位就可以通过 WMS 进行计算了。比如：SKU001 可以占用 1 个 A 库位，那么，当 SKU001 被安置在 D01 库位时，货位的容量就是 8 个，如果订单计划来 7 个 SKU001，那么容量足够了。

但要保持仓库操作的准确性，需要及时在系统中更新货位的变更。比如，把 D01 这个货位由 SKU001 转给 SKU002，则需要“及时”变更这种测算——这种“及时”只能在有执行力的公司才能实现。

手记 84

规划仓库，关键是“芯”

在业界待得久了，我参加过好多仓库规划会。每次开规划会，讨论最多、耗时最长的就是仓库的外观，往往在 4 个小时的评估会上，光外观讨论就要 2 个小时。各路“砖家”发言都很踊跃，点子也很多，有模仿鸟巢的，也有模仿鸟蛋的（国家大剧院），有模仿北京南站的，也有模仿北京北站的，大家都见多识广，众说纷纭，很是热闹。

每每到这个时候，我往往不说话。主持人有时候会点名问我：“孔老师，您的意见呢？”

我便会问一些我自己关心的问题：SKU 的数量、SKU 的特性、操作流程、订单特点、操作频次、操作设备、地面承重、仓库高度、立柱间距、门的尺寸、站台高度、装卸货要求、用电容量、屋顶防雨、地下排水等。

有好多次，主持会议的人往往脸上微微一红，说：“这些事情，我们还不知道呢。”

有时候，有些人甚至连土地的红线都不知道。

我便说：“对其他的，我就没有意见了。”

我不是景观设计师，对景观设计不专业，自然也不敢发表意见。但我是专业的物流咨询师，更加关注仓库的“芯”。仓库的外观当然也应该设计成一道风景，毕竟人人喜欢好看。但仓库毕竟是仓库，仓库的主要作用是存储和物流操作，仓库管理和操作逻辑是仓库的核心，规划和设计仓库一定要从“芯”上下功夫。

对仓库规划而言，最重要的是里面的空间规划。仓库是用空间赚钱的，内部规划不好，连钱都赚不到。至于那个“壳”，也就是让人看看，有些人觉得好看，也总会有些人觉得不好看，仅此而已。

手记 85

站台和尾板，无缝连接的规划

好的站台设计和车辆设计能使装车更简单。

北京市平谷区有一家汽车零件生产商专门生产汽车钣金件，这是一家效率很高的韩国企业。与他们的业务类似的一家国内企业在产品品类和营业收入上和他们差不多，但员工有 1000 人，而这家韩国企业只需要 90 人。

这家企业不但大量使用机器人等先进设备，而且其现场规划和物流管理好到令人惊叹。比如，在站台设计方面，该企业比一般企业的装车效率高 2 倍。一般的装车或者卸车都是采用装箱或者掏箱的方式，人先进入车厢，把货掏到车厢尾部，然后再用叉车把货物卸下来。有些规划得好一些的会有站台，站台和车厢的高度相仿，在站台和车厢之间搭一块钢板当作过桥。这样一来，如果车厢高度足够，叉车就可以进去，车厢高度不够，手动叉车（地牛）可以推进去，大部分企业都采用这种方式。

平谷这家公司则不同：①装卸流程：让车辆侧面对着台站，而不是尾部对着站台；②车辆设计：车厢的侧板和顶板设计在一起，整个侧板和顶板都可以打开，整个车的侧面都可以装卸（见图 5-13 和图 5-14）。这样一来，装卸通道效率提高 3 倍：几台叉车可以同时装卸货，装车速度至少可以提高 100%，装车人力成本可以降低 30% ~50% 。

这种设计有如下好处：

（1）侧面开门，增加了装卸通道的宽度，是后面开门卸货宽度的 3 倍；

（2）顶部开门，增加了装卸空间，便于叉车直接操作。

大部分企业都会计算单件产品的工时，好的公司（比如奔驰）在计算工时的时候则会考虑每个动作的细节。比如，计算用手拿一个工件的工时，会把动作分解为伸手、拿到工件、把工件拿回来 3 个动作，计算这 3 个动作各自的耗时，然后求和。

先分解，看看每个细节能怎么优化，然后再组合，这就是流程再造。好的流程，就是系统、全面地考虑整体的人、机、料、法、环，计算整体每个环节的耗时，争取整体效率最优，这也是精益管理的方法。

图 5-13　车辆顶部和侧板可以同时开启

图 5-14　车辆侧面和站台的连接图

模块 15　仓库绩效管理

手记 86

仓储的绩效控制

要管理好仓库，就需要制订衡量仓库管理水平的绩效考核方法，以便解决运作过程中存在的问题。在仓库管理中，最重要的指标是准确率、速度、成本，比如盘点准确率、拣货准确率、上架准确率、出库速度、入库速度、每订单行的操作成本等。

如果从仓库运作的流程来看，影响仓库绩效的问题主要有以下几个：

（1）卸货：①卡车等待时间长；②卸货工作没有安排，没有计划；③设备不够；④没有预先通知。

（2）入库、上架：①不知道上架货位；②指定货位被占用；③产品大量堆积在收货区；④不能及时入库。

（3）存储：①货位爆满；②货位堵在通道。

（4）订单拣选：①货物不在拣选区；②入库和拣选冲突；③待发区场地不够；④不能及时完成订单拣货；⑤拣货错误。

（5）包装：①包材不够；②时间不够；③包装错误。

（6）待发：①待发区拥挤；②单证制作滞后或错误；③产品分线路错误。

（7）出货：①送货延迟；②装车等待时间长；③送货错误；④客户抱怨。

制订绩效指标的目的就是解决上述问题，表 5-1 是某快消品公司仓库绩效指标的设计。

表 5-1　仓储绩效表

序号	绩效指标	计算方式	考核内容
1	SKU 盘点准确率	有盘点差异的 SKU/SKU 总数	库存安全性，库存准确率
2	数量盘点准确率	差异数的绝对值之和/总在库数量	库存安全性，库存准确率
3	货值盘点准确率	差异货值的绝对值之和/总在库货值	库存安全性，库存准确率
4	拣货准确率	错误订单的拣货次数/总拣货次数（订单数）	订单的准确率
5	及时入库率	及时入库的订单数/总入库订单数	入库及时率
6	及时出库率	及时出库的订单数/总出库订单数	出库及时率

续表

序号	绩效指标	计算方式	考核内容
7	破损率	破损数量/总库存数量	破损
8	库存周转率	本月出库总数/（月初库存/2＋月末库存/2）	库存效率
9	呆滞物料的库存量	呆滞物料的库存量（瓶数）	库存效率
10	呆滞物料及时处理率	完成处理的呆滞物料/计划需要完成的呆滞物料	库存呆滞
11	货位管理准确率	入货位错误的货位数/在使用的总货位数	货位管理
12	仓储成本（存储）	元/托盘，元/箱，元/瓶	成本管理
13	操作成本（搬运、装卸）	元/托盘，元/箱，元/瓶	成本管理
14	员工操作绩效（入库）	托盘/天	操作量
15	员工操作绩效（出库）	托盘/天	操作量
16	员工操作绩效（装车）	托盘/天	操作量
17	仓库坪效	每月托盘/货位	仓库使用率
18	仓库使用率	托盘数/总货位数	仓库使用率
19	现场5S管理	清扫次数，现场清洁的程度	

每个企业的关键流程和关键控制点不同，所以在制订指标上也会有很大差异。比如电商非常重视出仓速度，卖场非常重视坪效，而高货值仓库则非常重视盘点准确率和拣货准确率。

手记87

成本与核算（ABC成本分析）

做仓储一定会涉及成本分析。为了精确分析仓储成本，往往采用基于动作的成本分析法（activity based costing），也就是对仓储的动作进行成本分析。比如，一个托盘入库的成本，一个订单行拣货的成本，一个包装箱打包的成本等。

ABC成本分析法主要是两方面：一是成本计算方式，即成本的统计方式；二是成本分摊方式，即成本分摊到具体物流动作的公式。

成本往往有两种分类：直接成本和间接成本。直接成本是那些在仓库作业中直接产生的成本，比如叉车的油耗、委派的人工等；间接成本是在某种程度上不因为具体活动性质的变化而发生变化的成本，比如仓库折旧、叉车折旧等，不论做多少操作，其成本损耗每年基本上是个定数。

一般情况下，核算仓库的操作成本需要 4 个步骤：

（1）确定成本核算的对象；

（2）了解该工作的操作流程；

（3）评估资源和成本，包括人力、设备、空间等；

（4）成本核算和分配。

比如，要核算一个托盘的存储成本，计算方法可见表 5-2 至表 5-4。

表 5-2 基本信息

成本核算对象	数量	单位	列序号
一年业务量	20000	托盘	A
周转次数	8	次	B
平均在库托盘数	2500	托盘	C = A/B
预计仓库面积	3000	平方米	D
货架组数	3000	组	E
预计平均占用空间	83%		F

表 5-3 仓库使用成本

成本核算对象	数量	单位	列序号
仓库租金	1	元/平方米·天	G
货架总成本	300000	元	H
照明、取暖	10000	元/年	I
维修	9000	元/年	J
其他	10000	元/年	K

表 5-4 每年仓库成本

成本核算对象	数量	单位	列序号
仓库租金	1095000	元	L = G × 365 × D
货架折旧	60000	元	M = H/5
照明	10000	元	N
维修	9000	元	O
其他	10000	元/年	P
总计	1184000	元	Q
托盘存储成本	59.2	元/托盘	R = Q/A

读者可以根据上述案例自己进行上架、拣货、核对、包装的成本分析。

手记 88

账实一致是很高的管理境界

账实一致，看似简单，其实是很高的管理境界。

我辅导的客户中，存在账实不符问题的比比皆是，可以说是无一漏网。有个企业，账面库存 300 万元，实际只有 270 万元；还有个企业，和汽车主机厂做了 3 年生意，营业收入也就二三个亿，可是和客户的账面结余相比竟然差了 500 万元；一个企业的老板请我诊断企业的物流状况，一开始告诉我盘点准确率是 99.9%，我盘了一下却发现连 50% 都不到。可见，许多老板对管理细节往往缺乏了解。

好多企业在被审计的时候信誓旦旦：“别看咱是小企业，管理水平不高，但绝对做到了账实相符的！”凡是说这种话的，十有八九账实不符，而且差异较大——几乎不存在管理水平低而账实相符的企业。

普遍规律是，管理水平不高的企业，账实不符问题往往很严重。

要做到账实一致，一是企业管理水平要到位，二是企业的道德水平要高。

华为是全球标杆公司，取得的成绩举世瞩目。但是，从任正非的内部讲话看，华为的账实不符曾经一直是个老大难问题。任正非曾对此问题多次发表过意见：

——（账务）一直无法盘点。

——每年的年度审计时，审计师都对我们公司的存货管理水平提出警示。

——以前，我们的货款记录不清晰，客户来还欠款时，我们还莫名其妙，连合同和欠条都找不到了。如果客户不还钱，多少预备金都付诸东流。现在，我们已经结束了区域站点存货无法盘点的历史，货款记录开始清晰，进步很大。

任正非为此专门成立了项目组，经过了几年努力，才算勉强解决了这个问题。

任正非在 2016 年 12 月的质量与流程 IT 管理部员工座谈会上的讲话，高度评价“解决账实一致取得的成绩”，认为这是“我们很大的进步，一定要肯定”。在 2016 年 12 月 22 日的座谈会上，任正非认为“存货账实相符率先实现公司变革战略目标，这是一个里程碑”。华为经过几年的努力，最终把站点的盘点准确率定在 98%，把中心库的盘点准确率定在 99%。

由此可见，华为对账实一致的改善极为重视，而且也为实现账实一致付出了巨大的努力！

“改变自身流程，迎接2017年后的危机。”2017年12月2日，华为以总裁办电子邮件形式在内部发布了创始人、总裁任正非在质量与流程IT管理部员工座谈会上的讲话，提及金融危机的威胁和过冬的思路：

“过去几年，质量与流程IT支撑了公司业务的高速发展，取得了一些成绩，比如：建成了覆盖全球业务的网络，构建了8个100ms业务圈，建立了IT服务质量承诺，接受业务监督；通过‘三朵云’部署，面向客户首次实现体验式营销；结束区域站点存货无法盘点的历史，中心仓存货的账实准确率达99.89%，站点存货的账实一致率达98.17%；业务对流程IT的满意度达到87.22分的历史最好成绩，IT需求端到端交付周期也……虽然还有不满意，华为还是从‘农民’公司走到现在的IT能对全球业务的支持，而且现在部分领域已经支持单兵作战，是我们很大的进步，一定要肯定。”

任正非在回顾过去几年的成绩后，话锋一转，指向华为面临的危机：

“金融危机可能即将到来，我们强调，一定要降低超长期库存和超长期欠款。以前我们的货款记录不清晰，现在我们已经结束区域站点存货无法盘点的历史，货款记录开始清晰，进步很大。”

手记89

为什么拣货准确率如此重要

拣货准确率是仓库操作的一个重要指标。拣货准确率一般按照订单计算，比如100个订单中有一个订单出了问题，那么拣货准确率就是99%；也可以按照订单行（订单的行数）计算，比如一共10000个订单行，50行出错了，那么拣货准确率就是99.5%。

拣货准确率也有其他的计算方法，比如重量、体积、数量等。不同的计算方法，往往是因为管理的重点不同。比如黄金，单纯知道行数可能不够，还需要知道重量和货值，这样才有利于考核和管理。

拣货准确率反映了操作质量；拣货准确率影响了客户满意度；拣货准确率影响了操作成本。

如果每天100万单，假设有1%的错误，就需要做1万单的退货管理。

对于门店而言，核对货物是极其耗时耗力的事情。一个中等规模的超市，每天接收几车、几百个品项的货物，如果盘点准确率不高，接收货物时就需要逐项核对，这会带来很多浪费：

（1）物流公司接收货物时，需要核对数量，保守估计需要0.5小时；

（2）超市接收货物时需要耗费1个小时核对数量；

（3）超市接收货物时，物流公司的车和人需要“陪着等候”——否则怎么证明“我没错”；

（4）耽误货物上货架的时间至少1小时，等等。

如果物流公司的车和人在每个超市多等候1小时，那么假设原本每天能配送10家超市，现在就变成只能配送5家了，物流产能浪费50%，太大了！

模块 16　仓库管理实操

手记 90

自动化仓库（AS/RS）

自动化仓储系统（Automatic Storage and Retrieval System，简称 AS/RS）可以大幅提高存储效率和操作效率。

九州通的仓库基本上都采用了自动化仓储系统，如果把九州通的自动化仓库换成普通仓库，可能需要 4 倍的仓库面积和 4 倍的操作人力，而这对于一个营业额 800 亿元的企业而言，成本就太高了。比利时的 ARDO 公司有 40 万立方米的自动化仓库，全自动化操作，仓库中没有一个操作人员，如果不是自动化仓库，则需要 500 人操作，每年的人力费用就是 1 亿元。

自动化仓库固然有高效的设备，但如果规划不好，则往往会事倍功半，甚至功败垂成。有一个企业上了 AS/RS，但只能存放 40% 的仓库容量；还有一个仓库上了 AS/RS，但发现使用效率不高，很不好用。

自动化仓库是好东西，但要好好规划和论证。

手记 91

循环盘点和动碰盘点

盘点就是点数。

仓库盘点，就是核对仓库的货物数量。盘点的准确率，就是仓库实物数量的准确程度。所谓账实差异，就是仓库实物数量和财务账本货物数量不一致。

盘点是仓库管理中的一项重要工作。通过对库存实际数量进行清点，核对仓库库存实际数量与财务账上的数量，可以掌握货物的流动情况，包括入库、在库、出库、破损、移库等，以便准确地掌握库存数据。

大部分企业都有定期盘点，也就是在一定时间内，一般是每季度、每半年或年终财务结算前进行一次全面的盘点。如果货物是由第三方物流管理的，则由货主派人会同仓库保管员、会计一起进行盘点对账。

由于仓库每天进进出出，是动态化的管理，所以，需要每天核对库存数据的准确性，这就需要循环盘点、动碰盘点、抽样盘点。

1. 循环盘点

循环盘点也可以称作周期盘点，就是对物料进行循环周期的盘存盘点。比如1000个SKU，每天盘50个，这样20天就可以循环一圈，盘完1000个。

盘点时，通常应事先订立某种盘点原则，比如对于价值高或流动快的物料盘点频率应高一些，而对价值低或流动慢的物料盘点频率应低一些（见图5-15）。最有效的周期盘点制度要求每个工作日清点一定数目的物料，每一物料都有明确指定的盘点频率。价值高、流动快的货物出错率最高，是最应该关注的对象。

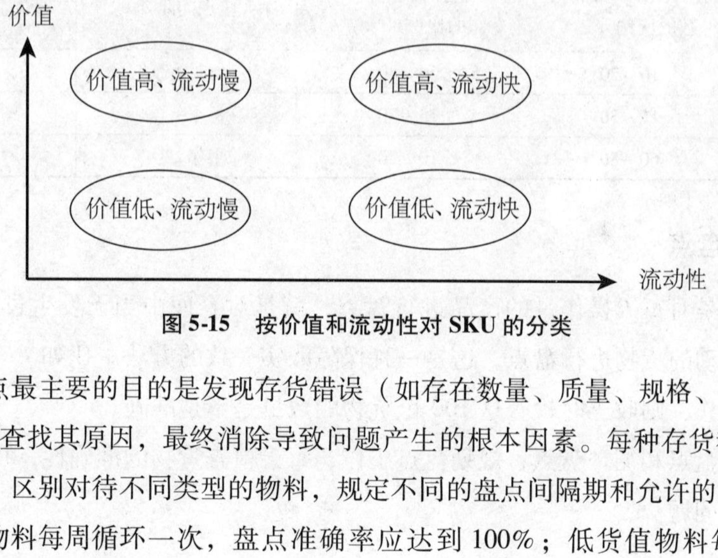

图5-15　按价值和流动性对SKU的分类

周期盘点最主要的目的是发现存货错误（如存在数量、质量、规格、日期等方面的问题），进而查找其原因，最终消除导致问题产生的根本因素。每种存货都会被定义为相应的类型；区别对待不同类型的物料，规定不同的盘点间隔期和允许的盘点误差。比如，高货值物料每周循环一次，盘点准确率应达到100%；低货值物料每季度盘点一次，盘点准确率应达到99%。

许多管理先进的企业都使用循环盘点的做法，每天投入一点人力，以重点管理的方式来确保料账一致，以免临时发觉数量短缺而投入更庞大的管理成本来应付。

为了确保料账随时一致，采用信息化管理的企业会将料件依照重要性区分成不同等级，然后赋予不同循环盘点码，再运用信息工具进行周期性的循环盘点。

循环盘点的好处是可以在不中断生产的情况下进行盘点。

常见的循环盘点方法有以下3种：

（1）ABC分类法。ERP软件一般都有对物料进行ABC分类的功能，例如，A类物料每月盘点一次，B类物料每季盘点一次，C类物料每半年盘点一次。

（2）分区分块法。为了提高盘点的效率，将库存项目按所在的区域分组，这种方法常用于分区存放以及在制品或中间库存的盘点。

（3）存放地点检查法采用信息化管理的企业，每个库房内通常都有很多库位，如果物料放错了地方，在正常的周期盘点中就不能发现，存放地点检查法可以准确地确定物料的有效地点。使用这种方法时，所有的库位都做了编号，每个盘点周期对特定的物料进行检查，通过对每个库位上的物料代码与库存记录进行比较，核实每项物料所在的库位。

盘点方法的选择取决于库存系统的实际情况，对于快速周转的物料项目，分区分块法是有效的方法；对于有许多库位的库房，ABC 分类方法和存放地点检查法结合在一起将会更有效（见表 5-5）。

表 5-5　ABC 物料划分及盘点

ABC 分类	品种数占总品种数的比例（%）	价值占总价值的比例（%）	盘点间隔期	允许盘点误差（%）
A	10 ~ 20	60 ~ 80	每月一次	0
B	15 ~ 30	15 ~ 30	每季一次	±1
C	60 ~ 80	10 ~ 20	半年一次	±2

2. 动碰盘点

动碰盘点是对每天操作过的产品进行盘点，就是对仓库中当天发生过入库、出库、理货、货位移动的货物进行盘点，这是一种保障账实一致的方法。比如，今天有 100 个货物发生了操作，则收工时检查这 100 个货物的数量是不是准确。

结合动碰盘点和循环盘点，规划盘点工作，每天检查货物的准确性，可以有效地解决账实不符的问题。

3. 抽样盘点

抽样盘点是对货物数量准确性检查的一种方法：①由于全面盘点工作量大，比如有 10000 个 SKU，全面盘点需要 2 天，影响工作，所以选取 5%，即 500 个重要的 SKU 进行盘点；②由于没有办法全面盘点（比如一座煤山的大卡量，也就是发电量），只能选取抽样的方式测量。

检查仓库账实相符就需要盘点，如果动碰盘点和循环盘点的工作量仍然很大，则可以酌情考虑抽样盘点。

手记 92

集装箱箱位定位的方法："区贝排层"

码头集装箱堆积如山，集装箱的定位非常重要。一方面，操作人员需要知道每一个集装箱的位置；另一方面，海关抽查，抽到某个集装箱，不管在垛的山头、山底还是山中，都需要把它找出来。

那么，集装箱是如何定位的呢？就是"区贝排层"。

(1) 区：每个集装箱垛是一个区，类似于仓库的分区，每个区都有编码，比如01A，就是第一堆场，第A垛。

大部分码头上的集装箱堆场都很庞大，有几十甚至几百个集装箱垛，每个垛就是一个区，区与区之间有通道，便于车辆、吊车行走（见图5-16和图5-17）。

图 5-16 集装箱堆场

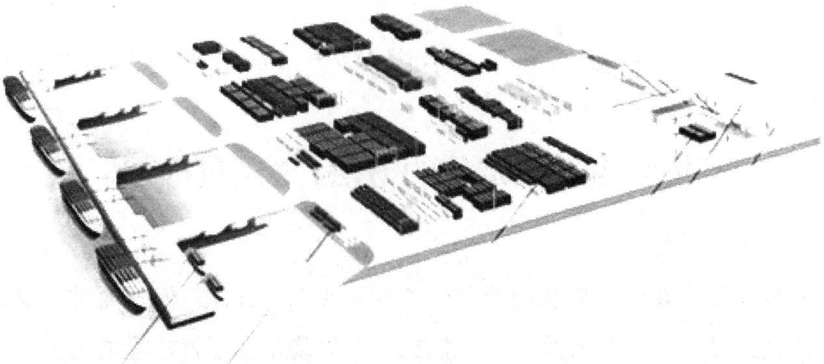

图 5-17　集装箱堆场

（资料来源：海运网）

（2）贝：集装箱的位号，在空间上，相当于仓库的一排货架。比如 01，就是第一个“贝”（见图 5-18）。

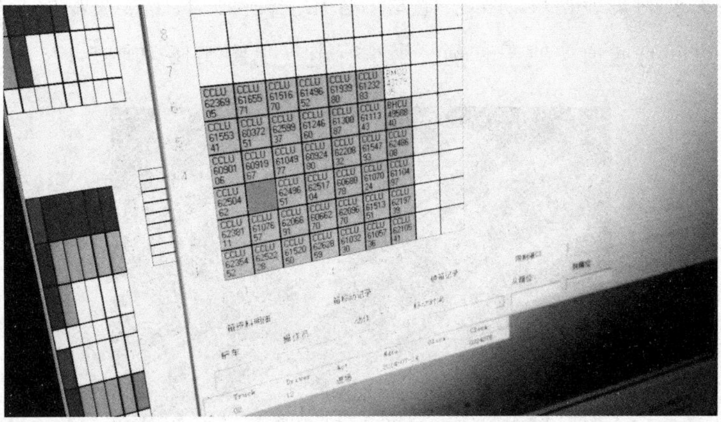

图 5-18　系统中的“贝”

（3）排：集装箱在“贝”中的列数（哪一列），相当于仓库中某个货位在某个货架的第几列、一般以左边为原点，由左往右依次增加，比如第一排为 A 排，第二排为 B 排。

（4）层：集装箱在“排”中的层数（哪一层），相当于仓库某个货位在某个货架的货位层数，最下层是 01 层，02 层是第二层，往上依次累加。

每个集装箱的货位都有一个唯一的货位编码（见图 5-19），比如 01A01E2，就是 01A 区、01 贝、第 E 行。如此一来，每个集装箱就可以精确定位了。

有了货位编码，信息系统就可以对每个集装箱进行录入、查询，堆场操作人员可以精确找到每个集装箱。

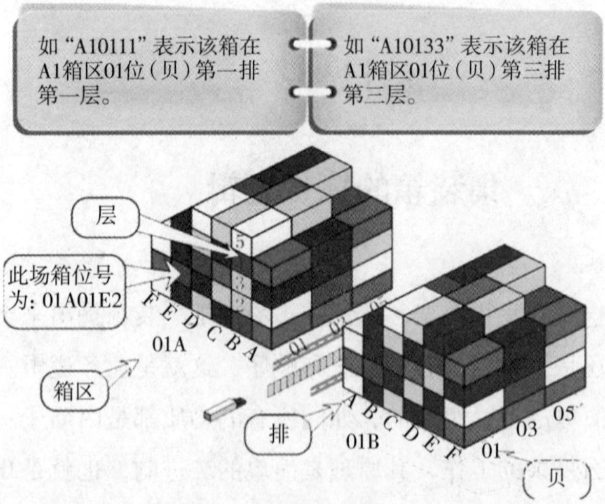

图 5-19　集装箱货位

大连港的定位规则是“街贝行层”，与“区贝排层”相比，只是名字不一样，道理和方法是一样的。

这种存放方式不仅仅适合集装箱，事实上，很多行业（比如轮胎、造纸、食品、饮料等）都适合使用。

由于每一个集装箱是一个独立的SKU，所以集装箱的管理难度很大，相对而言，其他行业（比如造纸、轮胎），SKU 数量毕竟有限，存放方式相对会简单一些。在规划仓库、规划仓库操作流程和信息系统方面，可以参考大连港的信息系统（见图 5-20）。

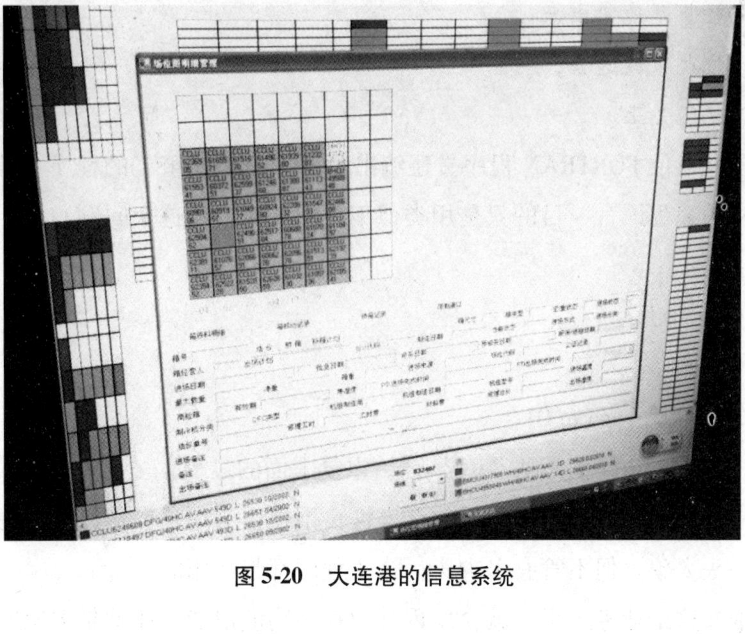

图 5-20　大连港的信息系统

手记 93

集装箱的拣货逻辑

集装箱堆垛类似于仓库的货物上架，从集装箱垛中把集装箱掏出来类似于仓库中货物的下架。无论是上架还是下架，都有其方法和顺序，这就是业务逻辑。

复杂的逻辑都是由简单的逻辑组成的，如同所有的物质都是由质子、中子、电子组成一样，计算机能做那么复杂的工作，其原理是简单的二进制，也就是 0 和 1 的排序。

其实，货物上架和下架原理很简单。宋丹丹讲过一个笑话：把大象放冰箱里分几步其逻辑与货物上下架的几乎一样。如果把这个原理解读透了，就很容易理解仓库操作的逻辑了。下面，我们把这个笑话变化一下。

把长颈鹿放到冰箱里要几步？三步！

第一步：把冰箱门打开；

第二步：把长颈鹿放进去；

第三步：把门关上。

把大象放到冰箱里要几步？四步！

第一步：把冰箱门打开；

第二步：把长颈鹿拿出来；

第三步：把大象放进去；

第四步：把门关上。

搞笑的是，某位 FORTRAN 程序员还编出了“大象装冰箱”的程序（编者注：以下内容并非严格的编程语言，目的只是用类似编程的方式说明这个问题）：

01 打开冰箱门；

02 把大象放进去；

03 关上冰箱门；

04 如果还有大象，go to 01。

在这里，“go to 01”就是从“01”开始重复上面的过程。

这个程序体现了程序员思考问题的严谨性：不仅仅考虑了操作，还考虑了库存——有可能不止一头大象。但不管有多少头，这个程序都是适用的。

如果仔细看这个业务逻辑，就会发现其中存在物流浪费，那就是多次开冰箱门。做以下修改之后，则更加合理：

01 打开冰箱门；

02 把大象放进去；

03 如果还有大象，go to 02；

04 如果没有大象，go to 05；

05 关上冰箱门。

看了这个搞笑的程序，相信读者自己也可以编出“把长颈鹿放到冰箱”里的程序了。计算机编程是逻辑思考的结果，读者可以自己试试。每个人编的程序可能会不一样，只要能够完成任务即可。

比如：

01 打开冰箱门；

02 如果有大象，把大象拿出来；

03 如果没有大象，go to 04；

04 把长颈鹿放进去；

05 关上冰箱门；

06 如果还有长颈鹿，go to 01。

当然，细心的读者会发现上述业务逻辑中有物流浪费，也能够想办法把浪费消除掉（将 05 和 06 顺序互换）。

这个故事其实和我们集装箱装卸有异曲同工之妙，比如，如果需要把 A 位置上的集装箱拿出来，应该如何设计操作流程呢（见图 5-21）。

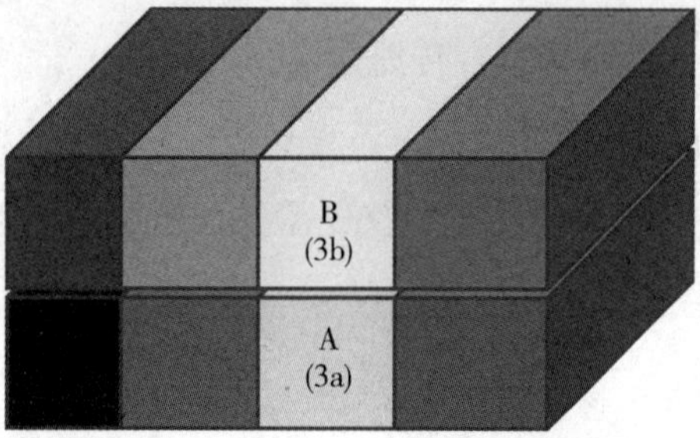

图 5-21 集装箱堆放示意图

如果操作员有手持扫码工具，则会收到如下指令：

01 把 B 拿出来；

02 把 A 拿出来；

03 把 B 放到 3a 的位置。

请注意，把 A 取出来后，B 的位置就变了，从 3b 的位置变到 3a 的位置（3b 的位置空缺，见图 5-22）。

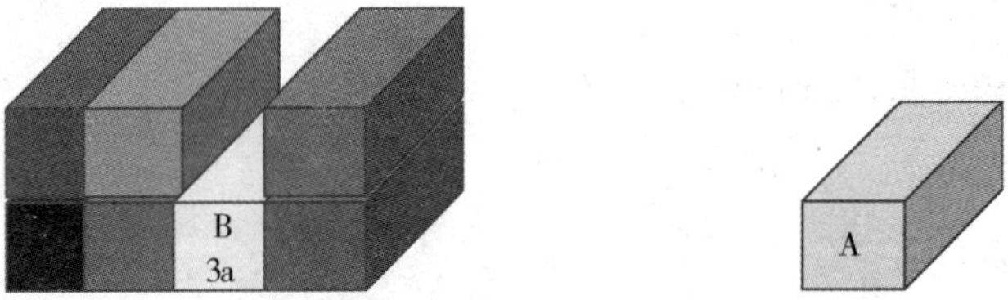

图 5-22　集装箱拣货逻辑

无论有多少个集装箱，只要堆场规划合理，系统都可以运算出来。

相对于集装箱堆场管理，仓库管理相对简单一些，只要规划合理、流程合理、业务逻辑合理，就可以规划出一个好的信息系统。

手记 94

选择叉车需要考虑的要素

叉车是重要的物流设备，常用于卸货、上货架、装车、短距离搬运、堆垛等。市面上常见的叉车有 100 多种，不同的叉车对应不同的功能，选择合适的叉车可以大幅度提高操作效率，事半功倍。

如果第一次选择叉车，那么我必须告诉你：这是一个实践性很强的决策，尽量多看看叉车在同样工况下的应用，不要看着宣传册购买。

选择叉车需要综合考虑诸多要素：

（1）用途：不同的叉车有不同的用途，首先需要分析所采购叉车的用途。

（2）载荷的特性：主要指货物的类型、尺寸、形状及最大重量，这些特性决定着叉车的功率、叉子的形状。

（3）工况环境：选择叉车的重要因素，包括路况、产品、货架等。

（4）叉子的形状：包括货叉长度、前出还是侧移、旋转夹、软抱夹等各类特性。

（5）堆码高度：该项内容决定叉车的举升高度。

（6）转弯半径：根据货架之间的通道宽度，选择合适转弯半径的叉车。

（7）行业工况：行业不同，工况不同（比如在石化、军工等工业部门以及危险品货站等易有爆炸性混合物的场所，需要选用防爆内燃叉车，而在冬天气温很低的北方则需要选择便于低温启动的叉车等)。

(8) 工作的繁忙程度。

(9) 运行距离。

(10) 运行速度。

(11) 地面承重。

(12) 最大起重能力。最大起重能力受两个因素的影响：一是载荷中心（与货物的形状、大小、重心位置有关系，起重能力随载荷中心的增大而减小)；二是起升高度。

(13) 根据货物的不同类型和用户的需要，可选用不同起升高度的门架、不同长度的货叉以及侧移器、旋转夹、软抱夹等各类配件，另外还可配备实芯胎等。

(14) 室外操作一般选用内燃平衡重式叉车，室内操作一般选用蓄电池平衡重式叉车，仓库、超市、配送中心的叉车一般选用前移式叉车和电动托盘堆垛叉车。

(15) 选好品牌。叉车是专业设备，一定要买好品牌，因为好品牌才会有好产品，才会有好服务（好的产品可能买起来贵，但是用起来便宜)。

(16) 据说杭叉可以选择发动机，既可以选择不同的功率，也可以选择进口发动机或者国产发动机。

(17) 多见几名叉车公司的业务员。只要说明白工况，业务员往往可以上门讲解并给你提供相对专业的建议。

(18) 多参考类似的工况。处理过类似工况的师傅很可能了解你遇到的问题，听听他们的问题，可以避免自己犯同样的错误。

(19) 多花点功夫，多跑跑，多看看，别偷懒。一定要买到适合自己业务的叉车，如果花了钱却没买到好东西，就太不值得了。

叉车类型与通道宽度的关系可以参见图 5-23。

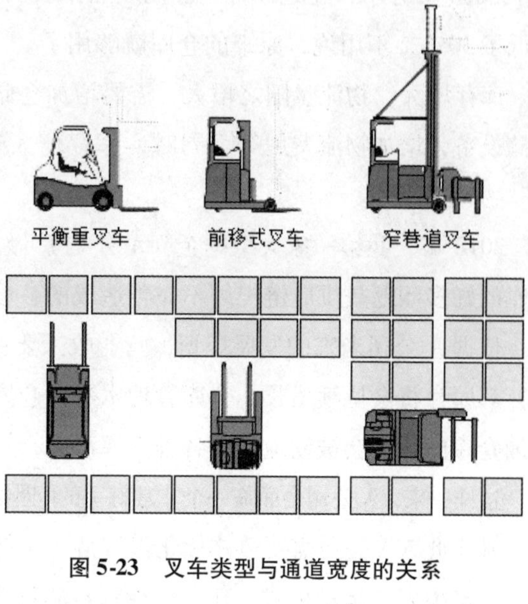

图 5-23 叉车类型与通道宽度的关系

手记 95

优化仓库要首先优化库存

2016 年，我曾辅导一家汽车设备生产企业优化物流。

在分析原材料仓库时，物流经理说：原来仓库面积大约 2000 平方米；过了一年，不够用，增加到 3000 平方米；又过了年，把仓库加高到二层，但是还不够用……

我在检查库存时发现，仓库里有大量 8 ~ 10 个月到货的物料。这些物料的平均库龄不低于 60 天，在仓库里至少足足睡了 2 个月。分析这些物料的交付周期后，发现充其量也就 7 天。换言之，仓库存储了大量的冗余物料，物料呆滞率很高。

而且，物料还在源源不断地入库，没有什么控制，以这个来料的速度，再建 3000 平方米仓库也未必够用。

2015 年，我曾辅导一家企业，一个成品仓库大约 20000 平方米，不够用；在外面又租了 3000 平方米，还是经常不够用。后来我帮他们优化了库存，仓库需求面积比原来降低了 30%，不用说，原来的仓库就够用了。

库存增大，物流量随之增大，需要增加仓储面积，增加操作人手，增加叉车货架等仓储设备，增加物流费用等。同时，库存增大还会带来资金占用、利息浪费、物料呆滞、物料报废等。

2018 年，我给一家大型国企（A 公司）做信息化规划，在业务诊断过程中，发现仓库的好多问题是供应链规划不完善造成的，诊断结果如下：

依据 A 公司未来的发展规划，营业收入要保持持续增长。若按照现在的物流管理模式，其库存将会持续增长，仓库管理水平和仓库容量将会被不断挑战，A 公司必须持续增加仓库面积，会被动地处理各种仓库事务。

这样一来，A 公司会面临一个非常棘手的问题：销售业务增长越快，仓储管理事务越多。

基于此，A 公司需要整体优化供应链，包括订单交付模式、生产计划模式、库存模式、仓储模式、运输模式，建立一种精益的物流管理模式，加速库存周转，持续降低仓库面积和物流成本。搭建先进仓储物流体系需要科学的规划、精细化管理、新技术和新设备、先进的信息化系统、专业的培训等。如此一来，未来的仓储管理会变成 A 公司的竞争力，而不是负担。

我相信其他公司也会有类似问题。所以，如果要优化仓库，最好先优化库存。

手记 96

ERP 中的仓库和物理仓库最好一致

在 ERP 中需要设立仓库，以便管理订单业务和库存业务，比如入库、出库、库存等。系统中设立的仓库如果和实际的物理仓库不同，就可能会带来管理的麻烦。

当系统中的仓库和实际仓库不吻合时（比如系统规划了好几个虚拟库，而实际只有一个仓库），一方面仓库的规划、货位的规划很难做到一致，另一方面也会让备货、安全库存计算会变得复杂。

如果物理库有 900 个货位，对于 900 个 SKU 来说，每个 SKU 都可以有独立的货位。但如果划分成 3 个虚拟库，平均每个虚拟库就只有 300 个货位，如果仍然有 900 个 SKU，则货位就不够用了。

对于安全库存来说，问题则更为突出。理论上来说，如果有 3 个客户，3 个客户合起来的需求的波动性比单个客户需求的波动性合起来要小很多，如果给每个客户分配一个虚拟库，就需要多备很多库存。

大家不要怀疑这个例子，我见过好几家企业就是这么干的。

手记 97

用货位编码而不是用产品编码定位

我看过不少仓库后发现，有些管理落后的仓库，还没有引入货位管理的概念。

对于超过 1000 个 SKU 的仓库，如果没有货位管理，拣货是有困难的：没有货位号，就相当于没有门牌号，尤其是对于新人而言，记住 1000 个 SKU 在什么位置，一般情况下需要 1 周的时间。

货位编码是对仓库的货位定位的一种编码方式，仓库货架排布都要按照一定的规则。货位编码和家庭地址差不多，家庭地址是省、市、区、路、门牌号；仓库货位是仓库、区域、货架排、货架列、货架层，立体定位。

对货位进行编号，不同的 SKU 分配不同的货位，根据货位号，可以马上找到货物。

1000 个 SKU 的仓库，培训新人拣货，2 个小时就足够了。

大部分企业用出库单拣货，出库单每一行 SKU 后面都可以备注货位编码。入库单也一样，员工做出入库操作的时候，就很容易找到货位。

仓库定位有两种方式，定置定位和随机定位。所谓定置定位，就是给每个 SKU 分配一个固定货位。所谓随机定位，就是哪儿有空放哪儿。其实货物放哪儿并不重要，重要的是能管理，信息系统知道在哪儿。

货位编码可以列入系统运算，拣货清单的订单行可以按照货位排序，拣货员可以按照货位的顺序拣货。比如，B0205、A0102、B0203 这 3 个货位，就可以在排序后变为 A0102、B0203、B0205，这样就可以按照货架的顺序拣货，少走距离，节省拣货时间。图 5-24 为各种货架货位的编码示例。

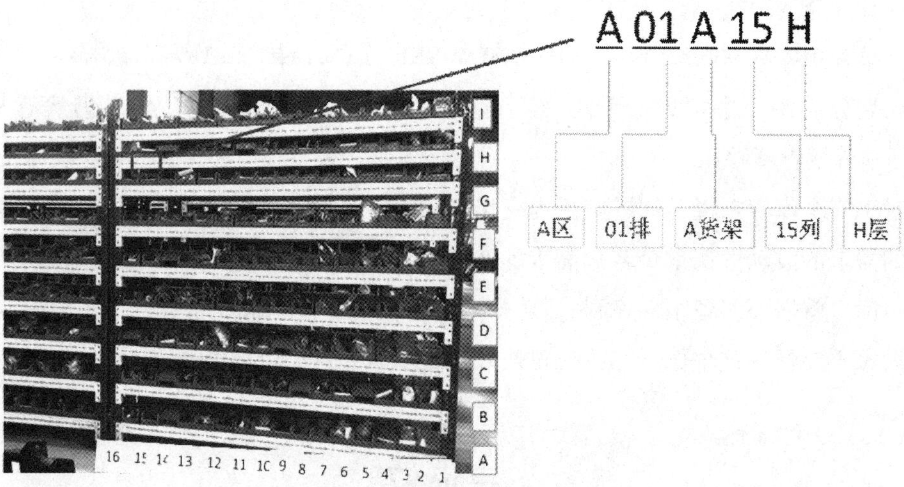

图 5-24　备件货架货位编码示例

模块 17　仓库管理案例分析

手记 98

本来生活的仓库：盘点准确率 99.99%

2017 年 5 月，我接受北京本来工坊科技有限公司（以下简称本来生活）洪老师的邀请，为其骨干员工讲授了一堂仓库管理的课程，并参观了他们的仓库。这么多年来，我少说也见了上千个仓库，但对本来生活的仓库印象尤其深刻。

本来生活是一家生鲜电商公司，当时已经营收几十亿元，主要经营各种食品，品项数大约 6000 个，每天发货超过 3 万单。

这个企业做事极其认真和踏实，产品存储需要什么温度，就建什么温度的冷库，不同的食品需要不同的温度，比如冷冻肉类存储需要 -18℃，酸奶适合存储的温度为 0～5℃。总算起来，光冷库就有 6 个温区。

夏天参观仓库，先从 40℃的室外进入室温 25℃的普通仓库，然后进入到室温 0℃～5℃的冷藏，再进入室温 -5℃的冷库，最后进入室温 -18℃的冷库，真有一日走四季、一日三重天的感觉。

该企业的物流效率很高。如果要提高物流效率，最重要的是产品物流标准化，对于生鲜产品、水果蔬菜类产品，标准化是很难的。但是，这对本来生活来说却不是问题。

在本来生活，几乎所有的产品都实现了物流标准化，肉切成标准块、装标准盒、土豆用标准袋、南瓜用标准个头、韭菜用标准重量，每一个产品的包装（MOQ）都打印出了条码，拣货、包装、出库等物流动作全部扫码，拣货效率、包装效率、发货效率都很高。

本来生活的库存准确率非常高：按货值计算，其盘点准确率达到了 99.998%；按品项（SKU）计算，盘点准确率达到了 99.5%；也就是说，6000 种货，出差错的不超过 3 个。

调侃来说，本来生活就是“卖菜的”，但能把盘点准确率做到 99.99%，也算是极致了。

仓库管理其实不难，只要认真，就肯定能管好。

后来我了解到，这个团队是做报纸出身的，之前确实没有做过物流，物流经验比较有限，之所以能做得这么好，一是有追求，二是认真做。

物流其实不复杂，就是搬搬箱子，打打包，管好货，点好数；物流做不好，其实都是不用心。我见过好多电子厂、汽车厂，仓库管理得一塌糊涂，号称管理的是高货值货物，但看看盘点准确率，连80%都达不到。还有些工厂，和客户从来就没有对上账，金额差距都在百万元级，仓库都把货管没了，钱还怎么挣？这些企业，应该向本来生活这个“卖菜的”好好学学。

手记99

飞机车间和汽车车间的规划明显不同

我曾经在中航工业工作了一段时间，参观过几个飞机制造厂，包括空客总装线、庞巴迪机身制造厂、沈飞、哈飞、成飞、洪都、贵航等。

后来，我辅导汽车制造业的客户，看过很多汽车制造厂，包括上汽通用、长安铃木、长安汽车、北汽、北京现代、郑州海马……

汽车生产是流水作业，像上汽通用五菱的流水线，算上头顶上流水线的运输和地下通道的运输，估计总长度超过2千米。铃木是日本公司，设计比较集约，工位之间运输多采用机器人，缩短了距离，但流水线的总长度也肯定超过1千米。

天津空客总装线就不同，只有3个机位，按次序安装，一个机位的工作完成，推到下一个工位，完成3个工位的工作，飞机就可以飞了。

汽车流水线有上千个工位，飞机总装线只有3个工位，主要原因是生产批量不同。汽车是大批量生产，每年几十万台，而飞机是小批量生产，甚至是单件生产，工位自然不需要太多。

手记100

线边物料规划示例：使用点库存

不论是汽车生产线还是飞机生产线，都会在生产线线边存放物料，以方便员工快速领取物料，减少物料配送的人员浪费。这就是线边物料，也叫线边库存，或者使用点库存。

使用点库存是一种非常好的方式，减少领料、发料环节，减少搬运。

那些很难按工单的需要发料的物料，比如螺钉螺母、油漆、卷材等，都可以放在线边，操作工可以自助取货。

但是，使用点库存并不是不需要管理——因为自助取货，反而更需要加强规划和管理。

京威汽车设备公司是一家生产汽车加热器的公司，是国内汽车加热器的龙头企业。为优化物料上线配送，该企业设立了线边物料超市，把生产线常用物料设置在线边，减少了大约20%的拣货量。采用双箱，一备一用，放在物料区；线边物料超市按照仓库规格管理，盘点准确率100%，出入库数量实时登记；空箱放在返回区，显而易见，这极大地方便了物料管理员补货（见图5-25和图5-26）。

图5-25 使用点库存示例

图5-26 库存管理示例

线边物料超市边上有《物料管理指南》。

周转箱上的标识，包括物料编码、物料名称、物料超市货位、仓库货位、标准数量，便于操作人员补货管理（见图5-27）。

图5-27 周转箱标识示例

奔驰某供应商的线边物料设计：操作员从取料口取料，从补料口补料，螺栓放在透明料盒中，库存可视，一旦低于安全库存，则补料至指定库存线（见图5-28）。

图5-28 线边物料示例

某汽车零部件厂的线边物料设计（见图 5-29）。

图 5-29 线边周转箱示例

手记 101

现场管理需要巧妙的逻辑

先入先出往往是很多企业管理的难点，尤其是对于那些物料品种多、容易过期、反复使用的材料而言，先入先出的管理就会变得特别重要。

钢材薄板就是这样的物料，薄板很容易生锈，必须先入先出才可以把损耗成本降到最低。

福特的一个五金件供应商有一套很好的先入先出管理方式。采用形状、颜色、数字 3 个标识表明物料先入先出的次序（见图 5-30）。

形状、颜色、数字很直观、很醒目，即便是有限的数字，组合起来就是一种很好的排序，非常适合现场管理。

需要提醒的是，在现场，图 5-30 左侧的圆环是红色的，右侧的圆环是蓝色的。红色圆环内的“先出”二字为蓝色，其旁侧还有个小按钮，那是先出的指示。这个按钮是一块小磁铁，哪个物料需要先出，就把它放在哪个物料的位置（见图 5-31）。

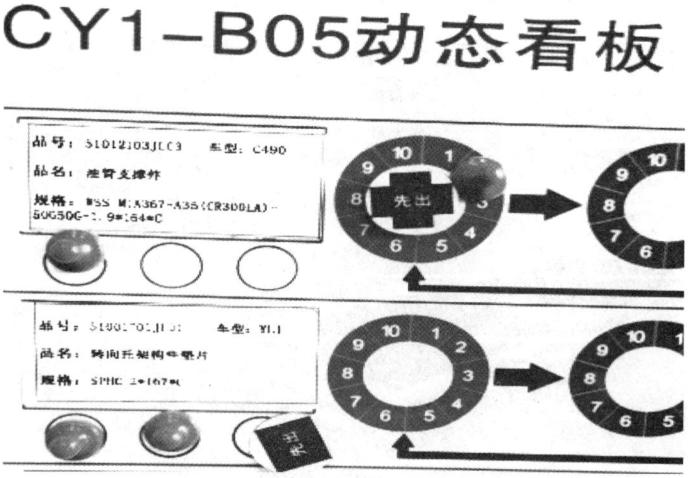

图 5-30　先入先出规则现场标识（1）

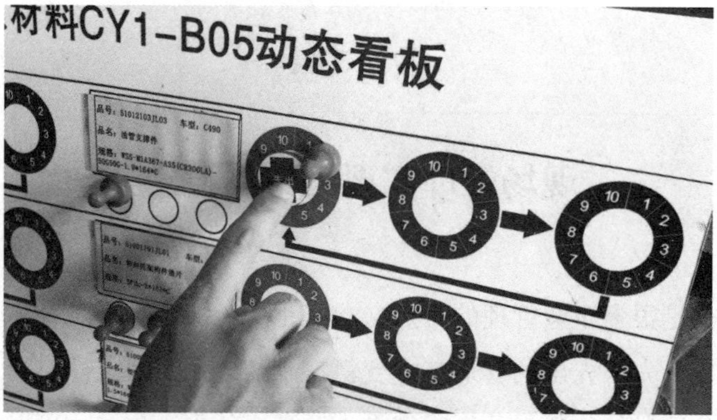

图 5-31　先入先出规则现场标识（2）

图 5-32 是物料上的批次标识。

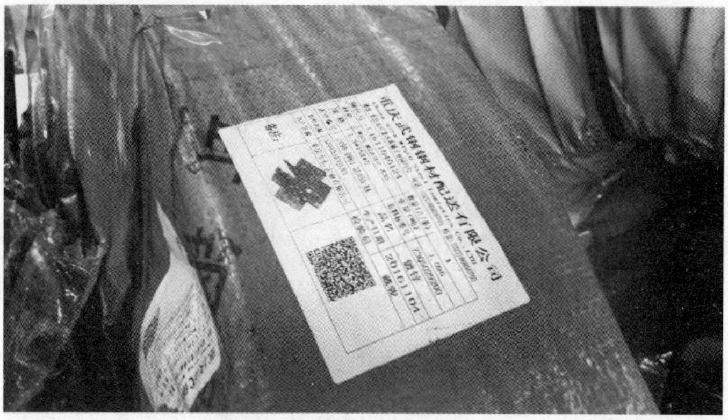

图 5-32　物料批次标识

物料上的先入先出标识为红色六边形，显示在原材料标识卡上（见图 5-33）。

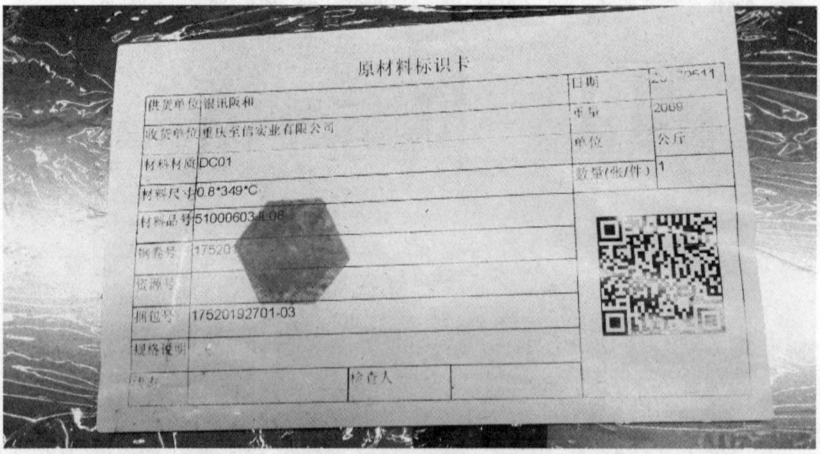

图 5-33 原材料标识卡

现场物料的先入先出标识可见图 5-34。

图 5-34 现场物料的先入先出标识

京威公司为了方便仓库货位和物料定位管理，制订了现场管理看板，左边是物料和批次，右边是货位容量和货位占用，一目了然。如果请信息化公司做系统，没有 50 万元下不来。京威公司做法简单，立两块板子，梳理好逻辑，买点小磁铁，500 元就够了（见图 5-35）。

好的管理，不是钱多，而是对路。

图 5-35　京威成品货位标识看板

上述两个小案例给了我很多思考。随着信息系统的出现、新技术的出现，好多管理者把企业的问题寄托在信息系统和新技术上，对于自己存在的问题，动不动就想上套系统来解决，或者把问题出现的原因推到没有系统上。

其实，信息系统的出现也只是几十年的事，在人类几千年的历史中，绝大部分时间是没有信息系统的。在《海棠依旧》这部电视剧中，周恩来总理复核国民经济计划报告时，就是拿个算盘，三下五除二地计算。中国建长城、修运河没有靠系统；据说造原子弹时，中国只有 2 台计算机，主要工具是算盘和计算尺。

所以啊，有问题先动脑子。大脑是天然的计算机。

有家企业，请一家咨询公司（BZ）做规划管理。BZ 听说企业有仓库，但没有系统，就给企业规划了一套 WMS（仓库管理系统），问我合适不合适。

我问："你们到过它的仓库吗?"

答："没到过。"

问："你们知道仓库是怎么操作的?"

答："不知道。"

问："那你们怎么知道需要规划仓库管理系统?"

答："有仓库就需要仓库管理系统啊。"

问："哦，我明白你的意思。"

其实，我真的不明白他到底是什么意思。

任何方案，其存在的前提是有需要解决的问题，如果不知道需要解决什么问题，那任何方案都没有意义。

可能会有人质疑：那么我们就不能用信息系统和新技术吗？我当然不是反对上信息系统，自然也不反对使用新技术。事实上，新技术和信息化具有重要的作用，有时候是无可代替的作用。应用信息系统和新技术可以大幅度提高生产效率，使用新技术可以对现有的竞争对手进行降维打击，可以取得绝对优势。比如我之前提到的比利时的ARDO公司，就是用系统和自动化操作搭建了自己的竞争力。

而ARDO公司有40万立方米冷库，上信息系统和自动化，既有规模效应，又有操作效率。这个客户只有3000平方米的仓库，囿于设施、设备、操作的限制，应用有限、投入很多、产出不明显，采用这种看板就可以很有效地解决问题。

任何技术都有其应用场景，适合具体场景的技术才是好技术。

手记102

欧洲化学工业园的规划很精妙

2011年，我去德国考察项目，参观了欧洲化学工业园（Chempark）。德国人在园区规划上确实有独到之处。

欧洲化学工业园有3个园区，分别是勒沃库森、多马根、克雷菲尔德－约丁根，是欧洲的化工原料生产、物流中心。

勒沃库森化工园位于德国北威州勒沃库森市郊，1891年，拜尔医药在此建立首个工厂，园区紧邻莱茵河，占地面积11平方千米，是欧洲最大的化学工业园，共有包括拜尔、阿克苏诺贝尔、Chemion等70多家企业在勒沃库森化学工业园建有研发中心、生产基地、物流中心等设施。园区大约有3万名员工，在勒沃库森化工园区内生产5000多种化学产品，主要有硝化和氯化产品、芳香类产品、精细化学产品以及硅化学产品。

园区依莱茵河而建，充分利用莱茵河充足且低廉的水运资源，为大宗化工原料与成品的运输提供了良好的保障。

1. 园区的业务模式

（1）共享原料，共享产品链，上下游生产环节供应自动通过管道连接；

（2）创造价值产业链，从原料与生产链中相互受益；

（3）提供包括供给、排污、安全和化工园管理的全方位服务；

（4）共同利用现有的基础设施；

（5）集中精力开展核心业务；

（6）投产时间准备短；

（7）投放市场快，在化学工业园中的企业可以充分利用原料和产品，客户就在身边；

（8）70 多家公司在这里进行科研，发展和生产，具有良好的协同效应；

（9）原料和产品上下游结合，供应商和客户就在身边；

（10）共同承担固定支出（如能源、有害化学废料处理、排污、安全、消防和化工园管理等）。

2. 化学品库的规划、建设、使用启示

（1）严格遵守消防法、危险品化学品管理法；

（2）从设施设计到操作，都有严格的流程控制；

（3）共用消防，所有的意外事故均由消防负责处理。

3. 物流规划

欧洲化学工业园的物流设计非常精妙，该园区物流规划有下列特点：

（1）专业物流公司统一管理整个园区物流；

（2）原材料由物流公司统一管理，甚至不同公司的产品存放在同一个储罐内，共享仓库资源；

（3）上下游生产企业的材料流动通过管道传送，节省物流成本；

（4）物流设施将园区基地同欧洲市场连接在一起；

（5）水运、公路、铁路、空运并用。

通过这种综合性的资源和技术的整合，使区内物流企业具有无可比拟的竞争优势，即为客户增值，又创造了丰厚的利润。

4. 低成本的水运规划

使用水运，莱茵河可以承载 5000 吨位的船，这个数量级如果用车辆，20 吨的挂卡，至少需要 250 辆车。显然，从运输成本上来说，水运具有无可比拟的优势。

莱茵河的水位有时候会很低，如果水运出现问题，他们就会采用应急预案，采用铁路和陆运。

5. 巧妙的停车场规划

一旦使用汽运，这么大的货量，使用陆运必然造成交通阻塞，所以，Chempark 做

了精密的物流规划：

（1）合理设计物流设施，为节约土地资源，在2000米外的地方规划了大型停车场，计算需求量5000辆车，设计停车场可容纳1000辆车。

（2）合理设计路由，规划车辆路线，只有一个地道入口通往园区，避免影响周围的交通。

（3）通过信息系统控制车辆流动，只有需要装货或者卸货的车辆才能收到信息，进入园区，这样，不会有idle（闲散）的车辆在园区内，保证园区交通畅通。

实际上，资源紧张，自然就要加强管理。火车预约站台，轮船预约码头，道理都是一样的。

国内好多园区，园子里全是车，影响效率，也容易出事故，可以参考这个方法。比如，只有在装货之前才通知车辆入场，只有收到装货信息的车辆才能进入园区，这样，园区就不会车满为患了。

这种设计很有独到之处，值得我们学习。事实上，国内许多的园区规划，应该好好学习这些规划和设计理念。

手记103

日通仓库：我见过的最认真的仓库

2015年，我有机会看了下日通华南的仓库。这家仓库的主要客户是郑州日产及其供应商。仓库面积额大约3万平方米，主要是汽车零部件，给郑州日产配送上线。

这家仓库现场管理极好，堪称典范。

院内很整洁，人行道、车行道标识清清楚楚、整整齐齐。

园内一侧是自行车和电动车车棚，车棚靠墙的一侧有电源插口供电动车充电用，布置很整齐。能看得出来经过了精心的设计。

库内很整洁，地面标识很清楚，叉车通道、人行通道、货位位置、货位编码、盘点通道、消防通道、叉车位置、叉车充电位置、货位编码等一应俱全。

货物码放井井有条，每个品项的货物都有标准周转箱，货物编码、货物名称、批次等等，甚至检验报告在哪个箱中，都标识得很清楚。

办公室的墙壁上挂满了告示板，仓库规划、道路规划、绩效指标、岗位职责、岗位技能一目了然。

办公室内，打印机、各种单据甚至废纸，都管理得井井有条。

在参观的过程中，我看到一个叉车规规矩矩地停在一个仓库的角落，司机坐在车上，一动不动，看不出来他要做什么。

做仓库这么多年，我还是第一次看到这个情景，有些疑惑，便问带队的王女士：“他在做什么？”

王女士说：“他在休息。”

刹那间，我对这家企业肃然起敬。叉车司机是个很普通的岗位，我见过太多的叉车司机，有各种各样的形象。尤其是休息的时候，什么形象都有。

唯独这家公司的叉车司机，竟然如此训练有素：他穿着工服，车辆停得端端正正，正襟危坐地坐在叉车上，微微闭目养神，随时待命。那种神情，俨然是一个持枪待命的士兵。

王女士送我们出门的时候，很谦虚地问了我一句：“孔老师，您做管理咨询，看了我们这个仓库一个小时了，能不能给我们点建议？”

我有些为难了，因为他们管理得太好了，我根本看不出来问题，只好说：“王经理，说实在话，我看了太多仓库，有各种各样的问题。唯独你们这个仓库，我没有看出来任何问题，你们做得太好了。”

正在这时候，我看到楼拐角有一个垃圾箱，地面上和墙上都没有标识，便说：“不过，如果非要吹毛求疵、鸡蛋里挑骨头的话，这个垃圾箱摆放的位置需要标识。”

王女士看了看，说：“孔老师，这个垃圾箱原来不在这儿，在拐角那边。他们嫌不方便，刚刚挪过来，还没来得及做标识。”

我转过拐角，果然，地上画着黄色的方框，墙上挂着管理制度，只是少了一只垃圾箱。

公司管理到这个程度，想不好都很难啊。

这么说，有些同行难免心里不服，认为我言过其实、说我少见多怪。确实，我也看过好多世界500强的仓库，许多仓库比他们先进很多，效率也高很多。只是，有一点是其他仓库比不了的：几万平方米的仓库，上万个品项，管理得井井有条，盘点准确率100%，竟然没有使用信息系统，完全靠现场管理！

手记 104

念念不忘，必有回响：某副总在超市找到了仓库操作方案

某铜业集团是一家著名的铜加工企业，也是国内规模最大的再生铜加工利用企业。

2018 年 3 月，我拜访该企业，一位副总给我讲了一个他改善物流的小故事。

仓库的出库操作很麻烦。每卷铜的重量为 2 吨左右，货值又高，每一卷铜重量都不一样，出库需要统计、核对重量，当时还是纸质单据，需要一个人读数，一个人统计，如果统计错了，还需要重新核对，既浪费人力，还容易出差错。每次看出库操作的准确率和效率，都有些让人着急。

怎么解决呢？这个问题一直在他脑子里盘算。

一次，他在超市看到收银员用条码枪扫描货物，扫描的时候，设备会自动报数，收银员可以很方便地核对数量，井井有条，省时省力，准确无误。

这不是现成的解决方案吗？这位副总连东西都不买了，兴冲冲地跑回公司，安排 IT 部门研究条码系统。

不用说，问题彻底解决了，既提高了效率，又降低了成本。

这种方法，我经常称之为“进化的复制”：把其他行业先进的管理方法，加以改进，应用在自己的企业中。应用得好了，固化下来，就变成标杆管理；标杆多了，就会变成标杆企业，变成龙头企业。

我没有询问细节，凭经验粗略估计了一下。这次改革之后，该集团每吨铜至少可以降低成本 1 元，提高交付效率 5 小时。

这个企业每年加工 70 万吨铜，这次小改革用信息化代理人工，就按节省 10 个人计算，每年可以节省人工费用 70 万元，每吨铜就可以降低成本 1 元。但是，这还只是仓库中的一个小环节，而铜加工总体物流环节有几百个，这边省一分，那边省一角，总体算下来就很可观。

利润 = 定价 − 原材料 − 加工费

以上就是制造业的盈利模型。制造业，尤其是简单加工制造业，其实毛利率都不高。如果要提高盈利，一是增大营收，二是提高净利率。

铜加工企业需要承受原材料价格波动的风险，为了保持价格竞争力，成品定价往往随行就市，不能想涨就涨，不能高于市场定价，而原材料价格往往波动很大，一旦原材

料价格大涨而成品不能调价，总成本就会击穿成品价格，企业就要亏钱了。

但是，如果能在加工和物流方面保持竞争力，优于竞争对手，在原材料上涨、竞争对手亏钱的情况下，自己还能保持不亏甚至有利润，那就太有竞争优势了。如果水平更高，能够掌握行业的定价权，企业基本可以立于不败之地。

这些竞争优势，需要在整个供应链的所有环节一点一滴打造，需要长期努力。

有时候，看似很难的问题，解决起来并不复杂。发现问题，并将它放在心上，迟早会解决。正如一句话所说：念念不忘，必有回响。

手记 105

物流改善：从仓库里“挖”出来的“金子”

我接手了一个物流咨询项目，任务是对一家工厂的仓库管理进行改善。经过 6 个月的努力，取得了很好的绩效指标：

（1）货物定位实现了 100%；

（2）仓库保管人员从 70 个减少到 5 个；

（3）能耗降低了 30% 左右；

（4）搬倒次数减少大约 50%；

（5）备货时间从原来的 4 小时降为 0；

（6）拣货速度大幅度提高。

1. 项目背景

该客户是造纸行业的一家知名企业，香港上市公司，主要产品为包装纸，年产量 120 万吨，拥有先进的造纸设备和信息化系统。

前期调研时，我发现仓库中存在 3 个问题：①仓库保管员太多，人员成本高；②库存定位不准确，找货时间长；③货物在库内频繁搬倒，拣货成本高。

2. 项目分析

实际上，管理层对这些问题认识得很清楚，对于项目需要解决的问题，看得很准。总经理说：“我们经常到欧洲、美国、日本参观交流。人家的仓库里，看不到几个人，而我们的仓库有 70 个保管员。”也就是说，相对于先进的企业，这家企业的仓库人力成本偏高了。

仓库的操作费用也偏高。每件产品的重量介于1.5~2吨，每年有120多万吨在库内操作。由于产品定位不准、叠放、堆存等原因，找一件货物，平均大概需要搬倒2次左右，也就是说，多了一次搬倒。

正常情况下，仓库操作只需要搬倒一次货物，多一次搬倒，就多一次浪费。不仅浪费了时间、人力、能耗、车耗，还影响了订单交付，造成了库存积压。

常态下，解决类似问题，需要对仓库货物定置定位，也就是给每一个产品一个货位，货位的大小根据货量多少确定。

然而，在这个项目上，这种方案显然行不通，因为货物品类有3000多个，而且是动态存放，今天生产某个品类1000件，明天可能生产另一个品类，而仓库面积有限，如果用这种方法，至少需要增加60%的仓库面积，这意味着增加上千万元投资，不但不能降成本，反而大幅度增加了成本，这显然不是客户想要的。

另外一套方案，是采用自动化仓储系统（AS/RS），自动计算货位和库存。实施这套方案，需要改造仓库、上设备、上软件，总投资也在几千万，而且客户的仓储设施也不具备改造成自动化仓库的条件。

两个基本方案都被否定了：一个增加了成本，另一个不具备实施条件。到了这个时候，可以说陷入僵局了。每个项目组成员，心中都有淡淡的挫折感。咨询以解决问题为最终目的，如果不能解决问题，所有的工作都将前功尽弃。咨询以绩效效果为考评标准，如果没有好的绩效，咨询就没有价值。

问题解决不好，往往是方法不对路，没有找到合适的方法论。方法论是方案的理论依据，要破解这个困局，必须有新的方案，也必须有新的方法论。

在头脑风暴过程中，有人提议："我们的仓库操作方式和集装箱堆存差不多，建议考察一下大型集装箱堆场的管理方式。"

我们考察了大连港集装箱堆场。需要解决的主要问题是大量堆存下的精准拣货，和我们纸辊的管理类似。集装箱是大批量堆存的，在大型码头上，可以看到像小山一样的集装箱垛。堆场管理，既要把集装箱有秩序地堆存在垛上，又要把需要运走的集装箱从垛中分拣出来；为了应对海关抽查等作业要求，还需要规划抽样等操作。如果没有严谨的业务逻辑，操作将会相当混乱。集装箱垛的管理需要科学的规划和严谨的信息化管理，大连港集装箱堆场规划和信息化规划非常有效，整个堆场管理得井井有条。

他们用"街、贝、行、层"来定位每个集装箱在堆场中的位置，通过精准的数据和流程分析计算拣货路径，全部操作都在信息系统的规划和控制之中。这些规划思路和信息化方法给了我们不少启示。

通过参考集装箱堆场的业务逻辑，经过进一步研究和分析，我们建立了新的纸辊定位方法论，建立了新的纸辊管理业务逻辑。这样一来，业务模型和业务逻辑的问题解决了。

在企业管理方面，案例很重要。爱因斯坦曾经说过："Example is not another way to teach, it is the only way（举例/榜样是唯一的教学方式，并没有其他方式。" 企业的问题是相通的，我们碰到的问题，别人可能也碰到过，所以，行业之间互相取经很重要。复制是一套行之有效的管理方法，比如，汽车行业的供应链管理技术很好，就可以复制到装备制造业，电子行业应用供应商管理库存（VMI）很有效，也复制到其他行业。当然，毕竟行业不同，所以复制时需要改进，我称之为"进化的复制"。

3. 项目操作

按照 PFEP 规划细节。方法论、业务模型、业务逻辑只是第一步，而要规划仓库，需要按照 PFEP 的规则设计整个仓库，包括动线、通道、货位、流程、信息化等。

为提高拣货效率、降低搬倒次数、精准库存定位，需要为每一个种类的产品规划通道，3000 多个品项，2 万平方米的仓库，每年 60 万吨货物，每天进出 2000 多吨，整个项目纷繁复杂，要找到规划的规律很不容易。

企业运行一定有其规律，几乎规律都藏在数据里，当我们找不到规律时，好好分析数据，规律就在其中。

在分析库存数据时，我惊讶地发现库存结构非常符合二八定律：20% 的产品种类占了 80% 的货量——这是非常有价值的发现，如此一来，产品数量级从 3000 降到了 600，已经到了我们可以控制的数量级了。这意味着只要规划好 600 个种类的产品，就可以解决 50 万吨（80%）货量的搬倒问题了。可见，80% 的问题已经有解了，这个项目已经成功了一半。

经过数据分析，我们也找到了解决另外 2400 个品项的货位和通道规划的方法。至此，规划道路上的主要障碍都已被扫清。

根据业务逻辑和数据分析，用了半个月的时间，完成了 80% 货量的方案规划。又经过一个月的精细计算，完成了余下 20% 货量的方案规划。

数据分析是解决问题最有效的途径之一，供应链问题表面看似是流程、职责、设施的问题，实际上，其背后的逻辑往往是数据管理和数据驱动的问题。当感到迷茫困惑的时候，好好看看数据——"救助"之道，可能就在其中。

（1）仓库现场规划和信息化系统规划。基于数据分析和流程分析，我们建立了全动态管理的业务模型，动态实时管理货位和货物，统筹管理入库、存储、理货、出库，实现货物、货位、操作的全程信息化管理。

在现场规划和信息系统设计中，我们也遇到了不少拦路虎，但团队成员坚持高质量、高标准，不将就，不凑合，全力以赴，解决了所有的问题。

这样规模的项目大概有上千个环节，一个环节做不好，整个事情就可能做不成，所以，团队凝聚力和公司执行力非常重要。这家企业的所有人员，从高层管理人员到底层员工，都非常优秀，具有很强的企业责任感，做事很认真、很踏实、锲而不舍。

（2）系统上线，项目运行。模拟测试了几轮，系统开始上线测试。规划的效果开始一步步展现，原先一个叉车前面跟着一个保管员的现象没有了，取代保管员的是一台装有仓库管理系统（EWM）的随车电脑，电脑系统精准计算入库、出库、拣货、匹配订单、理货等各项操作，自动给叉车司机分配工作。叉车司机的所有工作根据信息系统提供的计划完成，精准而又井井有条。信息系统更好地完成了保管员的工作，70 多个保管员，开始逐步转岗。

入库流程和出库流程都实现了当初的设计。当产品排上生产计划时，系统就已经自动开始计算入库计划、计算使用哪些货位，仓库操作员则检查仓库货位，为入库做准备；产品下线之前，货位分配计划已经就绪；产品入库时，叉车司机根据叉车上电脑的指示，直接把货物放到指定的货位，整个入库就完成了。

由于库存都有精准定位，出库操作也顺利。上系统之前，没有人精确知道仓库还有多少容量，仓库操作计划也很难做，尤其是当保管员请假时，或多或少都会出现操作混乱。现在，这一切都变简单了，只要打开系统，会看到全面的仓库管理图，库存、货位、空间，以及出库、入库等仓库操作，都一目了然。

4. 项目效果

系统成功上线了。原来人和叉车都忙忙碌碌的仓库，现在只剩下来来回回的叉车了，冷清了很多。原来规划好了，仓库真的可以不需要很忙。

项目正式运行了，每年至少可以节省 400 万元，有人问我："这个账怎么算的？"我说："这倒也不难，减少了 65 个人，人均每年 5 万元，325 万元，还有其他能耗、浪费等等，400 万元可能还是保守计算。"这个项目，我们仅仅通过优化仓库管理，每年可以为企业节省 400 万元成本，可以说是从仓库中挖出来的"金子"。

思考：

在制造业和流通行业，物流往往被看作成本，是被砍掉的对象，我不太认可这种看法。制造业和流通行业的核心之一是交付，没有物流，交付就无从谈起，对于好的规划而言，物流对于货物具有增值功能。

稻盛和夫认为：利润是制造和交付出来的。由此看来，物流对于制造业和流通业很重要。尤其是在同质化竞争日益激烈的当下，精益物流和精益制造对于提升利润具有重要作用。

我认为，对任何项目而言，规划都是至关重要的。好的规划，可以化腐朽为神奇，而差的规划则反之。好的建筑，看一眼，让人觉得很悦目；差的建筑，看一眼，让人觉得很堵心。所有的大桥，都是钢筋、水泥；所有的大厦，都是钢筋、水泥、玻璃。同样是钢筋、水泥，但由于规划不同，有的成了经典，有的成了垃圾。归根到底，还是规划使然。

启示：

根据市场观察，我发现国内很多仓库缺乏科学规划和管理，严重浪费人力物力，还有很大的改善、提升空间。

仓库管理是供应链管理的重要环节，贯穿整个供应链。无论是在供应链的上游、中游还是下游，凡是需要货物储存的环节，就必须有仓库管理。通过科学的仓库管理，完善供应链体系，既挖掘利润，又增加企业竞争力，还能夯实企业发展的基础，可谓一举多得。

（原文发表于2015年《和君商业评论》）

手记106

物流改善：如何把盘点准确率从48%提高到99%

2013年12月，我接手了一个备件管理改善的项目。经过4个月的时间，我帮助客户规划了流程、建立了制度、培训了团队、调整了软件系统，辅导客户完成了一个旺季的操作，操作效率和操作质量实现了突破性的提高，绩效指标大幅提升。其中，盘点准确率从48.15%提高到99.00%，每个SKU（产品）的拣货时间从300秒降低到30秒，盘亏金额从15万元降低到不足1000元，获得了客户的高度认可。

相对于我们那些为客户改善了2.7亿元现金流的项目而言，这些改善的绩效可能不够显眼，但对于这个销售额只有1500万元的备件项目而言，这个改善已经比较可观了。

值得一提的是，除了货架、周转箱、周转车等必要的操作设备，客户并没有其他大的投入。也就是说，仅仅通过我们对客户的业务逻辑梳理和流程再造，就给客户创造了可观的价值。那么，客户的情况是什么样子？我们是如何做到的呢？

2013年12月，一个很偶然的机会，我陪朋友去看一家企业。这是一家销售进口农机的企业，王总接待了我们。可能是职业原因，我到每个企业，都喜欢看看仓库，到了这家企业，自然也不例外。只是那一天刚好是周日，员工不上班，没法进入仓库，只能隔着玻璃看了看。

中午吃饭时，我善意地告诉客户：“（你们的）仓库管理可能存在两个问题。”

王总问：“什么问题?”

我说：“一是库存盘点准确率会很差；二是拣货时可能找不到货，或者说，找货时间很长。”

王总一听，瞪大了眼睛：“你怎么知道?”

我说：“仓库现场的状况能够反映管理的水平。”

王总叹了口气：“不止这个，我们还丢货。”

我详细地向王总讲了仓库管理的一些要素、方法和工具，希望能够给王总一些启发和思路。

饭后，王总说：“孔先生，我们不太熟悉物流专业，短时间内，我也学不会你说的这些东西。您这么专业，可否帮一下我们?”

此后，经过和总经理短暂的商谈，我们签订了一个物流诊断改善服务协议。一般的老板往往有一股居高临下的气势，而这位总经理却从内到外都透着谦和，把她的团队介绍给我，就放手让我带着她的团队工作了。她只在每天晚上 9 点左右给我打个电话，询问一下进展和困难。

经过一段时间的梳理和统计，我测算出仓库的盘点准确率是 48%，盘亏 15 万元，这是很差的操作质量数据。

盘点准确率差会严重影响企业的运营效率和运营质量。正常情况下，接到客户购买备件的订单时，操作员会通过查看账上的库存余额判断有没有库存，从而确定对客户的交付承诺。如果盘点准确率差，账和实物不符，会带来很多问题。比如说，如果仓库有货，但账上显示没有，就会造成有订单却不能卖、重复下采购单，占用资金，降低运营效率；反之，如果仓库里没货，而账上显示有货，就会造成承诺无效，影响服务质量和客户满意度。

经过初步分析，我们把改善后的仓库盘点准确率指标定为 99%，拣货的准确率定为 99%。

深度了解客户的业务后，我发现其主要有 4 个问题：

（1）没有系统地规划仓库；

（2）没有仓库管理系统（软件）；

（3）没有对入库、拣货、分货、出库等业务逻辑建立健全的操作流程；

（4）没有差错率等 KPI 指标的统计方法、分析方法、纠错方法。

针对客户存在的问题，我带着客户的操作团队，制订计划、制订方案、逐步实施。

第一，仓库规划。包括仓储设备选型、区域规划、仓库标识、安全等，其中货位是仓库规划的核心之一。所谓货位，就是仓库中存放货物的位置，比如货架，或者货架上的周转箱、托盘等。为了管理货位，通常既要规划货位容量，又要给货位进行编码，当货物和货位关联时，我们就可以准确地知道哪件货在哪个位置了。

这家公司的SKU（单品）的数量有3000多个，因为没有货位编码，每件货物平均找货时间3~5分钟，耗费大量的工作时间。通俗地说，就是小区里住着3000家人，但没有门牌号，所以找人困难；如果给每家编上门牌号，就简单多了。

经过合理规划，设立好货位、货位编码，操作员就可以凭拣货单上标识的产品编号和货位编码判断货物的位置，直接到货位上拣货，根本不需要浪费时间“找货”。根据现有的需求和对未来的预测，规划了5000个货位，进行系统的编码，为每个单品设立了货位，这样就解决了货物的入库逻辑和存储逻辑。

第二，信息化管理，在这个问题上，我碰到了难题。

略有仓库管理经验的人都知道，仓库内产品品种多，没有信息系统是很难管理的，员工很难记住大量的货物、货位，更不用说频繁的出入库数据了。这家企业还没有对业务进行专业化管理，没有仓库管理系统。

我接手项目时，还有一个月就到业务旺季了，仓库管理系统的选型、论证、调研、流程制订、调试等都需要大量时间，显然来不及。

在没有仓库管理系统，人力资源又很紧张的情况下，应对旺季的大量操作，很难实现99%的盘点准确率和99%的拣货准确率。

怎么办？如何向客户交代？

静下心来，我打开客户的财务系统（其实是一个小的ERP系统），仔细研究每一个模块，并希望得到软件公司帮助，与其沟通了用系统管理仓库的想法。令人失望的是，软件公司回复：“这个软件的设计初衷就不是管仓库的。”

无奈之际，再次静下心来，仔细研究那个财务系统，发现“产品信息”一栏中，有两个字段没用，如果修改这两个字段，再辅以业务逻辑梳理，基本就可以实现仓库管理的核心工作，即货位管理。

我拿着这个方案，问系统管理员：“能不能把这两个字段修改为货位编码？”

他回答：“可以。”

我又问：“这两个字段是否与SKU（货物）直接关联？”

他回答：“是。”

我又问：“如果我们设置一下表格的格式，能否把这两个字段加到入库单和出库单里？”

他回答："可以。"

我再问："如果出库单和入库单上有货位码，仓库操作员是不是就能准确知道货物位置了？也可以直接到相应的位置取货？"

他又回答："当然可以！"

找到答案了！原来"救助"之道，就在其中！

结合仓库规划、系统、单据，我建立了一套通过系统管理仓库的方案，经过调试，方案通过了！

问题解决了！在几乎没有附加任何资源的情况下，能把问题圆满解决，算是摘叶作刀了。

实际上，很多企业并不缺乏资源，而是缺乏对资源的开发和利用，就像手中有青龙偃月刀，却缺乏舞动这把刀的功力。

这可能是很多企业的缩影，大部分人在嚷嚷着降本增效的时候，很少有人能坐下来，认真研究企业的业务逻辑，深入研究企业的软性管理。这正如做园区项目时经常发生的情况：在讨论一个仓库或者厂房外观的时候，大家引经据典、纵横捭阖、贯通中外、滔滔不绝，可是轮到讨论内部逻辑了，一个个都没声了。其实，就仓库而言，外部就是个壳，内部才是芯。

仓库面临的另一个挑战是寒冷。哈尔滨的冬天气温经常低于 -20℃，仓库的温度和外面相差无几。操作员在没有保暖的环境下，不可能长时间地收货和分货，这样会严重影响工作效率。基于此，我建议把收货和分货安排在一个 200 平方米的有暖气的车库里，并对现场做了精细的规划。操作面积从 1000 平方米缩小为 200 平方米后，为了保证操作质量，我把每个操作动作都做了分析，制订了细化管理方案。

仓库规划和信息系统这两个关键要素都解决了。

一切规划完毕，紧张的旺季也到了，整个现场就像一条流水线，收货、核对、分货（有些货直接分发给客户）、上架、拣货、出库，井井有条。紧张地忙碌了两个月，把这个旺季赶完了，大家都松了一口气。

盘点时，大家发现，仓库准确率仍然很差！

总经理面带忧虑地说："孔老师，差得不少！"

我说："我们设计的流程和系统有核对功能，可以查出来操作错误，我先查查。"

我们核对系统数据、核对仓库操作记录，发现有 23 张分货单没有在财务系统做出库单，金额有十几万元。也就是说，由于操作的疏忽，有些已给客户发货的清单没有录入系统，这意味着系统没有记录这些发货，财务也就没有为这些货物开发票，公司可能也不知道需要收这些账款。

找到问题后，大家如释重负。为了避免类似事件的发生，增加了碰盘管理（一种盘点管理），其操作方式是把当天操作的产品做及时的盘点检查，及时发现差异，及时解决，不累积问题。

修正完数据后，再看盘点准确率，已经超过99%，达到预定的指标了。在这之前，当盘点差异很大时，仓库说仓库的数据是对的，财务说财务的数据是对的，可是两个数据差距太大，怎么办呢？现在，两个数据都是一样的，问题自然解决了。

后期，我又跟踪服务了半年，操作团队每天发来盘点和操作数据，我做简要的分析后，提出改进的建议。整个操作团队都变得越来越自信——倒不是因为做了什么伟大的事，就是把每件小事都做好了，对自己的工作心里有底了。

这个项目的成功，一方面是企业的信任和团队的努力，另一方面也需要咨询师将心注入，深入业务的核心逻辑中，深入操作的各个细节中，理清阻滞，找出核心问题，并加以解决。

很多领导、老板很注重财务管理，管理一分钱，签字一支笔。我认为，管理货物比管理钱更重要，因为“货物”就是流动的“钱”：能动钱的人毕竟是少数，但是能动货的人就很多了。这么多流动的“钱”，难道不需要管好吗?！遗憾的是，国内很多企业并没有重视仓储物流的管理，包括设施、人力、培训、激励等，远远没有达到基本要求。物流质量不高，物流成本居高不下，也就不足为奇了。

这个项目历时5个月，通过反复的规划、设计、培训、检讨等，重塑了业务流程，再造了管理基因，改善了绩效指标。表面看起来，整个过程纷繁复杂，其实对于专业人员而言，从业务逻辑的角度来看，整个业务就像被树叶和污泥盖住的清泉，研究明白后，疏浚清理，自然成溪了。

（原文发表于2015年《和君商业评论》）

第六讲

运输管理

- 调度
- 运输规划
- 运输寻源
- 运输管理

模块 18　运输管理的逻辑

手记 107

好的调度，可以化腐朽为神奇

1. 对调度的基本认识

“调度”一词，我们并不陌生，制造业企业和流通业企业基本上都有调度员、计划员，经常听说汽车调度、火车调度、轮船调度、物资调度、军队调度等。那么，“调度”是什么意思？

“调度”一词乃古语，春秋时已有之。《楚辞·离骚》：“和调度以自娱兮。”朱熹集注：“调，犹格调之调。度，法度也。”“调度”在这里的意思是“合拍，合韵律”。

宋朝，吴曾的《能改斋漫录》：“募彊弩二万，且地便近，易调度，诏可。”此时，“调度”已有“安排、指挥”之意。

老舍的《四世同堂》：“晓荷很满意自己的从容不迫，调度有方。”此时的“调度”就是“安排”的意思了。

据信，抗日战争时期，中国最高峰时投入总兵力大约 540 万人，加上后勤补给人员，大约 3000 万人；抗美援朝时期，中国人民志愿军先后入朝参战的各种部队共计 35 万人。英勇的中国人民先后把日军赶出中国，把所谓的“联合国军”打回三八线。其中，抗日战争耗时 14 年，抗美援朝 3 年。这么大的战役，持续这么长的时间，人力、武器、衣食、补给，那可是大调度啊！

那些以少胜多、以弱胜强的战争，一方面取决于军队的强悍的战斗力和坚强的精神意志，另一方面还取决于指战员的卓越调度，也就是军事指挥。

我这写篇文章的时候是 2020 年 2 月 10 日，正值新型冠状病毒性肺炎肆虐之时，各省都在调度疫情防控工作，以举国之力，共度时艰。

企业也是一样，管理得好的企业，以 1 亿元的资产，可以完成 10 亿元的销售；管理得差的企业，以 1 亿元的资产，只能完成做 5 亿元的销售；这其中有许多原因，但资源调度的水平和效率，肯定是主要原因之一。

如此一来，从某种意义上来说，国家管理的好坏、企业管理的好坏，往大里说，都是调度的结果。

需求和供给的不平衡是调度需要解决的基本矛盾。

如果资源足够充分，也就不需要调度了，所以调度的目的是以较少的资源实现较大的供给。

当我们把某项东西定义为资源的时候，这项东西已经得到了重视。永远不会短缺的东西不会得到重视，也不会有人研究，只有短缺或者有可能短缺的东西才会得到重视，才会被称为资源。所以，资源往往是不充分的，这是资源的一个特性。

调度的公式如下：

需求 =f（资源）

也就是说，需求是资源的函数。如果把需求和资源进一步细化，则会得到公式：

y（需求）=f（资源、时间、空间）

也就是说，需求是资源在时间和空间上的配置，而供给也是资源在时间和空间上的配置。当然，这两个资源可能相同，也可能不相同，但是一定相关。比如，调度可以是把白菜从仓库送到餐馆，也可以是把白菜做成醋熘白菜端上餐桌。

既然是资源，那就存在需求和供给的不平衡。前面已经论述过，永远不会缺的东西不是资源，永远没有需求的东西也不是资源，有需求但没有的东西也不是资源。就是因为资源是存在的，而且存在供求不平衡，才会有资源问题，才需要调度。所以调度的好坏实际上是平衡资源的好坏，调度的能力也就是平衡资源的能力。

调度得好，原本不足的资源可以变得有余；调度得不好，原本有余的资源也会变得不足。

调度的范围极其宽泛：往大处讲，是调度国家军队、调度国家粮食；往小处讲，则是调度工人、调度材料、调度设备。

从以上论述可见，调度就是制订计划，并配置资源，以确保计划实现。调度的核心是如何高效率地配置资源，调度的目的是尽可能以小的成本完成大的任务。

如此看来，调度是一项充满智慧的工作，是承启计划和执行的重要桥梁。

2. 调度的核心内容

从战略落地的角度来看，调度是计划和执行之间的资源筹措和配置。战略落地有 4 个阶段（见图 6-1），即战略、计划、调度、执行，而调度是介于计划和执行之间的纽带，既是计划的一部分，也是执行的一部分。

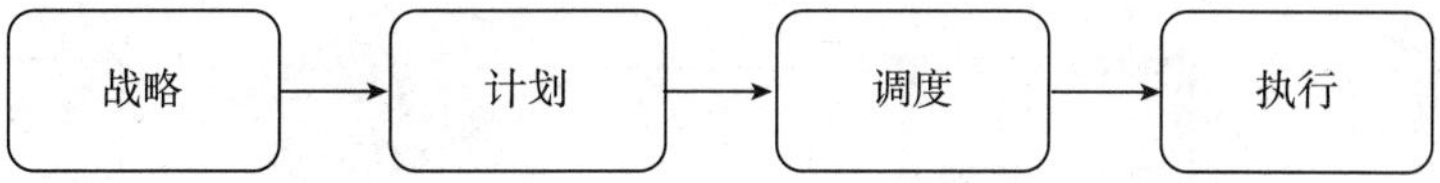

图 6-1 战略落地的 4 个阶段

我对调度的定义：调度就是为了保障计划落地，而对资源所做的组织和安排。

从供应链的角度来看，也是如此。

产品生产计划编制出来之后，还仅仅是纸上的东西，要组织计划的实施，把纸上的计划变成现实的产品，就需要一个部门去组织实现这项任务，这就是调度。

运输计划做出来之后，要组织计划的实施，安排车辆、装卸设备、人力、油料、维护等资源，完成运输任务，这也是调度。

调度需要出色的计划能力。此处说的计划是“大计划”：就制造业而言，包括产品规划、物料规划、设备规划、资金规划、人力规划等；对于物流公司而言，包括业务计划、运输资源计划、人力计划、资金计划等。

调度需要出色的计算能力。对于物流而言，完成一项任务，需要多少物料、需要多少车辆、需要多少仓库、需要多少人力、需要多少资金，都需要精密计算、周密筹备。

调度需要运筹，需要计算，需要研究调度的方法和逻辑。计算就需要建模型，好的物流调度师或者物流工程师都有快速建模的能力。本书第三讲中提供了很多模型，比如DPPO 模型、杜邦模型、SCOR 模型、TOC 模型、ABC 模型、EIQ 模型、PCB 模型、现金流分析模型、SLP 模型、SHA 模型等，这些模型能够帮助我们发现需求、供给及其之间的规律，更好地做好调度模型。

那么，应该调度哪些内容呢？全面质量管理理论中有 5 个影响产品质量的主要因素，即人、机、料、法、环。人，即制造产品的人员；机，即制造产品所用的设备；料，即制造产品所使用的原材料；法，即制造产品所使用的方法；环，即产品制造过程所处的环境。

其实，这就是调度的核心内容。

建立调度模型，也要围绕这 5 个要素进行安排：①前提条件；②基础数据；③计算逻辑；④变量输入；⑤得出结果；⑥根据结果对基础数据和变量进行修正，直到得出自己想要的结果。

第三讲中也提到了边界理论，边界理论中的边界和建模的“前提条件”有些类似。

一般情况下，模型需要保持计算逻辑的稳定性，计算逻辑设计完之后，就应该成为一个黑匣子，除非在有必要的情况下，一般不去修改其中的公式（见图 6-2）。

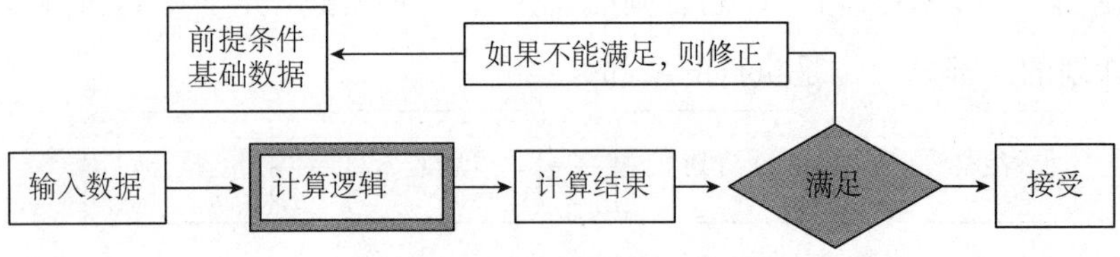

图 6-2　调度建模示意图

熟悉 Excel 或者数据库的人往往有很好的建模能力。这个世界上，没有什么是不能运算的，只不过是精确度和速度的问题，只要把思路讲清楚，都可以建模型计算。

调度需要出色的协调能力。协调能力既是一种技术能力，又是一种艺术能力。同样一件事，由于各人协调能力的差距、结果就不一样。由于调度要与各部门、各种人打交道，决定了调度处于指挥的中心位置。没有出色的协调能力，是没法胜任的。

调度需要出色的应变能力。

编制计划时，无论考虑多么周密，安排如何具体，也不可能预见到实际执行过程中的一切变化。实际执行过程中，情况十分复杂，千变万化，有局部的，也有整体的；有内部的，也有外部的；有工艺方面的，也有设备方面的；有主观因素，也有客观因素。这些问题一旦出现，小则造成生产被动，大则造成生产过程中断，生产停车，计划难以完成。

调度要有快速的应变能力，及时了解掌握这些影响因素和解决问题的方法，组织有关人员处理解决这些意外因素，保证项目安全运行。

3. 某仓库的移库调度

2014 年，我辅导哈尔滨的一个客户移库，把一个备件仓库里的所有货物转移到另外一个仓库，大约有 3000 个 SKU。刚开始，大家有些犯愁，因为上次搬库花了一周时间，这次货更多，而室外气温低至 -30℃，什么时候干完啊？我说：“大家不要着急，按照我们的计划和规则来。”结果，我们用了 2 天时间就搬完了。

事后，我问他们：“为什么我们上一次用了一周时间？”

他们说：“上次我们没有秩序和计划。”

我说：“哦？那么这次，我们的计划好在哪儿？我们的秩序好在哪儿？”

员工甲说：“计划保证了人力得到了充分的利用，秩序保证了操作不乱。”

员工乙说：“上次搬库，大家没有清晰的计划分工，忙的很忙，闲的很闲，效率不高；另外，上次对于具体工作的做法没有培训，一个员工一个样，工作起来很乱。这一次，我们是一物、一卡、一箱、一位、一录、一盘，就是每个 SKU 装在单独的箱子中，每个箱子一张物料卡，卡上标识 SKU 名称、编码、数量、新的货位，在新的仓库中放在新的货位上，顺手盘一下数量，录入系统，整个过程很流畅，错误很少，即使有，也可以很快发现。”

员工丙说：“这一次，我们按照各个环节的需求配置了人力，形成了流水作业。为顺利移库，我们制订了计划和规则，包括安全制度、操作流程、工作分工、工作计划等，组织得井井有条。

4. 小调度挽救大危局——某铁路场站的调度项目

有一次，我辅导一个铁路堆场项目。一天，一位管理人员满脸沮丧地进了我们办公室，问："孔老师，我的一个大项目出大麻烦了。怎么办？"

我问："什么大项目？什么麻烦？"

他说："某钢厂需要明天晚上 24：00 之前必须完成 57 车的矿石配送，否则系统一旦关账，就会非常麻烦。我们面临许多问题，人力、车辆、司机、吊车、火车安排、空箱返还、其他客户的紧急配送等，时间太紧、任务太重，事情又杂，根本做不过来。以我们现在的资源，根本送不出去！这次要砸了！"

根据我对这个企业的了解，其自身的资源和可以整合的资源是不错的，之所以不能安排好这个项目，更多的是调度问题。

我说："这样，通知所有高管，通知和这个工作相关的所有的中层经理，今晚 19：00开会；通知董事长，请他务必参加。会议议题是讨论如何在明天晚上 24：00 之前完成 57 车矿石的配送任务。"

会议开始了，大家陆续提出了自己关心的一些问题：人的问题、司机的问题、车的问题、吊车的问题、火车头的问题、道路的问题（刚刚下了一场大雪）、空箱返还的问题（需要在火车头返还时，返还空的集装箱）、其他客户的紧急订单问题……

听完了所有的意见后，我确认做好这件事需要 1 项条件、3 项资源、3 项支持：

（1）1 项条件是道路条件允许；

（2）3 项资源分别是司机、大车、装卸设备；

（3）3 项支持是客户端入场及卸货支持、客户和堆场的操作系统完好、过程资料完好（文件、卡等）。

经过周密讨论，反复推算，我们制订了调度计划，以 18 辆车，周转 3.5 次，可以在明天晚上 21：30 之前完成工作任务，当然，这需要各参战部门精诚合作，紧密衔接，不能浪费一丝一毫的资源，尤其是关键环节的资源。

为保障项目顺利完成，公司成立了项目组，董事长亲自担任组长，项目成员为各相关部门的负责人。其中，销售负责协调客户关系，运输部门负责运输，吊装部门负责吊装，各支持部门负责信息系统等支持工作。经过各部门通力合作，第二天晚上 22：30，任务完成了，其他的工作也没有耽误！这次能够完成任务，关键是合理的调度和高效的管理。任何好的计划都会碰到意外，那些小意外往往会带来大麻烦，而这往往是在调度过程中考虑不到的。

相比预计的 21：30，之所以延误了 1 个小时，有 3 个原因：一是有位司机丢了进入钢厂的IC卡，补卡耗时40分钟，导致1辆车受影响；二是钢厂下午17：30－19：00要核算、交班，原计划没有考虑这个时间，导致7辆车受影响；三是最后2个集装箱比较隐蔽，司机在堆场找了35分钟，耽误了时间。

图6-3为本次矿石运输车辆调度图。

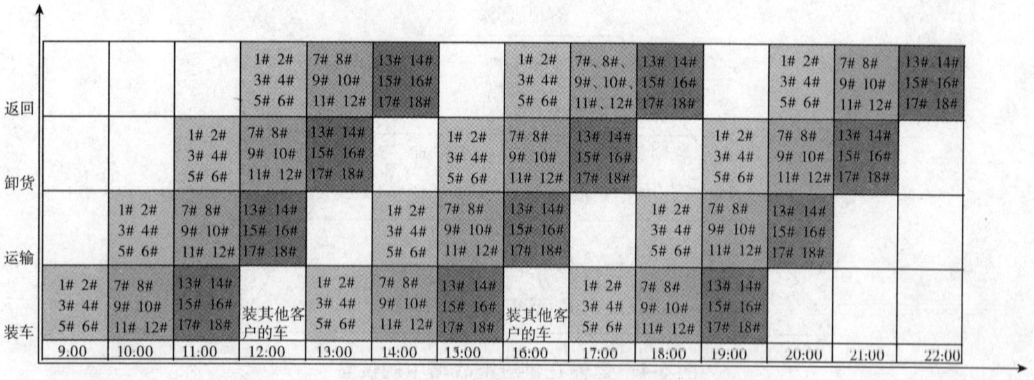

图6-3 矿石运输车辆调度图

说明：1#、2#等都是车辆编号。

手记108

运输战略的结构效率

制造业和流通业都需要交付货物。货物只要发生位移，就需要运输，所以，运输是制造业和流通业绕不过去的重要职能。

运输的基本功能就是在两个特定地点之间传递货物，并确保按时到达、货物状态良好、成本合理（可以理解为按时、按质、按价），所以，时效、安全、成本是运输的3个核心指标。

运输连接了供应链的各个环节，是交付的关键环节之一，是整个公司运营的重要职能，其目标有两个：一是提供客户所要求的服务水平；二是在可接受的投资水平下，让成本最小化。

我们往往希望客户服务水平高一些，而成本低一些，这是一对矛盾。提高时效、提高安全性可以提高客户服务水平，但同时会带来成本提高。降低时效、降低安全性可以降低成本，也会影响客户服务水平。因此，好的运输方案，都是在服务和成本之间取一个平衡。

运输是物流体系的一部分，而物流是供应链体系的一部分，供应链是整个业务运营的一部分（见图6-4）。

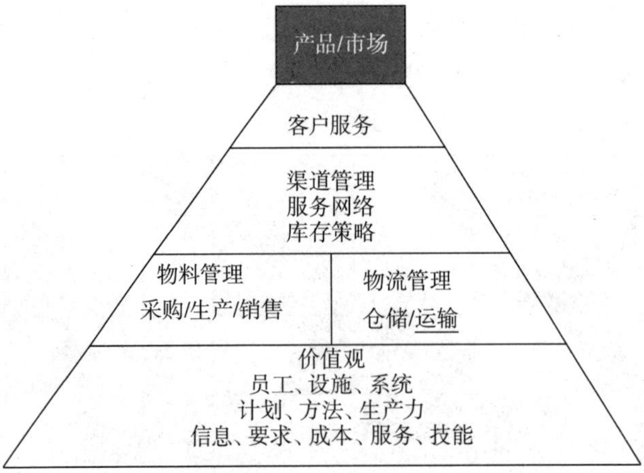

图6-4 运输在供应链战略中的位置

所以，一个优秀的运输经理要将物流理解为一个体系，一个服务和成本的混合体，他（她）必须能够以科学的方法来探索运输业务，能够找到最有效率、最经济的方法以完成既定任务。

运输规划需要同时考虑运营效率和结构效率：此处的运营效率指运输的操作效率，此处的结构效率指供应链的规划及业务模式的规划所产生的效率。在供应链的框架下，规划运输时需要首先考虑结构效率。运输是指用适当的时间，花费适当的成本，把适当的货物运送到适当的地点。从物流战略上来讲，业务模式、工厂设置、仓库设置、配送方式是供应链的结构设置。在同样的情况下，如果A方案的仓库位置可以避免大规模的运输成本，而B方案的仓库位置会带来大量运输，那么，只要选择了B方案，运输就没有结构效率，因为运输成本不太可能为零。所以，无论如何优化，B方案都难以达到A方案的成本优势。

因此，运输战略必须清楚地分析产品特性、客户分布、客户服务水平、渠道分布、配送网络设计、成本、竞争力等，通过全盘考虑，所制订的方案才能提高整个供应链的竞争力，提高企业的竞争优势。

理论上来讲，对于一个给定的服务水平，就可以确定合适的成本水平，运输的战略就是确定成本和服务水平之间的平衡。

手记 109

选择运输方式需要考虑的要素

假设一家制造企业也配送产品客户，选择运输方式需要考虑诸多要素。

1. 客户

主要指与客户需求相关的信息，包括：

（1）收货点的位置：包括有多少个客户的收货点，收货点在哪儿。

（2）收货点的特征：包括收货点卸货条件（是否有站台，是否有吊车、叉车）、卸货时间、卸货重量等。

（3）订单规模：年度总货量、订单频次、每次订单的货量、订单规律等。

（4）服务水平：配送的时效要求，是 24 小时还是 1 周？是否需要卸货？

（5）回程管理：是否有返程物品或者有周转箱需要带回？

（6）信用等级：客户的付款是否及时？

2. 产品特性

产品特性主要指 SKU 的特性，SKU 的特性决定了装、运、卸、存的方式，包括以下特性：

（1）产品的尺寸和形状：是否属于特殊尺寸的产品？

（2）重量：产品是否太重了？

（3）价值：货值是否很高？是否需要保险？需要何种保险？承保哪些范围？

（4）易碎品：是否为易碎品？

（5）变质：是否为易变质的产品？

（6）危险：是否为危险品？

3. 公司情况

分析公司的制造地点、仓库地点、配送网络等。

（1）制造地点：有几个制造点，在哪里制造？

（2）仓储地点：有几个存储点，在哪里存储？

（3）配送网络：对物流供应商的选择和培养。

（4）财务状况：公司的支付能力。

4. 环境

对于运输而言，环境因素是很大的限制因素。

（1）基础设施：公路、铁路、港口、机场等基础设施。

（2）可用的运输方式：公路、铁路、港口、机场等运输方式。

（3）技术：有什么好的运输技术、管理技术？

（4）气候：雨、雪、极热、极寒等天气。

（5）地理：道路状况、水文状况等。

考虑了上述诸要素，结合服务水平，可以计算出各项运输方式的成本，也不难选出合理的运输方式。

手记 110

选择运输方式时，需要考虑效率和成本的平衡

选择运输模式时，需要考虑效率、成本和安全性。

比如，当缺乏零部件导致生产中断时、速度就成为压倒一切的因素。

假如你的一个客户由于马达损坏而造成生产线停产，每天损失 5000 元，而你手头上刚好有一个新的马达，有两种运送方法可供选择：

1. 使用航空运输：配送时间 2 天

产量损失 5000 元/每天，运输时长为 2 天，总计产量损失为 10000 元；

空运运费为 2000 元；

总成本为 12000 元。

2. 使用地面运输：配送时间 12 天

产量损失 5000 元/每天，运输时长为 12 天，则总计产量损失为 60000 元；

陆运运费为 200 元；

总成本为 60200 元。

结果对比：采用空运能够节省的费用为 60200 − 12000 = 48200（元）。

曾有一篇文章讲了苹果公司为什么选择空运。

苹果的 iPhone 和 iPad 都是通过航空运输的，原因竟然是时效性和成本都合适。苹果公司选择空运，一方面是希望能够把产品在第一时间送到客户手中；另一方面是空运的实际资金成本其实要低于海运。

从美国到中国，海运需要 30 天，而空运只需要 15 个小时。从运输成本来看，以一加仑汽油 4 美元来计算，如果苹果公司选择海运，每台 iPhone 和 iPad 的运输成本为 1 美分；而如果苹果公司选择空运，那么每台设备的运输成本将达到 50 美分。

那么，苹果公司为何还要多花 50 倍的价钱选择空运呢？这是因为，苹果公司需要在货物运输的过程中承担资金成本。如果是海运，从发货到零售商拿到货，其间有 30 天的运输时间，而苹果公司将为此承担 30 天的海运成本，导致其必须放弃手中大量现金所带来的利息。

我们以月为单位计算：假设银行的利息为 0.25%/月，一部 iPhone 的售价 600 美元左右，因此其利息成本就是 1.5 美元（600×0.25%）。再假设苹果公司的设备平均有 50% 的利润，那么这部分的成本就是 0.75 美元。大型公司的资金成本一般在 9% 左右，再加上 0.75 美元的利息成本，如果苹果公司选择海运，那么对于每台设备，其承担的额外成本将在 3 美元左右。

因此，虽然海运的直接成本远低于空运，但是从资金成本的角度考虑，苹果选择空运无疑是更明智的。

手记 111

运输的绩效指标

运输种类很多，而不同的运输类型都有不同的绩效指标。下面以陆运为例，对运营绩效做简要说明。

和 SAP 把运输看成事件管理不同，英国皇家物流与运输学会把公路运输定义为对活动的管理。运输是一个事件，也是一个活动（Activity），从概念上分 3 步：投入资源，做运输活动，活动输出价值。所以，在制订运输指标时，也主要考虑这 3 个因素：资源投入的情况，活动完成的程度，活动创造价值（服务）的多少。

公路运输主要有 3 类指标，主要评估输入、活动和输出（见图 6-5）。

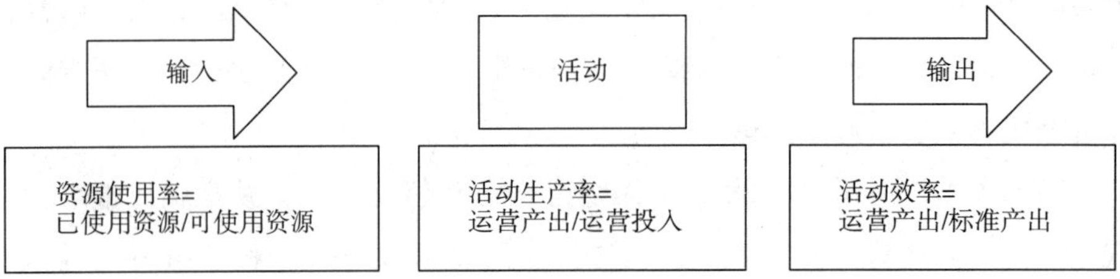

图 6-5　运输绩效模型

1. 资源利用率

司机时间利用率 = 司机实际工作的时间/司机可工作的时间

车辆时间利用率 = 车辆实际工作的时间/车辆可工作的时间

车辆空间利用率 = 车辆实际使用的空间/车辆可使用的空间

车辆重量利用率 = 车辆实际使用的重量/车辆可使用的重量

所谓“物以稀为贵”，讲的就是资源的稀缺性。当设备变得更重要时，就要歇人、不歇设备；当人变得更重要时，就要歇设备、不歇人——关键是如何加快核心资源的快速周转。

2. 绩效

及时到达率 = 及时送达的订单数/总订单数

吨・千米成本 = 总成本/（总吨・千米）

立方米・千米成本 = 总成本/（总立方米・千米）

里程完成率 = 完成的里程/预期的标准里程

驾驶时间完成率 = 使用的驾驶时间/预期的标准小时

3. 生产率

里程利用率 = 载货里程数/总行驶里程数

行驶速度 = 行驶里程数/行驶小时数

燃料消耗率 = 行驶里程数/燃料消耗

车辆运行卸货率 = 卸货次数/驾驶小时

车辆行驶率 = 车辆工作时间/车辆可以工作的总时间

由于业务模式不同，每个公司的运输绩效也不同。表 6-1 为某公司的运输绩效表。

表 6-1 运输绩效表

序号	绩效指标	类别
1	及时提货率	运作指标
2	装车及时率	
3	体积装载率	
4	重量装载率	
5	及时发车率	
6	经停卸车及时率	
7	终止卸车及时率	
8	及时送达率	
9	及时签收率	
10	差错率	质量指标
11	破损率	
12	丢货率	
13	吨·千米运价	成本指标
14	吨·千米成本	
15	吨·千米（吨·立方米）利润	

每个公司应根据自己业务的特点制订适合的运输绩效指标，一般情况下，主要指标应有 3～5 个，覆盖成本、时效和操作质量即可。比如，对于快递来讲，可以考虑 6 个指标，即及时揽货率、及时送达率、及时签收率、每包裹成本（每千克操作成本）、破损率、差错率等。

手记 112

联邦快递的培训师讲解路由规划

所谓路由规划，实际上就是我们常说的路线规划，快递公司往往称之为路由规划。

2006 年，我在大田集团担任物流工程部经理，物流工程部是物流方案设计部门，根据客户的需求设计方案，或者做一些战略规划。

当时，大田集团和美国联邦快递正在运营一家合资公司，名叫大田联邦。后来大田集团把合资公司的股份出售给联邦快递，成交额为 4 亿美元，轰动一时。即使现在看来，这也是一笔大生意。

在这期间，大田集团邀请了物流联邦快递的一位培训讲师讲课，其中一堂课就是路由规划，讲得很精彩。

“如何做一个城市的路由规划呢?”

培训师一边说话，一边在白板的中央划了一条横线，说:

“每个城市都有一条核心的道路，我们称之为基准线（baseline），这条线把城市分成两个大区。”

他又在基准线上画了两条垂直的线，说:

“基准线两侧的道路把这个城市分成很多区域（area）。”

他又在每个区内画了两条线，说:

“区内的道路把区划成很多区块（block）。”

他又在区块内换了一些方块，代表楼群等建筑物，说:

“这些建筑物就是我们配送的客户的地址。

“所有这些地址，建立地址库，录入到信息系统。

“为车辆行驶的路线，建立数据库，规划到信息系统。

“规划配送线路。

“将货物装车，按照卸货的先后次序。不用说，最后卸的货物，需要先装，避免造成搬运浪费。

“根据当天到达货量的订单数、数量、体积、重量，就可以测算每个区域所需要的车辆数量、司机数量、配送员数量。据此，可安排车辆调度、人员调度。

“信息系统会形成一张完整的配送地图，司机和配送员可以按照地图的指示，完成当天的配送。”

2 个小时下来，培训师把路由规划和配送操作讲得清清楚楚，我当时还是一个外行，都听得明明白白。

在互动环节，培训师问我们怎么做的。一个规划总监说:“这种做法会浪费很多效率，我们没有这么详细的规划，只是划分了区域，配送员都熟悉自己的区域，也可以完成任务。”

培训师听后，一脸严肃地说:“联邦快递之所以做这个规划，考虑的不是效率。我们考虑的一是要满足我们对客户的承诺，及时配送；二是规避影响操作质量的因素。人有不确定性，比如可能会在休假、生病等原因而不能工作。所以要搭建完善的管理体系。这样严谨的体系搭建完成后，任何司机、任何配送员都可以完成任务。”

这件事情已经过去十几年了，我至今还记得当时培训师严肃的表情。卓越的企业，在战略和管理上是不敢懒惰的，也不敢取巧，做什么事，都是踏踏实实，认认真真。

手记 113

快递、专线、快运、零担有什么不同

运输是指用工具把货物从一个地点运送到另一个地点的物流活动，它改变货物的空间位置，满足社会的需要，创造商品的空间价值。

运输是物流的核心功能。运输方式有很多：公路、铁路、航空、海运、管道、皮带等。

对于快递，大家都很熟悉，在此不作介绍。

快递和快运的运作模式接近，只是速度上有差别，从空运变成陆运，从小车变成大车，从按时间发车变为装满一大车再发车。因为这些变化，配送速度降了下来，成本自然也降了下来。快递 2 天能达到的货物，换了快运，可能要 4 天。

专线运输是指公路运输企业按照物流业务需求在始发地和目的地之间开始专门的运输线路。比如，有些物流公司只开 2 个城市之间的专线运输，比如北京至武汉，由于班次稳定，运量稳定，来回都有货，也能满足一定的时效性，可以吸收更多的货量。专线运输的速度较快，和快递比较，专线运输的网络没有快递那么完善。

零担运输（Less-than-Truck-Load）是指货主需要运送的货不足一车，作为零星货物交运，零担是相对于整车（Full-Truck-Load）而言的。零担运输需要凑零成整，需要等待，因而速度慢。零担现在已经发展成为一个运输行业，定线路、定时间的零担班车，利用汽车运输的灵活性，发展成为上门服务的零担送货。零担送货并非一程到家，而是选择合适的成本，比如从北京到深圳的货物，可能先运到上海，再运到杭州，再运到广州，再运到深圳，其间会利用较低的运输资源或者返程车资源，时间会长一些，价格较便宜。

企业选择运输资源时，要根据自己的实际需求，选择成本和时效都合理的运输资源。

模块 19 运输管理案例分析

手记 114

物流公司都是星夜兼程

几年前，我辅导一家医药公司做物流改善，优化物流供应商和物流成本，其中首要的事项是选择和培养物流供应商。物流供应商选择主要考虑两个指标：一是时效性，二是成本。时效性就是送达时间，比如从北京到上海，要求门到门 3 天之内送到，我们称之为 3D18，就是第三天下午 6 点之前配送到门。成本按照重量计价，比如每千克 1 元（也有其他指标，如破损率等）。

物流公司为了完成时效，都是 24 小时运转的，各个物流中心、分拨中心、配送中心基本上是连轴转，可谓星夜兼程。

医药分销行业竞争非常激烈，对时效性要求很高，从粤东的汕头发货到南粤的中山、广州，要求次日到达，否则就会影响客户的体验和客户的满意度。从距离来看，从汕头到广州只不过 500 千米，如果是整车全程陆运直达，一日之内，便可到达。但是，由于每次发货重量大约从几十千克到几百千克不等，货量不足以凑够整车，这种情况下就只能用快递或者物流。

快递和物流是如何操作的呢？大的快递公司和物流公司都有完善的网络，通过物流网络实现货物收集、分拣、集中分拨、干线运输、支线运输、分拨、配送、客户签收等工作。

举例来说，百世物流把广东汕头客户的货物配送至青岛市黄岛区的一个收货人，中间经历了哪些过程呢？

（1）第一天：百世物流上门收货，收货时间截至 19：00，然后将货物运到汕头的集货点，21：00 再统一把货物运输到虎门（虎门是广东省的省际分拨中心）。

（2）第一天：虎门省际分拨中心把 24：00 前收到的所有货物按照线路进行分拨，在 3：00 之前按照线路完成货物分拣，——其中，广东省内大概有 20 多条线路，省外大概有 50 多条线路。至此，细心的读者可能已经意识到分拣流水线的重要性了：要把几十万个包裹在 3 个小时内分拣完毕，需要完善的流水线和条码系统。如果货物没有标识（或者标签丢失），对于快递公司而言，是灾难性的事情。

（3）第二天：凌晨5：00，从虎门分拨往各省或者广东省内的货物开始发车。如果目的地是深圳，估计2个小时就能到深圳的分拨中心，然后再分拨到各个小区域的配送中心。快递员拿到货物后，如果顺利，上午可以配送完毕，如果不顺利，需要在下午18：00之前配送完毕。

如果青岛，则需要先将货物运输到山东的区域分拨中心临沂（25个小时左右），大约在第三天6：00到达临沂区域分拨中心。

（4）第三天：大约12：00之前，临沂区域分拨中心把货物分拨到各地区及城市，货物分拣完毕并完成装车。

（5）第三天：山东省内的配送基本上在8个小时内可以完成。临沂距离青岛大约400千米，预计5个小时就可以送达。

（6）第三天：大约17：00，青岛分拨中心收到货物，像接力赛一样，再把货物往县（市）级分拨中心分拨。先完成分拣，然后装车、分拨，整个过程大约6个小时，大约在3个小时内将货物配送到县（市）级分拨中心。

（7）第四天：县（市）级分拨中心大约在凌晨1：00收到货物。实际上，越到末端，货量越少，所以，配送到县（市）级的运输一般安排在日出后完成，因为夜间运输和收货会有诸多不便。

也就是说，县（市）级分拨中心收到货物，应该是第四天的上午。

（8）第四天：县（市）级分拨中心继续分拣和分拨，把货物配送到各个区域和乡镇的配货点。完成这些工作，大概需要4个小时。

（9）第四天："最后一公里"配送。如果配送点货量少，当天可以完成配送；如果配送点货量多，当天不能完成，或者超过了收货时间，就只能次日完成配送。

所以，如果走正常的物流，从汕头配送到青岛的货物，用户大概要在第四天或者第五天收到货物。

如果希望加快速度，可以走快递。加快速度的方法，无非是这么几个要素：①减少节点的数量；②加快各环节的速度，比如使用空运代替陆运；等等。

从上述流程可以看出，物流公司为了完成交付、降低成本，都是星夜兼程。

手记 115

某快消品企业全渠道物流的优化始末

我曾经辅导一家快消品企业做全渠道物流优化，最终成功了，物流成本降幅很大。但是，整个过程颇费周折，主要是因为渠道种类多，而这些渠道的物流方式并不相同。前后优化了 3 次，前两次失败了，第三次成功了。前两次之所以失败，一是因为没有精确地解读业务逻辑，二是因为没有专业的供应商。而第三次之所以成功，恰恰是因为解决了这两个问题。

有些看起来是客观的问题，实际上却有主观的原因，是认知的问题。什么是"没有精确地解读业务逻辑"？其实就是没有弄明白"问题究竟是什么"。什么是"没有专业的供应商"？其实就是"不知道谁专业谁不专业"。

1. 项目背景

该企业是一家快消品分销企业，全渠道销售，覆盖全国市场，包括：电商（B2C）、传统渠道（如屈臣氏、沃尔玛、家乐福等）、电商渠道（如猫超、京东、零售通等）、线上经销商渠道、线下经销商渠道、各办事处的配送和各仓库之间的调拨等。

该企业用了 10 多家物流公司，4 家快递公司，电商（B2C）电商主要用快递，其他业务用物流。

2. 第一次优化

第一次优化时，我们采用了整合的策略，原则也不复杂。该企业的货量被十多家供应商瓜分，很分散，没有规模优势，一整合便有了规模优势，集中管理、集中货量，既便于管理，也便于降低成本。所以，把所有货量整合后，开始招标。出乎意料的是，新来的供应商都没有明显的价格优势，项目失败了。

3. 第二次优化

第二次优化时，我们吸取了教训，不再撒大网招标，而是找专业供应商，不再对全部物流招标，而是针对配送到商超大仓的物流业务进行寻源。此时，有一家专业物流公司进入了我们的视线，经过详细的考察，我们认为这是一家专业的供应商。

试操作之前，我们考察了某个城市的外包资源，突然发现这家物流公司的分包商并不专业，这是一个很令人费解的事情。

其实，配送商超大仓这类的物流业务，最重要的是资源对口：配送沃尔玛，就要选服务于沃尔玛的物流供应商；配送屈臣氏，就选服务于屈臣氏的物流供应商。配送商超大仓，需要预约、排队、签收、退货等，不像送个包裹那么简单。

我们新选的供应商确实是一家专业的物流公司，服务过华为、联想等大公司。但是，对于配送商超大仓这种业务，他们没有做过，可能也没有见过。

其实，每种业务都有其独特性，如果不熟悉，是做不好的。有些业务可能相近或者相似，但相近和相似毕竟不是完全一样。有时候，微小的差异会造成巨大的变化，而企业的竞争往往就是在细微的领域为客户提供价值，谁打造得好，业务就是谁的，这就是所谓的“地盘”。

不用说，第二次优化也失败了。

4. 第三次优化

经历前两次失败之后，我们知道了全渠道的复杂性。每个渠道都有其物流特性，需要的专业和资源各不相同，通过整合物流量来寻找供应商是不太可能了。

（1）电商（B2C，每年 300 万单）：需要选择合适的快递公司。

（2）传统渠道（屈臣氏、沃尔玛、家乐福等）：需要选择针对性强的物流公司，每家都不同，有几家算几家，有几个大仓算几个大仓。

（3）电商渠道（天猫、京东、零售通等）：需要选择针对性的物流公司。

（4）线上经销商渠道：需要选择合适的物流公司。

（5）线下经销商渠道：需要选择合适的物流公司。

（6）各办事处的配送：需要选择合适的物流公司。

（7）各仓库之间的调拨：需要选择合适的物流公司。

（8）仓库管理：需要选择有仓库管理能力的物流公司。

由于不同的销售渠道有不同的特点，只有那些专业物流供应商才能服务好专业渠道。

这就需要进行分散管理，需要选择多家专业的物流供应商分别负责不同渠道的物流业务，而不是集中管理。在中国，还没有一个能覆盖这么多渠道的物流供应商。

找到这个规律，就不难找到合适的物流供应商了。

之后，我们访谈了十多家供应商，大致了解了业务的特点和供应商资源。其实，专业供应商是很好打交道的，因为不论你说什么，他们都明白，包括服务范围、服务时效、服务成本，还有做法。这其中最关键的是做法，专业供应商知道该怎么做，不是摸索着来。

这一次，我们还是采取了招标策略，邀请的都是专业供应商，很快就选出了能够长期合作的供应商。

手记 116

某 PC 企业成品物流配送招标方式

我在一家大型第三方物流企业工作时，曾经组织了一次大型国际 PC 企业成品物流配送招标。整个招标过程极其科学和严谨，不但能够有效地降低成本，而且可以选出优秀的供应商。

本次招标，招标范围主要是 PC 机、打印机及耗材的全国门到门派送服务，含空运、公路、铁路分拨；招标区域是华北区、华东区；招标方式为网上竞标，也就是在指定的招标网上填写价格。

该企业为潜在供应商提供了翔实的物流数据，包括运输方式、覆盖区域、路线、货量，潜在供应商只需要在表格的相应位置填写物流费率和交付时效即可。

本次招标的路由规划中，一共有 2050 条路由，逐条做出规划，以 BJ1 线路为例（见表 6-2）。

表 6-2　运输路线划分

城市代码	城市（区）（英文）	城市（区）（中文）	城市（区）（代码）	省（区市）	层数	门到门			
						陆运	空运		
						前置时间	路线	前置时间	经停
BJ000	Beijing	北京	PEK	北京	BJ1	1	厦门、北京		北京
BJ001	Baoding	保定	BDG	河北	BJ1	2	厦门、石家庄、保定		石家庄
BJ002	Huhehot	呼和浩特	HET	内蒙古	BJ1	3	厦门、呼和浩特	2	呼和浩特
BJ003	Qinhuangdao	秦皇岛	SHP	河北	BJ1	3	厦门、北京、秦皇岛		北京
BJ004	Shijiazhuang	石家庄	SJW	河北	BJ1	2	厦门、石家庄		石家庄
BJ005	Tanggu	塘沽	TGU	天津	BJ1	2	厦门、天津、塘沽		天津
BJ006	Tangshan	唐山	TSH	河北	BJ1	3	厦门、北京、唐山		北京
BJ007	Tianjin	天津	TSN	天津	BJ1	2	厦门、天津		天津
BJ008	Daxing	大兴	Daxing	北京	BJ1	2	厦门、北京、大兴		北京
BJ009	Shunyi	顺义	Shunyi	北京	BJ1	2	厦门、北京、顺义		北京
BJ010	Tongzhou	通州	Tongzhou	北京	BJ1	2	厦门、北京、通州		北京
BJ011	Mentougou	门头沟	Mentougou	北京	BJ1	2	厦门、北京、门头沟		北京

表 6-3 是招标报价表，按照操作功能报价细分为仓库操作费用、干线费用、本地配

送费用等，按照运输方式分为空运、陆运、铁路等，单独列出节假日，单独列出加急配送。供应商报价后，企业马上根据货量计算出物流费用。可以按照不同的线路对照供应商的报价，并对供应商进行竞争性压价。

表 6-3　招标报价表

编号	项目	描述	报价	货量（重量）	货量（订单数）	报价排名
1.0	Air Freight fr[①] Door to Door 空运门到门	Price per kg in RMB				
1.1	BJ1 Original Handling 仓库发货费用					
1.2	BJ1 Line Haul 干线费用					
1.3	BJ1 Local Delivery 本地配送费用					
1.4	BJ1 Total Rates 总费率					
1.5	BJ1 Miminum Cost per Shipment 每单最低收费					
2.0	Expedite Delivery fr Door to Door	Price per kg in RMB				
2.1	BJ1 Original Handling					
2.2	BJ1 Line Haul					
2.3	BJ1 Local Delivery					
2.4	BJ1 Total Rates					
2.5	BJ1 Miminum Cost per Shipment					
3.0	FTL Delivery fr Door to Door	Price per kg in RMB				
3.1	BJ1 Original Handling					
3.2	BJ1 Line Haul					
3.3	BJ1 Local Delivery					
3.4	BJ1 Total Rates					
3.5	BJ1 Miminum Cost per Shipment					
4.0	Holiday/Weekend Delivery	Price per kg in RMB				
4.1	BJ1 Original Handling					
4.2	BJ1 Line Haul					
4.3	BJ1 Local Delivery					
4.4	BJ1 Total Rates					
4.5	BJ1 Miminum Cost per Shipment					
5.0	Trucking fr Door to Door	Price per kg in RMB				
5.1	BJ1 Original Handling					
5.2	BJ1 Line Haul					
5.3	BJ1 Local Delivery					
5.4	BJ1 Total Rates					
5.5	BJ1 Miminum Cost per Shipment					
6.0	Train fr Door to Door	Price per kg in RMB				

① fr 为 from 的缩写。

续表

编号	项目	描述	报价	货量（重量）	货量（订单数）	报价排名
6.1	BJ1 Original Handling					
6.2	BJ1 Line Haul					
6.3	BJ1 Local Delivery					
6.4	BJ1 Total Rates					
6.5	BJ1 Miminum Cost per shipment					

这种招标方式有以下优点：

（1）非常完整地梳理了自己的需求，细化了每天线路，即使往年只配送了一台电脑，也列入路由规划；

（2）为供应商提供了完整的业务量数据，包括货量、路线、时效，便于供应商评估成本和报价；

（3）招标过程透明、公平；

（4）投标效率极高，在两个小时内就可以出招标结果；

（5）有利于选出优秀的供应商；

（6）有利于成本管理和绩效管理。

因此，我在2018年辅导某企业做成品物流招标时也采用了类似的方法（见表6-4）。

表6-4 路线货量时效表

区域	省份	城市	2017年预计数量（吨）	每单重量（KG）	单数	发车时间（拟）	承诺送达时间（90%的货量）	价格（kg/元）	备注
华南	广东省	广州市	407	129.4	3145	20：00	24.00		
华南	广东省	深圳市	201	96.3	2087	20：00	24.00		
华南	广东省	东莞市	87	66.38	1311	20：00	24.00		
华南	广东省	珠海市	85	36.03	2359	20：00	24.00		
华南	广东省	惠州市	57	148.31	384	20：00	24.00		
华南	广东省	中山市	56	29.32	1910	20：00	24.00		
华南	广东省	茂名市	54	165.82	326	20：00	48.00		
华南	广东省	佛山市	52	77.26	673	20：00	24.00		
华南	广东省	江门市	43	132.7	324	20：00	24.00		
华南	广东省	湛江市	12	48.99	245	20：00	48.00		
华南	广东省	韶关市	10	38.84	257	20：00	48.00		
华南	广东省	河源市	10	32.3	310	20：00	48.00		
华南	广东省	阳江市	4	46.71	86	20：00	48.00		

手记 117

某快消品企业物流网络规划

快消品（FMCG）是指那些使用寿命较短、消费速度较快的消费品，包括包装食品、个人卫生用品、烟草、酒类、饮料等，主要是日常用品。

快消品具有配送范围大、配送网点多、配送频次高、配送成本高等特点，需要规划配送体系，包括配送模式规划、配送网络规划、装载计划等，快消品公司几乎都需要规划配送体系。

从狭义的物流概念来看，配送是一种门到门交付的物流活动，配送包括整个物流过程中的集货、存储、拣货、配货、装货、运输、送达等一系列活动。物流网络的目标在于以最小费用满足客户的需求。

（1）A 企业是一家生产牙刷牙膏的企业，该企业是全渠道销售，渠道分类如下：

①线上渠道。包括线上大客户（比如京东、天猫）、线上经销商、线上自营店（B2C）；

②线下渠道。包括线下大客户、线下门店、线下经销商，线下自营店（B2C）。

（2）尽管渠道比较多，归纳起来，配送方式有以下几类：

①B2C 配送。快消品的 B2C 具有订单量大、每个订单金额小、要求交付速度快、订单拣货准确率高等特点。该企业的 B2C 仓库每日订单量 6000 单，平均每个订单 2 ~ 3 个 SKU，2 ~ 4 件货物，由于电商有 DSR 指标管理，所以交付速度很关键。该企业自己管理仓库，采用快递配送。

②大客户的门店配送。这是指把货物配送至大客户的门店。门店配送往往要求时效高（比如要求当天下单，次日送达），所以，对于这类客户，往往需要在门店所在的城市设仓库。

③大客户的总仓配送。这是指把货物配送至大客户的总仓。总仓配送和门店有很大不同，门店往往收货速度比较快，而总仓的操作量比较大，带来比较高的等待成本。同样的货量，配送门店需要 100 元，配送总仓可能需要 200 元，其中另外 100 元是物流公司的等候成本。

值得一提的是，像华润万家、沃尔玛、屈臣氏等企业的总仓配送需要预约、排队等，人为因素很多，一般物流企业往往很难做这个生意。大部分做这个生意的人，都是从这些企业出来的。

④经销商。配送给经销商的要求往往不高，如果货量大，选用物流公司，如果货量小，选用快递公司即可。

图 6-6 为全渠道配送示意图。

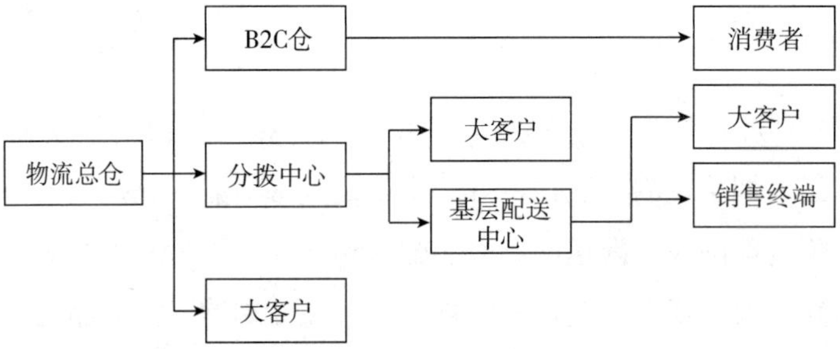

图 6-6　全渠道配送

B2C 业务一般情况下选择快递公司做配送。

快递的价格和业务量有巨大关系。

当业务量达到一定规模时，比如原来每天 500 单，现在增长到 5000 单，快递成本可以大幅降低，原本 6 元/单的价格大致可以降到 3 元/单，所以，非常有必要通过招标、竞价选择快递公司（见表 6-5）。好的业务合作都是双赢的，制定合理的招标文件，客观地向快递公司提供自己的货量，双方的紧密合伙或者说战略合作是管理成本的有效手段。

中国的快递公司基本上实现了充分竞争，几家主要的快递公司（比如顺丰、中通、圆通、申通、韵达、百世等）的网络基本上都覆盖了整个中国，服务时效和配送质量也相差不大。

表 6-5　快递公司招标报价表

序号	路线			2018						2019 预计货量	2020 预计货量	快递公司报价				
	区域	省份	城市	产品尺寸	平均体积（CBM）	平均重量（kg）	包裹总数量	包裹总重量（kg）	包裹总体积（CBM）	包裹数	包裹数	时效	价格（元/包裹）	价格（元/CBM）	价格（元/千克）	备注
1	上海仓	广东省	广州市	10cm×10cm×10cm	0.000001	0.1	1000000	100000	0.000001	1200000	1440000					
2	上海仓	广东省	深圳	10cm×10cm×10cm	0.000001	0.1	1200000	120000	0.000001	1440000	1728000					

续表

序号	路线			2018						2019 预计货量	2020 预计货量	快递公司报价				备注
	区域	省份	城市	产品尺寸	平均体积（CBM）	平均重量（kg）	包裹总数量	包裹总重量（kg）	包裹总体积（CBM）	包裹数	包裹数	时效	价格（元/包裹）	价格（元/CBM）	价格（元/千克）	
3	上海仓	广东省	汕头	10cm × 10cm × 10cm	0.000001	0.1	200000	20000	0.000001	240000	288000					
4	上海仓	广东省	珠海	10cm × 10cm × 10cm	0.000001	0.1	10000	1000	0.000001	12000	14400					

选择物流公司和选择快递公司的方法类似，不过，由于客户的收货方式不同，物流的个性化更强，所以一定要选择有服务能力的物流公司，尤其配送到屈臣氏大仓、沃尔玛大仓的物流公司。

配送某连锁超市大仓的物流招标报价表可参见表 6-6。

表 6-6 运输招标报价表

配送地点	2019年货量										2020年预计货量	报价				备注
	订单数	发货次数	件数	平均每件体积(CBM)	发货金额(kg)	发货数量（盒）	平均每单体积(CBM)	平均每单重量(kg)	退货件数	退货单数	预计增长20%	东莞仓至物流公司运输费元/m³	送仓费元/件	退货取货费元/次	退货配送费元/件	
深圳																
广州																
昆明																
成都																
天津																
嘉兴																
武汉																
合计量																

从该报价表中，物流公司可以知道必要的货量，这是物流公司报价的依据，同时要求物流公司按照标准格式报价，这样便于比较不同供应商的价格。

手记 118

车辆是个小仓库，装车次序有讲究

名创优品要求其物流供应商按订单次序装车，也就是说，如果一辆车有 5 个目的地，则要按照目的地的先后次序装车。

名创优品为了保证供应商做到位，把系统锁定，只能按照系统制定的次序拣货。如此一来，卸货时，订单分拣便可以节省一次搬倒成本、一次拣货成本、一次搬倒和拣货的时间。一个 40 英尺的货柜，如果按照 400 个品项、20 张订单、品项平均分布的情况计算，大约节省时间 4 个小时，即节省 0.5 个人工日。如果每年有 1000 个货柜，那么每年可以节省大约 30 万元，比较可观了。

相对于卡车装载，飞机装载是个技术活，不但要尽可能多装，还要考虑配载。换了轮船，那就更不一样了，如果是万吨、十万吨巨轮，货物装卸的次序更加重要，如果一旦次序错了，频繁搬倒，损失百万元人民币都有可能。

车辆装载（Vehicle loading）需要考虑：①后卸先装；②轻重搭配；③重下轻上；④区分缓急；⑤货物/包装压力的堆高考虑；⑥车辆的负载均衡；⑦装载时间考虑。

手记 119

循环取货

循环取货（Milk Run），也称为“牛奶取货”“集货配送”。

汽车行业的供应商配送和零售行业的门店配送大都采用这种模式。制造商会用同一货运车辆从多个供应处取零配件。

具体模式：卡车每天在固定时刻出发，到第一个供应商处装上原材料，然后按事先设计好的路线到第二家、第三家供应者依此类推，直到装完所有的材料，再返回。

这种做法的特点：一是最大限度节省了物流资源，省去了所有供应商空车返回的浪费；二是实现了物料小批量多批次配送，供应商可以在客户现场保持较低的库存，最大限度实现了 JIT 供应；三是配送的过程中，顺便可以把周转箱返还给供应商，不需要单独配送周转箱；四是提高了车辆的装载率。

熟悉汽车制造行业的人士都知道，整车组装都推行了 VMI 或者 JIT 管理：一是主机厂不再给供应商提供订单；二是提供生产计划，供应商保证不断货，只要断货，就会面临罚款，费率按分钟计算，比如奔驰公司对断货的罚款是每分钟 6000 元。

手记 120

越库管理

越库（cross docking）的意思就是穿越（绕过）仓库，是一种仓库操作方式，是指货物从收货过程直接跳到出货过程，取消了正常的入库、上架、下架、出库等操作，而是直接越过仓库操作，或者直接在站台上分拨。这种操作方式可以减少搬运和存储作业，减少了上架和拣货环节，节省了从收货到发货的时间，降低了仓库存储空间的占用，同时也降低了货物的保管成本。

越库操作对于提高供应链绩效具有重要作用；一是可以降低库存成本；二是可以降低仓储成本。所以不论是在流通行业、制造行业还是在物流行业，越库都有广泛的应用。

比如快消品行业，大型超市设立中央仓库，不同供应商的各种货物到达仓库后，对货物加以分拣与组配后，直接送至货车装载区，省去其间的上架、入储位、存储等物流程序，立刻把货物转运至下游的不同消费点（如零售商、大卖场），如此可缩短前置时间及减少货物流通成本，降低库存量。

再如制造业。我曾经辅导过一个化工企业做越库，效率比原来提高了 15%。该企业原来所有生产的货物都要入库、上架，经过数据分析，我发现大约 30% 的货物（300 吨）都需要当天发货，于是在成品库规划了直发区，货物下线后，直接存放在直发区，避免了仓库上下架的重复工作，节省了 15% 的人力和机力。

海尔学习德国工业 4.0，专门设计了一个指标 叫“不入库率”，即所有的产品在下线之后不进仓库，而是直接送到用户家里。据说，现在海尔产品的不入库率达到将近 70%。这种模式就是越库操作。

物流行业也是如此。把越库操作用到极致的物流企业，德邦算是一个。普通企业做仓库，一般都有 4 面墙，德邦不是，其仓库是 4 根柱子支撑起来的大棚，四面都是卸货平台。各个线路的车靠在站台上，货物卸车后，直接分拨。一辆车卸完货物后，用不了多久，就会再装上返程的货物。这种做法，把站台的效率和车辆效率提高到了极致。

2013 年，我辅导一家做农机备件分销的公司，把客户的订单背对背下给供应商，再把供应商发过来的货直接发给客户。其供应商是一家日本公司，拣货准确率 100%，完全取消了入库、上架、拣货等操作，节省了大量人力，效果很好。

还有些物流中心或者集散中心，操作模式是 Tail to tail，即把两个车尾板对起来，把 A 车的货物直接分拨到 B 车上，这种操作方法比越库操作的效率还要高。有些航空货运也采用这种做法，在机坪上，把货物从一个飞机倒到另一个飞机上，也是 Tail to tail。

越库操作并不复杂。但是，为了保证操作质量和准确率，需要规划现场管理，制订操作流程，同时，配置好信息系统。如果忽略了信息流的管理和操作质量的管理，很容易出差错。

手记 121

某钢厂的矿石入场物流规划很精妙

2019 年，我辅导某物流公司做矿石物流，考察了某钢厂的入场物流，发现其规划精妙，效率很高。

物料入场时，大车司机领一张卡（类似于银行卡），卡里存有车辆信息、司机信息、货物信息等。

车辆过磅时，司机把卡插到地磅旁边的智能系统中，系统自动获取的卡内数据和地磅的数据（见图 6-7 和图 6-8）。

图 6-7　车辆自动过磅

图 6-8　读卡设备

矿石卸车的设计也很有特点：收货仓的地面设计成下漏的地面，矿石卸到地面上后，直接流入到地下的料仓（见图 6-9 和图 6-10）。

图 6-9　矿石自动入仓

图 6-10　车辆自动卸货

钢厂的物料规模都很大，小的几百万吨，大的几千万吨，这么大规模的物料，物流量很大，物流强度很高，稍稍优化，就会有很大提高。

第七讲

物流信息化

- 信息化很重要
- 仓库管理系统规划的思路
- 仓库管理系统规划的蓝图及提纲
- 运输管理系统规划的基本逻辑
- 财务业务一体化的思路

模块 20　物流信息化的逻辑

手记 122

没有信息化，真的很可怕

2010 年，我参观一家大些国企的仓库，仓库里大概有 12 名保管员，每名保管员手上有 20 多个账本，每查询一个物料，都需要翻账本，人工浪费到了极点，效率低下到了极点。但是，管理人员却沾沾自喜地说："我们管得很严。"要知道，如果上了信息系统，除了保留必要的单据，仓库已经不做手工账了，换句话说，根本就不需要这些人。从那以后，我再也没有关注过这家公司的股票。

到企业做咨询时，我往往先做数据分析，首先看企业的信息系统。我曾经为一家制造企业做咨询，IT 和财务人员告诉我："孔老师，我们系统的数据是不准的，偏差很大。"我一查，账实不符的情况特别严重，几年累计下来，差了 300 万元，而他们每年的营业额是 3 亿元。我心想：多亏有信息系统，否则怎么知道差了这么多？

这家企业信息系统的数据可能不准确，但是几年下来，能够真正成为公司"账"的，怕是只有信息系统的数据了。随着人员的变迁、初始数据的设定、业务数据的累计，这些不准确的数据也变得有价值，至少让我知道，这家企业还需要努力加强管理。

有一次，和一个做企业的朋友聊天，我说："没有系统，有些业务难以实时检查和有效追溯，万一少付了钱，我们可能不知道。"这个朋友嘴一撇："什么少付钱，少付钱人家能干？我们都是多付钱，我发现好几次了。其实，确实少付过钱，其中有一笔付给我的就少了，只是他不记得了，但我记得啊！"

人是不可靠的，这不仅仅是信任的问题。一般说来，人有疏忽的时候、有请假的时候、有生病的时候……所以，对于业务复杂的企业来说，上一套信息系统很有必要。

信息化时代，企业如果没有信息系统，就像高铁时代出门不坐高铁一样。没有效率。

在冠捷工作时，我用的是台湾统一公司设计的 MRP Ⅱ系统。如果没有这套系统，冠捷不可能连续 8 年蝉联中国显示器市场销量冠军。

当时，大陆的系统还没有和欧洲联网，每月还要和欧洲、美国对账，相互之间还要处理一些罚款（工厂延迟交付要罚款，销售延迟下订单也要罚款），很麻烦。

2006年，我在泰科工作（当时泰科在世界500强排35位），当时在我所在的阀门事业部，全球用一套信息系统管理所有的销售方案、销售订单、商务、采购、交付、结算，全球大约1万多人用一套系统工作，只要一个环节有错误，12个小时就能发现。因为它全球联网，信息实时，没有对账这个问题。

我看了好多自动化仓库，几万平方米的仓库，仓库里一个人都没有，输入订单，设备自动把货拣出来，空间利用率是人工操作的2~3倍，效率是人工操作的几十倍，准确率是人工操作的几百倍。尽管毛利只有几个点，老板却赚得盆盈钵满，为什么？效率高！

反观有些规划和管理不到位的仓库，人员多，管理难度大，效率不高，质量还不稳定，无论如何加强管理，还是缺乏竞争力。

从事大规模的制造业或者流通业，信息系统极为重要。有些做制造业的中国台湾公司或者新加坡公司，在还没有厂房的时候就组织编写信息化系统，因为他们知道，这是企业的核心竞争力。

手记123

物流信息化的“IT头脑”

我看过几十家企业的信息系统，有的非常成功，有的彻底失败，大约60%勉强能用，这大概是中国信息化的现状。企业信息化失败的原因很多，主要原因有两个：一是规划不到位，二是执行不到位。

所谓“规划不到位”就是规划错误。规划就是规划数据、设立公式，输入正确的数据，通过正确的公式计算，才能得出正确的结果，数据错误或者公式错误，都不可能把正确的答案计算出来，什么是正确的答案呢？一是找到最佳效率，或者说合理的效率；二是找到最佳成本，或者说是合理的成本；这是物流信息化非常朴素的逻辑。不论是仓库管理系统（WMS）还是运输管理系统（TMS）、企业资源计划（ERP）等，莫不如此。

物流信息化就是物流IT化，其实就是物流和BIT的关系。物流是看得见摸得着的东西，而BIT是信息，是看不见摸不着的。所以，第一步是把物流的有效信息抽取出来。这就是基础数据，也就是我们经常讲的SKU（存储单元或者单品）基础数据，原则是和物流相关的数据都要抽取出来。第二步，是规划业务逻辑。业务逻辑规划有两个重要内容：一是现场操作逻辑的规划，二是信息系统计算逻辑的规划。把现场操作的逻辑做成数学模型，然后通过信息系统计算出来，实现数据驱动，这个规划就成功了。因此，做业务逻辑规划既需要熟悉物流操作，也需要熟悉 IT 技术。

如此一来，大家一定以为很难，毕竟同时熟悉物流、数学、IT 这 3 个领域的人很少，但是，如果转换一下“头脑”，让我们具备“IT 头脑”，就不一样了。

大前研一先生曾经讲述过“IT 头脑”：

所谓的“IT 头脑”，在我看来就是全世界通用的逻辑头脑。为了得到全世界通用的逻辑头脑，我只想到两点：一是确定逻辑思维的路线，二是掌握英语等语言以及 IT 技术。

所谓“逻辑思维的路线”，就是逻辑地思考事物的思维路线。面对新生问题或是没有先例的问题时，死记下答案是没有任何作用的。一定要以得到的信息为基础，通过自己的研究进行逻辑思考，并找到答案、解决问题。而逻辑思考则是实现这一点的基础，是今后世界上最重要的、进入社会前必须掌握的技术。

在学校学到的东西，进入社会后能用到什么？用过对数吗，用过微积分吗？……恐怕大部分人都会回答“除了加减，啥都没用过”吧，学生进入社会后必须用到的东西，却没有得到充分的训练。

例如，不仅梯形，所有多角形的面积，只要记住求长方形面积的方法即“长 × 宽”就全都能算了。为什么这么说呢？那是因为所有形状都是由三角形组合而成的。把两个同样的三角形合并在一起就是平行四边形（长方形），用“底 × 高（长 × 宽）”得出两倍的面积，那么一个三角形的面积就是它的 1/2。同样，把梯形也看成三角形的组合，按顺序计算的话，最终也会导出“（上边 + 下边）×高 ÷ 2”的公式。

但是，只有一种形状不能用这种方法计算面积，那就是圆形。圆，无论你把它细分成多少个三角形，它都会有被曲线包围的部分，所以绝对不会得出答案。因此，要先设置常量 π，用“$\pi \times r^2$（半径）”这个公式。总之，在这里，教授 π 的概念是很重要的，π 是 3 还是 3.14，这个问题完全不重要。四边形的面积用“长 × 宽”，圆的面积用 π，只要记住这两点，剩下的就是教学生如何用它们计算出所有形状的面积，这才是真正意义上的教育。

接受过这种教育后，无论做什么事，只要教了基本方法，就能够触类旁通，也就掌握了无论遇到什么问题都能追回本源、重新研究并找到答案的能力，而且这也是世界上最有用的能力，是逻辑思考和商业上必不可少的“问题解决法”的基础。

只要拥有了这种能力，多难的问题都能够解决。

看了大前研一先生的这段解说，再回头看看物流信息系统规划，可能就会多一份信心，少一些恐惧，可能觉得做物流信息化也没有那么难。

物流无非是“搬箱子”。所谓“产品的差异”，无非是数量的大小、货物的轻重、速度的快慢、冷藏还是热运（盒饭还是生鲜）、能倾斜还是不能倾斜（某些设备）、震动的幅度（某些设备），等等；所谓“设备的差异”，无非是采用何种设备、手动还是自动、吊车还是叉车、自动入库还是人工入库、自动上货位还是人工上货位、散货还是装箱等；所谓“业务逻辑”，无非是收货、卸货、核对、入库、上架、拣货、核对、包装、出库、装车、运输、卸货、签收等；所谓“资源”，无非是资金多少、空间大小、设备快慢。如果仓库小、货量大，那就充分利用空间，同时加快周转。

做物流信息化规划，就是要把这些业务逻辑说明白，建立正确的业务逻辑。业务逻辑就是操作次序，正确的业务逻辑，就是获得高效率的操作次序。下棋就是很好的例子；双方各走一步，最后总会有输赢，赢的一方效率高。物流也是如此，次序错了，管理不到位，就没有效率。

从内到外把一个业务逻辑说透，说起来容易做起来难，尤其中国的供应链管理企业（中国大部分做仓库做运输的企业，最近十几年都改称做供应链管理），业务模式不固定，如果上信息系统，业务逻辑往往不太好梳理。曾经辅导深圳一家供应链公司上信息化系统时就碰到了类似的情况，从采购、报关、运输、仓库、外汇、销售、融资等，什么都有，链条太长。第一次上信息化系统时，该公司希望一条信息链通到底，折载了；第二次则改为采用模块化设计，先保证各个模块的流畅和准确，然后再做数据挖掘，成功了。

只要把业务逻辑说明白了，做好了业务模型，其余的工作，就可以交给 IT 人员了。

企业的定位都是营利性组织，讲究效率。正如之前提到的，就信息化时代不用信息系统，就像出差不坐高铁一样。当然你也可以选择大巴甚至骑自行车，最终也会到达目的地，只不过太慢了。

好的信息系统是企业的大帮手，一定会帮助企业节省人工，提高效率，至少从企业全局管理的高度来看，一定是这样的。局部可能会增加成本，但从全局来看一定会降低成本。如果有些企业上了信息系统，却提高了成本，降低了效率，那一定是信息系统错了：可能是规划错误，也可能是使用错误，不用怀疑。

手记 124

信息系统的业务逻辑未必是你的业务逻辑

所有的信息系统都有其业务逻辑。在规划信息系统时，首先需要优化的是企业的业务逻辑，在不影响效率的情况下，使业务逻辑尽量和信息系统的逻辑相吻合。有时候，企业管理的方式千变万化，企业的场景各不相同。大部分场景，规划信息系统的人也许并没有见过，即使见了，也不可能都规划到标准的系统当中，所以，信息系统的逻辑往往是所谓的标准逻辑。但是，也许这些逻辑并不适合你，也不一定是对的。如果出现这种情况，就一定要修正系统的逻辑。

A 企业是一家化妆品分销企业，因为业务不顺利，上了一套信息化系统，结果更不顺利，业务竟然完全停摆了。

我略作分析后发现，为这家企业实施信息化的公司没有深度解读 A 企业的业务逻辑，所规划的二维码方案根本不能实施。我们略作调整后，停摆半个月的业务就恢复了。

系统还存在另外一个问题，那就是经常出现超卖现象。

按照系统逻辑，销售订单不能占用库存，出库单才能占用库存。为什么呢？这就是该 ERP 系统的逻辑。

因为销售订单并没有出库，而库存既是业务数据也是财务数据。库存是资产，所以理论上来说，尽管系统中有了销售订单，系统并不能自动扣减库存，比如销售订单是 11 个，而系统库存是 10 个。那么，当销售订单下 11 个时，系统的显示是：销售订单 11 个，库存 10 个。

但是，矛盾来了：这家企业的补货时间需要 2 个月，而交付时间则是越快越好。这样一来，就会经常出现超卖现象，因为不能及时补充库存，超卖意味着不能交付，这当然不允许。

大部分电商的交付及时率要求很高，也不允许超卖，那就要求销售订单占用库存才可以。因此，销售订单不占用库存这样的 ERP 系统逻辑在很多业务环境中是错误的。遗憾的是，国内两家大型 ERP 软件公司用的全部是这个逻辑。

业务逻辑和场景有巨大关系，场景变了，业务逻辑就要修正。

我第一次向信息系统公司提出修改库存计算逻辑这个要求的时候，他们解释说这是系统逻辑，改不了！经过反复交流，最后，信息系统公司还是修改了系统，业务终于顺畅了。

如果业务逻辑没有问题，上了系统不能操作，那一定是系统出了问题，一定要修改系统而不是接受错误。那些号称某些功能是系统标准功能而不能改的实施人员，大概率是不了解如何做业务，存在偷懒和糊弄的思想。

在为企业咨询的过程中，我发现有不少信息系统操作起来很不方便，不但没有降低成本，反而增加了成本，降低了效率。为什么会出现这种情况呢？主要原因：一是软件实施公司并没有深刻研究客户的业务逻辑，生硬地给客户穿“马甲”，拿了一个标准软件给客户套，套不上去怎么办？使劲套，并告诉客户，你如果要做好业务，就要按照这个来，这是信息化所必须付出的成本。二是客户没有理顺自己的核心业务逻辑，没有实现业务规范化和标准化，软件实施公司没有办法做信息化规划，只能绕过核心业务逻辑，做一下常规化的信息管理。比如，仓储系统，关键是入库、上架、拣货、出库，上架和拣货是核心业务逻辑，有些企业没有规划上下架逻辑，只凭经验去做，信息系统公司便只设置管理出库和入库两个环节，其他的就不管了。如此一来，避重就轻，不重要的管得死死的，该管的反而没有管好。

这两种情况，其实是一个问题，就是软件公司和用户都不了解信息化实现的业务逻辑和方法。

信息化是通过信息系统驱动业务管理，通过信息输入、系统处理、结果输出的过程，系统处理数据需要逻辑，所以需要把业务操作的逻辑转换成系统逻辑，这样就必须对业务进行深度分析，通过数据分析、流程分析、绩效分析，找到业务的规律，找到实现信息化的方法和路径，用信息系统管理业务，如果你发现信息系统的业务逻辑不是你公司的业务逻辑，你就要注意了，先要看看是不是自己的业务逻辑可以优化，如果能够优化，先优化自己的业务逻辑。如果自己的业务逻辑是对的，操作效率也很好，那就好好看看信息系统的逻辑。信息系统是为业务服务的，只要合乎逻辑，能够计算，主要字段、逻辑和报表都可以改。

手记 125

先有标准化，才有信息化

企业标准化的内容很多，包括产品标准化、生产标准化等，而影响企业信息化最主要的是数据标准化和流程标准化。

无论多么复杂的业务，只要实现了标准化，就可以实现信息化。同样，无论多么简单的业务，只要操作很随意，没有标准化，就很难实现信息化。

信息系统的作用是通过流程驱动数据来完成工作任务，信息驱动的工作是把准确的数据沿着清晰的路径做合适的处理，就是用公式处理数据，如果要得出正确的结果，不但需要数据准确，也需要公式准确，这就需要数据的标准化和流程的标准化，所以，整理数据和优化流程是规划信息系统的两个重要工作。

数据清理主要是指完善数据库，完善数据的定义和逻辑，少了和错了都不行。优化流程是指通过流程再造、重新架构，使流程达到较高的水平，然后固化、标准化。有了完善的数据库和标准化的流程，企业上信息系统就简单多了。

手记 126

场景设计要简洁

做物流信息化规划，需要做场景分类和场景设计，这是业务标准化很重要的一步，比如，供应链管理模式分为按订单生产和按库存生产，运输分为整车运输和零担运输，这都是场景设计。场景设计是分类管理，目的就是为了实现业务模式标准化，便于信息化流程规划和信息化规划，场景设计要简洁。

有一家信息化公司给深圳一家做供应链管理的物流公司做信息化场景设计，规划了 165 种业务模式，我听了之后心想："这下完了。" 一家小公司玩 165 种业务模式，信息系统没有累死，人也要先累死了。果不其然，半年后这家公司就把系统撤了。

这就相当于夷陵之战中，刘备连营 700 里，结果被陆逊火烧连营。

SAP 规划 TMS，用了 5 个场景就覆盖全球公司的全球业务。当然，细分起来会千变万化，但这 5 个场景就包括了基本的逻辑。

我在泰科工作的那段时间，我们的业务分为两大类：人民币业务和美元业务。另外，整个零售业被分成线上业务和线下业务。

这就是简洁的场景设计。

手记 127

一定要好好规划数据库

物流是个精细化的工作，要把成本和效率分析清楚，必须有完善的数据库，否则，如果业务量大了，就很难管理。

我在辅导 J 企业物流成本的时候，发现系统没有产品重量，不能分析千克、千米的物流成本，只能通过抽样和估算解决。

H 企业的产品是中草药，种类多，是轻抛产品。我在辅导 H 企业的物流管理时，需要按照体积计算物流成本，由于系统中没有产品的体积，也就不能按照体积分析物流成本。H 企业的 IT 经理在数据库中插入了一行体积数据，通过抽样和估算，相对准确地计算了体积，为供应商的报价决策和 H 企业的物流成本分析提供了支持。

一般情况下，地址越是偏远，物流成本越高。H 企业的产品配送到药店，偏远区县药店的物流价格要高一些，可是想要做数据分析的时候，发现没有把地址细分，也就是说，数据库中把“××省××县××镇××村”设成了一个字段，更加合理的设计是“××省”是一个字段，“××县”是一个字段，等等。这样就可以做深度的数据挖掘和数据分析（比如分析某个区县的物流成本）。

有人问我：“哪些数据是有价值的？”

我说：“所有的信息都有价值，就看价值体现在哪些方面。”

每一分钟、每一分钱、每一个物料、每一条信息、每一个动作，都是企业重要的管理信息。对这些信息，一定要全面、系统、实时地分析。

数据库需要好好规划，凡是缺的“课”，早晚要补上。如果刚开始规划数据库时偷懒，偷工减料，以后“补课”的成本会更高。

手记 128

规划 WMS 蓝图的思路

WMS 是仓库管理系统（Warehouse Management System）的缩写，是专门管理仓库的信息化系统。量变往往带来质变，当仓库的操作环节、操作货量达到一定数量的时候，仓库操作的难度、复杂程度就会增加，通过简单的优化流程和管理机制已经很难提升管理效率。这时候，就需要引入新技术、新设备、新工具（见图 7-1）。

WMS 就是这样一个仓库信息化工具。

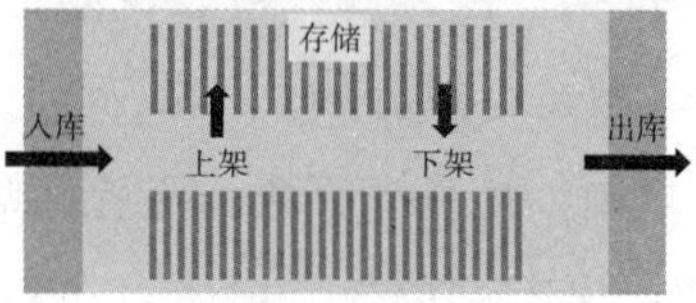

图 7-1　仓库操作基本逻辑

仓库操作的主要内容就是入库、操作、出库（见图 7-1），看似不难，但管理好并不容易。

SAP 的 EWM 系统对仓库操作做了梳理（见图 7-2），其中普通作业有 28 项，高级管理有 12 项。当然，这远远没有包括操作的全部事项，如果全部列出来，几百项都不止。

图 7-2　EWM 框架下的仓库作业

资料来源：SAP EWM 产品介绍。

仓储是供应链的一个环节，而供应链是整个业务运营的一部分。规划信息系统，就是要通过仓储管理优化，解决供应链中存在的问题。

规划信息系统时，如果碰到一个环节有问题，往往是好解决的，如果在好多个点上有问题，难度就大了。而系统规划成功的前提，就是在规划阶段解决这些问题，不是解决部分，而是全部。

有些仓库管理之所以计算困难，就是因为参数太多，计算环节太多，变成了多项式矩阵。

仓库管理公式 = f（SKU，批次，包装数，包装规则；货位数，货位分类数，货位分配规则，货位计算规则；订单数，订单行数，订单分配；入库订单，入库行数，入库 SKU 的特点，批次管理；拣货规则，拣货订单数，拣货订单行数，批次管理；核对订单数，核对订单行数，批次管理；出库订单数，出库订单行数；包装，装车；调拨，移库；理货；库存管理；盘点；报废；质检；设备，人力；绩效等）

变成矩阵则为：

仓库管理公式 =f（SKU，批次，包装数，包装规则）

仓库管理公式 =f（货位数，货位分类数，货位分配规则，货位计算规则）

仓库管理公式 =f（订单数，订单行数，订单分配）

仓库管理公式 =*f*（入库订单，入库行数，入库 SKU 的特点，批次管理）

仓库管理公式 =*f*（拣货规则，拣货订单数，拣货订单行数，批次管理）

仓库管理公式 =*f*（核对订单数，核对订单行数，批次管理）

仓库管理公式 =*f*（出库订单数，出库订单行数）

仓库管理公式 =*f*（包装；装车）

仓库管理公式 =*f*（调拨，移库）

仓库管理公式 =*f*（库存管理）

仓库管理公式 =*f*（报废）

仓库管理公式 =*f*（理货）

仓库管理公式 =*f*（盘点）

仓库管理公式 =*f*（质检）

仓库管理公式 =*f*（设备）

仓库管理公式 =*f*（人力）

仓库管理公式 =*f*（绩效）

如此等等。

当然，这些矩阵也有其他的变换方式。

计算这些矩阵，主要需要两个要素：数据和流程。此处的流程可以解读为公式，比如订单分析用 EIQ 公式、物料分析用 ABC 方法等。

因为有这么多内容运算，在操作量很大的情况下，人工计算显然很难。这时候，系统的威力就发挥出来了。

仓库优化的目标是通过 WMS 这一信息化工具降低仓库管理难度和管理的复杂度。WMS 系统规划的基本逻辑主要包括诊断、计划、规划、实施 4 部分（见图 7-3）。

第一步：项目诊断。在实施系统之前，需要先对仓储进行全面梳理和诊断，诊断内容包括数据分析、流程分析、绩效分析和最佳实践分析。

数据分析包括两部分：一是系统的基础数据（比如产品基础数据、货位基础数据、供应商基础数据、BOM 数据等），二是系统的操作数据（包括订单、库存、MRP 等）。数据检查包括数据的准确性和逻辑的准确性。请务必准备干净的数据。系统是处理数据的，如果输入的是错误数据，输出的就不可能是正确数据，这就是“输入垃圾也只能输出垃圾”（garbage in，garbage out）。

流程分析包括入库、拣货、出库等所有流程的分析。

绩效分析包括库存准确率、拣货准确率、出库及时率等几十项指标。

实践分析主要包括行业最佳实践的分析，因为“榜样是最好的老师”。

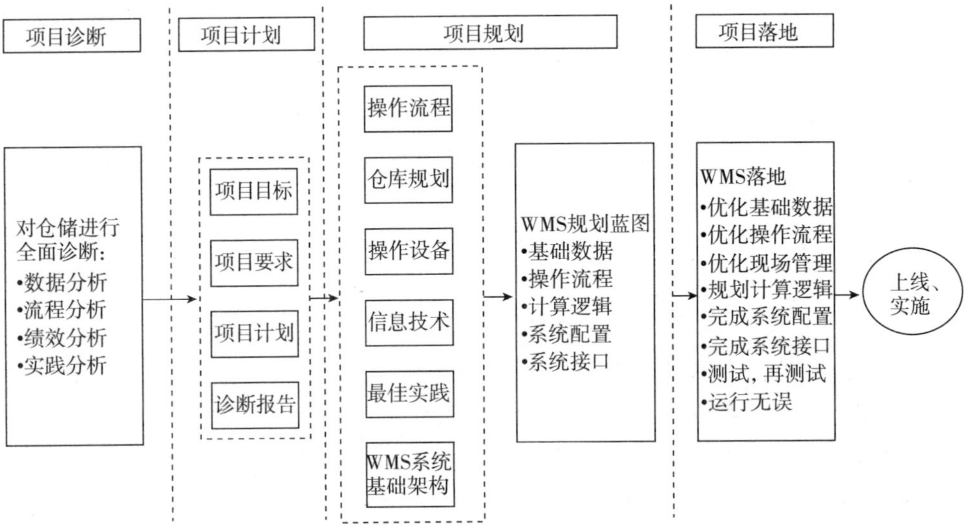

图 7-3　WMS 系统规划的基本逻辑

第二步：计划项目。分析诊断报告，确定项目目标、项目要求、项目计划。

第三步：项目规划。包括操作流程、仓库动线规划、货架规划、货位规划，以及使用何种操作设备、采用何种信息技术、系统如何配置、如何参考最佳实践等。

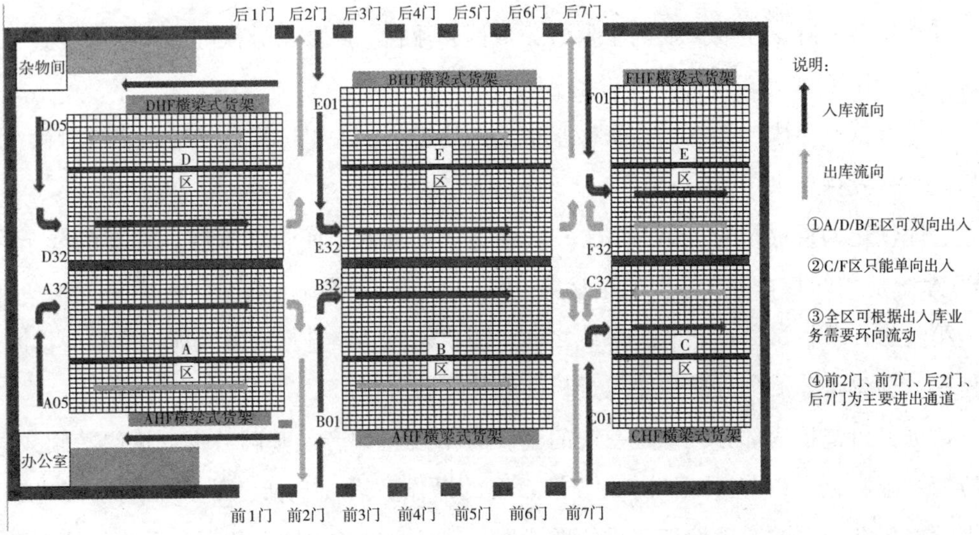

图 7-4　仓库动线规划

图 7-4 是某仓库的动线规划，图中的每一个小方格都是一个托盘货位，D 区每个通道有 33 个托盘，托盘通过遥控的托盘小车送入通道或者从通道中取出。酒类企业大单品 SKU 大部分是用这种规划方式。

在该阶段，项目组需要制订详细的项目规划蓝图，包括数据分析、流程分析、计算逻辑、系统配置、接口开发等。

（1）梳理好业务逻辑。以托盘上架逻辑为例，在 SAP 的 WMS 中，选择货位的逻辑是“下一个空货位”，或者“临近的空货位”，这实际上只是指出了一个原则，哪是下一个空货位呢？需要我们自己定义，并按照规划的流程写成系统逻辑。比如，一个托盘要在图 7-4 中的仓库上架，选择货位的逻辑见图 7-5。

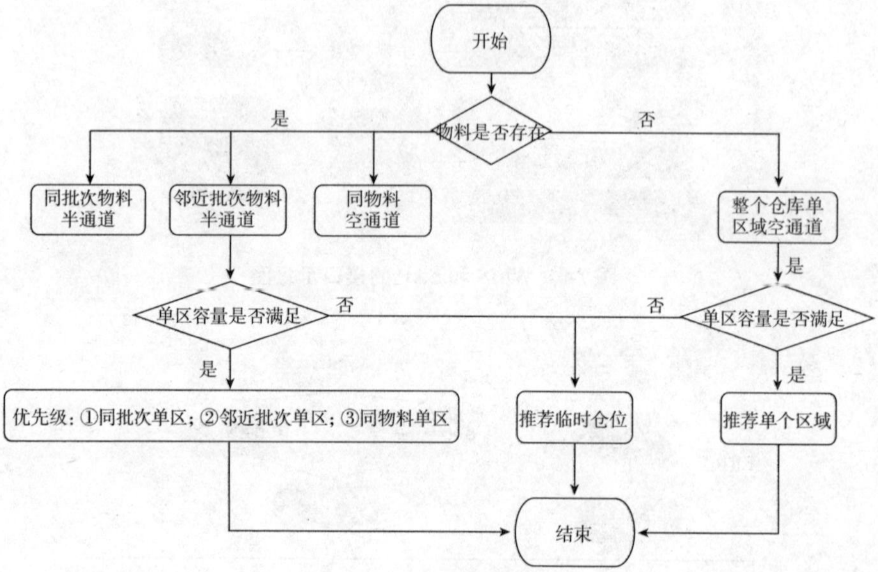

图 7-5　货位推荐流程图

（2）系统配置。分为两个方面，即硬件配置和软件配置。

硬件配置主要是各类硬件，包括服务器、PDA、PC、网络等，当然这些产品也有其自身的配置。

软件配置就是系统配置，大部分系统都是由模块组成的，比如 SAP MM（物料管理模块）、SD（销售与分销模块）、FI（财务会计模块）、SAP QM（质量管理模块）、SAP PP（生产计划模块）等。

（3）WMS 系统接口。包括和 ERP、PDA、现场设备等的接口（见图 7-6 和图 7-7）。

第四步：项目落地。包括优化基础数据、优化操作流程、优化现场管理、规划计算逻辑、完成系统配置、完成系统接口、测试、运行无误。

做好 WMS 规划的几个建议：

（1）方案要有依据，要基于数据、流程、绩效、现场的分析；

（2）基于最佳实践的操作方案；

（3）基于完善的流程和能够计算的逻辑；

（4）规划好仓库；

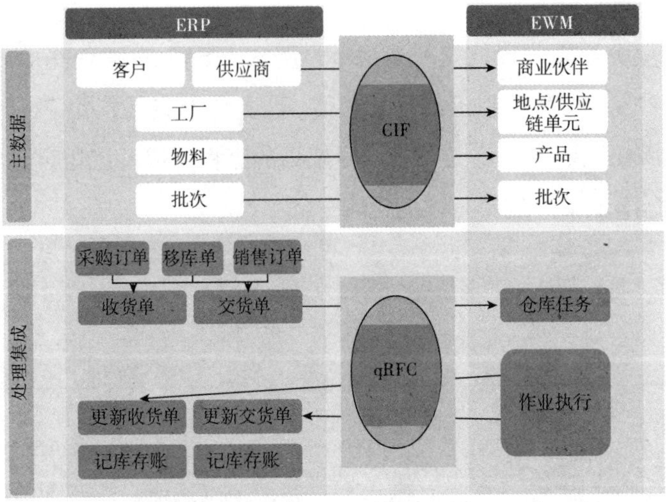

图 7-6　WMS 和 SAP 的接口示意图

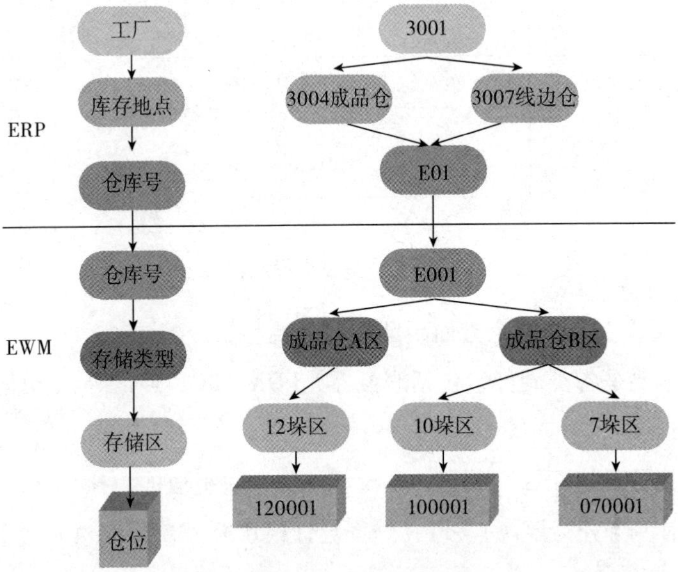

图 7-7　ERP 和 EWM 组织架构示意图

（5）现场规划包含了操作的逻辑。系统没有办法修正规划的错误，如果现场规划错了，那就是错了。

不要避开问题，而要主动找问题，解决这些问题，需要不辞劳苦。所有你放走的问题，都会成为以后给你找麻烦的“怪物”。而且，你会发现这个“怪物”竟然长了信息化的“翅膀”，成为系统的一部分了。这时候再想除掉它，更不容易。

图 7-8 是某汽车企业的仓库优化项目，示例了如何一步一步解决仓库中存在的问题。

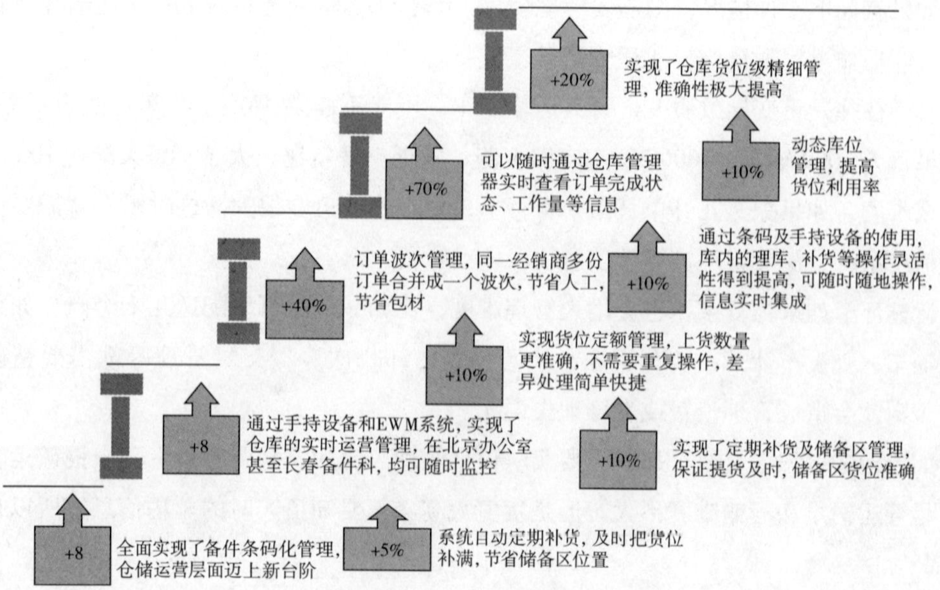

图 7-8 某汽车企业仓储优化

来源资料：SAP EWM 产品介绍。

系统规划要求系统、全面地考虑问题。

规划信息系统需要对整个仓储业务进行全面的考虑，需要考虑仓储业务和整个供应链的关系，仓储业务和整个企业运营的关系，毕竟仓储是供应链的一个环节，而供应链是整个业务运营的一部分，所以，一定要有全局的概念。

手记 129

TMS 的基本逻辑

运输也是成本和服务的游戏。如何提高客户满意度、降低物流配送成本、减少送货服务的投诉，都需要我们实时掌握信息、调度资源，这就是信息系统的重要作用。

对于制造业和流通业而言，如果运输量大、环节复杂、信息很有价值，那么运输管理系统就是企业的核心竞争力之一。

运输管理系统（Transportation Management System，简称 TMS）是一种适用于运输管理、物流管理的信息系统，主要对于信息、货主、货物、车辆、人员、费用、订单（任务）、绩效等模块的管理。

如果有如下4种情况，则需要考虑使用TMS：①运输业务量较大；②运输环节管理复杂；③运输过程很重要；④运输信息很重要。

管理往往是量变导致质变，每天运输1车，可能不需要TMS，10车可能也不需要，但如果每天1000辆车、10000辆车在路上跑，管理难度就比较大了。每天配送100单没有什么难度，如果配送几万单甚至几百万单，管理难度也会很大。这时候，就需要一套好的信息系统，需要将运输管理信息化。

运输环节如果很复杂，也会增大管理难度，比如一辆车可以配送几十个点，如果有几百辆车，则装车计算、装车次序、线路规划、卸货次序、交货管理等都需要精确计算，否则就会造成管理浪费或者管理失误。

如果运输过程很重要，那就需要实时信息管理。比如，我曾经负责一个铜矿运输项目，尽管运输量和运输难度不大，但是货值太高，需要知道实时的车辆信息，所以也用了TMS。

如果运输信息很重要，那也需要TMS。比如，当下的快递公司以及各电商平台都需要共享实时快递信息给平台和客户。由此看来，物流信息已经是企业服务的一部分了。

TMS主要包括系统设置、基本信息维护、订单管理、配载作业、调度分配、行车管理、GPS车辆定位系统、车辆管理、人员管理、数据报表、自动结费、移动应用等功能。

不同企业的TMS模块的功能是相似的，但在应用上会有很大不同，这主要是由于业务逻辑的差异、管理重点的不同所致。

一般的TMS会包括如下内容（见图7-9）：

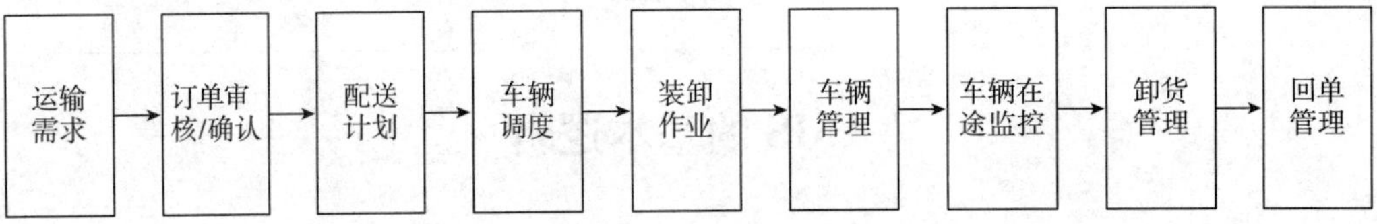

图7-9　运输流程

其中的配送计划包括：运输方式、运输工具、装车计划、配送线路、订单整合/拆分等。

装卸作业：包括工作量、工具、装卸、材料等；

费用管理：包括费用统计、应收应付管理；

车辆在途：包括位置管理、状态管理；

效率分析：包括人员效率分析、设备效率分析、资金效率分析等；

资质分析：包括客户信用分析、供应商资质分析；

查询：即对各种信息的查询。

软件规划的优劣，在于架构、逻辑、细节。首先要有一个好的系统架构、数据库架构，其次需要有合理的业务逻辑。业务逻辑就是指工作怎么做、流程怎么设计。细节就是业务末端的具体处理方式，比如 PDA 扫描收货、自动卸车等，这都是细节问题。

在 SAP 的 TMS 产品中（见图 7-10），运输管理被看成事件管理。对于制造业和流通业的运输管理来说，主要是 4 个模块：

（1）运输订单管理：包括销售订单、采购订单、货运订单。

（2）运输计划和招标管理：包括运输计划及调度，还有承运商选择。运输计划是整个 TMS 的核心，不同企业有不同的运输需求、运输操作方式、运输管理方式。如果企业使用的是固定物流承运供应商，则 TMS 只是单纯管理操作业务，由于有相对成熟的操作流程和操作实践，管理难度并不大。但是，如有需要选择承运商，尤其是需要招标选择时，操作流程会复杂一些。

（3）运输执行和监控：包括物流执行和运输过程监控。

（4）费用管理：主要指费用统计和费用结算。

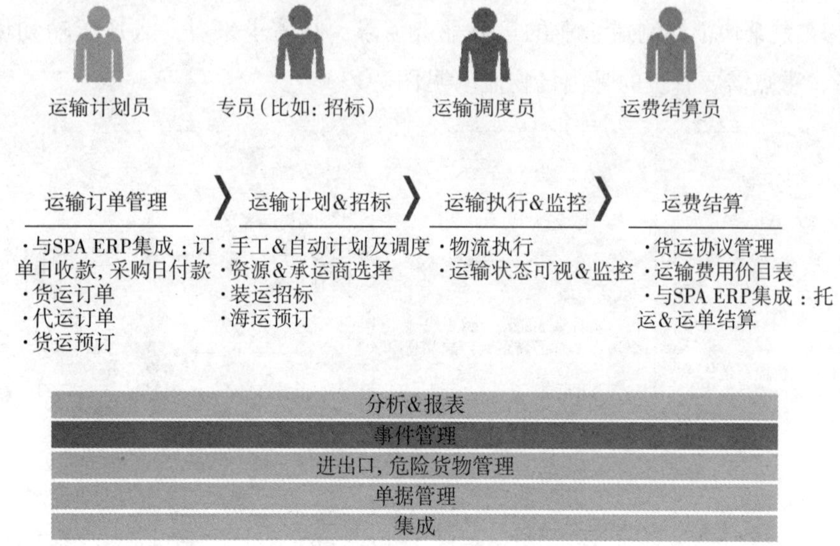

图 7-10 SAP 的 TMS

规划 TMS 信息化系统，需要进行场景分析，场景分析就是现场是怎么操作的，操作分几类。在 SAP TMS 中，运输场景分为 5 类：

（1）国内外向运输：可以理解为工厂以多种运输方式向多个地点发货；

（2）国内内向运输：可以理解为多个供应商以多种运输方式向同一个企业发货；

（3）转运：可以理解为从发运人委托第三方承运人向其客户发货；

（4）国际内向运输：指从国外向国内的运输；

（5）国际外向运输：指从国内向国外的运输。

SAP 是面向全球各种企业的信息系统。对于这种分类的逻辑，一般企业未必用得上，但是可以学习一下这种场景思考和场景处理的方式。

规划适合客户业务的 TMS 系统，需要深度解读客户的业务逻辑，并按照其业务逻辑规划流程和方案（见图 7-11）。

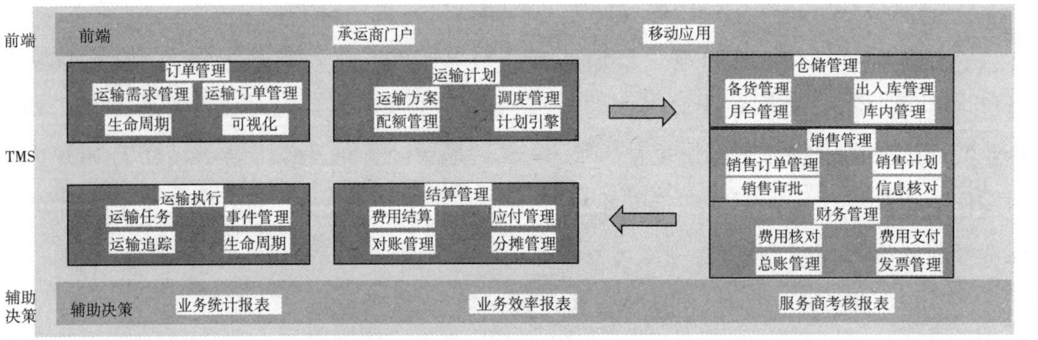

图 7-11　TMS 基本规划

图 7-12 是某快消品制造企业的运输业务需求。从需求来看，入场运输和场内运输都不复杂，重点需要管理的是出场物流（见图 7-13）。

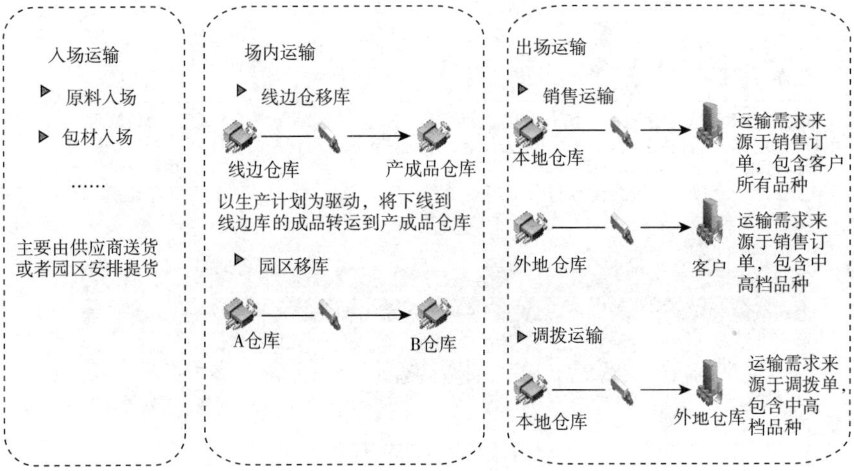

图 7-12　某快消品制造企业的 TMS 业务需求

这是一种以客户服务为核心的系统流程管控。

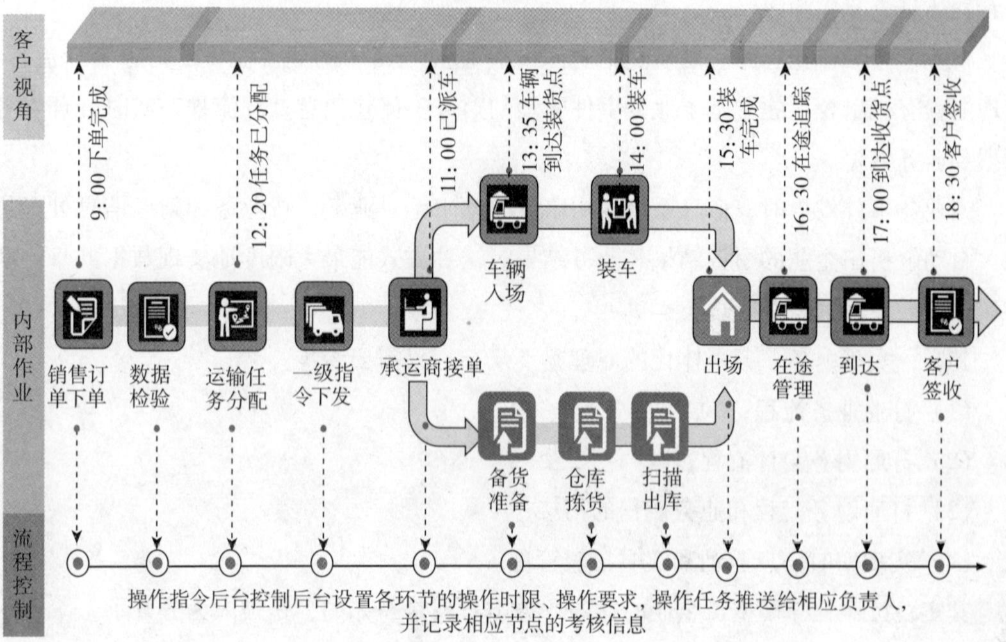

图 7-13 出场运输业务流程

手记 130

财务业务一体化其实没有那么复杂

一家医药上市公司的老板指着一辆刚刚发货的大车说："只要车辆一出厂，我就知道这车货赚了多少钱。"

深圳一家做手机套的公司叫黑云科技，老板痴迷于研究信息化系统，企业生产的每个环节都是用信息系统管理，一接到订单，哪怕很小的订单，比如只有 200 个皮套，老板都知道这个订单能赚多少钱。

20 年前，我服务过一家物流企业，该企业的老板经常说："我们知道赚了多少钱，也知道是哪些业务赚的。但是，我不知道哪些业务赚了哪些钱。"

前两家企业，都实现了财务业务一体化，能实现财务业务一体化，说明企业的管理水平很高。

但是，中国大部分企业类似于第三家企业：对于企业亏钱还是赚钱，老板是知道的；但是，细分到订单、客户、产品，就不一定知道了，说到底，从精细化管理的角度来看，还是一笔糊涂账。

财务业务一体化思路就是通过信息系统将企业经营中的业务流程、财务会计流程、管理流程有机融合，建立基于业务事件驱动的财务一体化信息处理流程，实时处理财务数据和业务数据。

当业务事件发生时，信息系统利用事件驱动来记录业务，按业务和财务信息处理规则，自动解析出企业的财务结果和业务结果，这种方式能最大限度地实现数据共享，实时实现高效业务和财务管理。

其实，实现财务业务一体化的原理并不复杂，只需要 4 步：

（1）打通业务流程；

（2）打通财务会计流程；

（3）打通财务流程和业务流程的衔接；

（4）实现实时信息驱动和实时报表管理。

其实，按照杜邦模型，企业的财务业务本身就是一体的，是被人为分开了。

为什么这么讲呢？理论上来说，企业在任何时间点都可以做业务报表，也可以做财务报表，也应该可以判断一单业务是不是赚钱，赚了多少钱。之所以在一个阶段才出业务报表和财务报表，是因为统计和分析耗费时间；之所以不能判断一单业务赚了多少钱，是因为不知道需要分摊哪些费用以及怎么分摊。这一方面是量变决定质变的结果，因为数量太大了，所以统计有困难；另一方面是业务数据和业务逻辑的问题。

以采购到货为例：采购入库单上有 100 个物料入库，价值 100 元，假设开了发票，发票金额 100 元，会发生以下业务和财务变化：

（1）业务增加了 100 个物料库存，可以用于生产或（和）销售；

（2）业务增加了 100 元的应付账款；

（3）业务增加了 100 元库存（在计算库存效率时用得上）；

（4）财务增加了 100 个物料库存，可以用于生产或（和）销售；

（5）财务增加了 100 元的应付账款；

（6）财务增加了 100 元库存（在计算库存效率和资产管理时用得上）。

业务报表比较容易做，无非是：①库存增加；②应付账款增加。

财务报表主要是资产负债表、现金流量表、损益表这 3 张报表，没有那么复杂，都是加减法。看起来费用林林总总，其实都是不同的科目而已，不同科目在财务报表中有不同的计算方法。

以上述案例为例，3 张表的数据变化如下：

资产负债表：资产 = 负债 + 所有者权益（净资产）。在上述案例中，资产增加 100 元，负债增加 100 元。

现金流量表：现金流入 = 现金流出 + 净现金流。在上述案例中，本表没有变化。

损益表：收入 = 成本 + 利润。在上述案例中，收入增加 0 元，成本增加 82.61 元，税收支出 13.79 元（按照 16% 的增值税税率计算）。

至于销售出库、费用报销、领料单等，都有对应的科目和财务业务的处理方法。

一车货物出厂，包含了很多业务和财务信息。财务报表和业务报表无非是对收入、物料成本、加工成本、物流成本、管理成本、销售成本、财务成本等数据进行统计和分析。

信息系统负责财务账和业务账的数据处理，如果业务逻辑合理，信息系统瞬间可以处理完，自然也可以出来报表，包括成本分析和盈利分析。

利润 = 收入 − 物料成本 − 加工成本 − 物流成本 − 管理费用 − 销售费用 − 财务费用 − 其他

单个订单的利润 = 订单收入 − 所分摊的成本（加工成本 + 物流成本 + 管理费用 + 销售费用 + 财务费用 + 其他）

这样，业务的数据、财务的数据、每个订单的数据也就都有了，看起来并不复杂。

至于一车货，比如说有 10 个订单，这一车货的利润累加即可：

$$\sum_{k=1}^{n}\binom{n}{k}X = \sum X = X_1 + X_2 + X_3 + X_4 + \cdots\cdots + X_n$$

从信息系统的角度来看，只要把这个车的装车清单和销售订单建立起来，就可以通过系统运算这个车次的利润。所以，“只要这辆车一出厂，我就知道赚了多少钱”其实并不难。

只要规划好业务逻辑、财务逻辑、信息化逻辑，有完善的信息系统，就可以实现财务业务一体化，实现实时业务和财务数据管理。

物流成本分摊示例如下，当采用 milk run 方式配送时，会出现一笔发运成本承担多个订单的情况，在这种情况下，有多种分摊公式：按订单分摊、按箱数分摊、按距离分摊或者按照箱·千米分摊等。只需要按照企业的实际情况设定分摊规则，即可计算每个订单的费用（见图 7-14）。比如：

按订单数分摊，每个订单 250 元。

按箱数分摊，则为 71 元、214 元、286 元、429 元。

■ 举例：路线1运费为1000元，配送到A、B、C、D共4家客户，每家的箱数分别为：A客户10箱，B客户30箱，C客户40箱，D客户60箱。每家客户间的距离：仓库—客户为10km，A客户—B客户为50km，B客户—C客户为30km，C客户—D客户为100km。

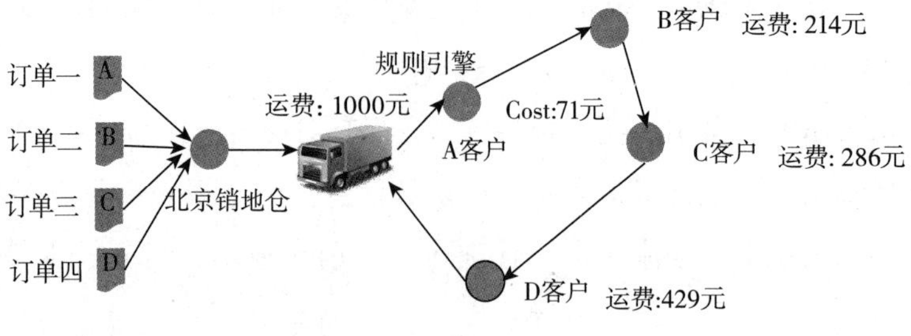

图 7-14　循环配送成本分摊

模块 21 物流信息化实操

手记 131

货物在哪儿并不重要，重要的是信息系统知道它在哪儿

2014 年，我辅导一家烟草企业做仓库规划。用随机定位代替了定置定位，大幅提高了仓库空间利用率和操作效率。

在参观仓库的时候，我发现仓库的叉车通道上放了一些托盘，就问经理："为什么要将托盘放在通道上?"

经理说："公司要求同一个货物放在一起，规划的货位放不下了，就放在过道上。"

我又问："为什么要放在一起?"

经理答："怕不知道位置，要求把同一个品类（SKU）放在同一个区域。"

我说："完全可以将货放在空置货位上。其实，货物在哪儿并不重要，重要的是信息系统知道货物在哪儿。"

我看到经理脸上露出了会心的微笑，或许他觉得这句话有点哲学的味道，又或许他觉得这是一个答案，也或许他也知道这个答案，只是不知道怎么做而已。

其实，这是随机货位的存放逻辑，哪个货位空着，就把货放在空货位上。对于 SKU 数量多、货量起伏大的情况，如果用固定货位存放固定 SKU，空间浪费就太大了。这时候，只能用随机货位。随机货位要求货物定位精准，不能有一点差错，否则就找不到货，所以必须加强货位的管理。

随机货位的定位方式有两种：一是系统指定，仓库管理系统指定货位；二是操作员随机存放，操作员存放的时候，用 PDA 扫一下货位，这个托盘就和这个货位锁定了。

其实，操作员选择合适的货位并通过 PDA 扫货位码定位，是非常方便的。把货位安排的工作交给了操作的末端，而末端有 PDA，和信息系统又实时交流，反应很敏捷，实现了信息流和物流的高效互动，是高效的仓库操作方式。

手记 132

只要规划得好，业务不是太复杂，一般的 ERP 就可以管好仓库

2014 年，我辅导一个农机备件库，通过现场规划、流程规划、信息规划、料卡规划，把一个仓库管理得井井有条。当时，我用的是金蝶的 KIS 系统，一个小型的 ERP，连货位设置都没有，我们在主数据中插入一行，把它规划成货位，实现了仓库的定置定位管理，实现了仓库管理信息化。据说购买那个系统的费用是 2600 元。

2017 年，我辅导一家快消品公司优化仓库管理，让一个混乱的仓库实现了高效、高质量、信息化管理，所用的信息系统是用友 U8，只是稍作调整。其中最关键的优化是业务逻辑规划、订单管理规划、系统规划、现场规划、流程规划，也实现了仓库管理信息化。

有一家做药品分销的企业，在金蝶 K3 Cloud 的架构上做了开发，竟然做成了一个很好用的 WMS，完全可以实现复杂的仓库流程管理，包括订单分配、拣货、核对、打包、路由分配、发货等，全程采用 PDA 管理，整个流程实现了信息驱动，实现了仓库管理信息化。不但如此，这家企业还通过 K3 Cloud 实现了 GSP 的管理。

我列举这些案例，并不是说 WMS 不重要，也不是说 ERP 可以代替 WMS。专业的 WMS 自有其优势和用途，但有些业务是可以通过现场规划、流程优化、信息系统优化解决的，有些 ERP 软件本身就有仓储管理甚至运输管理的功能，只是没有充分利用而已。但是，系统毕竟不是仓库和车辆，所以，系统只能辅助管理好仓储和运输，而不能取而代之。K3 和 U8 都是很普通 ERP 系统，仓储的核心是现场管理，对于不是过于复杂的仓储业务，用一般的 ERP 稍作调整就够了。

其实，账实相符、单单相符、单证相符本来就是物流的基本原则，和有没有信息化没有关系。有些仓库的操作质量不高，人为因素居多，推说没有系统，是让系统代为受过了。好在系统不会说话，否则，系统一定会把那些错误的操作一股脑儿地说出来。

手记 133

PDA 操作界面

具有条码条件而操作量又大的仓库，基本上都用了 PDA。

一般的仓库大致有入库、出库、上架、下架、理货、盘点等功能，PDA 可以大幅提高工作效率。

比如入库操作（见图 7-15），在系统推荐货位的情况下，只要用 PDA 扫一下托盘或者箱上的条码，界面上即可显示货位，找到货位后，货物上架，扫货位码即可确认上架和入库完成，同时确认货位已被占用。系统可以根据货物码和货位码核对该操作是否准确，如果不准确，系统则会报警提示，这种操作速度快，准确率几乎是 100%。

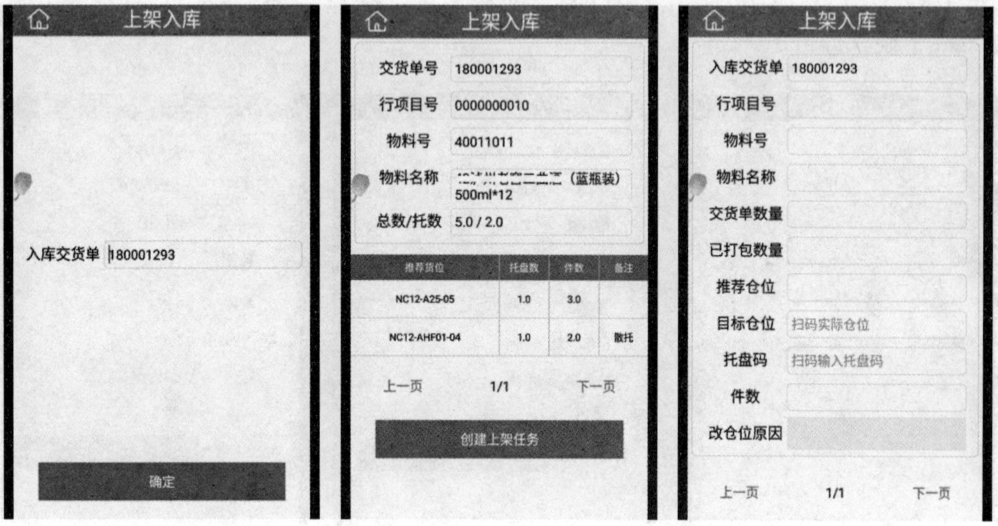

图 7-15　上架业务 PDA 界面

出库操作也类似，系统把出库订单推送至 PDA 中，包括产品、数量、货位，操作员可以根据货位找到货物，扫货位码和货物码，即可确认货物下架，订单行操作完成。

至于理货（见图 7-16），就是把 A 货位的货移动到 B 货位，则更加简单，先扫 A 货位的条码和 A 货物的条码，使 A 货位和货物解除货位锁定，然后把货物移到 B 货物，扫 B 货位的编码，将货物上 B 货位锁定，即完成理货。

图 7-16　理货业务 PDA 界面

至于入库组装托盘（见图 7-17），自然也很容易实现，先扫托盘码，再扫货物码，在 PDA 上确认即可。

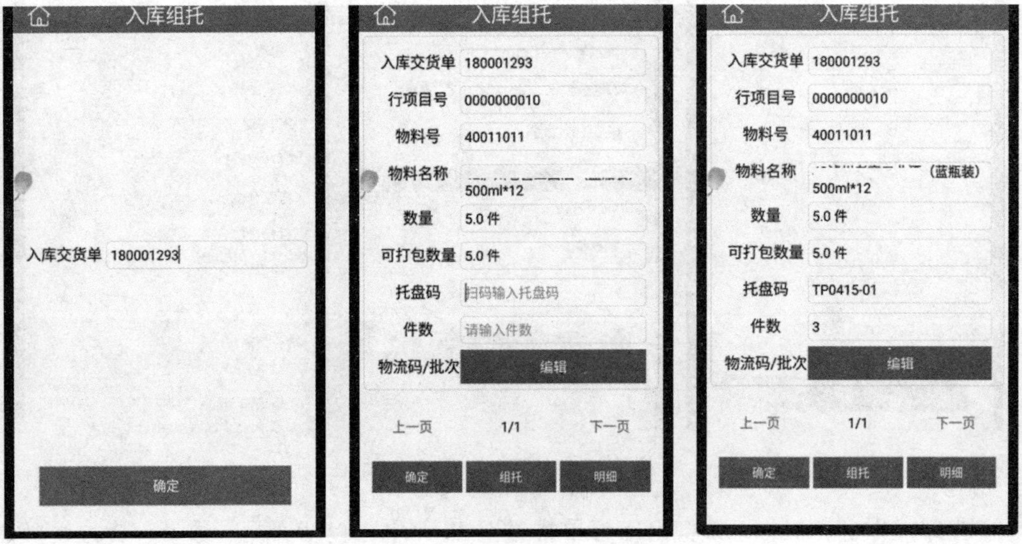

图 7-17　入库组托业务 PDA 界面

至于发货过账（见图 7-18），自然也可以通过 PDA 实现，只需要在 PDA 上确认即可。

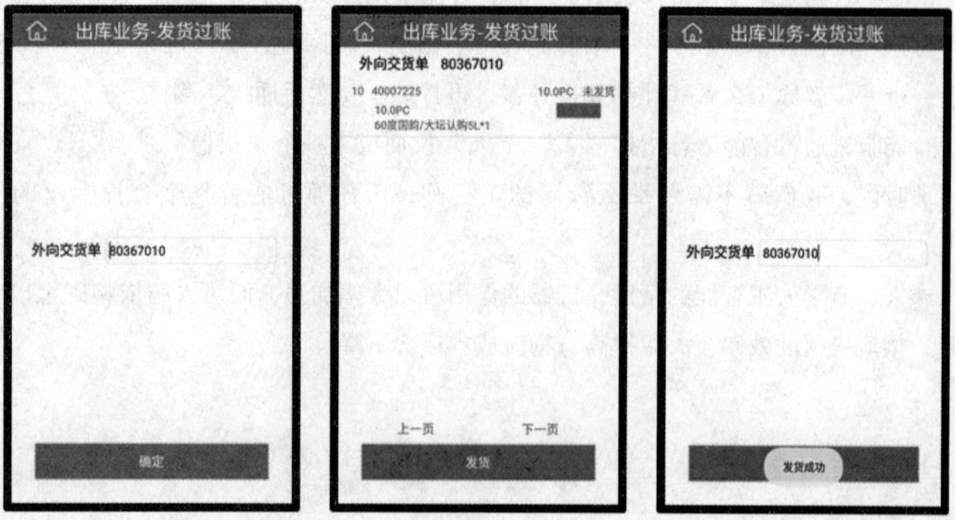

图 7-18 发货过账业务 PDA 界面

手记 134

人工智能语音识别在物流方面的应用

前段时间，我要发一个快递，顺丰快递员拿着一个手持终端上门服务。该终端有语音识别功能，我把地址说完，地址已经在屏幕上显示出来了。

快递员问我："对吗?"

我核对了一下："对的!"

快递员一按回车，地址就被录入系统，几秒钟后就把快递单打印出来，又快又方便。

该方法的效率比传统方法提高很多。我大致测算了一下：以前需要填快递单，至少需要 3 ~5 分钟，快递员回去以后还需要录入系统，大约 1 分钟。现在，通过语音识别，时间节省超过 50% ~70%，由于有客户实时核对，准确率也会大幅提高。

有一次，我参加 SAP 年会，看了 Google 眼镜，其人工智能、人机对话可以帮助工人在仓库拣货，眼镜上有一个小屏幕，可以看到订单行，耳麦可以和系统对话，眼镜上的摄像头还可以用于确认货位。效率和准确率都大幅提高。

随着技术发展，社会已经逐步进入物联网时代，重要设备、部件、零件和模块都会装智能芯片，如果某个设备模块出了问题，智能眼镜可以指挥工程师完成维修，告诉工程师维修点的位置、维修零件、维修流程等。当然，维修流程不再是厚厚的一本册子，而会一步一步教你怎么做（比如先拆外盖、再拧螺丝，然后插拔、测试等）。

智能眼镜通过智能语音指挥“人”，“人”反而成了一个“机器”。

那时候，我们就不需要那么资深的工程师，工程师可能就是个会拧螺丝的“工具”。

未来，有了人工智能的帮助，机器的作用可以大幅加强，而对人的依赖则可以大幅下降，物流操作的效率会大幅提高，物流成本还会下降。

手记 135

订单信息输入一次就足够了

2012 年，我主持一家物流公司的工作。该公司每年运营 150 万吨煤炭和 100 万吨铜金矿，堆场面积大约有 50 万平方米，绕场一圈，大约 3000 米。

煤炭进出堆场需要过磅，地磅的电脑系统自动统计货物和车辆的重量，打印磅单，磅单是物流公司的交付依据，也是我们的收货依据，相当于 POD。

该公司办公室有 2 名员工，负责把磅单信息录入 ERP 系统。如果有人请假或者车辆增加，就忙不过来，还需要加班加人。因此这 2 名员工经常忙得焦头烂额。由于采用人工录入信息，差错难免，数据经常对不上。

后来，我安排 IT 人员把地磅系统和 ERP 系统打通，ERP 系统可以直接读取地磅系统的数据，节省了 2 个人工，也消灭了差错率的问题。

对于 IT 人员来说，打通两套系统并不难，大致有 3 种方案：

（1）其中一方系统向另一方系统写入数据；

（2）其中一方系统读取另一方系统的数据；

（3）如果双方都不允许公开源代码和系统，一方可以向中间键（一个小的程序）写入数据；另一方到中间键读取数据。

该项目方案就是第二种，地磅系统开放所有的源代码，ERP 系统直接到地磅系统读取数据。

经常看到有些公司的 ERP 系统支离破碎，连财务和业务都分开了，同一张单据，业务录一遍，财务再录一遍，然后互相抱怨对方数据不准。其实，这些公司应该沉下心来，好好梳理一下信息系统。一个好的信息系统，对于提升公司的管理水平非常有好处。

手记 136

好的物流系统，神经末梢必须敏感

物流是操作量很大、实践性很强的业务，尤其是 TOC 的业务（也就是配送到末端客户的业务，比如 B2C），越是到末端，操作量就会越大，也越容易出问题。越早发现这些问题，越有利于提升服务质量，提升竞争力。

那么，怎么解决呢?

（1）需要有能及时发现问题的信息系统;

（2）需要有快速解决问题的机制，信息系统能够实现信息驱动（IT Driven），把问题及时传递到各个责任部门，及时督促，直到问题解决。

如此一来，就需要信息系统有敏感的神经末梢，能够及时发现问题，并能够对问题作出反应。信息驱动是一个管理概念，通过信息化管理操作、管理流程，信息驱动不是信息共享，也不是发邮件，而是操作指令和操作指令执行的监管，操作员收到操作指令后，即按照操作指令执行，并能实时反馈操作结果。信息系统一旦有了敏感的神经末梢，同时又能实现信息驱动的功能，理论上说，可以实现业务信息化。

前提条件是：信息系统的神经末梢必须敏感，这样才能及时发现问题。

手记 137

RFID 在出入库方面的应用

2013 年，我在巴彦淖尔市乌拉特中旗的甘其毛都口岸工作。按照货值计算，甘其毛都口岸是内蒙古最大的陆路口岸，不仅有超过千万吨的进口煤炭，还有超过百万吨的进口铜金矿。蒙古国有储量排全球第 4 位的铜金矿，即奥尤陶勒盖铜金矿。力拓集团投资了该项目。

力拓集团（Rio Tinto Group）于 1873 年成立于西班牙，目前集团总部在英国，大洋洲总部在澳大利亚。力拓集团在勘探、开采和加工矿产资源方面均为全球佼佼者，被称为“铁矿石三巨头”之一。铜矿往往伴生黄金和白银。在奥尤陶勒盖铜金矿上加工完的精粉，全部要运输到中国，在中国冶炼成黄金、白银、铜。

当时，我管理的保税堆场存放了所有由于进口的铜金矿精粉。整个堆场有 13 万平方米，属于海关监管的保税区域，进出堆场需要报关、报检，当然还需要过磅，出磅单。铜金矿是使用吨袋（编织袋）包装的，每袋 2 吨，每车的装载量也是标准的，每车 16 袋。装卸吊车是用码头的吊车改装的，一次可以同时装车 16 袋，卸车也是一样。这得益于力拓公司的标准化管理：一方面铜金矿货值很高，每吨价值超过 3000 美元；另一方面，这也是国际级企业的管理风范。

出入堆场的信息输入是通过 RFID（射频识别技术）完成的，每个吨袋都有 RFID 芯片，同时也有条码作为备份。入区的时候，车辆行驶到门口，信息系统可以通过无线射频获取产品数据，每个吨袋的数据都会准确地进入系统，自动完成入库。出库时也是如此。

力拓公司非常重视基础设施。为了保证信息系统运行的稳定性，力拓专门为该项目安装了专线网络，专线都用内径 10 厘米、壁厚 3 毫米的钢管防护着，所到之处，不是开挖槽，就是搭桁架，那是我见过的最好的专线防护。国内大部分专线都埋在土里、挂在墙上，小孩放风筝时都能把它拽得没信号了，哪有什么防护啊?!

出入库操作是仓库操作的主要工作，国内大部分仓库还没有实施 RFID 出入库，因为有些人觉得很复杂。其实，RFID 出入库大大简化了入库操作。想象一下高速公路收费站，用 ETC 收费代替人工收费，又快又简单，还省钱。

国内高速公路收费已经普及了 ETC，即不停车电子收费系统，类似于 RFID。RFID 与收费站 ETC 车道上的微波天线进行通信，通过计算机联网技术与银行进行结算，缴费完成。车辆通过路桥收费站时也能快速交纳路桥费，而不需停车。

2006 年，我看过欧洲一个大型仓库的收货。满载的大型货车开到仓库门口时，车辆信息、司机信息、货物信息通过 RFID 全部直接传送到仓库的信息系统，仓库信息系统直接把货位分配、下车安排、货物上架等工作全部安排就绪。

可能有人会有疑问，收货检验怎么做?

其实，在管理完善的供应链中，出现破损、短货、多装的概率是很小的，在任何环节发现这些问题，各方（发货方、收货方、物流公司）都会正确对待。遇到问题，大家都会积极解决，毕竟都是长期紧密合作的伙伴。

手记 138

我使用的第一个全球订单管理系统：MACPAC

2005 年，我在泰科工作，泰科当时在“世界 500 强”排名 35 位。当时，我在流体控制业务板块，产品是阀门。

凡是超级大的公司，其一个共同的特点是都有一套维护业务体系的规则，这套规则并不是保证业务不出问题，而是可以保证在业务出问题的时候，可以及时发现问题，及时找到责任人，并把问题解决掉。

如果没有信息化系统，就很难管理好庞大的业务。泰科有几十万家客户，几千家供应商，全球采购，全球销售。这些客户都是工业级的客户，如果没有一套完善的规则和管理系统，整个业务体系就无法运行。

我当时负责中国区的订单，使用了一个 MACPAC 的系统，这是一个基于 DOS 的软件系统。对于现在的绝大部分年轻人来说，DOS 系统是陌生的，估计大部分人也想象不到那个界面：黑屏、白字，屏幕上全是字码，工作起来很容易产生疲劳，界面并不是很友好。但是，这是一套非常完善的订单管理系统，可以高效地管理全球业务。凭借 MACPAC 系统，我每年管理全球数万条订单，运行井井有条，包括销售订单、工程方案、采购订单、物流管理、财务管理、付汇管理等。

这是一套在线系统，全球的员工都用这一套系统。所有信息都在这套系统上，所有信息都是标准化的，信息少了或者错了，马上就会被发现。这套系统可以实现一个工作日内评估工作绩效，如果我输入的订单错了，次日早上，我的主管就会发现，并找我核实。谈话，如果 100 单中超过 3 单录入出错，绩效即为不合格。系统如此关键，所以保证其正常运转至关重要。

亚洲地区的系统开启时间是北京时间 8:30，关闭时间是 20:30。关闭以后，系统就进入维护状态，新加坡的 IT 团队开始维护系统。

反观国内，大部分企业不太重视信息系统规划和建设，也不太注重信息系统的维护。

其实，就管理而言，信息系统是企业的核心竞争力之一。2015 年，某纸业的总经理就旗帜鲜明地提出：向信息化要效益。该企业通过先进的信息化系统大幅度提升了企业管理和经营水平，通过 3 年时间，保守估计至少降低成本 15%。这对于一家年营业收入 30 亿元的企业来讲，非常可观了。

2011 年，我和哈飞的一位朋友聊天。这位朋友负责国际合作，对国内、国际的企业状况都有所了解。他说：“国际先进企业是一流的技术、二流的设备、三流的厂房。我们国内大部分企业是倒过来：一流的设施、二流的设备、三流的技术。至于信息化系统管理，那就更差了。”

这位朋友说的是实情，规划企业，首先规划的应该是管理，这其中包括信息化的管理。有些外资企业在规划业务时，首先规划信息化系统，梳理业务逻辑，编写程序——而那时候可能连厂房都还没有。

手记 139

如果物料主数据错了，后面就会错一串

在审核企业信息系统的过程中，往往要看主数据。目前为止，我还没有发现哪个企业的主数据没有问题。

物料主数据往往存在以下问题：

（1）主数据不准确，有些物料的基本数据是错的；

（2）主数据不准确，存在一物多码或者一码多物的现象；

（3）主数据错误，BOM 不准确；

（4）主数据逻辑错误，有些应该计入 BOM 成本的物料却被计入了费用处理；

（5）主数据使用错误，比如有个公司竟然把货位当成仓库用，该用货位定位的时候，反而没有货位可用了。

……

如果物料主数据错了，后面就会错一串。

因为信息系统所有的运算，都是以主数据为基础的。

曾经有一位在德国汽车厂工作的物流负责人对我说：“我们的 MRP 经常出问题，物料计算需要人工干涉。”

我问：“会发生哪些错误呢？”

他说：“比如，明明需要 100 颗物料，可是系统跑出来 1000 颗。”

我还不太相信：“真有这样的问题吗？”

他说：“也还算常见。”

看看！国际著名的大企业都有这样的问题。

第八讲

供应链管理

- 供应链的基本模式
- 库存管理
- 资金管理

模块 22 供应链模式分析

手记 140

供应链的两种模式：推动式和拉动式

按照供应链的驱动方式来划分，可将其划分为推动式供应链和拉动式供应链。

推动式供应链（Push，make to stock）是以制造商为核心，产品生产建立在需求预测的基础上，并在客户订货前进行生产，产品生产出来后从分销商逐级推向客户。推动式供应链的不确定性很低，但提前期较长，按库存生产是主要的生产方式。许多功能性（functional）的产品，比如汽油、牙膏等产品，往往采用推动式生产。

拉动式供应链（Pull，make to order）是指消费者导向或需求导向的供应链，销售订单启动补货要求，制造商再快速生产，并实现快速补货。许多新颖性（innovative）较强的产品，比如汽车、手机等产品，往往采用拉动式生产。丰田生产模式中的“准时生产（Just in Time）”就是拉动式生产。

纯粹以供应链的模式来确定供应链的先进性是错误的。其实，推式供应链和拉动式供应链各有优缺点，绝大部分企业采用的都是推拉组合的战略。概括起来，推拉组合的战略有两种情况：一是分层次，二是分产品。所谓“分层次”，就是供应链的某些层次以推动的形式去做，其余的层次采用拉动式。比如汽车行业，主机厂采用拉动式，供应商则采用推动式，也就是说，主机厂不备库存，供应商则备足库存以防断线。所谓“分产品”，就是有些物料采用拉动式。有些物料则采用推动式。2002 年，联想公司学 DELL 公司，推 VMI（供应商管理库存）。但是不会买账，所以联想必须备 CPU 的库存，其他的物料则采取 VMI，就是让供应商备库存。

DELL 公司也是一样，计算机组装完全是根据最终客户订单进行的，是典型的拉动战略；但零部件是按预测进行决策的，是推动战略。也就是说，供应链的推动部分是在装配之前，而供应链的拉动部分则从装配之后开始，并按实际的客户需求进行，是种前推后拉的混合供应链战略。

家具行业备材料，服装行业备布料，往往先不着急做成成品，而是订单来了再做，都是这个道理。

1999 年，我在北京冠捷工作，工厂里有两位来自中国台湾地区的厂长。其中，一位主张做JIT，另一位主张做库存，中层都觉得很难做。其实，这是一种误解：主张做JIT的厂长，说的是用JIT的方式生产客户订单，主张做库存的厂长，说的是供应商要为我们做库存。他们的主张，在骨子里是一样的，只不过关注点不同：一个担心交付不了，一个担心库存过多。

衡量供应链的好坏，不能仅仅看其模式，更为关键的是看供应链效率，看绩效。不同行业、不同产品、不同企业，供应链是千差万别的，格力的空调不愁卖，多做点库存又何妨？但是，某些空调不好卖，如果多做库存，既占用资金、占用物料，还卖不掉，岂不是雪上加霜？

手记141

梳理企业供应链的5条主线

供应链是制造业和流通业的重点。梳理和优化供应链，可以从5条主线入手：

（1）财务（收入、成本、利润、现金流、资产）；

（2）商流（预测、订单、交付）；

（3）物流（配送、仓储）；

（4）库存（采购、库存）；

（5）信息流（订单、工单、账单等）。

财务是从生意的背后看一个生意，收入、成本、费用、利润、资产等都是财务分析的目标，都反映在财务数据上，所以，财务的3张报表往往准确地反映了一个公司的经营状况——当然，我说的是真的财务报表，过于修饰的财务报表或故意掩饰的财务报表除外。

大多数企业都使用ERP系统。ERP系统中有所有的收入、成本、费用、资产、现金流都是由简单的业务数据形成的，如果发现财务数据有问题，十有八九是业务数据出了问题。

财务的表观问题很容易被发现：要么是不赚钱，要么是赚钱不够多，要么是账错了。所以，跟着钱走，就能找到问题的根源。

仅仅分析财务数据是不行的。要想精准解读一个流通企业或者制造企业，需要贯穿分析企业的业务流，也就是商流，更需要仔细分析所有的订单和交付。

订单包括3类：销售订单（Sales Order）、生产订单（Work Order）、采购订单

(Purchase Order)。分析这 3 类订单的实际需求、交付成本、及时交付率，便可以判断供应链的管理绩效。

物流贯穿于整个企业，贯穿了采购、生产、销售、退货等各个环节。全面分析物流，便可分析供应链的绩效。物流成本一般占企业销售收入的 2% ~20%，产品不同，比率差别很大。比如，电子产品因货值较高，物流成本所占比重较小，而蔬菜、煤炭等产品，物流成本所占比重便较大。

在流通业和制造业中，处处都是库存。有些库存创造利润，有些库存吞噬利润，因此库存对供应链的绩效影响很大。分析库存结构、分析库存效率也可以得出供应链的效率。

信息系统既是企业的大脑，是中枢神经，也是末端神经，信息系统处理和存储了企业所有的数据。企业信息化越先进，企业越有竞争力。

当然，分析任何一条主线，都可以得出一个基本的结论，如果要精准分析供应链，最好做综合矩阵分析，即全面分析财务、商流（订单和交付）、物流、库存，互相核对，可以得出更加精确的结论。

手记 142

金螳螂的集中采购和大规模生产模式

金螳螂是国内最大的装饰集团，深耕于装饰产业，曾经做过许多优秀的项目，比如鸟巢、北京人民大会堂、国家大剧院、国家博物馆、G20 杭州峰会主会场等；也是四季、希尔顿、香格里拉、凯宾斯基等国际酒店管理集团的设计施工服务商。

按理说，能做到这个规模，能做这么高大上的项目，供应链管理未必精细，毕竟这么好的项目，不愁赚钱嘛！

实际不然。我在河北武安市听说了一个金螳螂的项目，发现这家企业的供应链规划管理极为精细。

武安是河北的一个县级市，虽然是县级市，却拥有 18 家钢铁厂。稍微懂行的人都知道，当下的中国，在产能如此过剩、竞争如此激烈的情况下，能够存活下来的钢铁厂，不可能是小规模的。所以，武安市的经济很有规模。

武安市要建一家五星级宾馆。河北本地的装饰公司听到这个消息后，纷纷上门，希望承包装饰工程。不用说，这些人都通过方方面面的人跟宾馆经营方打过招呼，其中不乏省部级领导干部。

这倒让业主为难了：就1个茶壶，来了8个盖子，不盖哪个都不行。最后，业主干脆来了透明管理——招标，谁能满足合同条款就选谁，本地外地都可以投标。这样一来，谁也不得罪。本地企业信心满满，他们认为无论是人工还是物料，都是本地便宜，有优势。结果，招标价格一公开，金螳螂报价最低，中标。本地企业一看，这个价格，谁做谁亏，金螳螂要么亏钱，要么质量不达标。

装修完成后，业主组织所有的装修公司参观，确实达到了五星级标准，有些装修公司问金螳螂："你们亏了多少钱？"

金螳螂："什么？亏钱？没有！我们赚了很多钱！"

装饰公司："这么便宜的价格，你们怎么可能赚钱？你们赚什么钱？"

金螳螂："我们在物料赚了很多钱。"

装饰公司了解了一下金螳螂的马桶采购价格，发现竟然比自己的低很多，就问："你们采购的马桶质量这么好，价格这么便宜，怎么做出来的？"

金螳螂："我们的全国市场用同一款马桶，数量巨大。因此，我们承包了8条流水线，24小时不间断生产，统一物流配送，供应全国市场。我们的生产成本、采购成本、物流成本、人力成本、质量管理成本都很低，尽管卖价低，但利润很丰厚。"

这就是供应链管理的威力，优化产品（SKU），优化采购（集中采购），充分利用产能，降低物流成本，降低人工成本，加速设备分摊，等等，这一系列的供应链举措，大幅降低了金螳螂的产品成本，提高了企业的竞争力。

就这样，金螳螂打造出了自己的集中采购、集中生产的供应链模式。

手记143

供应链改革：从"产能错配"到"产能配对"

供给侧改革（supply side reform）是政府深度研究当下经济状况后找到的一剂发展经济的良药，也是大部分企业改革的重点和方向。

当下经济持续低迷，大部分企业面临经营困难，主要问题是产品滞销、产能过剩、应收账款太多等。虽然产品滞销，但国内需求仍然旺盛，人们需要大量的好产品，很多需求都集中在国外的产品身上。

国人不买我们自己的产品，反映了供给的产品有问题，供给和需求之间出现了错配，这是问题的实质。如果产能用错了地方，不但没有生产出来合适的产品，而且白白把产能浪费了。供给侧改革的核心，就是把“产能错配”改变为“产能配对”。

企业启动供给侧改革，应重点考虑以下7个方面：

（1）调整产品结构：下决心把落后的产品淘汰掉，研发、生产高品质、适销对路的产品，实现产品“配对”市场。

（2）优化产能：下决心淘汰落后产能，实现产能“配对”市场。落后产能浪费材料、能源、人力，降低企业竞争力，越早淘汰，企业越早轻装上阵。

（3）打造高效的供应链：通过流程优化，提高供应链的敏捷性，提高供应链对市场需求的反应速度。

（4）优化库存成本和物流：不可再做大量库存，必须通过订单驱动供应链，避免形成库存呆滞；优化物流管理，提高交付效率，避免形成物流浪费。

（5）优化财务成本：淘汰落后的财务模式，采用高效的供应链金融产品，降低财务成本。

（6）优化管理成本：改革落后的管理框架和管理模式，采用信息化管理工具，加强扁平化管理，提高管理效率。

（7）实现信息化管理：应用信息化系统，运用互联网工具，通过大数据分析打通市场和供给、实现预测即销售。

供给侧改革所说的“供给侧”，即供给方面。中国之前的改革都是在需求端改革。40年多年来，拉动中国经济的三驾马车是出口、消费、投资，投资主要是指基础建设。而当下，三驾马车出了问题：发达国家的经济也不好，继续发展出口有困难；国内消费也有瓶颈，扩大消费也有困难；继续投资，也缺少合适的出口。那么，要想继续发展经济，靠什么呢？

因此，在新常态下，企业要启动供应链改革，既要做精品，又要做精益，精品才能适应消费升级的需求，精益才能保证利润。

手记144

连锁火锅要赚钱，还是要靠供应链

不久前，我与一位拥有上千家火锅连锁企业的老板开会，他对供应链深有感触，说：“销售端（门店）看起来很火、很热闹，但实际上不可控，极易被竞争模仿，很难打造护城河和壁垒。市场竞争异常激烈，赚钱很不容易。但是，通过持续优化信息化、采购、库存、物流等业务打造出的高效供应链可以成为我们的'护城河'，竞争对手很难模仿，也很难打造。"

他接着说："我们是靠供应链赚钱的！竞争对手没有我们的供应链优势，如果拿相同价格和服务与我们竞争，他不可能赚到钱，时间长了，就会吐出市场份额，退出竞争，把市场还给我们。这个业务之所以是我们的，是因为我们做能赚到钱，而别人做赚不到钱。"

手记 145

生产计划的变与不变

对于电子行业的制造业而言，生产计划往往很难做。我在冠捷电子做国际物流那段时间，有 1/3 的时间开生产调度会，主要的工作就是讨论排程和生产计划。

电脑显示器机种比较单一，主要的产品差异是安规、外框、包材。安规影响成本，比如销售到南美的产品，安规零件很少，产品的辐射大。安规最好的是欧洲，其次是美国。外框主要是根据客户品牌而定，比如联想、方正等需要单独的外框和 logo。至于包材，则包括包装箱、说明书等，都有单独的 spec（规格）。

冠捷显示器的生产几乎是全过程组装，包括调试 CRT、组装主板、组装主机。这种企业的供应链比较复杂。尽管工厂有 2000 多人，但我们的生产计划从来没有超过一张 A4 纸，由于每周排一次，所以生产计划其实不会超过 20 行。就这么几行计划，在会上往往争论得面红耳赤，有时候半天都没有结果，最后不得不请老板出来拍板。有时候，即使老板出来了，也很难有个好的结果。

说来说去，无非是以下几个问题：

（1）有订单，没有物料；

（2）有订单，没有产能；

（3）有物料，没有订单；

（4）客户要取消订单，但已经排到计划了；

（5）A 客户要插单，B 客户不同意；

（6）取消订单会造成大量呆滞物料；

（7）订单不能交付，面临客户罚款；

……

后来，我们制订了清晰的规则，这种状况就好了很多。比如，工厂和销售制订了以下规则：①销售提供3个月订单，3个月预测；②销售提前45天确认交货时间；③产品生产后，如果销售延迟发货，则对销售公司罚款；④销售订单确认后，如果工厂延期交付，则对工厂罚款。有了这个规则后，尽管讨论生产计划时还是会很激烈，但比之前好多了。

一般的生产计划都是分时区管理的（见图8-1）。一般有3个时区，如计划完工时间窗、需求时间窗、计划时间窗。计划完工时间窗的生产计划是冻结状态，不能变了，比如设备生产，进入总装提前期的订单就不要变了，因为如果在这时候改变生产计划，成本太高了，这叫冻结区；需求时间窗的计划可以在领导同意的情况下变更，在采购和加工提前期的，变更计划虽然有成本，但改变计划的成本比不改变计划的成本要低一些，因此在领导同意的情况下，可以改变，这叫需求时间区；至于在计划时间窗内的生产计划，其实只是一种预测，可以根据情况随时做调整。

时区	时区1			时区2		时区3		
时段（周）	1	2	3	4	5	6	7	8
需求预测	20	25	23	40	38	40	30	25
顾客订单	25	20	20	42	35	35	20	15
毛需求	25	20	20	42	38	40	30	25

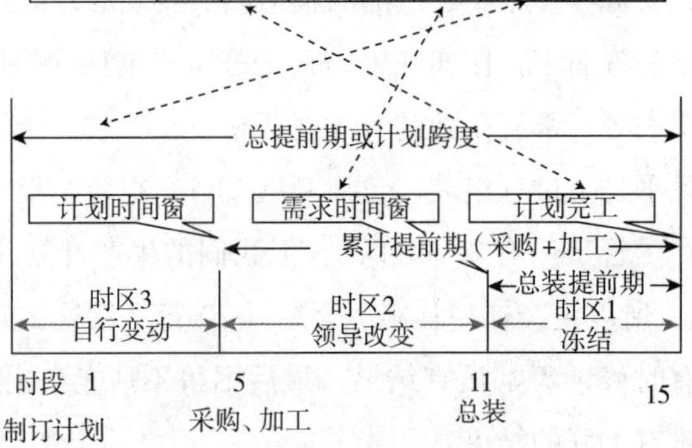

图8-1　生产计划的时间窗口

保持生产计划的稳定性对于整个供应链至关重要。比如，北京奔驰基本能保持3个月的整车生产计划不变，当然，有些备件交付速度快一些，只要1个月不变就够了。但是，计划最大的特性就是变化，人们往往说“计划没有变化快”，只要条件变了，计划也要变。比如，2015年天津港爆炸事故后一段时间，奔驰的计划也是天天变，因为港口封了，导致物料来不了。比如，有些客户破产了，就算已经上了生产线的订单，也必须马上停止生产。所以，生产计划不该变的时候不要变，该变的时候还是要变。

手记 146

药店精细化管理绩效设计

2018 年，我辅导一家有 130 家连锁药店的零售企业时发现，连锁药店有 3 个特点：①供应链链条很短，基本上就是采购 + 仓储 + 销售；②竞争很激烈，珠海算是三线城市，在比较旺的地段，2 家医药门店之间的距离不会超过 50 米，也有些竞争对手的门店就开在对门和隔壁；③市场狭窄，每个门店大约覆盖 2200 人。药店门店和餐馆不同，餐馆还可以“慕名而来”，药店门店不存在这个优势。有了这些“劣势”，那么连锁药店的壁垒来自哪里？来自药店销售端的精细化管理（见图 8-2）。

药店要在同等硬实力条件下提高销售，其根本要求在于对客户需求进行精细而全面的管理。满足客户需求的核心在于以下 3 点：

（1）可及性。可及性是可以让客户知道、用到药店的产品和服务，这取决于门店的位置和库存；

（2）安全性。经济性是让客户用得起、买得起药，这取决于价格和营销；

（3）安全性。安全性是让客户体验好，用了还想再用，这取决于产品和服务。

只要满足了客户的这 3 点需求，就能够成功抢占流量，从而实现零售端收入的持续增长。

药店的收入 = 流量 × 流量转化率 × 客单价

此处的流量指客流量，包括入店客流量、知道门店的客户流量、网上进入门店的客户流量。客流量取决于可及性。

流量转化率是指发生购买行为的客户所占的比例，即购买客户数除以入店的客户数的值。流量转化率取决于客户体验，主要是产品、价格、服务。

从量化指标来看，流量转化指标的重要影响因素在于选址。选址成功能决定药店 70% 以上的成功率，其背后是人的选址经验；评价的量化指标在于租效比和关店率。

网店量化指标主要是网店运营能力。

流量转化率的量化指标对应四大影响因素：品种品类、价格制定、营销推广和区域布局。评价的量化指标在于毛利率、人效和同店增长率。

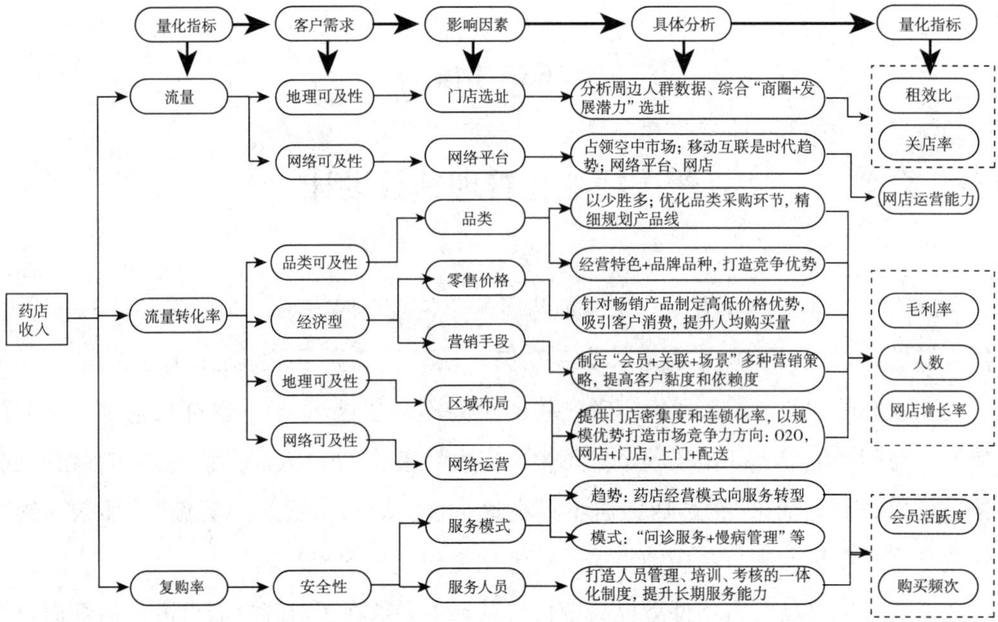

图 8-2　药店收入端精细化管理分析模型

资料来源：兴业证券《量化分析：什么是药店的精细化管理》。

手记 147

从供应商的交付时间看供应链的竞争力

有一次，我辅导一个快消品企业优化供应链。在分析销售订单交期时，我发现不同的客户要求的交期不同（交期就是从下单到收到货物的时间）。京东、阿里、沃尔玛、××星辰等都是其客户，配送距离也差不多，但合同要求的配送时效差别很大。

京东：4 天；

阿里：4 天；

沃尔玛：7 天；

××星辰：14 天。

这都是真实的数据。

销售订单交付主要是看 3 个指标：质量、成本、交付时间。质量和价格都是一样的，唯一不同的就是交付时间。

通过这些数据可以发现，京东和阿里的供应链效率最高，其次是沃尔玛，最后是××

星辰。从供应链的角度看，如果京东备 3 天的库存，沃尔玛就需要备 7 天，而 × × 星辰则需要备 14 天。从库存周转率来看，京东是沃尔玛的 2 倍多，而沃尔玛是 × × 星辰的 2 倍。

大家都喜欢好客户。所谓“好的客户”，就是活好干、钱好赚。所以，没有哪个供应商喜欢往自己脖子上套枷锁。如果客户要求 14 天交付，即使供应商能够 7 天交付，供应商也愿意签 14 天交付的合同，因为这样做起来更容易。

一个企业的供应链的效率包括了自己的效率、客户的效率、供应商的效率。企业对供应商的管理要适度，如果一条供应链松松垮垮的，哪里会有什么竞争力?!

模块 23 重视库存呆滞

手记 148

通过库存改善提升企业竞争力

在竞争日趋激烈的当下，如何提高企业竞争力一直是企业关注的焦点。但是，目前大部分企业还是把目光盯在供应链的销售端。根据我的经历和观察，对于国内大部分制造企业和流通企业而言，整个供应链上尚存在大量库存浪费，在库存管理效率方面有巨大的提升空间。通过库存改善，可以大幅提高效益，提升企业的竞争力。

供应链管理是流通业和制造业的核心，库存管理又是供应链管理的核心之一。制造业和流通业的库存管理难度不同，但只要上了规模，难度都不小。

对于生产制造业（比如汽车行业、航空制造行业）来说，BOM 结构是多对一，一辆汽车约有 6 万个零件，一架飞机约有 600 万个零件，组织物料，保质保量，按计划供货，需要出色的库存管理能力。

流通行业也类似，一个大型超市的 SKU（品项）数量多达几万个、十几万个。据 2014 年京东对外公布的数据披露：京东的 SKU 数量已经超过了 4020 万个，用户数超过了 1 亿人，2015 年订单数 10 亿单左右。如此大规模的库存、客户、订单，要管理得井然有序，确非易事。

库存包含很多种类，包括原材料、半成品、成品……日本供应链专家小林俊一说过："库存管理是企业经营中最重要的课题之一。"我的解读是：库存是企业经营的矛盾，库存要么为企业赚钱，要么让企业亏钱，至于是亏是赚，全在于企业驾驭库存的能力。如果库存做对了，企业就赚钱了；库存做得不合理，或者库存"睡觉"，企业就要亏钱了。库存是花钱（成本）买来的，库存"睡觉"，不但损失利息，还需要进行仓库存储、能源消耗、人员管理。时间一长，货品可能还会过保质期，造成报废……

做好库存改善，一方面要消除错误库存和呆滞库存，另一方面要提高库存周转率。这两个方面是相辅相成的，消除了呆滞库存，库存周转率自然提高，反之亦然。如果要提高库存周转率，自然要想方设法降低呆滞库存。

英文词组 Dead Goods，直译成汉语就是"死货"，即错误库存，指那些已经发运出去的货，后来发现不对。这些货物或者生产出来后，发现不对，都是 Dead Goods。Dead

Goods 会造成退运、补货、丢单，既影响业务，又会导致出现额外成本。呆滞库存是指那些库龄太长的库存，即在仓库“睡觉”时间太长的库存。

存货周转率是企业营运能力的重要指标之一，是销货成本被平均存货所除而得到的比率，或叫存货周转次数。存货周转率越高，企业存货资产变现能力越强，存货及占用在存货上的资金周转速度越快。

根据我的观察，在国内的制造业和流通业里，存货周转率偏低是个普遍问题。

2010 年，我拜访了一家国企。该企业年产值为 20 亿元，利润大约 2000 万元，而仓库存货竟然有 8 亿元，其中相当一部分是呆滞物料，改善空间之大可想而知。

某大型航空制造国有企业在 2010 年曾经对自己的物流状况做了一次调研，从供应商状况、采购管理、采购物流、生产制造、销售管理、销售物流、应收账款、客户订单 8 个维度评估了自己的供应链和物流效率。与国际同行做了比较之后，发现国际同行的存货周转率是该企业 2.04 倍（见图 8-3）。也就是说，生产同样数量的产品，该企业比国际同行至少需要 2 倍资金、2 倍仓库面积、2 倍管理成本。

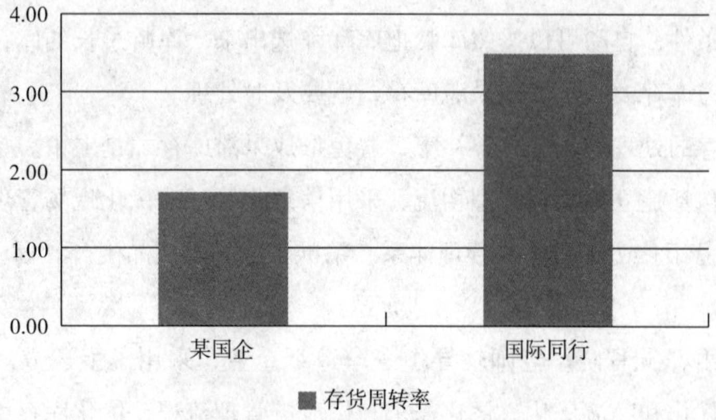

图 8-3 存货周转率对比

2014 年，我为国内某知名空调品牌做诊断，发现部分成品的库龄超过 90 天，这意味着准备在夏天销售的空调，只能秋天再卖了。

服装行业也很不乐观，每次看服装企业的年报，发现其平均库存周转率在 1 左右，我就替老板捏把汗，真替老板心疼那些整年“睡觉”的布料。

我比较了几家电商和商超公司的存货周转率，发现差异较大。因为业务模式、产品、供应链战略、物流战略、运营效率都有所不同，供应链存货周转率的差异尤其明显（比较结果见表 8-1）。

表 8-1　存货周转率对比

公司	王府井	大商股份	首商股份	百联股份	京东	新华百货	亚马逊	永辉超市	唯品会	华联综超	苏宁
存货周转率	38.2	30.8	26.3	11.8	11.2	9.9	9.7	9	7.5	7.4	5.5
存货周转天数	9.55	11.85	13.88	30.93	32.59	36.87	37.63	40.56	48.67	49.32	66.36

注：该数据来自对各企业的年报分析，由于数据采样不同，结果会有差异，仅供参考。

王府井、大商、首商 3 家公司，因为是“百货 + 商超”的模式，大量引入“引厂入店”模式，商家只出租店面，不购买库存，没有卖出的库存仍然归厂家，商家只要营业额和利润，所以库存周转率指标自然很好。

而因产品和业务模式不同传统商超和电商的，库存周转率指标存在差距，通过对比，仍然可以发现改善的空间。所以，管理好库存、消除呆滞库存、提高库存准确率是管理供应链的关键。

如何发现呆滞库存呢？分析库存的库龄。大多数企业的信息系统有库龄分析设置，通过输入筛选条件，自动可以按照库龄把库存筛选出来，库龄过长的库存，除了特殊的备货，就是呆滞库存。一旦发现呆滞库存，就要及时处理。

对呆滞库存的处理毕竟是亡羊补牢，避免形成呆滞库存才是上策。企业宜采用适合的库存策略，包括建立健全整合型物流、采用信息化管理、优化现场管理、对物料进行 ABC 管理、建立 JIT 或者 VMI 的管理体系、精准半成品及成品生产计划、精准存货和配送计划，等等。

2014 年，我陪同程晓华老师辅导了一家造纸企业，采用了上述方法，对该企业实施供应链管理优化和物流优化，优化需求与供应链管理流程，优化库存结构，提高库存周转率，提高及时出货率，在库存管理、客户交付和物流成本方面实现了突破。经过一年多的辅导，库存周转率从 5.7 提高至 9.8，库存占压资金从 5.6 亿元降为 2.8 亿元，物流成本下降了 8%，帮助客户大幅提升了盈利能力。

做这个项目，团队还是原来的团队，设备还是原来的设备，我们只是辅导客户用了新的理念、方法和流程。

一个老板曾经就这个案例问：“你们不懂造纸，是怎么做到的？”

我回答：“我们的专长是库存管理和物流管理！其实，就这个项目而言，所有的问题都摆在那儿，订单、库存、操作、效率、问题等，就在信息系统和数据库中，在操作流程和操作现场中，只是客户没有发现而已。我们分析数据、分析流程、观察现场，发现了问题，看到了提升的空间，并找到改善方法，调整信息系统、优化流程和现场管理，客户也很配合，就做成了。”

小林俊一说过：“如果能够在必要的时间内生产刚好必要的产品数量，并交付到必要的地点，那么就不需要库存。只要制定出这样的体制和系统，就完全可以摆脱库存。”

当然，这只是一种理想状态。但是，随着互联网经济快速发展、大数据挖掘技术进一步完善、粉丝经济、团购销售逐渐成熟、智能制造逐步实现、快速交付网络日趋形成，供应链效率将大幅提升，“预测即销售”这一业务模式在某些行业一定可以实现。

（原文发表于2015年《和君商业评论》）

手记149

做物流要熟悉库存管理

1. 库存管理的基本目的

研究供应链，库存是最核心的研究对象，因为供应链的销售、采购、生产和物流的标的物都会产生库存。库存管理的根本目的是要保障供给和需求的平衡，供给和需求的缓冲作用是通过调节库存储备来实现的（见图8-4）。

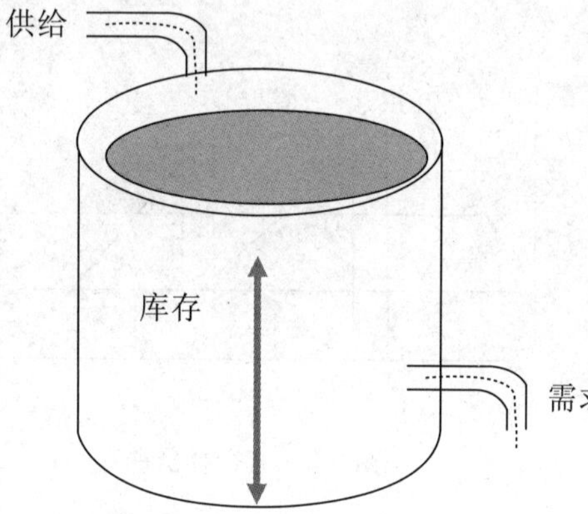

图8-4 调节库存储备

如果能满足3个要求，是不需要库存的：①客户明确他们需求的数量；②客户给我们充足的备货时间；③供应商随时有货。

在这种情况下，我们将不需要缓冲，可以直接从供应商订货，配送给客户，并保证客户满意。

在大多数的商业活动中，这3种情况往往不会同时满足，原因如下：

（1）客户需求往往是不确定的；

（2）客户给我们备货的时间不够长，尤其是有些产品具有季节性（如农产品），需要当季采，全年销售；

（3）供应商的供货是不确定的；

（4）很少有供应商能保证随时有货，供应商有缺货的时候，备货也需要时间。

在这种情况下，就需要缓冲库存。库存管理的基本目的是：努力在期望的客户服务水平和相关投资成本之间找到平衡点。也就是说，在达到客户期望服务水平的前提下，尽量将投资成本减少到可以接受的水平。

2. 库存

库存管理的几个概念如下（见图8-5）：

（1）LT：Lead time，前置时间，也称为提前期，是指从发出订货单到收到货物的时间间隔；

（2）D：Demand，需求量，客户需求的数量；

（3）Q：Quantity，订货量，订货的数量；

（4）ROP：Re-order point，再订货点，当库存到达这个点时，就触发订货；

（5）AIL：Average inventory line，平均库存水准；

（6）SS：Safety stock，安全库存，即为了防止供给和需求的不确定性（Uncertainty）而设立的库存。

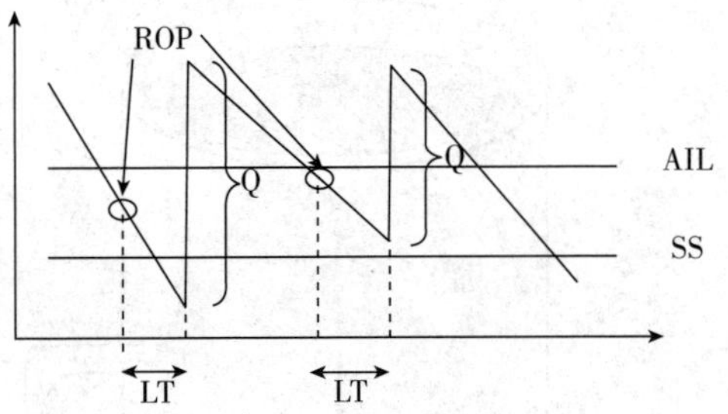

图8-5 库存补货曲线

按照图8-5的简单模型，结合表8-2中的具体数据，便可做出库存时间曲线（见图8-6）：

表 8-2 库存的时间曲线

周	出库数量（个）	进货数量	库存结余（个）
0	0		130
1	30		100
2	20		80
3	40		40
4	20	150	170
5	60		110
6	20		90
7	10		80
8	60		20
9	30	170	160
10	50		110
11	30		80
12	20		60
13	10		50
14	10		40
15	30	120	130
16	50		80

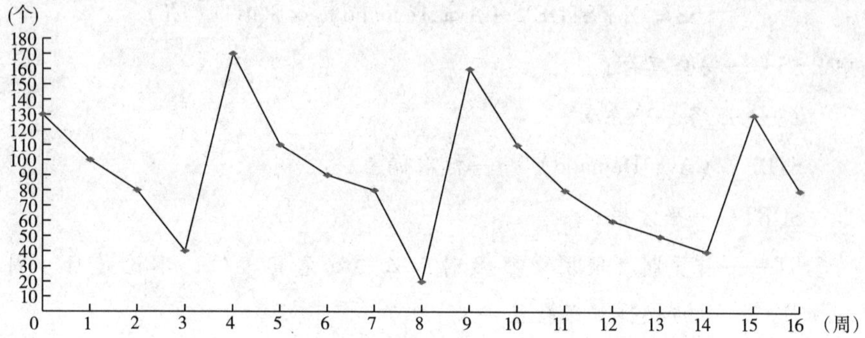

图 8-6 库存结余时间曲线

由于客户需求数量和时间的不确定性、生产周期的不稳定性、供应商供货时间的变化和供货数量的变化，因天气、道路等意外情况引起的前置期的变化，都会影响交付。不确定性是供应链的基本特性，所有的供应链业务都面临着不确定性，这种不确定性来源各异，大小不同。我们为供应链做的所有努力，都是为了把不确定性控制在可以接受的范围，把交付的可靠性控制在可以接受的范围。

安全库存的设立，就是为了应对这些不确定性而准备的缓冲。安全库存越大，缺货的可能性越小；但库存增大，也会导致一系列的成本升高，包括占用资金、占用仓库、管理人员、库存维护、产品贬值、产品报废等，这些成本被称为库存持有成本。如果库存持有成本过高，即使满足了需求，却未必有利润，因此为了平衡投资成本，需要允许一定程度的缺货现象。

所以，安全库存需要综合考虑顾客的服务水平、缺货成本和库存持有成本三者之间的关系。

由此可见，安全库存和3个参数有关系：交付的服务水平，需求的波动性，采购的前置期（一般用天数）。

通用的安全库存公式是：

安全库存 =服务水平系数×需求标准偏差× SQRT（前置期+前置期变化）

$$SS = Z\sigma \sqrt{LT + LT\text{变化}}$$

通过公式可以看出，σ 就是需求的波动性。道理也不难理解：安全库存本来就是为了应对波动性，而提前期的变化则是供给的波动性。至于Z，则是服务水平系数，或称服务系数。比如，如果订单满足率是95%，那么服务系数就是1.64。通过查表或通过Excel公式计算可以得出这个系数，即：

SLF = normsinv（服务水平）

安全库存的Exeel公式：

SS = Z × STDEV（Avg. Demand） × SQRT（LT）

式中 SS——安全库存；

Z——服务水平系数；

STDEV（Avg. Demand）——标准偏差；

SQRT——平方根；

LT——前置期（使用该参数时，必须注意其单位，不论是日、周还是月，都应保证其单位统一）。

安全库存的公式只是给我们提供了一个参考，在使用这个公式的同时，需要考虑以下因素：

（1）按照SCOR模型分类，制造企业有3类交付方式：按库存制造（Make to Stock）、按订单制造（Make to Order）、按设计制造（Make to Engineering）。安全库存公式只在某些特定的情况下有效，比如超市和相对稳定的制造业等。

（2）前置期很难精确计算。采购前置期、检验前置期、生产前置期都存在变化，出现问题的时候，产能、市场、品质等原因都会导致前置期出现很大变化。

（3）波动性很难精确计算。产品需求的波动性往往比较大，计算产品需求的偏差时，很难精确。

（4）服务水平系数本身就包含了一部分无法满足的订单需求。安全库存计算是基于满足订单的服务水平，比如覆盖95%的订单满足率，系数就是1.64，也就是1.64个标准差；如果要做到99%，那就是2.03个标准差。但是，即使做到99%，仍然有1%的订单无法满足。

因此，需求偏差、采购前置期、服务水平等是需要我们考虑的因素，这些要素的数据经常变化，一旦出现了延误或者丢失订单，客户不接受，销售也不接受。所以除了使用好公式外，还要看好客户、盯住订单、盯紧供应商、盯住生产、管好物流、盯死交付时间，一旦出现问题，及时沟通，及时协调。

4. 经济采购批量

“我每次应该采购多少？”无论是管理采购还是管理库存，总是会面临这个问题，这就是经济订购批量，即EOQ（Economic Order Quantity）。

如果每次采购的数量较大，好处是单位价格可能比较低、降低运输成本、降低订单管理成本，但同时也会有很多坏处，因为持有库存是有成本的，比如占用资金、占用仓库空间等。简言之，采购的数量越大，库存持有成本越高。

如果每次都是小批量采购，好处是降低了资金占用，降低了仓储空间，但由于订单批量较小，单价可能不占优势；如果订货次数较多，就会造成运输次数增多，增加物流成本；如果增加供应商生产的批次，就会带来生产换线的时间浪费和生产尾料的浪费。简言之，每次采购数量越小，订货成本越高（见图8-7）。

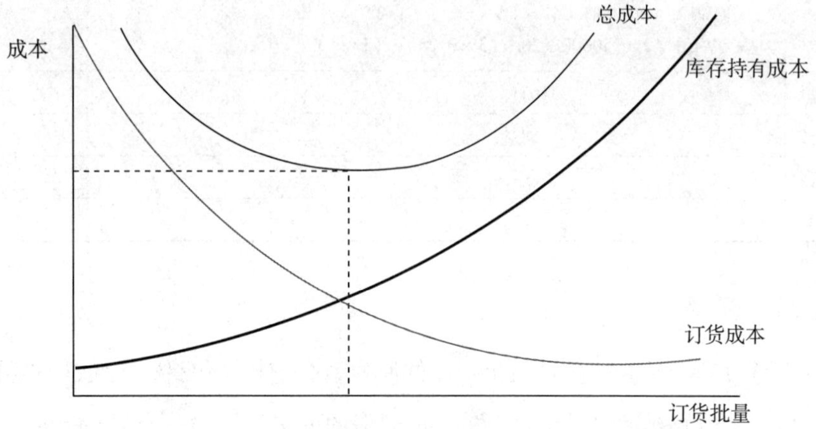

图8-7　库存成本

经济采购批量的计算公式是：

$$EOQ = \sqrt{\frac{2RS}{CI}}$$

式中 R——年需求量；

S——订单成本；

C——单位成本；

I——库存持有成本百分比。

假定某货物年度需求为250000件，订单成本为20美元，每件货物的单位成本为3美元，库存持有成本25%，计算此货物的经济订购量。

R（年需求量）：250000件；

S（订单成本）：20美元；

C（单位成本）：3美元；

I（库存持有成本百分比）：25%。

计算可知，此货物每次的经济订货量为3651件，每年订货次数为68次（见表8-3）。

表8-3 经济采购批量计算

项目	数量	单位	Excel表格位置
年需求量	250000	件	C3
订单成本	20	美元/订单	C4
每件货物成本	3	美元	C5
库存持有成本	0.25		C6
EOQ	POWER［2×C3×C4/（C5×C6），（1/2）］＝ POWER［2×250000×20/（3×0.25），（1/2）］		
经济订货批量	3651	件	
每年订货次数	68	次	
每月订货次数	6	次	
库存供应天数	5	天	

5. 物料齐套率

物料齐套率（FKR）是指生产某个产品的原材料、辅料、包材、工装模具等配套生产资料全部到位，才能够排产以及交付订单，最通俗的说法就是“一个都不能少”。

不论是离散型制造还是流程性制造，几乎都存在如何管理物料齐套（Full Kit）的情况。有个大型设备制造厂，明明3000平方米的仓库里都堆满了物料，但竟然连一台设备都组装不起来，因为物料不齐套。

物料不齐套会带来很多的问题：

——销售部门不能向客户承诺交付。

——计划部门不能排产造成订单延误。

——采购部门虽然采购了一大堆料，但不能生产。

——生产部门有大量半成品，造成工单不能结案，产能利用率低。

——各部门有大量呆滞库存，占用资金。

根据 MRP 的作业原理，如果物料不齐套，那么就算你有堆成山的物料，也可能攒不出来一台电脑。

有一个总监接收了一个新企业的供应链之后，库存下降了 40%，他成功的主要的一招就是“来就都来，不来就都不来”，也就是“如果齐套，就都来；如果不齐套，就都别来”。

手记 150

为什么会产生呆滞物料

制造型企业和生产型企业往往很容易产生呆滞物料。所谓呆滞物料，就是不流动、流动很慢，甚至不能使用的物料。简言之，呆滞物料就是长时间在仓库“睡觉”的物料。

一般情况下，可以用库龄来评估呆滞物料的程度。库龄是指物料在仓库存储的时间。凡是装备管理信息系统的仓库，产品库龄比较容易计算，系统用入库日期和当下日期做下比对，就可以计算库龄。

物料呆滞多久才是呆滞物料？行业不同，标准也不一样。比如，CPU 的价格每个月都会下降，呆滞 2 个月就砸在手里了；对于季节性服装来说，只要本季卖不掉，大概要呆滞 1 年。

有些物料，即使库龄很短，也可能会呆滞，比如已经采购但被客户取消订单的物料，或者已经采购却发现市场已经没有需求的物料。

所以，全面判断物料的呆滞情况，一方面要往后看（看产品的库龄，太长了不行），另一方面还要往前看（看看是否有订单，是否有需求，不可过度采购）。

呆滞物料所占库存的比例的高下，往往反映了企业供应链的管理水平。我在 2014 年辅导了一家汽车零部件生产厂，发现仓库大约有 200 多万元的零部件产品，库龄大约

10 年了。我问："为什么没发货?"负责人答："汽车厂已经把这款车淘汰了。"我又问："为什么不报废?"他回答："这是国有资产，放在账上价值 200 万元，报废了就一文不值，谁敢报废?"

产生物料呆滞的原因很多，主要为 6 个原因：①新产品导入不成功；②老产品退出不彻底；③错误采购；④错误制造；⑤错误物流；⑥商业关系。

新产品导入不成功是大概率事件。新产品往往是企业的希望，上市之前企业往往会备足库存，避免缺货。但是，在市场竞争激烈的情况下，新产品往往命运叵测，一旦失败，前期所备的大量库存就可能成为呆滞物料。

1999 年以前，我在冠捷负责欧美订单管理，当时主要产品是阴极射线管显示器（现在都用液晶，CRT 已经完全淘汰了）。产品升级换代时，曾经计划推出略微高级一点的 15 英寸纯平显示器代替 15 英寸球面显示器，后来发现竞争对手的新品是 17 英寸，比我们更先进、更适合市场，所以我们这款产品失败了。自然，我们需要处理大量呆滞物料。

1998 年，联想同时推出了 7 款电脑，市场定位分别是老人、小孩、白领男性、白领女性等。这一系列电脑号称"1+1"，就是"一家一台电脑"的意思，不用说，失败了。其中有很多专用物料，需要全部报废，善后的难度可想而知。

对供应链有研究的人都知道，PC 这种产品，竞争非常激烈，7 款产品意味着 7 个战场，在每个战场上，研发、营销、供应链、生产都要打造优势，成功的概率几乎为零，之所以会出现这种情况，在我看来，是公司的战略出了问题：一方面低估了对手，另一方面也高估了自己。

老产品退出不彻底是供应链的常态。一旦推出新产品，老产品的命运可想而知。就汽车行业而言，新车型受吹捧之时，就是老车型没落之时。每一个老车型的呆滞物料存量都很大，包括成品、半成品、原材料、模具等。

错误采购主要指两种情况：一是买多了，二是买错了。采购之所以多买，往往是为了库存安全，避免丢失订单或者耽误生产，但是，当采购品种达到几百、几千的时候，囿于资金和仓储资源的限制，无法保证个个都是安全库存，导致安全库存往往不安全。在辅导一个采购团队时，一个采购员对我说："孔老师，我把仓库塞满了，看还能不能缺料?"我说："你所缺的物料，一定不是在仓库里。"她思考了一下，沉默了。

采购是专业性、技术性很强的工作。做好采购，不仅仅需要管理能力，还需要一定的技术能力和艺术水平。

错误制造主要指成品和半成品的备货，尤其是半成品的备货，往往容易造成呆滞而不被发现，一旦发现，却已经生米煮成熟饭。其中的原因很多，比如因为产能不足而备货，因为担心设备故障而备货，因为刚好某个产品有物料可以生产而备货，等等。

错误物流包括物流管理的错误，比如仓库中找不到货，等等。

商业管理主要是买卖双方之间的关系，比如大型连锁企业在采购时都很强势，只要卖不掉就退货，食品快到期了也要退货，自然要产生呆滞。

还有一些原因，可能看起来和上述6个原因没有关系，但如果仔细分析，也可以归入这几类原因中，比如客户退货。如果是因为品质原因退货，那根源就是供应商的错误制造；如果是因为客户卖不掉而退货，那根源就是客户的错误采购。

手记 151

呆滞物料的持有成本往往很高

呆滞物料的持有成本很高。所谓持有成本，不仅仅是物料本身的成本，还包括物料的维护成本、机会成本等。

呆滞物料像个怪兽，吞噬利润，不可小觑，其负面影响清单如下：

（1）占用资金，丢失资金的机会成本；

（2）一旦造成报废，会直接损失整个物料的成本；

（3）占用仓库面积；

（4）占用税金；

（5）占用保险金；

（6）可能发生质量成本；

（7）发生协调成本；

（8）设备的磨损成本；

（9）仓库操作人员、客服人员的人工成本；

（10）设备占用（叉车等）成本；

（11）占用资金所滋生的利息；

（12）水、电等能耗费用；

（13）信息维护等费用；

……

所以，一定要想方设法降低呆滞库存。

手记 152

用库龄管理物料呆滞，而不是有效期

我曾经帮一家药品流通企业梳理供应链，对其库存的库龄进行了分析，发现了很多问题。比如，物料呆滞比较严重，仓库里还有 10 年前的医疗器械，不用说，这个器械呆滞的时间太长了。

在给该企业老板汇报的时候，老板的一句话让我很诧异。他说："我们一直在管理产品的有效期。现在看来好像管理上有疏漏，但其实有些器械之类的产品是没有有效期的，库龄才是合理的管理库存的指标。"

库龄就是库存账龄的简称，是在某个时间节点，某种或者某类存货的库存时间的加权平均值。简单来说，就是库存在仓库中"睡觉"的时间。库存一"睡觉"，企业就不赚钱，所以，要提高库存周转率，就需要降低库存库龄。

ERP 系统或者仓库管理系统往往都会有库龄分析功能，这是分析存货绩效的重要指标。系统中可以设定字段进行数据挖掘，比如 0 ~ 30 天的库存有多少，30 ~ 60 天的库存有多少等，这样就很容易看出哪些产品有呆滞，呆滞的比例有多大，呆滞的时间有多长，等等。

在企业管理中，供应链管理已经成为一个很火的词汇。我听过很多人讲供应链，他们都做了高大上的 PPT，但其实真正能够帮助企业解决问题的往往是很具体的数据，比如库存天数、周转率、库龄，等等。

这家企业是医药流通行业，供应链管理是企业管理的重点。20 多年了，我一直没有分析库存的库龄，经常分析的是产品的有效期。尽管有效期这个指标确实很重要，但是，真正反映产品周转和供应链效率的是库龄。

手记 153

物料呆滞和麻雀指数

仓库里如果有太多呆滞物料，就会很难管理，一方面占用太多资源（包括仓库面积、货位、盘点等），另一方面浪费了资金和物料，呆滞物料如果不处理，就不会产生价值，成本反而会越来越高。所以，呆滞物料越早处理越好。

那么，怎么发现呆滞物料呢？有以下几个办法：

（1）看需求。有些专用物料，没有销售订单或者销售订单被取消，就变成呆滞物料或者呆死物料了。看需求判断呆滞，是最直观的方法。

（2）看供货天数。物料的 DOS（Days of Supply）是指物料的供货天数，就是供销售或者生产多少天。比如一种物料正常的供货天数是 20 天，正常库存也是 20 天，突然发现可以供 100 天了，如果没有战略采购等特殊原因，十有八九是呆滞了。

（3）ERP 系统的库龄分析。所谓库龄，就是货物在仓库“睡觉”的时间。ERP 系统中往往都有库龄分析，比如 0 ~ 30 天，30 ~ 60 天，等等，这些参数可以根据实际情况设定，如果库龄太长，一定是呆滞。

（4）根据库存周转率分析。有些企业的 ERP 中没有这么精细的数据，但两个数据总是有的，就是库存和一年的销售量，用销售量除以库存，便可以得出库存周转率。周转率越慢，呆滞物料的可能性就越大。

（5）看生产日期。如果企业连这些数据也没有，或者诊断时间太短，来不及看这些数据，还有一个更加简单的办法，就是直接看库存的生产日期，根据生产日期可以大致判断库龄。

（6）灰尘指数。如果产品上连生产日期也没有，怎么判断呢？看灰尘的厚度。尽管这有些调侃的意味，但确实有效。仓库都会堆积灰尘，物料呆滞得越久，灰尘就会越厚。当然这跟地区也有关系：南方灰尘少些，北方灰尘多些。

（7）麻雀指数。判断一个企业运行的好坏，看看门口的麻雀数量也可知道。工厂门口是人来人往的地方，麻雀也会经常光顾，有时候一只，吃点面包屑，有时候一群，聚聚餐。如果门口繁忙，麻雀就少，相反，门前冷落的仓库，麻雀就多。所以，统计一下每天仓库门口麻雀的数量，大致也可以判断一个工厂的经营状况。我称之为麻雀指数。

读者看了这个词，估计还会发明更多的指数，比如工厂门口垃圾指数、员工笑脸指数、食堂苍蝇指数，吃喝指数，等等。看看这些指数，企业管理水平如何，就八九不离十了。

有时候，不论是收购企业，还是帮助企业做改善，还是看竞争对手的管理水平，都需要诊断企业的供应链管理水平，而库存呆滞率是供应链管理水平的重要指标之一。如果掌握了这些技巧，只要在企业走一圈，并且心到眼到，就明白了。

手记 154

日产汽车降价，砍掉海马汽车的订单

2014 年，我为河南一家上市公司做咨询。该企业的主业是汽车零部件，客户是海马、日产等汽车主机厂。诊断其订单准确性和波动性之后，我发现日产汽车的订单比较稳定，海马汽车的订单很不稳定。日产汽车的计划准确率很高，实际执行和计划的偏差大约在 5% 之间。做电子行业和汽车行业的都知道，这已经算是水平很高的计划了。

相反，海马汽车的计划准确率大约在 70% 左右，偏差 30%。不用说，这就很不准确了，很容易造成呆滞物料和交付困难。

我原本以为，日本人做计划水平高，做的计划就是好。正在这时候，日产汽车发过来一个消息，说某个规格的汽车要降价，大概降幅 10% 左右。该企业的副总马上把计划经理叫过来安排工作："马上安排砍掉一些海马的订单。"

我诧异地问："日产降价，为什么砍掉海马的订单？"

该副总说："日产这款车和海马某款车型是竞争对手，我们刚好也做海马的这款车型。日产的价格比海马高 2 万元左右，如果日产降价 1 万，必然冲击海马的销量，所以需要砍掉海马的订单，以免造成呆滞。"

做供应链，关键是计划，而要把计划完成好，一方面是计划的质量；另一方面是执行的质量；我估计，日产的计划之所以准确，不仅仅是计划的质量好，还有执行的质量好。

我估计，日产天天盯着销售量，一旦发现销售量达不到计划，就会想方设法调整策略，先通过促销、广告，看看能抢谁的市场，能欺负谁。实在没有办法了，还有最后一招，就是降价。其实，汽车厂降价，也是不得已而为之，但凡有办法，谁不想多赚钱呢？何况还有利润这个考核指标，降价其实是最后一张牌。

日产汽车价格大幅下降，自然冲击海马汽车雷同车型的销售量。如果海马汽车也奋起应战降价，需要好好看看财务报表，好好看看供应链管理的水平：还有多少毛利？还有没有降价的空间？

这位副总是供应链管理高手，很敏锐。他深谙市场的起伏波动、声东击西策略，对市场的残酷程度也了如指掌：日产汽车降价，不是先追加日产汽车的订单，而是先砍掉海马汽车的订单，经典操作！

管理好供应链，一方面要靠计划的质量，另一方面要靠执行的质量。而做好这两个方面，既要有技术，又要懂管理，还要有经验、有智慧。

模块 24 重视现金管理

手记 155

对 S 公司的 SKU 规划和管理提出的建议

应 S 公司的邀请，我对其现有的 SKU 进行分析，提出规划建议。SKU 规划对于销售和盈利有巨大影响，SKU 规划错了，要么销售不好，要么成本偏高，甚至会造成卖得越多、盈利越少的情况。

1. SKU 规划的原则

（1）适销对路。就是所规划的 SKU 可以实现销售多、盈利多、断货少、呆滞少的目标。具体来说，销售多，要求所规划的 SKU 适合市场需求；盈利多，要求所规划的 SKU 具有较高的营利能力；断货少、呆滞少，要求在规划促销、活动的过程中，必须考虑现有的库存和产能，做到库存平衡和产能平衡，避免断货和呆滞。

（2）生命周期。产品在不同的生命周期有不同的问题，所以必须加强对产品的生命周期管理。比如，在产品生命周期的初期，也就是开发期和导入期，经常发生的问题是供不上货或者上不去量，供不上货就容易断货，上不去量就容易呆滞（见图 8-8）。

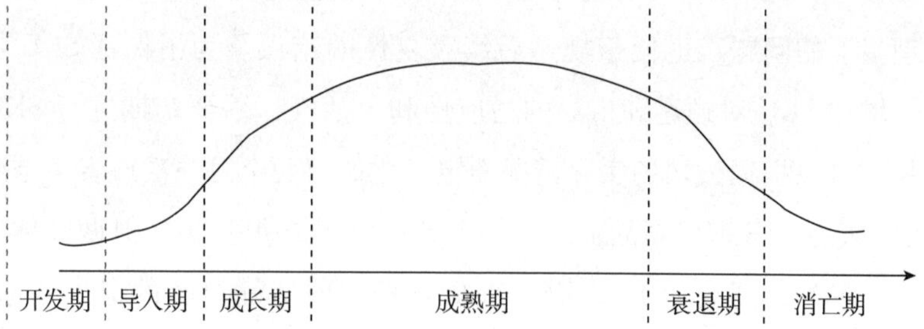

图 8-8 产品生命周期

（3）精准定价。需要更加严谨的定价和成本管理。针对产品、渠道的定价，设立精准的计算模型。

（4）以少胜多。弱小的军队如果要战胜强大的军队，只能使用以少胜多的战略。苹果采用的就是以少胜多的 SKU 策略：如果苹果同时做 10 款手机，怕是很难赚这么多钱了。对于货品来说，好的 SKU 规划，就是用有限的 SKU 实现尽量多的销售。而在没信心的 SKU 规划中，规划的 SKU 往往很多，就怕漏了，但是，好卖的往往很少。这种“撒芝麻盐”的思维方式，实际上是对产品、价格、渠道、促销没有信心的表现。

（5）以快制慢。备货、铺货要快，要精准，处理呆滞、处理退货也要快、要及时，如果出手时优柔寡断，收手时拖泥带水，就会贻误商机，出现呆滞物料，产品拖得时间越长，产品的价值就越低。

以食品为例，要经常分析产品的利润、产品持有成本、产品成本这 3 个指标和库龄的关系，库龄越长，营利能力越差。

（6）以精胜粗。设计精细化和管理精细化。设计精细化指以合理的成本达到好的设计效果。管理精细化是指物料管理、物流管理、商务管理要实现精细化，避免浪费。

（7）狠抓预测。SKU 的库存管理水平取决于备货和采购管理水平，采购和备货的管理水平取决于计划的管理水平，而计划的管理水平取决于预测准确率和销售执行能力。在采购周期长而销售周期短、采购处在弱势并且销售也处在弱势的情况下，最好的做法就是好好预测、好好计划、好好执行。精准预测需要做好三点：①精细化预测，预测需要精确到人、渠道、型号；②滚动预测，比如预测一个周年，每月滚动一次；③计划执行，要求销售对预测结果和销售执行负责任，对预测的结果和执行的结果进行考核。

（8）实时监控。加强过程管理，实时对数据进行监控，定期分析 SKU 库存和销售存在的问题，发现小问题以后就要及时解决，而不是等出现了大问题才解决。

每天跟踪，就是电商营运和采购部门每天要关注滞销商品。

另外，还要在信息化系统中规划 SKU 管理模块。

（9）周期复盘。对 SKU 规划进行定期总结，周期复盘，总结经验和教训，形成案例，便于处理当下的问题，也便于规避后续重复性的错误。为了保证 SKU 规划的科学性和准确性，增加 SKU 对顾客和市场的适应性和灵活性，需要定期进行 SKU 调整。具体周期是多长，可以根据公司的实际情况而定，比如每两个月一次或者每季度一次。

（10）善始善终。管理好新品上线。一个新产品上线很容易，但做好新产品的善后事宜往往很难。另外，还要对 SKU 形进行环管理，处理好产品的退出、退货、呆滞、冗余。

2. SKU 评估

（1）盈利能力分析。之所以新建 SKU，目的就是为了赚钱，所以，在 SKU 规划时，首先需要规划 SKU 的毛利率和净利率。考核 SKU 的营利能力时，需要在 SKU 运行一段时间或者项目结束时，计算该 SKU 实际的毛利率和实际的净利率。

$$毛利率 = 毛利润/收入$$

毛利润 = 收入 - 成本

其中，成本包括物料成本及采购物料所发生的成本，包括物料、关税、装卸费、运输费、通关代理费等。

税前利润率 = 税前利润/收入

税前利润 = 毛利润 - 费用

其中，费用包括销售费用、管理费用、财务费用、附加费。

净利率 = 净利润/收入

净利润 = 税前利润 - 企业所得税

（2）销售达成率。本指标考核 SKU 是否实现了销售计划。

销售达成率 = 实际销售数量/计划销售数量

（3）存货周转率。把钱变成库存很容易，把库存变成钱却很难。存货周转率是考核库存效率的重要指标，建议每月分析一次存货周转率，关注和分析周转率小于 4 的 SKU，因为这类 SKU 的库存供货天数已经超过了一个采购周期，比较容易出现呆滞。同时，也要关注和分析周转率超过 6 的 SKU，因为这类 SKU 的库存供货天数只有 0.5 个采购周期，比较容易出现断货。

存货周转率 = 年度销售额/月度平均库存

其中，年度销售额按照已经发生的月度销售额加上预测的未来月度销售额，月度平均库存一般取每月月末的库存值，求和后取平均所得。

（4）动销率。有些产品可能没有客户需求或者不再参与促销活动，是明显的呆滞产品，但通过存货周转率却并不能发现。这时候，就需要通过动销率这个指标来梳理和分析。比如，如果一个月没有发生销售，没有动销，就有可能是呆滞，用动销率这个指标可以准确地把这些 SKU 找出来。建议每月分析一次 SKU 动销率，分析没有动销的 SKU。如属呆滞，则制订处理呆滞的方案。

动销率 = 发生销售的 SKU 数量/总的 SKU 数量

手记 156

不是资金不够用，而是计划没做好

在为 A 公司咨询时，A 公司老板说："孔老师，供应商老是抱怨我们的付款，您帮我们看看是怎么回事。"

从流程来看，对供应商的付款并不复杂，基本上是按账期支付（见图 8-9）。

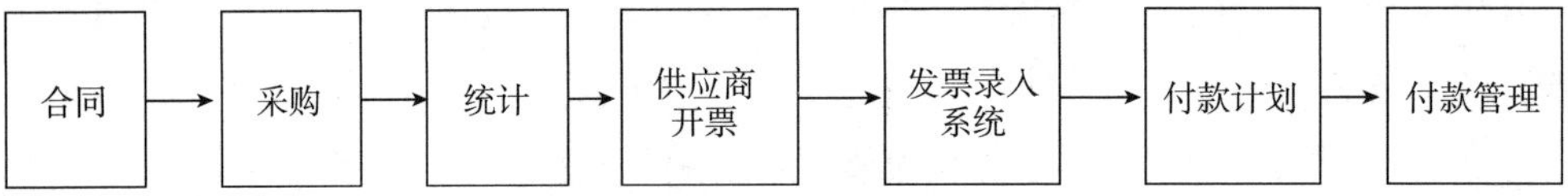

图 8-9　付款流程

我们对客户回款、供应商开具发票、给供应商付款这 3 个数据进行了分析，发现了 2 个很有意思的规律：

（1）回款数据远大于付款数据，这意味着回款足以覆盖公司的运营成本和供应商支付，对外支付应该不是问题。

（2）凡是安排供应商开的发票，基本上都支付了（分析数据可见图 8-10）。

我在分析流程后发现，其问题主要出在内部管理。

随后，该企业把对外支付做了调整，把原来放在采购部门的支付管理调整到财务，并制订了严谨的资金计划和对外支付流程，供应商不再需要催款，每月都会收到货款。一句话，按计划和规则支付。这样一来，供应商每月都会收到稳定的现金，问题也就解决了。

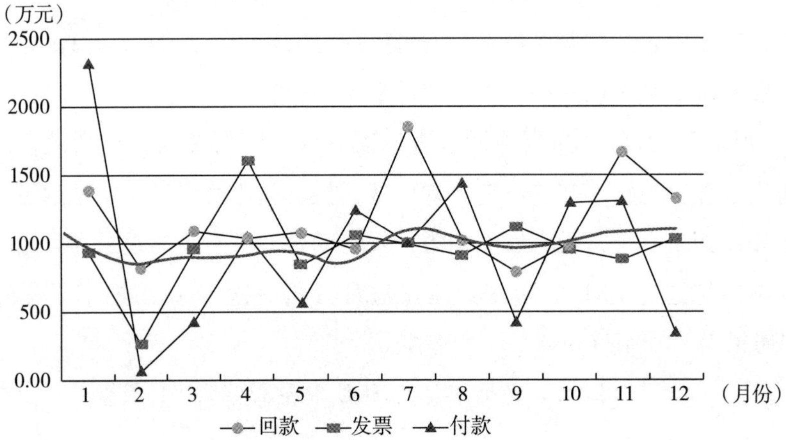

图 8-10　收款付款趋势

供应商也是需要吃饭的，供应商也要解决资金问题，只要有相对稳定的现金流，他心里就踏实。如果供应商不需要催款就能拿到货款，它的运营成本就比较低。

有时候就是这样，缺钱可能不是钱的问题，是管钱方式的问题。或者换种说法：不是资金不够用，而是计划不够好。

手记 157

现金循环周期

从财务的角度看，我认为企业最重要的指标是现金流。现在网上有太多的企业倒闭、老板出事的信息，其中有几百亿市值的上市公司，也有不计其数的小企业。

公司倒闭的最直接原因是什么？现金流断了。

所以，现金流是企业的血液，血液流光了，企业也就撑不下去了。不论做什么生意，都要想方设法保住现金流。现金流要好，就需要尽可能以更少的现金做更多的业务。所以，企业需要加快现金周转，也就是缩短现金的循环周期。

现金循环周期 = 存货周转周期 + 应收账款周转周期 – 应付账款周转周期

所以，缩短存货周转周期（提高存货周转）、缩短应收账款周转周期、提高应付账款的周转周期都可以缩短现金循环周期。

程晓华老师在其《制造业全面库存管理》书中设计了一个制造业现金流的计算表格，对于计算制造业现金需求和现金循环周期很有价值，参考如下。

假设：销售额为 10000 万元，库存持有成本为 25%，应收账款周期为 60 天，库存供应天数为 45 天，应付账款周期为 50 天，物料成本为 75%。如果库存周转率为每年 8 次，则现金需求为 1145 万元（见图 8-11）。

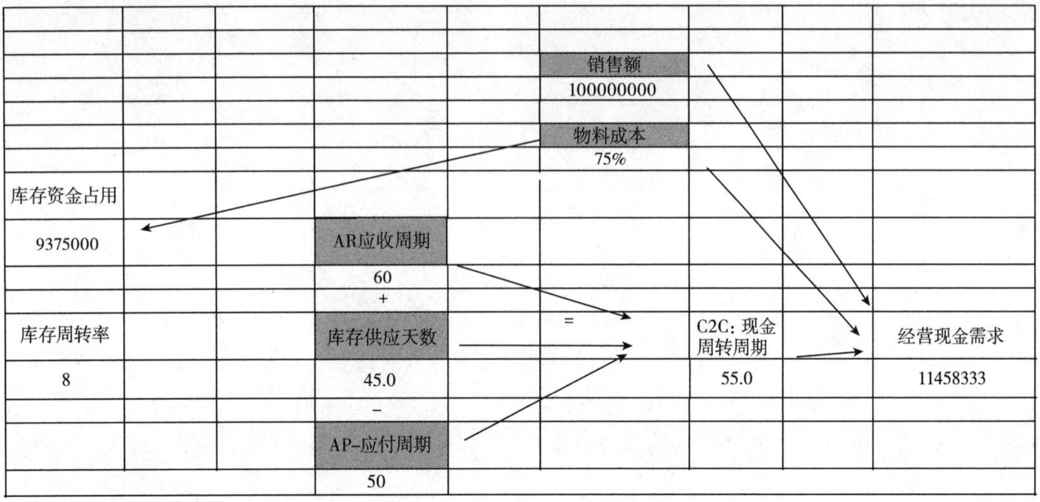

图 8-11 现金需求计算公式

如果库存周转率为每年 12 次，则现金需求为 833 万元，如此可节省现金 312 万元。如果是 100 亿元营业额，则可以节省现金 3. 12 亿元（见图 8-12）。

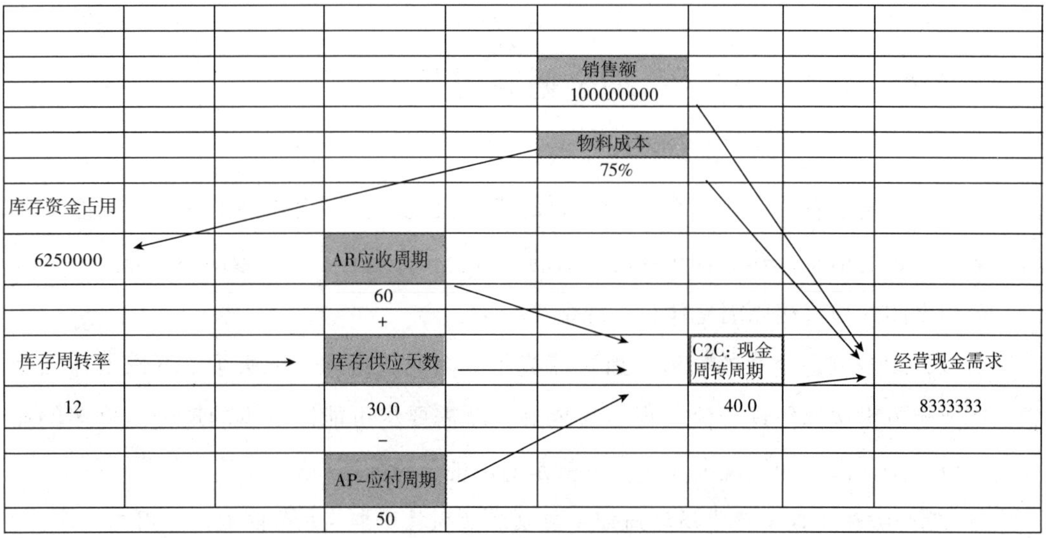

图 8-12　现金需求计算公式

第九讲

行业观察和思考

- 一些物流认识
- 一些物流经验
- 一些物流案例
- 一些物流手记

模块 25　行业观察手记

手记 158

做物流不缺饭吃

“做物流不缺饭吃！”这句话听起来有些武断，但在中国是站得住脚的。抽象地看社会，其实就是两个流：一是人流；二是物流。人流是需求的来源，物流是供给的来源。整个社会就是一个需求和供给的社会。

中国的物流有巨大机遇。一方面，物流需求巨大。2020 年前三季度，我国 GDP 达到 722786 亿元，物流比重约占 20%，为 20 万亿元左右，市场巨大。另一方面，物流无处不在，放眼看去，厂房、车站、道路、车辆，无不在从事物流业务。如果你在城市里，放眼望去，所有的货物，除了空气，都需要通过物流来完成配送。

不论经济发展快慢，不论地缘优势好坏，只要有人，就会有物流。有时候，甚至连人都没有，但是有人的需求，也会有物流。马斯克一直琢磨着把设备运到火星上，一旦实现，火星上也就有了物流。如果仔细体会，整个社会，其实就是个大物流场。所以，经济好，往往物流会好；经济不好，物流也不会太好。

中国自身物流的规模已经足够大，而且已经融入世界经济。作为全球第一出口大国，我国的国际贸易量和物流量也是全球第一名。加上国际物流，中国堪称第一物流大国。物流做好了，可以做成大企业；物流做得不够规模，也可以做个小企业，每年都有几百万元收入；规模再小一点，还可以做一份物流方面的工作。即使是在超市理货，养家糊口总是没有问题。

中国的物流市场足够大，也足够好，至于企业能不能做好，则是另外一回事。仔细分析，大部分物流企业没做好，主要是因为自己管理得不好。踏实、认真的企业往往都会做得很好，那些投机取巧的企业，不是做物流做不好，而是做什么都做不好。

物流职业的覆盖面很大：研究信息化的可以做物流系统，研究技术的可以做物流设备，研究企业经营的可以管理物流业务，技能技术不高的人可以做基础的物流工作。做物流关键是认真，只要认真做，都能做好。

做好物流的关键是实践。个人认为，物流做得好不好，和专业没有什么太大关系。我辅导过几个年轻人做物流，项目做得很好，发展也不错，都当了经理，但到现在我也不知道他们学的是什么专业——其中有一个仅仅初中毕业。

物流是个好行业，只要认真、踏实，做物流不会失业，不缺饭吃。

手记 159

物流的矛盾：网上商机无限，地上物流太慢

2000 年，我在香港科技大学参加培训时，徐宁教授主讲供应链和物流。他认为，当下物流的主要矛盾是信息流太快而物流太慢的矛盾。

在古代，马是最快的交通工具，除非 500 里加急，物流和信息流到达的速度一般是接近的，基本同步。尽管当时也存在信鸽之类的“高科技”，但毕竟稳定性太差，成本太高，不太可能大范围普及。

随着蒸汽机、电气化的出现，物流和信息流的速度大幅度提高。但是，到了信息化的时代，特别是电报、电话的出现，让信息流终于超车了。这一次超车是终结性的，物流再也追不上信息流了。

现在，人手一部手机，全球信息可以实时看到，即使在中国偏远的农村，智能手机也随处可见。人们可以在插秧机上看到全球的产品价格，在美国卖几元钱的车厘子到了中国却能到卖 100 元。商机很好，只是物流太难搞了。

在今天，相对于信息流，物流太慢了。世界不但是平的，也是透明的，而且还是实时的。在互联网上，商家可以收到全球的实时订单，连一分钟都不会耽误。卖家通过网络收到订单后就开始安排配送，但配送无法实时完成，需要耗时间。

买方下了订单后，其余的事情就是等着收货。“等”会考验客户的耐心。可是，客户是“上帝”，“上帝”在有选择的情况下，往往是不愿意被考验耐心的，自然会选择物流速度快的商家。所以，物流能力反倒成了商家的竞争力。

快递公司纷纷打造物流网络，就是瞄准了这个大蛋糕。

网上商机无限，只可惜物流太慢。这个矛盾，在相当长的一段时间内，还是会存在。

这是物流的矛盾，也是物流的机遇。

手记 160

物流的未来趋势

有一位资深投资人士问我物流的未来趋势，我的回答是：未来的物流将是智能物流和智能供应链的结合，基于移动互联的智能订单和基于物联网的智能配送，会逐步发展成为 F2K 和 F2C 的模式。

随着 5G 的迫近，信息流速度将进一步加快，可以让视频完全实时传播，这会促进电商进一步发展，线上线下将进一步融合。

所谓 F2C，就是从工厂到客户（Facory to Customer）。未来，客户的需求将进一步个体化、碎片化，海量的碎片化订单汇聚到工厂，工厂按需求生产，按计划配送。

所谓 F2K，就是从农场到厨房（Farm to Kitchen）。农场按需求种植，按需求计划，按计划配送。

未来，大数据将汇聚海量的个人信息，需求越来越准确，人工智能制订的生产计划将精准计算如何满足个性化的需求。

大部分订单都来自移动互联网。你轻轻说一句："来一片口香糖。"你的智能耳环会告诉你：左侧 50 米的便利店里店有 200 件库存；或者现在下单，让快递员 20 分钟送到。

安装空调也变得很简单，智能手机会告诉你：A 公司可以半天完成，B 公司一天完成，C 公司也是一天完成。你可以实时看到配送车辆的位置，以及安装工人的具体安装时间。

除了生产环节，就是物流环节，乃至生产环节也可以看成物流环节，只不过是物料是在设备之间交付而已。

整个社会就是个大物流场，基本按需生产，计划越来越准，效率越来越高，浪费越来越少。

手记 161

AGV 技术将会大幅降低物流成本

AGV（Automated Guided Vehicle）是指装备有电磁或光学等自动导引装置、能够沿规定的导引路径自动行驶、不需驾驶员的搬运车。AGV 是轮式移动机器人（WMR，Wheel Mobile Robot），是无人搬运车。

AGV 一般有两种控制方式：一是通过电脑控制，类似于航模或车模；二是通过电磁轨道来设定其行进路线，电磁轨道直接粘贴于地板上，不影响其他车辆的通行。

AGV 的原理并不复杂，比如电磁感应引导式 AGV 就是根据电磁感应引导寻找路径的。电磁感应引导一般安装在地面上，沿预先设定的行驶路径埋设电线，当电流流经导线时，导线周围产生电磁场，AGV 的电磁感应器会根据电磁信号判断路径，并沿着该路径行驶。

其他的还有激光引导式 AGV、视觉引导式 AGV、光学引导式 AGV 等。

AGV 具有高度自动化功能，比如应用于仓库操作的 AGV，可以自动把物料发到生产线，或者自动把下线的成品直接从从生产线运输到成品库。

AGV 在仓储行业中具有广泛的应用，可以用于实现自动搬运出入库货物。洋山港的全自动化码头就用了超过 130 辆 AGV。

AGV 在制造业的生产线中大显身手，高效、准确、灵活地完成物料的搬运任务。并且可由多台 AGV 组成柔性的物流搬运系统，搬运路线可以随着生产工艺流程的调整而及时调整，使一条生产线上能够制造出十几种产品，大大提高了生产的柔性和企业的竞争力。

1974 年，瑞典的 Volvo Kalmar 轿车装配厂为了提高运输系统的灵活性，采用了基于 AGVS 为载运工具的自动轿车装配线。该装配线由多台可装载轿车车体的 AGVS 组成。采用该装配线后，装配时间减少了 20%，装配故障减少 39%，投资回收时间减少 57%，劳动力需求减少 5%。

目前，AGV 在世界的主要汽车出产厂（如通用、丰田、克莱斯勒、大众等汽车厂）的制造和装配线上得到了普遍应用。

2017 年，我拜访上汽通用五菱汽车股份有限公司，发现其流水线就应用了 AGV，主要用于两条流水线之间的物料运输。

同年，我拜访了黑云科技有限公司。这是一家用工业 4.0 技术生产手机皮套的工厂，也用了 AGV 运输半成品。装上物料后，可以自动从一个工位送到另一个工位。车上还安装了警示装置，就像警车的警灯，通道上的行人和叉车司机都可以看到，便于避让。

应用 AGV 技术，可以有效提高生产效率、实现操作自动化、节省了大量人力。

手记 162

资源没有管理，一定会被滥用

25 年前，我在一家国企工作。那时候，物流没有现在发达，工厂自己做物流，都有自己的大车。有一次，厂长看到一辆大车在山上拉沙子，就问："谁家的车？在这样的路上拉沙子？把车都践坏了！"仔细一看，原来是自己工厂的车在干私活。

我辅导的一个客户，仓库里放了够用 2 个月的纸箱。其实，跟他配套的纸箱厂就在 2 千米之内，纸箱的交付期只有 3 天。按理说，3 天库存就够，准备 60 天库存既浪费了仓库，也浪费了资金，还浪费了纸箱。

有个做废钢的商人，通过从钢厂拉废钢赚了很多钱。据说，拉废钢的车里，有很多不是废钢。

一家国有钢铁企业，花了几个亿进口的设备，愣是放在仓库里几年没用。为什么呢？没人管！

有一个公司给我付款，公司把钱付出来了。过了一个月，我却没收到。后来，我问银行，银行说钱还在银行那儿。有些事情就是这么荒唐！

资源没有管理，一定会被滥用！

好好管理都未必能管理好，何况没有管理呢？

物流如果管理好了，不但可以管理好货物，还可以管理好各种资产。管理好了，以上这些荒唐的事就可以不发生！

手记 163

公司越大，问题越多：奔驰也不例外

公司越大，问题越多；发展越快，困难越多。公司的好坏，和问题的多少没有关系。

有一次，我给一家汽车设备企业讲课。课后，董事长说：“孔老师，您讲的问题，我们全有。”

还有一次，我给英国皇家物流与运输学会的学员讲课，其中有一个学员来自奔驰（北京）。他听了 2 天课，对我说：“孔老师，您讲的问题，我们全有。”我着实吃了一惊。2 天的课里，我讲了大大小小不下 100 个问题，奔驰这么好的公司，竟然全有?!

我原以为奔驰的管理，应该井井有条，不会有太多问题，至少问题不会这么多。实际上，根本不是这么回事。公司越大，问题越多。连奔驰都有这么多问题，一般的公司就不用说了。

某集团董事长在 2016 年年会上总结了公司一年的收获和问题，一共 11 项，包括收购上市公司、员工队伍建设等，最后一项是“公司问题丛生”。他强调：“随着公司的发展，这些问题都会解决，唯独‘问题丛生’这个问题会永远伴随着我们。”

仔细思想，这句话充满了哲学味道。大公司有大问题，小公司有小问题，没有公司才没有问题。同样，小发展小问题，大发展大问题，不发展才没问题。当然，也有人说：不发展是最大的问题。有些人一张嘴就是自己没有问题，问题都是别人的，其实这反倒是最大的问题。做公司，不就是解决问题吗？不是解决自己的问题，就是解决别人的问题。连问题都没有了，还要公司干啥？还要人干啥？

我琢磨，我的这句话，也充满了哲学的味道。

稻盛和夫说：“平庸的企业不需要哲学，平凡的人生也不需要哲学。”伟大的企业，伟大的人生，是需要哲学的。

确实如此。

模块 26 物流咨询手记

手记 164

第一次听专业人士讲国际物流

1999 年，我应聘到东方冠捷电子股份公司，这是京东方和冠捷电子成立的合资公司，主要产品是电脑显示器。

在冠捷从事国际物流大约一个月，负责集团船务工作的 Tony 来到北京工厂，为我们培训国际物流业务。Tony 是中国台湾同胞，做船务工作十几年，船务经验极为丰富。

那时候我们团队平均年龄也就 24 岁。1999 年，国际贸易和国际物流人才奇缺，大部分公司都是自己培养。

Tony 拿出一张白纸，边画边说：

“我们的货物在北京，出口到欧洲，需要走海运，用集装箱装货。每个集装箱都是有标准编码，就像我们的身份证一样，所以需要把集装箱编码维护到 MK472（一个订单管理 Excel 表格）中，欧洲的物流人员就可以根据集装箱号和货代货运代理公司沟通。

“海运走天津港，集装箱从北京到天津港是内陆运输，需要货代帮我们安排，货代叫 Forwarder，这段运输叫内陆运输。

“货物到天津港口，需要办理通关手续，通关手续需要准备通关文件。通关文件有箱单、发票、提单、报关单，箱单发票是财务部门做的，提单是船公司提供的，报关单由报关公司制作。

“因为我们的货物是法检产品，所以还需要通关单，通关单是商检出的。

“通关之前，一定要把通关文件备好。通关文件，我们叫 Shipping Documents。

“我们是 CIF 条款（是国际贸易术语，卖方负责运输和货物保险）。有了提单号和相关文件，我们需要投保险，保险公司会给我们出保单。

“然后，把整套 Shipping Documents 和保单快递给客户。货物到港的时候，客户就可以提货了。

“通关以后，货物就可以上船了，我们选的是 Hanjin 船公司。

“你会发现，我们的目的港是鹿特丹，可我们的船去了釜山，这是为什么呢？

“因为从天津到釜山是驳船，就是 Feeder Vessel，也就是支线航路；从釜山到鹿特丹是远洋运输。远洋运输和短途运输不同，远洋运输用的是更大的船，我们叫母船，也就是 Mother Vessel。

“母船是大型海船，有些港口受到吃水限制，靠泊不了大型海船。还有，大船不可能为了少量集装箱去靠泊一个码头，所以就需要靠驳船去把货物运过来。当然，驳船实际上就是一个小型船。

“从天津港到釜山，我们称之为一程船。

“从釜山到鹿特丹，我们称之为二程船。

“我们的最终目的是去捷克，而捷克是个内陆国，所以需还要安排货代公司把货物运到捷克。这个货代公司，我们称之为 Forwarder。货代公司的英文就是 Forwarding Company。

“由于捷克不是欧盟成员国，所以从欧盟到捷克需要通关。这时候，我们的捷克客户需要准备报关文件了。不用说，我们捷克的客户需要缴纳关税。

“这就是整个国际物流的过程。”

Tony 边说边画，娓娓道来，把整个过程讲述得明明白白。我这个从来没有做过国际物流，对国际贸易一窍不通的人，听得津津有味，也听明白了。

这么多年来，我听了很多课。有些人真是天生的故事大师，本来很复杂的东西，也寥寥数语，就经济条分缕析，讲得清清楚楚。

手记 165

MK472：我使用过的第一个国际订单管理工具

1999 年，我在冠捷工作。冠捷是一家显示器生产公司，当时排全球第 4 位。我在北京工厂的 MK 部门（市场部）负责出口订单管理，主要市场是欧洲、美国、南美和亚太地区。显示器的订单交付周期大约是 70 天，其中，从下订单到生产出来大约 30 天，海运时间大约 40 天。

我们的物流总管在美国，全球各地都有自己的物流管理人员。如发生特殊事情需要总部批准。比如欧洲的销售人员希望超出额度出货，需要欧洲的销售部门提出申请，我们看一下订单能否完成，然后交给美国的总部做最后决定。所以，往往是我们下午 3 点收到欧洲的需求，各部门讨论通过，发给美国总部进行申请，美国总部第二天给我们回复，一个流程就走完了。一天24小时，全球的员工转着圈上班。

如何让全球的物流人员和销售人员都知道货物的状态呢？

我们使用了一个工具，叫作MK472。“MK”代表市场部（Marketing），“4”指每月有4个星期，“7”指每周有7天，“2”指每周要把订单交付的状态更新两次，发给全球所有相关人员。

这是一个由制造工厂发起的物流管理文件，对所有的物流环节进行了闭环管理，对重要节点的状态都做了说明和公示。

各岗位的人按照自己所在岗位的要求完成相关的工作。比如，报关公司安排报关并填写报表进度，运输部安排运输并汇报运输进度，当所有的工作都做完后，这张表格也就填满了。表格中对计划交付的时间和实际交付的时间也做了标识，便于计算及时交付率。

MK472表格（见表9-1）一共有21列，分别是客户名称、订单号、产品型号、产品的详细型号、下单日期、要求出货时间等。

全球各地的物流、销售、财务人员都会收到这个报表，以便准确地知道货物的状态，并做好相应的准备。这在当时是一个非常有效的全球物流沟通方式。

现在，信息系统异常发达，可以通过系统管理订单，效率、及时率、准确率比以前更高了。

表9-1　MK472表格示例

客户	订单号	产品型号	下单日期	要求出货时间	订单数量	预计出工厂时间	预计出港口的时间	收到形式发票的时间	实际出厂数量	已发货数量	支付条款	价格条款	销售订单号	发票号	预计达到时间	卸货港	集装箱号	提单号	班轮编码	备注
AOC GMBH	E00020B14	7VLR	12-28-99	02-01-00	498	01-31-00	Jan. 31		498		T/T	FOBXG	OREA020133	OSEA000313	Mar. 03	Rotter-dam	TGHU7318829		CLPACER0005	

手记166

企业管理是个立体的场景，需要统筹多种关系

企业管理是个立体的场景，需要统筹多种关系。从供应链的角度看，任何一个物流动作或者物料管理都处在一个立体的企业管理场景中，关系比较复杂。比如，有供应商

和客户的上下游关系，也有仓储物流的协作关系，有生产计划和配送计划的统筹关系，也有财务的资金支持关系，还有信息化的关联关系。

所以，只考虑一个要素，问题往往解决不好，这就是为什么容易“摁下葫芦起来瓢”。部门之间往往会发生矛盾，就是这个原因。一个方案，如果只考虑自己部门的利益，没有考虑其他部门的利益，或者只考虑自己部门的利益，没有考虑公司整体的利益，是行不通的。

所以，没有全局观和高度的人，很难做成事。

越是复杂，越要简化；越是不容易看明白，越是要看透。只有这样，做出的决策才能有效。

手记 167

一一对应原则是物流管理的重要原则

无论是管理物流公司还是物流业务，无论是宏观管理还是微观管理，一条基本的管理标准就是业务条理代、账务清晰化，即业务各环节一一对应，业务和财务一一对应。

在从事咨询的过程中，不论大企业还是小企业，我很少碰到财务和业务都没有问题的情况不是财务有问题，就是业务有问题，更多的是财务业务都有问题。

凡是财务业务有问题的公司，必然在管理上有漏洞，有模糊区域，或者说灰色区域。如果不加以管理，灰色区域就会被利用，还会变得越来越大。“灰色”到一定程度，公司就离关门不远了。

在《稻盛和夫的实学：经营与会计》一书中，介绍了解决这类问题的方法，那就是一一对应原则。也就是说，票据、现金流、物流应该是一一对应的。

一一对应原则有 3 个作用：

（1）保持数据的准确性。“只有将每一次物品的流动与每一张票据的处理保持明确的对应，最终归纳的数字才能反映企业的真实情况。”大部分企业都存在账实不符的问题，如果能做到一一对应，这个问题就基本不存在了。

（2）对每笔订单的盈亏做精准分析。企业的盈亏实际上是订单盈亏的总和，从经营和发展的角度考虑，不需要每一个订单都盈利，但作为经营者和操作者，至少可以随时知道每个订单的盈利情况。这样做的好处是可以防止资源的滥用。

（3）防止出现灰色地带。所有有规模的公司都是一个大集体，不论是采购、销售、物流、财务还是其他部门，公司都要授予权力。但是，权力如果没有监督，就会滋生腐败。

腐败不太可能完全规避，即使建立了严密的管理系统，仍然不能完全避免不正当行为。大型跨国公司的管理机制可谓严密，但报纸上天天都有大型跨国公司舞弊的报道。

但是，如果企业建立了一套“业务和财务一一对应”的会计系统，至少一大半的营私舞弊行为都可以避免，可以有效地规避企业的不当行为和运营风险。

企业在设计操作流程和规划信息系统的时候，要把一一对应原则放在首位。

AEO 高级认证，要求企业的成品能够追溯到原材料。这种要求比简单的“单据和货物一一对应”要严谨得多。

大部分 B2C 电商企业的订单都是大量的碎片化信息，每天几万单，订单量巨大。但是，订单量越大，越是碎片化，越是要做到“一一对应”。

手记 168

把换模具时间从 40 分钟缩短到 15 分钟，提升产能 8%

2016 年，我辅导一家汽车钣金公司做精益生产。透过办公室的玻璃，可以看到车间换模具的过程，我粗算了一下，耗时约 40 分钟。如果换模具时间长，那么造成的浪费就会很大，包括工人工时浪费、设备产能浪费、财务核算不准等。设备每个班工作 8 小时，总时间 480 分钟，40 分钟约占 8. 3%。换模具看起来是浪费了两个人工，实际上是浪费了 8. 3% 的产能。如果每个班换 8 次模具，产能最多就只剩 30% 了。

经过分析发现，换模具耗时的主要原因是定位不准，顶杆对不上，需要反复调整、核对，造成耗时太多。于是，我组织工艺部门和技术部门进行讨论，制订了一套快速换模方案，在模具上修了一道定位槽，只要将槽对准机床模具台上的标志，就可以实现精准定位。就这样，把换模具时间从 40 分钟缩短到 15 分钟，提升产能 5%。

我拜访铃木工厂时，发现该厂换模具速度很快，其中一套冲压车体侧身钣金件的冲床，工件是我们的 3 倍大，设备是我们的 5 倍大，但他们同时换 5 套模具只需要 5 分钟。专门为模具平台设计了轨道，模具平台进出自动化，模具定位自动化，调试核对自动化，5 套模具，5 分钟搞定。

正当我沉思的时候，随行的王总说：“孔老师，这不算什么！F1 换贵车轮胎，只需 1. 5 秒。”我一听，只能更加沉思不语了。

产能 = 单位时间产量 × 总时间

其实，生产线都有换线时间，时间是非常重要的产能要素：换线时间越短，产能越高，反之则越低。试想，如果每次换线时间是1小时，每天8小时，换8次线，那就什么都干不了了。当然，这是一种极端的情况。但是，假设每个班7小时，即420分钟，那么换线时间每节省4.2分钟，产能就可以提高1%。

实现快速换线的核心是解决瓶颈环节的约束。比如，假如一条生产线切换产品需要调整10个环节，调整的时间分别为10分钟、7分钟、6分钟、3分钟、5分钟、6分钟、4分钟、6分钟、4分钟、4分钟。优化换线首先需要解决瓶颈环节，即10分钟的环节，其次是7分钟的环节。

管理没有止境，只要认真做，总是会越做越好。如果想胜出，想赢，就需要比别人做得更好，不是吗?

我参观过一家日本的物流企业，在我看来，他们在各方面都做得很好，已经做到极致了，于是就问了一下他们的改善目标，

负责人答："明年成本再降1.5%。"

我惊讶极了，问："你们做得这么好了，还有节省空间?"

他回答："有，年年都有指标。"

只要用心，只要努力，总是会做得更好。更好没有止境。

手记169

还是出险了——好在"有惊无险"

大约在2000年第二季度，我在冠捷负责海外物流业务。有一位捷克的客户反映，收到的集装箱中只有半箱货，也就是说，应该装748台显示器的集装箱，只有374台。客户说我们少装了。

工厂虽然有装车记录，但也很难说清楚。

我问客户："开箱的时候，铅封是什么样子（铅封就是在集装箱上加装的一个一次性锁，有编号，只要铅封被破坏，就意味着箱子被打开过）?"

客户："没注意。"

我不知道是客户真的"没注意"，还是客户需要说"没注意"。

当时做了两个安排：①询问船公司，为什么我们的货少了？②请客户向保险公司索赔，因为保单受益人（beneficiary）是客户。

很快，两边都回复了。

船公司在管理集装箱期间没有发生盗窃事件，铅封也没有被破坏的迹象，所以船公司不负责任。保险公司回复，没有证据证明在此期间出险了，所以不赔付。

船公司也好，保险公司也好，出了事，总是会先赖一赖，只有在铁证如山的情况下，才承担责任。至此，客户一口咬定是我们少装了（明知道客户要赖，也只能表示理解。换了是自己，也可能这样）。

可是，装车记录证明明明没有少装。怎么证明我们的清白呢?！如果不处理好，怕是连货款收不到。

我们继续和船公司讨论，有没有什么办法能证明我们装箱的数量是对的？船公司回复：集装箱装船时是要称重量的，卸船时也要称重量。一柜货和半柜货的重量差别很大，应该可以查出来。

结果出来了：从新港装船到鹿特丹卸船，都是一柜货。也就是说，货物被盗窃是发生在货物卸船后运往捷克的路上，而这一段的安排是客户指定的运输公司承担的。所以，客户应该向他的运输公司索赔。

我们都松了一口气，这对我们而言，这次的经历告诉我：做重要的事情，一定要留好证据。

手记 170

力拓为什么如此重视操作安全

2013 年，我在内蒙古乌拉特中旗的甘其毛都镇工作，负责力拓的铜金矿保税堆场项目。

力拓集团是全球最大的资源开采和矿产品供应商之一，也是世界第二大铁矿石生产商，主要产品包括铝、铜、钻石、能源产品（煤和铀）、金、工业矿物和铁矿等。

力拓对其供应商的安全管理非常严格，到了极为苛刻的地步。比如，进入堆场，必须戴安全帽，穿防砸鞋、反光背心，严禁在吊车下面站人，等等。

刚开始，许多人不理解。保安为了执行制度，还发生过一些小冲突。我刚开始也有些不理解，觉得有些小题大做。工作了几个月之后，我就理解了。

力拓规模太大了，几乎每个月都会有工伤死亡事故。几乎每个月，都会有一份力拓总裁亲自签字的通报，放到我的办公桌上：“各业务负责人：非常遗憾地通知各位，我们在某某项目上牺牲了一位员工！”这种通报是总裁每月例行的工作。

签署工亡通报是总裁的例行工作，能想象吗？

我还没工作几个月呢，一位司机从 10 米高的煤垛上滚落下来，幸好没什么大碍。还有一次，几名员工打架，把鼻子都打歪了。还不到半年的时间，我就成了派出所的常客。

曾经有一个混过物流圈子的朋友，后来不做物流了。我问她：“为什么不做物流了？”

朋友说：“行业不好，不是烧死人，就是撞死人。”我很理解她的感受，因为当时她所在的物流公司发生的仓库起火、车辆事件等几起事故都是她处理的。

西方在这方面的研究更加细化一些，比较典型的是 海因里希事故法则，又称 1∶29∶300法则。

1941 年，美国的海因里希统计了 55 万件机械事故，其中死亡、重伤事故 1666 件，轻伤 48334 件，其余则为无伤害事故。他从而得出一个重要结论，即在机械事故中，死亡、重伤、轻伤和无伤害事故的比例为 1∶29∶3000 国际上把这一法则叫作海因里希事故法则。

海因里希事故法则的本来用途是通过分析工伤事故的发生概率，为保险公司的经营提供参考。但是，这一法则完全可以用于企业的安全管理，即在一件重大的事故背后必有 29 件轻度的事故，还有 300 处潜在的隐患。可怕的是，不少人对潜在性隐患毫无觉察或是麻木不仁，结果最终导致无法挽回的损失。

对于不同的生产过程、不同类型的事故来说，上述比例关系不一定完全相同，但这个统计规律说明了在进行同一项活动中，无数次意外事件必然导致重大伤亡事故的发生。而要防止重大事故的发生，必须减少和消除无伤害事故，更要重视事故的苗头和未遂事故，否则终会酿成大祸。

例如，某机械师企图用手把皮带挂到正在旋转的皮带轮上，因未使用拨皮带的杆，且站在摇晃的梯板上，又穿了一件宽大长袖的工作服，结果被皮带轮绞入碾死。事故调查结果表明，他这种上皮带的方法的使用已有数年之久。查阅他近 4 年的病历（急救上药记录），发现他有 33 次手臂擦伤后治疗处理的记录。一直以来，他手下的工人均佩服他手段高明，结果还是导致了死亡。这一事例说明，重伤和死亡事故虽有偶然性，但是不安全因素或动作在事故发生之前已暴露过许多次。如果在事故发生之前，抓住时机，及时消除不安全因素，许多重大伤亡事故是完全可以避免的。

对于物流企业而言，尤其是有一定安全风险的物流操作，安全和纪律非常重要。重要的是：可能一万次防范只避免了一次事故，但出现一次事故，没准就可能把公司搭进去。

做物流，安全很重要。

模块 27　他山之石，可以攻玉

手记 171

日本物流先进在哪儿

1. 交通

有一年，岁末不忙，我在东京待了一段时间。作为一个物流从业者，便趁着这个机会看看日本的社会，看看日本的交通和物流。转了一个礼拜，一路下来，我深刻感受到了日本环境的整洁和日本交通的先进和便捷。在这些先进管理的背后，投射出其先进的管理体制、科学的规划、卓越的管理和极高的民众素养，很值得我们参考和借鉴。

东京交通便利，车流通畅，很少堵车。日本是个岛国，土地并不平坦，也没有很宽的道路，和我国香港差不多，单向两车道就算是宽的了。但是，在这样的道路资源下，整个城市的交通却很须畅，一周下来，基本上没碰到堵车。为方便行人，马路上设置了很多红绿灯和斑马线，行人也很方便。东京京王广场酒店对面就是东京都厅（东京书政府）也就是东京都政府总部大楼。从京王酒店高层往下看，东京都厅一览无余，周围的4条马路没有发现一次堵车，也没有交通高峰，有时候20秒都未必有车辆通过。

东京的地下交通和地面交通很发达，走不了多远，就有地铁、公交车，四通八达，极为方便。公交车遵守时间，间隔20分钟，总能准时到、准时开。我们订了1:15从京王酒店到羽田机场的大巴，计划到达时间是2:15；大巴1:10到，装好行李，上完客人，1:15准时出发，中间还接了另外4个酒店的客人；2:13到羽田机场，提前2分钟到达。托运行李、安检、边检都很便捷，排队时间很短，只要有30分钟，就可以从容地赶飞机。

能做到这么准时，一方面要靠交通保障体系；另一方面要靠是民众的素养和纪律。日本民众往往都是很守时的，所以首要的还是交通保障体系，能够做到整个东京都不堵车，要有卓越的规划和管理能力。

东京是国际化大都市，交通规划做得非常合理，这得益于公共交通规划优先的政策体制。东京高楼林立，街道狭窄，要想规划好交通，有很大困难。但是，把公共交通规划放在优先的位置：即使是私产，也要把公共交通规划放在首位；大部分建筑没有围墙，便于行人穿过；高楼的一层，甚至地下一层，都是通透的，行人可以自由通行（包括星级宾馆、政府，都是这样的设计）。

东京都厅就没有围墙，行人和车辆可以穿行而过，其地下一层是公共通道，再往下是地铁。距离东京都厅大约100米，就是新宿区的中央公园，同样没有围墙，大约有16个进出口，两个进出口之间的距离基本在50米之内，非常便捷。

京王酒店是五星级酒店，有1440个房间，地下一层有通透的行人通道，大堂四面有4个出口，即使最繁忙的时候，也没有出现拥堵。

日本的物流非常发达，据说物流成本仅占GDP的10%，而我们国家大约占20%。这一方面是因为我国幅员辽阔，但也有收费繁多、浪费严重的现象；另一方面是因为日本物流极为精益。

日本超市存放饮料的货架都是流利架，取了前面的货，后面的可以自动补货，既提高了客户取货的效率，也减少了超市理货员的工作量。在如此小的细节之处都能做到这么高的管理水平，其工厂和企业的管理水平之高可想而知。

产品品质有保障，配送时效又有保障，这样一来，制订生产计划和交付计划就比较容易，也比较容易执行，工作自然会有条理、有秩序。日本把精益管理渗透到物流的方方面面，不但要做好有用的物流，还要消除无用的物流。

垃圾物流是中国的一大难题，好像不管怎么清扫，总是会有垃圾存在。在北京的街道上，经常看到垃圾清扫车在忙碌。

东京的街道上几乎见不到垃圾，也没有烟头。即使在室外、露天场所，日本也是禁烟的，吸烟需要到专门的吸烟点。我在日本待了一周，抽了不到半包烟。因为没有垃圾，环境保持得很好，所以几乎看不到保洁员。公园都设了专门的吸烟点，有路牌标识位置。在公园，没有看到有人在非吸烟区吸烟，也没看到有人随手扔垃圾。

仔细想想这些成功的细节，其中充满了哲学的味道：从源头解决问题，是真正的问题解决之道。不制造库存，就没有库存的问题；不制造垃圾，就没有清理垃圾的工作；不制造麻烦，就没有处理麻烦的苦恼。

有了好的体制和规划，还需要管理的执行力。形成好的社会管理制度，这是政府的职能；而要保持一个社会的整洁，则需要民众的素养。

我初次到东京时，路不熟，难免要问路。每次问路，不论是地铁的服务人员，还是酒店的服务人员，都极其认真、耐心地拿出地图来讲解，直到我听明白了才算结束。如果不远，还会陪我走一段路，把我带到路口。酒店门口的工作台抽屉里放了十几份塑封地图，以备为客人指路讲解用。日本民众的这种服务意识和自律行为，是社会整洁、高效的最终保障。

日本在物流方面给我们的启示大致有 4 个方面：

（1）社会效率至上，公共环境和公共交通至上；

（2）科学规划交通和物流；

（3）严格管理和执行；

（4）培养民众的素养。

公共环境、公共交通是社会最需要的，也最能体现一个国家和社会管理的先进性。在做环境规划、交通规划、物流规划时，如能坚持社会效率至上的原则，科学规划，持续培养民众素养，循序渐进，假以时日，我们的国家也会更加干净，交通更加便捷。

2. 物流

好的规划，全在细节。日本的物流高度发达，在细节方面有许多值得借鉴的地方。

在物流车辆地板和箱体之间有一个小空间，日本人在此规划了一个手推车。配送的时候，从马路到小区口，不用抱着箱子走远路，节省了大量人力（见图 9-1）。

图 9-1　物流车辆上的手推车

日本也有三轮车，三轮车上有快递用的板车（见图 9-2）。

图 9-2　三轮车上的板车

储物箱和储物架同样放在板车上，这些板车和机场的行李车一样，有自动刹车功能，很稳妥。另外，周转箱也可以折叠存放（见图 9-3 至图 9-5）。日本的物流车辆一般都会一车多用，有冷藏区，也有常温区，节省了能源。可以说，日本人为了做好物流，降低成本，想尽了办法（见图 9-6）。

图 9-3　处于工作状态的周转箱

图 9-4　折叠存放的周转箱

图 9-5　错层放置的板车

图 9-6　一车多用的物流车

车厢的内部，就是一个完美的仓库，利用细分的原则一格一格地分类存放商品。在车厢那么小的空间里，还分了二层，以更好地利用空间，这种拣货和配送方法能够大幅度提高效率，货物也不容易因为反复搬倒和碰撞损坏。

物流车厢两侧均有侧滑门，方便拿货。车厢尾板向上开，必要时可以挡雨（见图 9-7）。

图 9-7　侧滑车门和车厢尾板

3. 库管

网上流传一个故事：一名毕业生 A 君去了一家日本企业，职位是电脑担当，负责信息系统。日本企业要求将所有信息都输入电脑，每天要把各种单据以数据方式传给深圳总部，总部对账，管理非常严。

A 君深有感触。他说："日本企业的管理真的非常精细化，非常清晰。怎么前后一一对应，怎么保证数量精准，做得很好，给了我很大的触动。"

后来，A 君做了库管。"日本企业提拔人才有不成文的规矩，一定要去管库房。" 库房里面有床垫、磁贴、彩纸等产品。该企业非常注重盘点准确率，"每年要送十几万张彩纸，连纸都要盘点。"

企业负责人给 A 君展示盘库结果的时候，发现纸的误差是 13 张。但是，这位负责人接下来的一番话让 A 君大为惊讶："在我们日本企业里，没有'误差'这个词，我们从来也不讲误差，只有'错误'。当然，来中国的时候我们也学到一点，就是接受这个误差，因为这个误差不是你（A 君）导致的，而是印刷厂的错。因为印刷厂每次给我们纸的时候也不能保证 100% 准确，所以才允许你有十几张纸的误差。"

"如果印刷厂能保证纸张数绝对正确，那对你的要求也是一样。少一张纸，就说明你的库存管理错了，工作没做好，你就有问题。"

这件事让 A 君印象极为深刻。他了解到，在日本公司里物和钱是一一对应的关系。因为 A 君的职位是电脑担当，所以对整个信息系统都非常了解。因此，A 君领教到了日本企业管理的严密性。

A 君在大学期间曾经创业开餐厅，由于内部疏于管理，员工出现了"偷奸耍滑"的现象，最终失败了。“在那家日本企业陆续做过电脑担当、销售担当和库管担当，把管理核心摸得很熟之后，我才恍然大悟：用我的那套方法经营餐厅是必败无疑的。”这是A君的肺腑之言。

“那个时候，这家日本企业招收的应届生里基本上都是清华、北大、复旦等名校的毕业生。在这么一个高素质的群体里面，日本人也要很严密地管理，才能保证公司的成功，何况我面对的是一帮从农村出来的打工者，加上没有严密的管理方式和制度，所以我败得心服口服。这个工作给我最大的教育就是，一个企业如果没有管理，出问题是必然的。”

读完这个故事，我也深有感触。我曾经辅导一个企业，其上游是日资企业，做农业机械配件。日资企业给这家企业发了一个冬天的货，大约几十万件，结果只错了几个小垫片。

由此可见，认真是一件多么“可怕”的事情！

手记 172

苹果公司真是要把供应链做到极致

每当我看到国内带包装的月饼，气就不打一处来：有的月饼包装盒足足有半个旅行箱那么大，可是打开一看，只有4块袖珍小月饼，定价288元，顶得上40斤大米。就算把4块月饼全吃了，也就是个半饱，味道又一般，散着卖的话每块也就10元。那为什么这么贵？其实，消费者“吃”的是包装，可是包装都当垃圾扔了，我明明没吃啊！

茶叶也一样。朋友送我的茶叶，都是大大的包装盒，雍容典雅；打开一看，4个小铁盒，里面装了半盒茶叶；把所有的茶叶倒在我的小茶罐里，居然还不满。不用说，茶叶包装也全扔了。

都说“东西是人家的好”，光说不行，比了才知道。比如哈根达斯，就那么一小盒，比月饼还小，50元一盒，但每次吃哈根达斯，我都觉得不便宜，但挺实惠，至少价钱没有花在包装上。

苹果手机和苹果笔记本都是高颜值货物，那么高的利润，在包装上多花点钱，消费者喜欢，容易被人理解。可是，供应链出身的库克偏偏抠得要命，精益求精：iPhone的手机块头越做越大，可是包装盒却越做越小。

以下摘自苹果网站资料：

——更小包装。制造更薄、更轻以及更节材型产品，不仅可以减少其碳排放量，同时也意味着我们可以将其封装成更小的单位进行运送。事实上，我们聘请了多个设计和工程专家团队，他们竭尽所能，开发出小而轻、保护性强的产品包装。高效的包装设计减少了材料的使用和浪费，并且还有助于减少运输途中产生的碳排放量。

例如，iPhone 5 的包装比 2007 年最初推出的 iPhone 减少了 28%，这意味着每个运输货盘上可多装 60% 的 iPhone 包装盒，并且可以减少船只和飞机的使用，并且减少二氧化碳排放量（见图 9-8）。

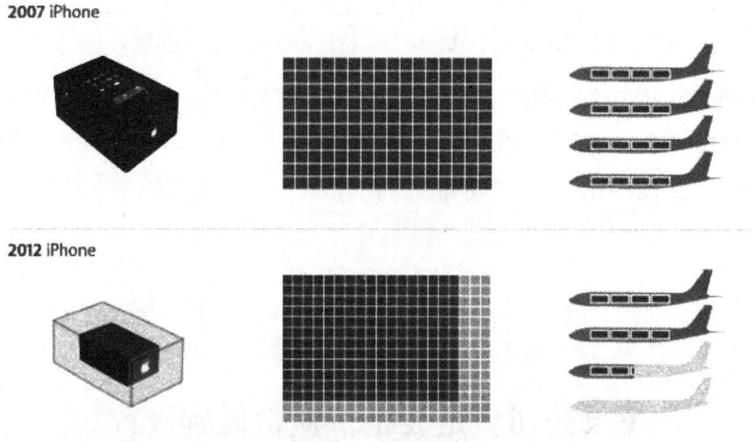

图 9-8　包装优化带来物流优化

我们会发现，iPhone 5 的包装盒，比老版的 iPhone 4S 又小了将近 10%。苹果公司为 iPhone 5 更换了体积更小的充电插头。稍稍改变一个小小的充电插头，一次空运就能多运送 10% 的 iPhone，单台运费直接降低 10%！

手机以及配件的包装可以设计得如此好，盒子小到让人觉得吝啬。你再看国内多少山寨机的包装盒，都能有 3 ~ 5 个 iPhone 5 包装盒那么大，其供应链和物流成本会高到什么程度，可想而知。

再看看苹果的笔记本，从大方盒变成小梯形。

2012 年之前的 iMac 包装可见图 9-9。

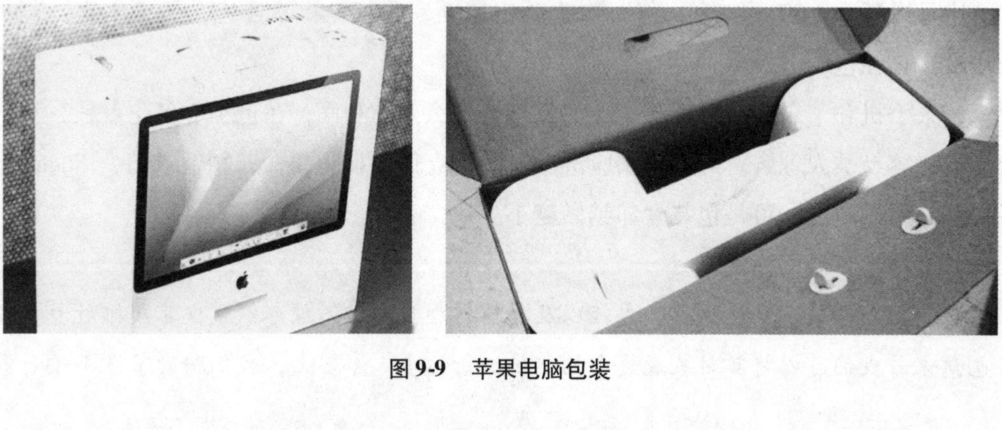

图 9-9　苹果电脑包装

2012 年款及之后的 iMac 包装箱可见图 9-10。

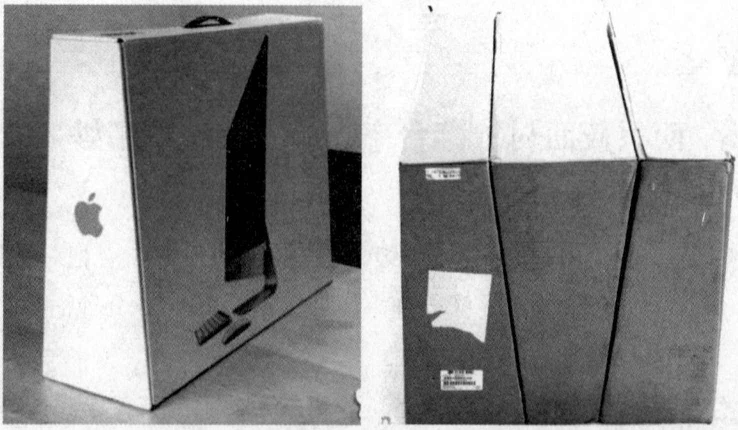

图 9-10　苹果电脑包装优化

看到没有？苹果公司重新设计了 iMac 包装箱，新包装箱采用斜面外形，不仅使用材料更少，也可以码放更多货品，节省运费，以及仓储费、装卸费等。

如果你仔细看，节省下来的空间其实就是图中那块多余的塑料泡沫。连多余的泡沫角都要削去，真是针头上削铁般地节省啊。

不光纸箱，苹果电源的体积也不断缩小。图 9-11 是苹果电源和国内某品牌电源的对照，其体积大约是国内某著名品牌的 1/3。如果按照体积重量计算物流成本，苹果充电器的物流成本应该是国内某品牌的 1/3。

材料呢？材料浪费更多。搞精益，不仅要有理念，还要有管理，更要有技术。

图 9-11　苹果充电器和某品牌充电器对比

苹果的供应链真是做到了极致，Tim Cook（苹果公司首席执行官蒂姆 · 库克）不愧是搞供应链的！

手记 173

西贝莜面村：翻台率高源于物流很精妙

我经常去西贝莜面村（简称西贝）吃饭，点完菜后，服务员会把一个计时 20 分钟的沙漏放在台上，手放在胸前，说："欢迎来西贝！我们承诺 20 分钟把菜上齐，如果上不齐，送您两个酸奶。"

结果，往往不到 10 分钟，菜就上齐了。我粗略观察了一下，以此计算，西贝的这个店一天的翻台率可以达到 10，每台每天大约产生 1500 元营业收入。当然，这是按最大产出计算的。

据了解西贝的人说，西贝的平均翻台率是 6，也就是平均每台的日营业收入是 1200 元左右。如果有 50 张桌子，每天的营业收入大概是 6 万元，每年大约 2200 万元。按照 30% 的利润计算，每个店每年可赚 660 万元，日进约 2 万元，真是日进斗金了。

西贝之所以能做得这么好，有很多方面的原因，诸如理念、文化、管理等。仅从店面的供应链和物流管理来看，主要是以下几个方面：

（1）服务标准化：餐饮虽然是个性化企业，但西贝基本上是流程化服务、标准化服务。

（2）产品标准化：西贝的菜品都是标准化产品，也就是说，主要靠管理，而不是厨艺。

（3）工艺标准化：西贝菜品加工工艺都是标准的，按照标准工艺来，谁做味道都一样。

（4）SKU 数量少：西贝的菜单基本上就是一张 A4 纸大小，而且我在西贝点菜，很少看背面。

（5）中央厨房：西贝使用中央厨房，大部分菜品是做成半成品之后再送到门店，门店的加工时间短、加工环节少。

除了以上细节，西贝莜面村还在小小的桌子上做了大文章。

桌子：以二人小桌为主，如果来 4 位客户，那么将两个二人桌一合并，就可以拼一张四人桌。

桌布：统一用红白相间的方格布，方格同时也是尺子，可以为桌布定位用：桌布的下边距离桌面 7 个方格。服务员只要看一下方格的位置，就知道桌布是不是到位。

餐具：与桌布一样，存放在桌子下面的抽屉里，一般放足当天需要的量。

一桌吃完，服务员把餐具和用过的桌布一收，把餐桌抽屉中准备好的新桌布一抖，铺到桌上，摆好新餐具，不到一分钟。

手记 174

汽车冲压车间的废料自动输送线

在机加工行业，会产生很多下脚料，比如切削废料、冲压废料等。处理这些废料需要耗时、耗力，还需要准备好周转箱、存储区域，等等。

汽车行业是产生金属废料最多的行业，其废料处理技术非常精湛，规模较大的冲压厂基本上都实现了废料自动收集系统，大幅度提高了效率，值得其他行业学习、仿效。

拿北京现代汽车冲压废料自动传输通道来说，其废料收集系统规划了废料收集通道、废料传输通道和自动装车传送装置。从冲压设备落下的废料，通过滑道直接滑到废料输送线上，通过输送线，废料可以直接装车，整个系统设计得非常流畅。而且整个废料系统的主要通道都在地下，节省了地面的空间（见图 9-12 和图 9-13）。

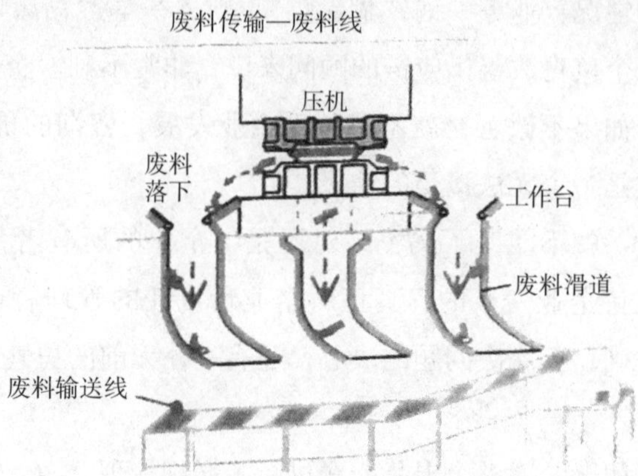

图 9-12　废料自动传输，安全高效

图 9-13　物料自动从 A 处的落料口落入废料箱中

手记 175

退货管理：谁的孩子谁抱走

在某企业做精益管理项目的时候，我发现其退货率很高，退货订单数大约占销售订单数的8%，退货金额的占营业额的5%左右，远远超过行业标准，浪费非常之大。

在这之前，出现这种浪费是没有人负责的，因为公司没有一个管理机制和管理办法，最经常出现的现象就是“踢皮球”：销售部门把原因推给物流部门、制造部门和客户；物流部门把原因推给第三方物流公司和客户不收货；而制造部门则把责任推给原材料和第三方物流的运作水平。你如果指责我的问题，我一定指责你的问题，所以，大家最好相安无事，否则谁的日子都不好过。这就是体制化公司的特点，好像互相之间都有把柄，谁也不能拿谁怎么样。

企业管理最怕这种情况：业务一锅“糊涂粥”，财务一本“糊涂账”。

这种情况，对于一个负责改善供应链的顾问来说，非常不利。企业请顾问，就是要帮助企业解决问题的，如果不改善，就不能帮助企业发展，咨询的价值就会荡然无存，客户的钱就白花了。这是一个无法接受的结果。

大部分员工都反对，就不能改了吗？绝对不是，企业的所有者都是支持企业变革的，企业的老板都是支持企业变革的，真正对企业负责任的管理者也是支持企业变革的。只要思路和方法正确，有解决问题的决心，还有一往无前的勇气，那就离解决问题不远了。

所以，我组织项目团队，对整个退货问题进行了详细梳理。

首先，我们准确地计算出了退货成本：

（1）运输：广东省内取值1元/千克；广东省外按不同区域计算价格；

（2）包装材料成本：3.79元/包裹；

（3）出入库人员成本费率：0.30元/千克；

（4）财务成本：2.8元/订单；

（5）物料损耗：按照销售价格来定；

（6）其他浪费：按实际发生。

有了这个清单，再辅助信息系统设置、管理流程、管理制度、岗位职责，对于每件退货都可以马上精确计算损失金额，并落实原因和归属部门。比如，一个5千克的广东省内包裹，浪费是21.59元。一旦把账弄清楚，事情就好办了。

其次，我们对退货原因进行了分类，哪个部门造成的退货，退货费用会被归集到相应的部门，并进行考核。人往往都是这样：浪费别人的钱的时候不太有感觉，而浪费自己的钱的时候就心疼了，基本的人性规律就是如此。管理就是要这个效果，让员工知道需要负责任，知道心疼。

最后，我们对存在的问题进行持续改善，直到消灭所有问题。在企业发展过程中，往往面临许多问题，企业发展过程就是不断解决问题的过程。解决大问题，会有大发展；解决小问题，会有小发展；不解决问题，就没有发展。反之亦然：大发展，大问题；小发展，小问题；不发展，没问题。

第十讲

世事洞明皆学问

- 我的ABC理论：专业和专注
- 宽度1厘米，深度1千米
- 走两步，退一步，不如踏踏实实走一步
- 招式是招式，功力是功力

模块 28　感恩、感谢与感悟

手记 176

感谢行业：物流咨询带给我的感悟

1. 我的 ABC 理论：专业和专注

在工作和学习的过程中，我经常提醒自己需要专业和专注。因为只有专业和专注，才能解决我们经常碰到的两个问题：一是看不透，二是做不快。

为什么看不透呢？因为有盲区。有盲区的人只能蒙着干，这儿试试，那儿试试，东一榔头西一棒槌，美其名曰“试错”，实际上就是没谱；对于极致专业、设有盲区的人来说，工作会很从容，有计划、有步骤。

为什么做不快呢？因为功力不够。功力不够的人，面对问题一掌下去，打不倒问题，问题反而反弹了回来；而功力深的人有裂石开碑的力量，一掌下去，问题便会迎刃而解。

专业的人，一是看得透，二是速度快，这正是企业所需要的。

我经常用 3 个单词比喻专业的功力：

Atomicity（原子）：即将数据和流程分析到最小元素。只有分析到最小元素，才能彻底发现问题。

Blade（刀锋）：技术娴熟，洞悉逻辑，如同庖丁解牛，以无厚入有间。

Cell（细胞）：组织培养，注入精神，把管理贯彻到最小单元。只有最底层的员工准确地掌握了管理要求，才能实现有效管理。

这 3 个单词的首字母连起来，恰好是 ABC。这就是我的 ABC 理论。

2. 咨询十必：我的方法论

作为职业的供应链和物流咨询师，我经常为企业出方案。对我而言，大部分项目是陌生的，比如汽车、化工、食品、药品、代理、分销、门店、仓库、工厂、车间、堆场等，可谓不胜枚举。工作时，我有时候会自己做，有时候会带队伍做。

为了更加全面系统地分析项目，我制订了“咨询十必”，也叫“方案十必”，就是做方案必须考虑的 10 个方面：

(1) 必有方法论，必有理论体系；

(2) 必有业务模型和严谨的业务逻辑支持；

(3) 必参考行业标杆，除非标杆是我们自己；

(4) 必基于数据分析和事实分析；

(5) 必基于流程分析；

(6) 必查阅公开资料（含上下游及竞争对手）；

(7) 必考虑宏观和微观；

(8) 必兼顾全局和局部；

(9) 必严格审阅格式和错别字；

(10) 必深思！

3. 举例不是教学的另外一种方式，而是唯一的方式

爱因斯坦曾经说过：Example is not another way to teach，but it is the only way to teach。这句话翻译成汉语就是：举例不是教学的另外一种方式，而是唯一的方式。柳传志创造性地把这个理念应用到企业管理上，他的说法是："爱因斯坦说过，榜样不是教会别人唯一的方式，而是最好的方式。"

任正非也说过："非洲国家的客户并不复杂，只要你自己愿意学习，找两个案例弄明白，就很容易成功。"

物流管理需要解决很多问题。实际问题可能是复杂的，也可能是简单的。有些新问题，如果我们不亲自做，往往不知道究竟是简单还是复杂，更不用说能不能做成了。

物流做不好有几种情况：①不具备条件，换了谁都做不了；②员工不愿意做；③员工不会做，不知道怎么做。企业一般都是具备条件的，所以，当员工觉得很难的时候，往往是第三种情况，即员工真的不会做。

会者不难，难者不会。这时候，自己亲自看一看，亲自动手做一做，知道问题是什么，往往是最有效的。否则，主观臆断地指挥，可能会弄巧成拙。正如一句谚语所说：要想知道梨子的滋味，需要亲口尝一尝。

比如，带着大家一起做做数据分析，画画流程，拣拣货，甚至做做盘点，可能都会有收获。物流管理者需要有"带人"的能力，举例就是一个很好的方法。

4. 物流是学问，不是学舌

普朗克获得诺贝尔奖后，到德国各地演讲，每次讲的都是新的量子物理理论，内容也大同小异。时间一长，他的司机都记住了他讲座的内容。

有一次，司机说："老普，你讲的内容我也能讲，到慕尼黑后不如让我来讲您坐在

前排，当我的司机，怎么样?”

普朗克说：“OK 啊。”

于是，一个司机走上讲台，就量子物理发表了一番演讲，整个过程竟然很顺利。

谁想，有个物理学教授站起来，提了一个专业的问题。司机看了一眼台下的普朗克，说：“这是个简单的问题，我想我的司机可以回答你!”

有人据此把知识做了一个分类，就是“普朗克的知识”和“司机的知识”。

“普朗克的知识”是自己的知识，所以他能知其然，也知其所以然，因而他也具备使用知识的能力，能够解决问题。而“司机的知识”只是来自简单的记忆，并不能解决问题。

“普朗克的知识”是学问，“司机的知识”是学舌，二者是有本质不同的。

物流是学问，什么 VMI、JIT、人工智能、大数据，背后都是管理实践和管理逻辑。如果只是学舌，不可能解决问题。

5. 开大车不能走小路

今天看了一个客户交的数据，知道又出老问题了：物流成本偏高、库存呆滞、计划混乱、会计上没有利润、财务上没有现金……其实，这些问题以前都处理过。

制造业和流通业就是供应链和物流的游戏，而供应链和物流是效率的游戏，这是极其简单的道理。如果供应链没有竞争力，制造业和流通业就没有竞争力。搞制造和搞流通不同于弄资源、打品牌、搞技术：资源可以靠权力，技术可以靠实力，品牌可以靠吹嘘，唯独供应链和物流来不得半点虚假。

在竞争对手环伺、前有标兵后有追兵的情况下，做企业真的是要战战兢兢、如临深渊、如履薄冰。当企业发展到一定规模的时候，一定要扎扎实实打造自己的竞争力，必须有推着独轮车上山的精神才行，时时刻刻盯着自己的销售数据和成本数据，销售少一点就跟销售部门急，成本高一点就和供应链部门过不去。

供应链需要规则和稳定性，不能迁就个别小订单，否则会推高供应链成本，造成供应链成本居高不下。否则，看起来很忙，其实不挣钱，平时看不出来，年终一结账就看出来了。

正如一句俗语所说：开大车不能走小路。小路的条件毕竟不好，即使能够勉强过去，对车的损坏也会很大。

对于制造业，供应链是很重要的。完全竞争的产品市场上，定价权都把在第一名手里，卖价基本定死了。如果不能控制住成本，即使制造出来产品，也不会有利润。

中国赖以起家的大部分产品（比如家电、服装等），欧、美、日、韩都有技术，技术甚至可能更好，为什么他们不做呢？道理很简单，因为不挣钱。为什么不挣钱？因为成本没有竞争力。

供应链是战略、是根本，按照计划交付，总体交付最好，总体成本最低，这才是大生意。

做大企业不能迁就个别小单子，如果用改变供应链规则来迁就个别销售，企业就是给自己找麻烦。

开大车，一定不能走小路。

手记 177

感谢企业：我们都在双向学习

1. 京威的务实和谦虚

京威汽车设备有限公司是一家生产汽车加热器的公司，是国内汽车加热器的龙头企业，是我服务时间最长的一个客户，也是项目落地最好、项目效果最好的客户之一。

咨询项目往往很难落地，主要是两个原因：

第一，咨询师不专业。咨询师自己说不明白，或者说了一大堆，看似说得很有道理，实际上是 talking，鹦鹉学舌，自己根本不会做，天天讲“道理”，但“道理”不能当饭吃。企业管理是很务实的事情，老板请人的目的是要解决问题，这才是“硬道理”。哪个老板没有资源？那是要人有人、要钱有钱。老板有那么多资源，都觉这个事很难办，还需要请个“外人”，这个“外人”难道不需要有几把刷子？难道不需要备几桶颜料？咨询是个专业活儿，一定要专业人士来做。

第二，企业没有执行力。没有执行力的企业往往是你说你的、我做我的，“你有千条计，我有过墙梯”，或者“你有千条计，我有老主意”。管理需要改善，多“改”才能更“善”，不改怎么能变好呢？晚上想了千条路，早上起来卖豆腐，那你就永远只能卖豆腐。

辅导期间，我会对企业的整个供应链进行梳理，包括物流、仓库、采购、库存、生产产能、销售订单管理、支付、信息化、车间规划和布置等。我给出的重要建议，都落到了实处。自然，企业有很好的获益，咨询也有很好的效果。

其实，效果之所以好，在我看来，主要的原因是企业自己很努力。我认识的赵总、王总、潘总、卢总监、各位主任等人，都很谦虚，很务实。

咨询师的工作就是给企业挑毛病，但是，谁愿意被挑毛病呢？比如，当我说某个企业管理不到位的时候，大部分企业都会解释一下，有客观原因，也有主观原因。而京威不同，不论我怎么挑毛病，他们从来没有解释过半句，都是全盘接受，认真执行，有时候甚至削足适履。

有这种态度，有这种执行力，怎么可能干不好？

2. 咨询效果往往取决于执行力

都说国企难合作，我看未必。在北京大兴国际机场的物流项目上，我做总监，有一位姜老师做项目经理。汇报的当晚，姜老师给我打电话："孔老师，我们汇报了 15 分钟，总经理说我们说明白了，通过了。"

我真的有些吃惊：15 分钟就通过了？

在做 L 公司项目的时候，徐总对我的工作大加赞赏。我说：徐总，您太客气！有这么好的效果，主要是 L 公司管理得好。其实，我们到任何地方，工作态度和工作方法都是一样的，有些公司效果好一些，是企业管理到位，企业的执行力好。企业往往看效果，如果方案对了，咨询效果往往取决于执行力。

3. 办公事，要公心

我在辅导一家企业做精益改善时，该企业的技术部门下达了一个包装更改的计划。我看了一下，认为其实根本不需要更改，是技术员没有经验，规划错了，直接取消这个计划就可以。但是，负责这个计划的副总却认为，这个员工一个月来就干了这么个活，如果直接取消了，整个部门面子上都过不去，就翻来覆去讨论方案，力图证明当初的想法是对的。结果，反而耗费了公司更多的资源。

采购部门有点私利，可能会在选择供应商和管理供应商上做点文章；销售部门为了提成，不是帮助公司减少退货，而是鼓励客户退货；制造部门为了好过关，可能会过度加工（比如中药材水分要求 5%，那就加工到 4%，质量好过关。但是，药材总重量却减少了 1%，关键是这 1% 的利润就没了）。

还有些部门，反复找理由，推三阻四，证明自己没错：如果要改善，就去改善其他部门，不要麻烦我。比如，销售把原因推给制造，制造把原因推给采购，采购把原因推给供应商；或者反过来，直接把原因推给客户等。这样一来，你的改革不就泡汤了？

办公事，需要有公心才行。

手记 178

感谢朋友：人情练达即文章

1. 宽度 1 厘米，深度 1 千米

2015 年，我在阳光纸业集团做项目。阳光纸业总经理慈先生经常挂在嘴边的一句话是：宽度 1 厘米，深度 1 千米。

对这句话的解读，就是专业和专注。

受这句话的启发，我在 2014 年便确定了供应链咨询这“1 厘米宽度”的业务，希望自己扎扎实实地把这 1 厘米的业务做到 1 千米的深度。用我的专注，帮助客户把业务实质性地向前推进 1 厘米，使客户实实在在增加 1 厘米的竞争优势，能有这个贡献，就够了。

专注的好处，使我们可以从 360°审视我们的专业。在我们的视野之内，没有盲区：一是可以帮助我们快速决断，二是保证我们的决断是正确的。

6 年来，我坚守了这个理念。

6 年来，我给自己定的目标就是 3 个“一”：

一本书：《物流和供应链改善》；

一堂课：“优化物流和供应链，打造企业核心竞争力”；

一类项目：物流和供应链改善。

“专注的时候，人往往不会瞎忙。”做咨询这几年，这句话让我收益颇多！

感谢慈先生！

2. 走两步退一步，不如踏踏实实走一步

赵总是某公司董事长，做企业 30 多年，每走一步都踏踏实实。

在我们相处的时间里，他的企业发生了很多事情，产品、市场、品质、人事等，甚至包括整个工厂的搬迁。这些看起来都是些闹哄哄的事情，但一段时间后，喧闹就悄悄地消失了，都在“润物细无声”中解决了。

赵总给我印象最深的一句话是：“做事要踏实，不要着急；走两步，退一步，不如踏踏实实走一步。”

的确如此，企业发展是个慢变量，欲速则不达。慢一些，稳一些，每天进步一点，聚沙成塔，集腋成裘，积跬步以至千里，更有利于企业长期发展。

手记 179

适度才好：都江堰给我的启示

2018 年 11 月，我在泸州待过一段时间。周末不忙，朋友问我看看什么地方，我说：都江堰。

我太想看看都江堰了，太想看看这个传奇的工程了。

都江堰位于四川省成都市都江堰市，坐落在成都平原西部的岷江上，始建于秦昭王末年（约公元前 256—前 251 年），到现在已经 2270 多年了。

2270 多年来，都江堰一直发挥着防洪灌溉的作用，使成都平原成为水旱从人、沃野千里的“天府之国”，至今灌区已达 30 余县市、面积近千万亩。

都江堰是全世界迄今为止年代最久、唯一留存、仍在一直使用、以无坝引水为特征的宏大水利工程。

从泸州到都江堰，一路烟雨。11 月的岷江水，碧绿碧绿，映入眼中，有种温凉的感觉。原来的成都平原，不是旱，就是涝，虽有沃野千里，却受旱涝之苦。李冰来了，带着儿子，劈山、修渠。他要让岷江分一半水给成都平原，他要让岷江听他的，他要修水利工程。水利水利，有水、有利，无患、无害。都江堰修成了，2270 多年，灌溉着沃野千里。都江堰是千秋伟业，有万利而无一害。

物质的贡献已然不朽，已经让我膜拜不已，然而，李冰父子的精神贡献更让我震撼。他们所总结出来的治水哲学，既可用来治水，也可用来治国，还可用来治人。如此大的工程，核心指导思想就是 6 个字：深淘滩，低作堰（见图 10-1）。意思是说：每年岁修清淤必须淘够深度；飞沙堰的堰顶高程不宜过高，以免影响飞沙堰的排洪和排沙效果。简言之，一方面要深挖河道，容纳水流；另一方面要做低沙堰，便于泄洪和排沙。

公司管理也是这样，一方面要快速发展业务，另一方面要随时清理问题。当业务跑不动的时候，要想一想：是不是滩太浅了？当公司忙乱的时候，要想一想：是不是堰太高了，导致好多问题没有及时清理？物流管理不也是这样的吗？水流和物流的道理是一样的。

那么，如何管理河道呢？只有 8 个字，称为“八字格言”：逢正抽芯，遇弯截角。意思是说：在主河道的中心，一定要深挖，让江水按照一定的轨道流淌；到了河道拐弯的地方，一定要把直角修改成为带有弧度的样子，这样可以让江水流淌更顺利一些，不会损毁堤坝。这是典型的分类处理的方法。河道只有直和弯两种，相对应地就总结了两种办法：抽芯和截角。理顺了，就往深里做。

图 10-1　深淘滩，低作堰

手记 180

招式是招式，功力是功力："能说"和"会做"是两回事

如果您认真地读完了本书，看了很多模型、很多方法，或许会认为自己已经懂得物流了。说实在话，我暂时还不敢恭喜您。拿练功夫来做比喻：如果您完全没有物流经验的话，那么您看了这些模型，充其量只是翻了翻拳谱，看了一些招式；而打拳，则关键是看功力。

要想解决问题，关键是靠功力，而不是靠招式。物流就是如何搬运货物和如何管理货物，通俗一点说，就是干活，难度并不大。所以，物流并不难学，有些人学得很快，但也有些人学得慢些，都是常态。但只要不懒，就不难学会。

理论和实践之间经常隔着一些东西，这些东西往往不容易打通。有些人做了很多年物流，未必能形成理论体系；也有些人理论体系很完整，到处讲课，就是开不了物流公司。不只是物流行业，很多行业都是如此。

如果您是一个入行不久的人，认真地看了这本书，看完了这么多模型，可能会有点高兴，觉得自己应该已经知道物流该怎么做了，或者还有可能觉得自己已经是高手了。

我的回答是：不一定！

物流毕竟是实践性很强的一个行业，“能说”和“会做”是两回事。了解这些模型是必须的，但这些模型并不会轻易把一个人变成物流高手。如果要成为物流高手，必须反复实践，持续磨炼，不断提高。

招式很容易学会，功力却需要日积月累。比如学习太极拳，用不了半小时，你就可以学个一招半式。但如果要具备一掌击断木桩的功力，那就非要几年甚至十几年的功力不可。

如果您能够应用这些模型，不断提高物流管理能力，同时不断参悟业务运行的逻辑，积年累月，功夫就会自动上身了。

如果您拥有理论体系，同时又成功运作了几个项目，那我恭喜您，您已经是物流高手了！

参考文献

[1] 程晓华．制造业全面库存管理［M］．北京：北京理工大学出版社，2020.

[2] 角井亮一．物流管理［M］．北京：东方出版社，2013.

[3] 稻盛和夫．稻盛和夫的实学：经营与会计［M］．曹岫云，译．北京：东方出版社，2013.

[4] 佐藤知一．BOM 物料管理［M］．北京：东方出版社，2013.

[5] 嶋田毅．MBA 轻松读管理会计［M］．北京：北京时代华文书局，2017.

[6] 徐正林，刘昌祺．自动化立体仓库实用设计手册［M］．北京：中国物资出版社，2009.

[7] 利丰研究中心．供应链管理：香港利丰集团的实践［M］．北京：中国人民大学出版社，2009.

[8] 周跃进，陈国华．物流网络规划［M］．北京：清华大学出版社，2013.

[9] 维克多·迈尔．大数据时代［M］．杭州：浙江人民出版社，2013.

后　记

《物流实践者手记》的出版，终于把我20多年来的所思所想做了一个细致的梳理，结集成册，以飨读者。

借此机会，我愿聊聊出书过程中的几个“花絮”，作为调剂。

（1）孙志民先生是深圳市易达恒通供应链有限公司创始人、总裁，也是业界顶尖的供应链专家。他经过10年的努力，白手起家，亲手打造了一家专业的供应链公司。2000年前后，在联想公司工作时，我们是同事。20多年来，我们都在从事供应链管理工作，不仅有同事之谊，也有很深的手足情谊，本书付梓在即，特邀孙总作序。

（2）关于书名。原来拟定的书名是《手把手教你做物流：物流实践者手记》，刘云强先生说定位偏低，他建议的书名是《物流是一项战略》。可是，出版社的编辑觉得这个书名字过于理论化了。徐进连先生曾经建议用《物流的实践》作为书名，出版社的雷总认为这个书名稍稍差点地气。由于书中大部分内容就是一位咨询师的手记，雷总建议干脆回归本源，就用《物流实践者手记》这个书名。

（3）书中的不少案例，有些是“事后诸葛亮”。因为案例中的好多规律是事后才明白的，因此，写书的时候，有时候会倒过来写，先找到规律，再实施方案，而实际操作不是这样。

有些看似找到了规律的方案反而失败了，甚至有些复制成功案例的方案也失败了，是因为我们足够谨慎，在刚刚露出失败苗头的时候，我们就会重新修订方案，并遵循提出问题、分析问题、找到规律、制订方案、解决问题的思路，然后很流畅、很有逻辑地告诉读者一个简洁的案例。其实，哪有那么简洁？简洁的往往都是故事，实际做项目的时候，事故往往多于故事。如果事故没有多于故事，并不见得是水平高，可能是故事太少了。

非常感谢那些曾经雇用过我和正在雇用我的企业家们！正是你们的雇用，为我提供了如此宝贵的实践机遇，培养了我的知识和实践能力，每当我写案例的时候，都会回忆起那些经历。对这些企业家而言，可能这只是在记忆中或者没有在记忆中的经历，但对我而言，却是我生命中弥足珍贵的一部分，我永远不会忘记。

感谢和我并肩作战的同事！物流也好，供应链也好，要靠团队合作。每一个项目的成功，都是大家努力的结果。谢谢你们付出的努力，谢谢你们对我的支持！

非常感谢与我相濡以沫的好兄弟！我做的每一件事，都有你们的支持和鼓励，都有你们的辛苦和付出。

谢谢那些默默地支持与帮助过我的人，他们不求回报，也不想让我知道他（她）的名字。在此，我要对这些人致以深深的敬意！

孔令华

2020 年 10 月